主编 吴宗国

隋唐王朝兴亡史

人民文学出版社
PEOPLE'S LITERATURE PUBLISHING HOUSE

图书在版编目（CIP）数据

隋唐王朝兴亡史 / 吴宗国主编. --北京：人民文学出版社，2024

ISBN 978-7-02-018644-0

Ⅰ.①隋… Ⅱ.①吴… Ⅲ.①中国历史-隋唐时代-通俗读物 Ⅳ.①K240.9

中国国家版本馆 CIP 数据核字（2024）第 084205 号

责任编辑　董　虹
责任印制　王重艺

出版发行　人民文学出版社
社　　址　北京市朝内大街 166 号
邮政编码　100705

印　　刷　河北新华第一印刷有限责任公司
经　　销　全国新华书店等

字　　数　307 千字
开　　本　880 毫米×1230 毫米　1/32
印　　张　15.625　插页 1
印　　数　1—5000
版　　次　2024 年 7 月北京第 1 版
印　　次　2024 年 7 月第 1 次印刷

书　　号　978-7-02-018644-0
定　　价　68.00 元

如有印装质量问题，请与本社图书销售中心调换。电话：010-65233595

目 录

第一编 隋 朝

第一章 文帝杨坚建立隋朝／3
第一节 取代北周／3
第二节 统一南北／12

第二章 隋王朝的鼎盛／16
第一节 强兵富国 巩固统一／16
第二节 雄才大略 继往开来／20

第三章 隋王朝的衰亡／32
第一节 滥用民力 征发无度／32
第二节 义军蜂起 土崩瓦解／34

第二编 唐 开国

第一章 高祖李渊建立唐朝／45
第一节 晋阳起兵 进据关中／45

第二节　建立唐朝　统一全国 / 50

第三节　唐承隋制　充实完善 / 64

第二章　唐太宗与贞观之治 / 82

第一节　玄武门之变 / 82

第二节　贞观君臣论治道政术 / 91

第三节　措置失当　准备后事 / 112

第三编　唐　鼎盛

第一章　鼎盛之基的奠立 / 121

第一节　关陇贵族势力的消长 / 121

第二节　东征西讨　开拓疆土 / 125

第三节　高宗后期政局的微妙变化 / 132

第四节　女皇武则天 / 148

第五节　鼎盛之基的奠立 / 170

第二章　玄宗与开元之治 / 184

第一节　安定皇位　革除弊政 / 184

第二节　调整制度　促进繁荣昌盛 / 200

第三节　玄宗后期的政治 / 228

第四编 唐 中兴

第一章 盛极而乱 / 243
第一节 尾大不掉 安史之乱 / 243
第二节 立于败军之际 / 254
第三节 一波未平 一波又起 / 259

第二章 重整朝纲 走向中兴 / 266
第一节 代宗稳定局势的努力 / 266
第二节 德宗削平藩镇的尝试 / 271
第三节 朝廷与藩镇关系的变化 / 309

第三章 革新浪潮 元和中兴 / 329
第一节 元和政治革新的先声 / 329
第二节 元和中兴局面的形成 / 339
第三节 威服河朔强藩 光大中兴之业 / 355
第四节 宪宗美业不终 / 362

第五编 唐 衰亡

第一章 江河日下 逐步衰落 / 371
第一节 朝政衰败的穆、敬二朝 / 371
第二节 争斗中维持平衡的文宗朝 / 380

第三节　某些方面有为的武宗朝 / 405

第四节　回光返照的宣宗朝 / 420

第二章　倾覆的大厦 / 438

第一节　山雨欲来风满楼 / 438

第二节　黄巢入京　大驾奔西 / 451

第三节　军阀混战　名存实亡 / 465

第四节　王朝更迭　列国纷呈 / 472

附录一　隋唐大事年表 / 483

附录二　隋唐五代世系表 / 489

后　　记 / 491

第一编 隋朝

第一章　文帝杨坚建立隋朝

公元581年，杨坚取代北周宇文氏政权，建立隋朝。589年，隋灭掉南朝最后一个王朝陈，分裂了近三个世纪的中国，复归于统一。中国历史进入一个新的发展时期。

隋的统一和西晋的统一不同，这不仅是结束了国家长期分裂的状态，而且标志了东晋十六国以来中国历史上空前的民族大融合已经告一段落，并且宣告了统治中国近六个世纪的豪强大族、士族门阀政治的终结。民族融合给中华民族带来了新的活力，豪强士族的衰落更是在经济上、政治上和思想上带来了一次大的解放。这不仅对于隋朝及其后继者唐朝，而且对于此后历史的发展，都具有深远的影响。

第一节　取代北周

一、大丞相都督内外诸军事

建德六年（577年），北周武帝宇文邕灭掉北齐，统一了北方。正当他准备再用几年时间北平突厥，南定江南，统一全国时，却在北御突厥的征途上染上重病，于宣政元年（578年）六月去世。遗诏："将欲包举六合，混同文轨。今遘疾大渐，力气稍微，有志不申，以此叹息。天下事重，万机不易。王公以下，爱及庶僚，宜辅导太子，副朕遗意。"①

继位的宣帝宇文赟（559—580年）却是一个胸无大志，只知游戏享乐，并且十分残暴的皇帝。他即位不到一年，就传位给七岁的儿子宇文衍，即静帝，自己以天元皇帝的名义继续执掌政权。他不理朝政，大臣经常见不到他，有事只有通过宦官上奏。每召侍臣论议，只谈土木兴建，未尝言及政事。对大臣的猜忌也日益加深，公卿大臣稍有违犯，重则诛杀，轻则捶楚，捶人都以杖一百二十为度，名曰天杖。上下恐惧，内外离心，统治集团内部矛盾越来越尖锐。

杨坚是宣帝皇后之父，其父杨忠西魏时为大将军，北周初进位柱国大将军，属于关陇军事贵族的核心家族。杨坚少年时曾入太学，具有一定的文化水平，十四岁为京兆功曹。西魏八大柱国之一独孤信见他有奇表，把七女嫁他。独孤信长女为北周明帝皇后，这样，杨坚便又成为北周皇亲。北周武帝平北齐，杨坚率领北军三万，破齐师于河桥，进位柱国，又与宇文宪破北齐任城王高湝于冀州。宣帝即位后，以后父征拜上柱国、大司马，掌握了兵权。②宣帝出巡时经常让他留守，对他是很倚重的。但随着宣帝奢望的不断发展，统治的日趋衰落和杨坚威望的步步提高，宣帝对这位老丈人的疑忌也日益加深。第二年，杨坚先后被任命为大后丞、大前疑。大后丞、大前疑均为宣帝新创设的四辅官，③是皇帝

---

① 《周书》卷6《武帝纪下》。
② 《北周六典》卷5《夏官府》大司马卿条。
③ 《北周六典》卷1《四辅》。

的顾问，地位很隆重，让他担任这些官，表面上是尊礼，实际上是解除了他的兵权。宣帝甚至对杨皇后说："必族灭尔家！"并召见杨坚，观察他的反应，赖杨坚的镇静和善自韬晦，才得以保全。

在人生的道路上已经走过了四十个春秋的杨坚，凭借他丰富的政治经验，敏锐地看到：宣帝为政苛刻，不仅制定了《刑经圣制》，用严刑酷法来慑服群下，而且派人监视群臣，小有过失，就要受到谴责甚至被诛杀。为此杨坚曾"以法令滋章，非兴化之道"，[①]向宣帝进谏，建议不要滥施刑罚，没有被接受。公卿以下，经常受到杖责，后妃也不能幸免，多被杖背。内外恐怖，人不自安，上下离心，民间反抗增多，统治集团内部矛盾上升。

宣帝摈斥近臣，多所猜忌，信用的只有刘昉、郑译、颜之仪等少数几个人，身边没有一批真正忠诚于他，能够经世治国的能干的大臣，没有一个强有力的统治核心。

宣帝荒淫过度，身体日渐衰弱。

根据这些情况，杨坚知道宣帝的统治不可能长久。大象元年（579年）五月，宣帝令诸王都到他们自己的封国去，杨坚就曾对大将军宇文庆说过，宣帝实在没有什么积德，看他的面色相貌，寿命也不会很长，现在令诸王就国，而又没有什么深根固本之计，羽翼既去，怎么能长远呢。[②]说的虽是诸王就国，实际是就整个宣帝的统治而言。正是基于这样的估计，杨坚展开了多方面的活动。他加紧结交了一批亲信，同时深结宣帝亲信郑译。

---

① 《隋书》卷1《高祖纪上》。
② 《隋书》卷50《宇文庆传》。

郑译出身于山东士族第一等高门荥阳郑氏，其父郑孝穆西魏初入关，西魏、北周时曾任大丞相府长史、刺史等官职。郑译涉猎群书，颇有学识，尤善音乐，骑射也很精到。宣帝为太子时为太子宫尹，由于他会玩，又善于迎合，因此受到宣帝的特别信任，即位后便委以朝政。杨坚与郑译有同学之旧。郑译也看到杨坚在关陇贵族中的特殊地位，将来要保住自己的地位还需要依靠他，于是二人倾心相结。

杨坚要郑译想办法让他出守重镇，以便掌握一部分实权。正好宣帝命郑译南征，郑译向宣帝推荐杨坚为扬州总管，镇寿阳以督军事。这样，杨坚便又掌握了兵权。

五月初五就下达了任命，但直到十一日杨坚和郑译还没有成行。就在这一天，宣帝突然得了急病。静帝才八岁，宣帝已经不能说话，眼看就不行了。颜之仪谋引大将军宇文仲辅政，刘昉与郑译则谋引杨坚辅政。刘、郑抢先一步，把杨坚召入宫中，称受诏居中侍疾。宣帝一死，又立即矫诏以杨坚总知中外兵马事，掌握京城宿卫，统领禁卫军的诸卫接după都归杨坚节度。

杨坚被召入宫后，立即展开了紧张的活动。

首先，布置军事力量。刚被召入，杨坚就把大将军元胄和陶澄找来，委以腹心，让他们担任贴身警卫，同时把司武上士卢贲和姐夫窦荣定等武将叫到左右，让他们掌握军队。正是由于从一开始杨坚就掌握了军队，因此，当颜之仪把宇文仲引入宫中时，杨坚就把宇文仲抓了起来。

其次，在身边形成了自己的一班人。杨坚初受顾命，就让族子杨惠去找李德林和高颎,希望他们辅佐自己。

李德林,博陵安平(今属河北)人,北齐秀才,北周武帝平齐后带至长安,授内史上士。"自此以后,诏诰格式,及用山东人物,一以委之"。[①]杨坚找到他后,他表示要以死奉杨坚。

高颎,自云渤海人,其父高宾由齐入周,为独孤信僚佐。杨坚妻独孤氏因为高宾是父亲的故吏,经常往来其家。杨坚看到高颎强明,又习兵事,多计略,是用得着的人。杨惠找到高颎后,高颎欣然回答说:"愿受驱驰,纵令公事不成,颎亦不辞灭族。"[②]爽快地接受了邀请。这样杨坚从一开始便有了自己的谋士和助手。

第三,总揽大权,号令一切。刘昉、郑译知道自己威望不够,还不敢独揽大权,更不敢直接篡夺皇位,但他们抬出杨坚,从根本上来说,还是为了巩固和扩大自己的权力,因此,宣帝死后,他们拟授杨坚大冢宰,郑译自任大司马,掌握兵权。大冢宰虽为百官之首,但与大司马等仍处于同等地位,这样的安排实际上是要杨坚受他们的制约。杨坚问李德林该怎么办,李德林回答说:"宜作大丞相、假黄钺、都督内外诸军事。"[③]因此,发丧后,杨坚自为左大丞相,而以郑译为丞相府长史,刘昉为丞相府司马。由于杨坚有实力为后盾,刘、郑虽"由是不平",但也无可奈何,只有迁怒李德林。

---

① 《隋书》卷42《李德林传》。
② 《隋书》卷41《高颎传》。
③ 《隋书》卷42《李德林传》。

当时群情未一，杨坚召百官随他前往丞相府正阳宫，下面交头接耳，窃窃私议，有的还想溜掉。杨坚预先叫卢贲去集合宿卫的军队，军队带到后，百官不敢再动，乖乖地随杨坚去丞相府，接受了杨坚执掌最高统治权这个事实。

二、平定三方叛乱

杨坚革宣帝苛酷之政，修定刑律，减轻刑罚，以收人心；召周在外诸王，并以会葬为名，召相州总管尉迟迥，以剪除周在外羽翼；六月，又解除禁令，复行佛、道二教，以争取信奉佛、道二教的民众，并从思想上和北周割断联系。

相州（治邺城，今河北邺县）总管尉迟迥看到杨坚要取代北周，于六月初起兵。郧州（今湖北安陆）总管司马消难、益州（今四川成都）总管王谦也于七月和八月先后起兵响应。到十月底，全部被压平。

在叛乱三方中，关键是尉迟迥。尉迟迥，其母为西魏的实际掌权者、北周的实际创始人宇文泰之姐，妻为西魏文帝之女，孙女为宣帝皇后，乃周室至亲，在关陇贵族中地位是很高的。他本人在西魏末平蜀有功，北周初进位柱国大将军，宣帝时曾为四辅之一大前疑，后出为相州总管。正如尉迟迥在起兵时所说："吾居将相，与国舅甥，同休共戚，义由一体。先帝处吾于此，本欲寄以安危。"[①]其地位和实力都非同一般，加以相州的战略地

---

① 《周书》卷21《尉迟迥传》。

位，因此，对杨坚所构成的威胁，都与司马消难和王谦不可同日而语。

尉迟迥起兵后，其所统及附近二十州响应，众至数十万。他同时还派人招并州总管李穆、幽州总管于翼、徐州总管源雄和东郡守于仲文，都被拒绝。并州（今山西太原）、幽州（今北京市）、徐州（今属江苏）、东郡（今河南浚县西南）均为兵家必争的战略要地，又都处在叛乱地区的外围，他们不追随尉迟迥，对杨坚取得胜利，具有重要意义。而李穆的向背，在军事上和政治上影响尤大。

李穆，西魏、北周时频立战功，曾随杨坚之父杨忠东征北齐，宣帝时为四辅之一大左辅。杨坚掌权后，立即派柳裘去并州见他。他当即表示："周德既衰，愚智共悉，天时若此，吾岂能违天。"[①]并派人给杨坚送去十三环金带。十三环金带是皇帝的服饰，李穆以此表示支持杨坚夺取政权。尉迟迥起兵后，穆子士荣以并州士健马多，劝穆起兵，尉迟迥也派人拉拢他。杨坚为确保李穆站在自己一边，急派李穆第十子李浑（金才）去太原。李穆命李浑立即返回长安，奉熨斗于杨坚，并带回口信："愿执威柄以熨安天下也。"[②]支持杨坚平叛。杨坚很清楚李穆这个表态的价值，立即让李浑前往平叛前线，把这个信息通报给行军元帅韦孝宽，以坚定将领们讨叛的信心。在双方相持不下、诸将不前的关键时刻，杨坚又根据李德林的建议，派明于智略，素为诸将所信

[①]《周书》卷30《李穆传》。
[②]《隋书》卷37《李浑传》。

服的高颎到军中,与诸将协力击破尉迟迥。

尉迟迥在相州,重用博陵大族崔达拏,"余委任亦多用齐人"。[①] 起兵后"赵、魏之士,从者若流"[②],实际上变成了北齐残余势力的一次暴乱。因此,平定尉迟迥实际上就成为杨坚解决山东问题的第一步。

三方叛乱的平定,为杨坚取代北周扫平了道路。

三、改易官制

在平定三方叛乱的过程中,杨坚先后杀掉宇文泰之子赵王招、越王盛、陈王纯,剪除了周宗室中唯一可与杨坚抗衡的力量;以高颎代刘昉为司马,又令属官不得向郑译请示工作,把大权交给了自己的亲信;又废左、右丞相,自为大丞相,不仅在事实上,而且在形式上把最高统治权集中到自己一人手中。

三方叛乱平定后,十二月,诏"诸改姓者,悉宜复旧"。[③] 西魏时宇文泰改为鲜卑姓氏的汉族文武大臣恢复原来的姓氏,杨坚打出了代表汉族地主官僚的旗帜,进一步与宇文氏和鲜卑贵族划清界限,表明自己是汉族正统的代表者。

准备工作完成后,周大定元年(581年)二月,杨坚正式取代北周,做了皇帝,是为隋文帝,改元开皇。

杨坚建立隋朝后,废除了北周按《周礼》设立的天官大冢

---

① 《周书》卷21《尉迟迥传》。
② 《隋书》卷1《高祖纪上》。
③ 《周书》卷8《静帝纪》。

宰、地官大司徒、春官大宗伯、夏官大司马、秋官大司寇、冬官大司空等六官，在北周政治制度的基础上，参考北齐继承和吸收的北魏太和之制和南朝宋齐之制，以及南朝梁陈的某些制度，在中央设立了尚书、门下、内史三省，作为最高政权机关。门下省掌献纳谏正，内史（中书）省掌司王言，负责诏令的起草。尚书省事无不总，置尚书令，左、右仆射各一人，总领吏部、礼部、兵部、都官、度支、工部等六部，负责各项行政事务。此外，还有监察机关御史台，掌管各项专门业务的事务机关太常、光禄、卫尉、宗正、太仆、大理、鸿胪、司农、太府等九寺。同时，以高颎为尚书左仆射兼纳言，虞庆则为内史监兼吏部尚书，李德林为内史令，苏威兼纳言、吏部尚书，并任命了其他五部尚书，建立了新的政府机构。对于在隋朝建立过程中支持杨坚，出身于关陇贵族高门的李穆、窦炽和于翼则分别授予太师、太傅和太尉的称号，以示对他们的尊宠。对于北齐、北周等朝的官品和爵位，也一切予以保留，以争取广大贵族官吏对新朝的支持。

隋文帝还以官牛五千头分赐贫人，并弛山泽之禁，铸五铢钱，每一千重四斤二两，从而统一了货币。这些措施表明隋文帝不仅注意收取民心，同时也很重视经济的发展。

三月，隋文帝先后任命元景山为安州（今湖北安陆）总管，贺若弼为楚州（今江苏淮阴）总管，韩擒虎为庐州（今安徽合肥）总管，为统一南方做准备。九月，又以长孙览、元景山为行军元帅，尚书左仆射高颎节度诸军，发兵攻陈，拉开了平陈的架势，打出了统一的旗帜。

第二节 统一南北

一、远交近攻

在北部边疆，隋王朝还面临着强大的突厥。突厥自公元552年土门建立突厥汗国，553年木杆可汗继立后，力量日益强大，统治着东自辽海，西至西海（里海），北至北海（贝加尔湖），南至沙漠的广大地区。563年以后，对北方边疆的骚扰日益严重。北周、北齐分立，为了取得突厥的助力，"争结姻好，倾府藏以事之。佗钵益骄，每谓下曰：我在南两儿常孝顺，何患贫也"。[1]隋建立时，突厥内部矛盾虽很尖锐，但对隋仍是一个严重的威胁。

公元581年，木杆可汗之弟佗钵可汗死，佗钵子摄图继立为沙钵略可汗，摄图弟庵逻为第二可汗，木杆子大逻便为阿波可汗，沙钵略从父玷厥，居西面，号达头可汗。诸可汗各统部众，分居四面。隋文帝取代北周后，沙钵略可汗在北周千金公主怂恿下，发兵攻隋。北周时曾送千金公主入突厥、熟悉突厥内部情况的长孙晟，上书分析了沙钵略、阿波、达头三可汗以及沙钵略可汗之弟处罗侯等叔侄兄弟之间各统强兵，矛盾重重，难以力征，易于离间的情势，提出"远交而近攻，离强而合弱"[2]的方针，建议联合西方的达头可汗和阿波可汗，以及东北的处罗侯，促使突

---

[1]《隋书》卷84《突厥传》。
[2]《隋书》卷51《长孙晟传》。

厥内部分化，再乘势击败沙钵略。

隋文帝派元晖出使达头，长孙晟出使处罗侯，促成了突厥内部的分化。开皇三年，隋分兵八道反击突厥。大败沙钵略可汗于白道（今内蒙古呼和浩特西北），又屡败阿波可汗于凉州（今甘肃武威）。突厥分裂为以沙钵略为首的东突厥和以阿波为首的西突厥。开皇五年，沙钵略臣附于隋。隋的北顾之忧得以解除。

二、统一南北

隋王朝建立后，立即着眼于南北的统一。隋文帝一方面集中全力稳定内部，增强国力，并解决突厥问题，同时接受高颎的建议，利用南北农时的不同，经常在南方收获季节，征发少量军队，声言掩袭，大张旗鼓地宣扬要向陈进攻。等到陈把军队调集起来以后，便解散军队。这样，不仅可以废其农时，困其财力，而且由于每年如此，陈也就可以习以为常，不以为意，从而起到麻痹敌人的作用。隋还经常派人去烧陈的仓库，使陈的财力进一步困难。杨素也在永安（今湖北巴东）造大小舰只，准备顺江而下。

开皇八年（588年）三月，隋文帝下诏列举陈叔宝劫夺民财，劳役不止、穷奢极侈、淫声乐饮、枉杀直言等罪行，宣布伐陈。诏书抄写了三十万份，在江南广为散发。

十月，隋文帝命晋王杨广、秦王杨俊、清河公杨素为行军元帅，率大军五十一万，兵分八路，从巴蜀到东海之滨数千里的战线上，向陈发起进攻。诸军皆受晋王杨广节度。高颎为晋王元帅长史，主持军中事务。

十二月，杨素率舟师出三峡，顺江而下，数败陈军，直至汉口（今属湖北）。其他部队也都兵临长江。

这时，陈在后主陈叔宝的统治下，更加腐朽不堪，宰相江总不亲政务，唯事诗酒，成天与都官尚书孔范等文士陪着陈后主游宴，被称为"狎客"。实际主持政务的中书舍人施文庆、沈客卿则醉心于巩固自己的权势，而置朝廷安危于不顾。始则不向陈后主奏报隋军将至的情报，继而反对派兵加强京口（今江苏镇江）和采石（在今安徽）的防务。陈后主更是盲目乐观，在隋军大军压境，长江上游诸州皆为杨素所牵制，不能调来防守首都建康（今江苏南京）的情况下，还从容对侍臣说："王气在此。齐兵三来，周师再来，无不摧败。彼何为者邪！"他的宠臣孔范也附和说："长江天堑，古以为限隔南北，今日虏军岂能飞渡邪！"对于边将的报警和告急，他认为这不过是"边将欲作功劳，妄言事急"。[①]陈后主也笑以为然，故不为深备。君臣照样奏乐、纵酒、赋诗不辍。

开皇九年（589 年）正月初一，贺若弼自广陵（今江苏扬州）引兵渡江，陈兵竟然没有发现。韩擒虎将五百人夜渡长江，采石守兵皆醉，轻易拿下了采石。第二天采石戍主向陈后主告变，第三天陈后主才召公卿入议军旅。经过几天的议论，怎样行动仍然不能决定下来。初七，贺若弼在攻克京口（今江苏镇江）后，进据钟山。杨广派总管杜彦与韩擒虎合军屯于建康城附近的新林。

---

① 《资治通鉴》卷 176 祯明二年。

十三日，贺若弼大败陈军，俘陈将萧摩诃，韩擒虎自朱雀门进入建康，进至台城。陈后主与张贵妃、孔贵嫔逃入枯井中，被隋军俘获。

晋王杨广进入建康后，以施文庆受委不忠，曲为诌佞，使下情不能上达，沈客卿重赋厚敛，为害于民，斩于石阙下，以谢三吴；同时命高颎与元帅府记室裴矩收图籍，封府库，资财一无所取。杨广的作为受到天下的称赞。

陈的一些地方官据城抗拒隋军，很快都被讨平。隋的力量尚未到达岭南，数郡共推原高凉郡（今广东阳江西）太守冯宝夫人冼氏为主，号为圣母，保境安民。隋文帝派柱国韦洸安抚岭南，在南康（今江西赣县）受到陈豫章太守的拒阻。杨广让陈叔宝致书冼夫人，要她归附隋朝。冼夫人派孙冯瑰率众迎韦洸至广州。岭南诸州也都接受了隋的统治。陈的统治区域全部归入隋朝，得州三十，郡一百，县四百。

四月，晋王杨广率诸军凯旋回到长安。隋文帝宴赏将士，广阳门外夹道堆积了大量的布帛，共用去布帛三百余万段，并决定原来陈的统治区免除十年租赋。

第二章　隋王朝的鼎盛

第一节　强兵富国　巩固统一

一、改革兵制

平陈以后，隋文帝没有在胜利面前冲昏头脑。当时许多大臣建议封禅，隋文帝诏曰："岂可命一将军，除一小国，遐迩注意，便谓太平。"并且申明"而今以后，言及封禅，宜即禁绝"。①

为了防止北齐和陈的残余势力反抗，隋文帝下令"人间甲仗，悉皆除毁"，②并禁止江南民间拥有三丈以上的大船。

开皇十年（590年）五月，隋文帝对府兵制进行了重大改革。原来军人由军府统领，不属州县。他们南征北战，居无定处，实际上还是一种兵农分离的职业兵。隋文帝诏："凡是军人，可悉属州县，垦田籍帐，一与民同。军府统领，宜依旧式。"③军人都在州县入籍，其家庭的土地和应负担的赋税、兵役义务和普通百姓一样，都登记在户籍、计帐上，军人本身则仍受军府的统辖。府兵制最终完成了向兵农合一的转化。

隋文帝还罢去山东、河南及北方缘边之地新设置的军府。这

---

①《隋书》卷2《高祖纪下》。
② 同上。
③ 同上。

样，军府就都集中在长安附近的地区，便于中央随时调集重兵，应付边疆和山东、江南发生的突然事变。

开皇十年冬，江南发生了婺州（今浙江金华）人汪文进、会稽（今浙江绍兴）人高智慧、苏州人沈玄恪等的叛乱，范围遍及今江、浙、赣、闽、广等省。杨素讨平后，隋文帝把晋王杨广从并州总管调任扬州总管，镇江都（今江苏扬州），每岁一朝。其他几个儿子，也分镇方面，秦王杨俊、汉王杨谅先后镇并州，越王秀镇蜀。隋文帝赋予这些出镇亲王以专制方面的权力，想以此来加强对全国的控制。

此后，除了开皇十八年（598年）进行了一次对高丽的战争，开皇十九年（599年）对突厥进行了反击，此外没有什么大的军事行动。在相当长的一段时间里，社会是比较安定的。隋文帝本人始终保持着俭朴的生活，平日吃饭，除了宴会，只有一个肉菜。劝课农桑，轻徭薄赋的政策也一直坚持实行。农民除了交租调、服徭役，基本上没有其他负担，因此能安心地进行农业生产。人口迅速增加，国家控制的户口，开皇九年（589年）全国统一时为七百万户左右，到隋文帝末年（604年），超过了八百九十万户，十五年间增加了近二百万户。封建国家控制了大量的自耕农，而军事官僚机构也都不很庞大，特别是实行兵农合一的府兵制，政府不必支出养兵的费用，因此，国家的府库中积累了大量的财富。开皇十二年有关部门向隋文帝报告，库藏皆满。隋文帝问道："朕既薄赋于人，又大经赐用，何得尔也？"对道："用处常出，纳处常入，略计每年赐用，至数百万段，曾无减损。"[1] 于是增建了库房，以贮存日益增多的物资。

开皇十二年（592年），隋文帝以内史令杨素"代苏威为尚书右仆射，与高颎专掌朝政"。[2] 高颎略涉书史，具有杰出的政治军事才能，在隋初的政治经济革新和平陈之役中起了很大的作用，一直受到隋文帝的信用。杨素，弘农华阴人，出身于关中郡姓的著名家族，少有大志，好学不倦，长于文词，善于用兵，在平陈战役中，率水军自永安顺江东下，消灭了陈的大量有生力量，后又平定江南豪族的叛乱，巩固了隋在南方的统治。杨素知政事后，更得文帝信任。

二、炀帝继位

太子杨勇在位日久，一次冬至，太子召内外百官，设乐受贺，引起了隋文帝的疑忌。隋文帝对杨勇的奢侈也甚为不满。隋文帝皇后独孤氏为太子所选正妃元氏没有受到太子的宠爱，后来突因心疾去世，独孤后也很不高兴。

晋王杨广美姿仪，性敏慧，好学，善于文词，平陈时措置得当，得到朝野的好评。他不仅倾心结交掌权的大臣，对一般朝士他也以礼相待。杨广的威望越来越高。隋文帝去他居处看到陈设朴素，乐器弦多断绝，又有尘埃，以为不好声色，更加喜爱他。独孤后也因为太子对杨广的嫉恨日益增加，想要废杨勇，立杨广为太子。

---

[1]《隋书》卷24《食货志》。
[2]《隋书》卷48《杨素传》。

杨广在宇文述、张衡的谋划下，结交杨素，积极谋取太子地位。开皇十九年，高颎因反对废除杨勇，隋文帝寻找借口，除名为民。杨勇在朝廷中失去了一切依靠。开皇二十年（600年）十月，隋文帝命内史薛道衡宣诏，废杨勇及其男、女为王、公主者，十一月，立晋王广为皇太子。

仁寿四年（604年）七月，隋文帝杨坚死于岐州（今陕西凤翔）之北的仁寿宫。杨广即皇帝位，是为隋炀帝。

八月，隋文帝第五子并州总管汉王谅举兵反。杨谅也甚为隋文帝所宠爱。开皇十七年出为并州总管时，隋文帝亲自到温汤送他，并赋予他很大的权力，"自山以东，至于沧海，南拒黄河，五十二州尽隶焉。特许以便宜，不拘律令"。[1]后来又同意他在太原增修武备。杨勇被废后，杨谅就阴有异图，梁将王僧辩之子王颜不得志，郁郁思乱，成为杨谅叛乱的主要谋士。杨谅起兵后，从谅反者达十九州。

王颜向杨谅建议："王所部将吏，家属尽在关西，若用此等，则宜长驱深入，直据京都，所谓疾雷不及掩耳，若但欲割据旧齐之地，宜任东人。"[2]杨谅犹豫不决，最后接受了总管府兵曹裴文安的建议，一面派兵出太谷、滏口（在今河北磁县），准备从孟津、黎阳（今河南浚县东）渡河，略河南；出井陉，略河北；同时派裴文安率军直指京师。裴文安前锋已据蒲州（今山西永济），杨谅忽然又改变主意，招回裴文安。

---

[1]《隋书》卷45《庶人谅传》。
[2]《资治通鉴》卷180仁寿四年。

杨素率轻骑五千攻克蒲州，隋炀帝以杨素为并州道行军总管，河北道安抚大使，统兵讨伐，很快平定了这次叛乱。隋炀帝虽然免除了汉王杨谅的死罪，除名为民，但是对这次叛乱的参加者并没有停止追究，杨谅所部吏民因此而处死或流放者达二十余万家。

第二节　雄才大略　继往开来

一、营建东京　开凿运河

炀帝担任过并州总管和扬州大总管，对北方、山东和江南的情况都有所了解。他即位后，又发生了汉王谅反对他继位的叛乱，因此，巩固统一，进一步发展统一的多民族国家，始终是隋炀帝的一个主要着眼点。

在平定汉王谅，安葬隋文帝之后，隋炀帝立即"诏除妇人及奴婢、部曲之课，男子二十二成丁"①。隋初规定丁男一床，租粟三石，调绢一匹，单丁及奴婢、部曲则按半数交纳。开皇三年（583年）已将调绢由一匹即四丈减为二丈，所以这次免除妇人之课，实际上是降低租粟。奴婢、部曲一般农民家不会拥有，而官僚又享有免课的特权，因此，这实际上是一项有利一般地主的规定。把男子成丁年龄由二十一岁提高到二十二岁，也可以使农民晚一年再负担课役。

---

① 《资治通鉴》卷180仁寿四年。

大业元年（605年）正月，隋炀帝又派遣使臣八人巡省风俗，了解民情，要求对鳏寡孤独不能自存者量加赈济，对蠹政害人，不便于时者，具录闻奏，希望达到家给人足、风俗淳厚的境界。

隋炀帝虽然注意到农民的负担和吏治问题，但他更关心的还是加强对全国的控制。仁寿四年（604年）十一月，隋炀帝从长安来到洛阳。第二天就发丁男数十万，自龙门（今山西河津）东接长平（今山西晋城西北）、汲郡（今河南淇县），渡黄河至浚仪（今河南开封）、襄城（今河南临汝），达于上洛（今陕西商县），挖了一条长堑，作为洛阳的屏障，十几天以后，正式下诏于伊洛营建东京。隋炀帝在诏中明确指出，洛邑自古之都，"控以三河，固以四塞，水陆通，贡赋等"，是建立都城的理想地点。汉王谅所以能毒被山东，"此由关河悬远，兵不赴急"，都城远在长安，不能及时把军队调到山东。况且南疆遥远，山东广大，应抓住时机，营建东京。大业元年三月，诏尚书令杨素、纳言杨达、将作大匠宇文恺负责东京的营建工程，进一步提出，建立东京，可以躬亲存问地方官吏是否称职，并明令"其民下有知州县官人政治苛刻，侵害百姓，背公徇私，不便于民者，宜听诣朝堂封奏，庶乎四聪以达，天下无冤"。①

在下令营建东京的同时，隋炀帝又发河南诸郡男女百余万，开通济渠，自东京西苑引谷水、洛水入黄河，从板渚（在今荥阳汜水东北）引黄河经荥泽入汴水，又自大梁（今开封）引汴水入

---

① 《隋书》卷3《炀帝纪上》。

泗水，而达于淮河。又发淮南民十余万开邗沟，自山阳（今淮安）引淮河至扬子津入长江。渠宽二十丈，渠旁筑有御道，并栽种柳树，自长安至江都（今扬州）还修建了离宫四十余所。通济渠、邗沟和后来开凿的永济渠都是把天然水道加以连接并加以拓宽，隋王朝又直接控制了大量自耕农，有可能一次征发大量劳动力，因此，全部工程从三月底开始，七月底就全部完成了。八月十五日，隋炀帝乘龙舟从通济渠前往江都。

大业二年（606年）正月，东京建成。四月，隋炀帝回到东京。

大业四年（608年）正月，诏发河北诸郡男女百余万开永济渠，引沁水南达黄河，从今河北武陟县西北的沁水北岸向东北开渠，下接清（卫河）、淇二水，北通涿郡（今北京市），全长二千余里。

大业六年（610年），又敕穿江南河，自京口（今镇江）至余杭（今杭州），沟通了长江至钱塘江之间的水上交通。

大业七年（611年）二月，隋炀帝在江都住了十个多月以后，自江都乘龙舟入通济渠，渡过黄河，进入永济渠，于四月到达涿郡，开始了他的征辽之行。

由永济渠、通济渠、邗沟和江南河组成的以洛阳为中心的大运河，全长四千余里，横贯海河、黄河、淮河、长江、钱塘江五大水系，全部工程仅用了六年时间，速度之快、效率之高、质量之好都是惊人的，反映了当时的科学技术水平、物质基础和组织水平都已达到前所未有的高度。

运河开通后，立即成为南北经济交流的动脉，通济渠中"商旅往还，船乘不绝"。[①] 东京通远市东漕渠中，"郡国舟船舳舻万计"。[②] 停满了来自全国各地的舟船。

通济渠通航后，在洛水入黄河的巩县东北原上修建了洛口仓（兴洛仓），有粮窖三千，窖容八千石。又置回洛仓于洛阳北七里，有窖三百。两仓共可储粮二千六百四十万石。其中除了沿开皇时漕运路线运来的河北、山东、河南北部和山西南部的粮食，江淮的粮食也通过运河运到洛阳。洛阳右掖门街西子罗仓西即有粳米六十余窖，存有南方运来的粳米四十八万石。

二、四方巡游　威动殊俗

为了加强对各地区，特别是边疆地区和少数民族的控制，隋炀帝展开了频繁的巡游活动。在大业七年（611年）攻打高丽之前，他曾二下江都（扬州），两次北巡，并西巡河西走廊。

平陈之后，江南曾经发生过声势浩大、地区广泛的豪族叛乱。扬州又是隋炀帝的发迹之地。大业元年，他大摆排场，率领着庞大的船队去扬州，固然有衣锦荣归的意味，但更主要的还是要造成一种威势，对南方的豪强大族起到震慑的作用。大业六年（610年）他再去扬州，并在扬州下令开江南河，宣布要东巡会稽（今绍兴）。虽然后来由于形势的发展，隋炀帝江南之行始终没有能够实现，但也表明了他对南方的关注。

[①]《旧唐书》卷67《李勣传》。
[②]《大业杂记》。

对于突厥，隋炀帝更是不敢掉以轻心。大业三年（607年）四月，隋炀帝从长安出发，经雁门、马邑（今山西朔县），于六月到达榆林郡（今内蒙古托克托黄河南）。启民可汗及其所部诸国奚、霫、室韦等酋长数十人，均已先期到达榆林。隋炀帝在行宫会见启民可汗和义成公主，又命宇文恺在榆林城东搭了一座可容纳数千人的大帐，在帐中宴请突厥启民可汗及其部落三千五百人，赐物二十万段。当时启民可汗上表说："臣今非是旧日边地突厥可汗，臣即是至尊臣民，至尊怜臣时，乞依大国服饰法用，一同华夏。"隋炀帝下诏说"先王建国，夷夏殊风。君子教民，不求变俗"，并以玺书答启民可汗，以为"碛北未静，犹须征战，但使好心孝顺，何必改变衣服"。[①] 要启民可汗忠心为隋王朝捍卫北边。这也是炀帝这次北巡的主要目的。

在榆林，隋炀帝下诏发丁男百余万筑长城，西起榆林，东至紫河（今大黑河、浑河）。在启民可汗领地之南建立起第二道防线。由此可以看到隋炀帝对北疆的形势始终是保持高度警惕的。

八月，隋炀帝北渡黄河，耀兵塞外。行军时，部队结为方阵，停留时则以木板作行城，以防止突然袭击。启民可汗事先从榆林到他的牙帐开辟了一条宽达百步的御道，并准备了华丽的庐帐，迎接隋炀帝的到来。

炀帝此行，原来还准备经由突厥，去北方重镇涿郡。启民可汗为此举国就役，把榆林到其牙帐的御道一直延伸到涿郡，全长

---

① 《隋书》卷84《突厥传》。

达三千里。隋炀帝临时改变决定，入塞经太原回到东都，圆满完成了第一次北巡。

大业四年（608年）三月，隋炀帝第二次北巡，从五原出塞巡长城。

大业五年（609年）初，隋炀帝从洛阳回到长安。三月，西巡河右。早在大业初年，隋炀帝就开始对西域加以关注。当时西域诸胡多至张掖进行贸易，隋炀帝特派吏部侍郎裴矩前往掌握。裴矩在张掖向商胡了解诸国山川风俗，王和普通百姓的仪形服饰，撰写了《西域图记》三卷，并附有地图。地图上标明了从敦煌西去的三条通道：北道从伊吾（今哈密），中道从高昌（今吐鲁番），南道从鄯善（今若羌）。裴矩对隋炀帝分析了当时西域"突厥、吐浑分领羌、胡之国，为其壅遏，故朝贡不通"[1]的情势，指出当时商人为通商，密送诚款。如果派人前往招抚，各小国就会内附。吐谷浑、突厥即可击灭。

隋炀帝为了重新开通与西域的交通，使丝绸之路畅通，大体上仍采用了文帝时对突厥远交而近攻的策略。大业四年初，派崔君肃召怀西突厥处罗可汗，处罗可汗遣使入朝贡汗血马。年底，又派右翊卫将军薛世雄击灭伊吾，打通了北道。

大业五年四月，隋炀帝出临津关（今循化东），渡黄河，至西平（今青海乐都）。五、六月份，大败吐谷浑，吐谷浑仙头王率男女十余万口来降，吐谷浑可汗伏允败走，客于党项。隋炀帝

---

[1]《隋书》卷67《裴矩传》。

自今青海境经大斗拔谷（今扁都口）进入河西走廊，到达张掖。隋炀帝在燕支山（今山丹大黄山）会见高昌王麹伯雅、伊吾吐屯设及西域二十七国使者，焚香奏乐，歌舞喧噪。武威、张掖的士女都盛装前来观看。会见时，吐屯设献西域数千里之地，隋炀帝设西海（治伏俟城，在青海湖西十五里）、河源（治赤水，在今兴海东）、鄯善（治鄯善城，今新疆若羌）、且末（今新疆且末南）四郡，派罪犯为戍卒前往防守。隋的统治深入到新疆境内。丝绸之路全面开通。隋炀帝又命刘权镇河源郡积石镇，大开屯田，捍御吐谷浑，以确保自西域经青海至关中交通的畅通，并屏障河西走廊的安全。

几天后，隋炀帝又在观风行殿宴请高昌王麹文泰、伊吾吐屯设和各国使臣，奏清乐、龟兹、西凉、天竺、康国、疏勒、安国、高丽、礼毕等九部乐，及鱼龙戏作为余兴。这不仅是一次民族团结和中外友好的盛会，也是南北朝以来中外文化交流成果的一次检阅。至此，西行解决吐谷浑问题，安定西部边疆和畅通丝绸之路，发展商业贸易的任务圆满完成。隋炀帝打道回京，于九月回到长安。

隋炀帝的这些活动收到了积极的效果。第二年正月十五，诸蕃酋长毕集洛阳，向隋炀帝贡献各地的土特产。隋炀帝在端门外大街上盛陈百戏，戏场周围五千步（八千多米）仅乐队就有一万八千人，声闻数十里，自昏达旦，灯火光烛天地，持续了十几天。诸蕃还到丰都市进行贸易。

隋炀帝在北巡塞外，西巡河右，安定北方，远通西域的同时，还把眼光放到东北、东南和邻近各国。

大业三年、四年（607、608年），他派朱宽慰抚流求（台湾）。大业三年派常骏、王君政从南海郡（今广州）去赤土（今泰国），大业六年（610年），赤土王子来华，在弘农（今河南灵宝）谒见了隋炀帝。大业三、四年，日本国两次派小野妹子为大使来隋，隋炀帝也派裴清为使报聘。

三、改革政治体制

在大力巩固和发展统一多民族国家的同时，隋炀帝对政治制度和用人制度进行了改革。

第一，确立三省制，改变宰相制度。

隋文帝设立尚书、门下、内史三省。其中尚书省下设六部，分理各项政务；内史（中书）省设有内史舍人八人，负责替皇帝起草诏敕。两省的职责和在政权中的地位和作用都是明确而具体的。而门下省除了保持北齐时"献纳谏正"和"司进御"的职能，原来集书省讽谏的职能和大批谏官也同时并入了门下省。门下省有的官员虽然也可以对尚书省奏事有所驳正，[①]但主要还是皇帝的顾问、谏议和侍从机关。

大业三年（607年）隋炀帝设立殿内省，将尚食、尚衣、尚药等侍奉皇帝的部门由门下省移出；废散骑常侍等谏官常员；又设立了给事郎，"置员四人，从五品，省读奏案"[②]，专门负责奏

[①]《隋书》卷47《柳机传附雄亮传》。
[②]《隋书》卷28《百官志下》。

案的审议。至此，门下省才改变了北齐以来皇帝侍从和顾问的性质，成为"佐天子而统大政"，协助皇帝处理政务的一个主要的政权机关。三省也最终摆脱了南北朝以来与集书省、秘书省、内侍省等诸省并列的状况，成为一个按职能和政务处理程序分工的有机整体。

宰相制度在隋炀帝时也有变化。隋文帝时"朝之众务，总归于台阁。尚书省事无不总"。[①] 因此，尚书省的实际长官尚书左、右仆射的权力和地位均在内史省和门下省长官内史、纳言之上。开皇九年（589年）平陈后，一般以尚书左、右仆射"专掌朝政"。[②] 但是，随着担任仆射的大臣权力和威望的不断增长，和皇帝的矛盾也日益扩大。文帝末年，对杨素"渐疏忌之，后因出敕曰：'仆射，国之宰辅，不可躬亲细务，但三五日一度向省，评论大事。'外示优崇，实夺之权也。"[③] 仆射专掌朝政的格局发生了变化。

隋炀帝即位后，对于杨素这样帮他取得太子地位，又在平定汉王杨谅中立了大功的元老功臣猜忌更甚，先以之为尚书令，后又以之为司徒，地位是越来越高，而实权却越来越少。隋炀帝亲理万机，不把大权交给一两个人，除了具体事务临时指定人选外，至大业六年（610年），逐步形成了由纳言苏威、左翊卫大将军宇文述、黄门侍郎裴矩、御史大夫裴蕴、内史侍郎虞世基参

---

① 《隋书》卷28《百官志下》。
② 《隋书》卷48《杨素传》。
③ 同上。

掌朝政的新格局。[1]五人中苏威为门下省长官，裴矩、虞世基为门下省、内史省副长官，宇文述和裴蕴则皆非三省官员。命他官与三省长官、副长官参掌朝政，开唐代知政事官和政事堂制度的先声。

第二，缩小封爵，提出以才授官的用人原则。

大业二年（606年）七月，隋炀帝制："百官不得计考增级，必有德行功能，灼然显著者，擢之。"[2]把德行功能作为官吏升迁的唯一标准。

大业三年（607年）四月隋炀帝又决定，废伯子男三等爵，唯留王、公、侯三等，缩小了封爵的范围，除非重新赐爵，旧有的伯、子、男等爵位一律"例除"。[3]

隋炀帝同时还决定取消都督以上至上柱国等十一等"以酬勤劳"的勋官，以及"以加泛授"的四十三号将军。自一品至九品，置光禄大夫等九大夫，建节等八尉，以为散职。

隋文帝虽然废除了九品中正制，官吏的任用不再受门第的限制，但是北周、北齐尚武、尚贵戚的传统仍然起着强大的作用。例如窦威"家世勋贵，诸昆弟并尚武艺"，"诸兄弟并以军功致仕通显"。而喜爱文史的窦威则被诸兄讥为"书痴"，认为他"名位不达，固其宜矣"。[4]因此，隋初高级官吏仍多由贵戚、功臣担任，他们的子弟也都通过门荫步入仕途，再通过军功而致位通显。但

---

[1]《隋书》卷41《苏威传》；卷67《虞世基传》。
[2]《隋书》卷3《炀帝纪上》。
[3]《隋书》卷71《皇甫诞传附无忌传》；参《隋书》卷61《郭衍传》。
[4]《旧唐书》卷61《窦威传》。

是，这种情况已不能适应统一过程中和南北统一后政事纷繁的复杂局面。开皇九年（589年）平陈后隋文帝提出"武力之子，俱可学文"，"有功之臣，降情文艺；家门子侄，各守一经"，[1]就是对尚武风气的一次初步的冲击。隋炀帝这一次缩小封爵，取消勋官，则是对崇尚军功和贵族身份的关陇军事贵族集团一次全面的打击和限制，也是走向以德行功能任官用人的一个重要步骤。

大业五年隋炀帝又制："魏、周官不得为荫。"[2]门荫，是给予本朝高级官吏的一种政治特权，是以在本朝担任的官职高低作为标准的。而门阀制度则主要是看门第，即祖先官职的高低。因此，取消北魏、北周高官子孙的门荫特权，不仅缩小了门荫的范围，而且在实际上进一步清除了门阀制度的残余。

大业八年（612年）九月，隋炀帝从辽东前线回到东都后十天，发布了一道诏令。在这道诏令中，隋炀帝对周、齐的任官原则和用人制度进行了总结和清算，指出周齐以来由于"三方未一，四海交争，不遑文教，唯尚武功。设官分职，罕以才授"。这些拔自行阵的武夫没有经过学习，不懂得政事，"是非暗于在己，威福专于下吏"，造成了"贪冒货贿，不知纪极，蠹政害民"的严重后果。因而提出了"军国异容，文武殊用"，"化人成俗，则王道斯贵"，"世属隆平，经术然后升仕"这样一些任官用人的一般原则。最后并规定："自今已后，诸授勋官者，并不得回授文

---

[1]《隋书》卷2《高祖纪下》。
[2]《隋书》卷3《炀帝纪上》。

武职事。"①

这个诏令的发布固然与辽东战事失利、隋炀帝迁怒诸将有关，同时也是把农民蜂起起义的责任推到武夫出身的各级官吏身上，把自己开脱得干干净净。但是，它与大业二年提出的德行功能的原则相辅相成，比较完整地提出了德行、学识、才能这样一些新的任官用人的标准，因而具有划时代的意义。尽管这些原则的真正实现，还需要经历一段漫长而曲折的过程，还有待于经济、政治和文化等各方面条件的成熟。但是这些原则毕竟是提出来了，隋炀帝还采取了一些具体的措施，例如上面所述的缩小封爵，取消勋官、征辽战争中新授勋官不得回授文武职事官，以及进士科的设立等。这样，就不能不引起隋炀帝和贵族、文臣、武将之间矛盾的发展。

---

① 《隋书》卷4《炀帝纪下》。

第三章　隋王朝的衰亡

第一节　滥用民力　征发无度

隋炀帝即位后修建东都、开凿运河、四出征战、到处巡游，无论是节奏、速度和效率，在中国历史上都是少有的。所以能进行这些活动，除了隋炀帝的雄才大略和魄力外，主要是由于封建国家控制了大量的自耕农。同时，隋文帝时战争、工役较少，社会财富有一定的积累。尽管如此，社会的承受力是有一定限度的，一旦超过这个限度，就会造成巨大的社会动荡。而隋炀帝却没有掌握住这个限度。

大业元年（605年）三月开始营建东京，每月役丁二百万人，官吏督役严急，役丁死者十之四五，装载死尸的车辆，东至荥阳，北至河阳，东西百余里，南北近百里，相望于道。同时开凿的通济渠，发河南、淮北诸郡民，前后百余万；又发淮南民十余万开邗沟。此外，还自长安至江都修建离宫四十余所，在江南造龙舟及杂船数万艘，这些也都需要征发大量的劳动力。

接下来是一系列的巡游。大业元年八月的江都之行，龙舟上下四层，高四十五尺，长二百尺，仅挽船工即达八万人，此外，还有大量从驾的士兵。大业三年北巡，甲士五十余万。又发丁男百余万修长城,"死者太半"。①

经过三年的折腾,隋炀帝先后征发了五百万左右的丁男,其中一百五十万以上的丁男在工役中悲惨地死去。因此,大业四年初发河北诸郡民开永济渠时,就已经出现"丁男不供,始以妇人从役"②的严重情况。这本来是一个危险的信号,而隋炀帝或者是臣下没有把情况向他报告,或者是根本不予理会,继续到处巡游。四年三月至五原,出塞巡长城;五年三月西巡河右;六年三月又至江都宫。

炀帝君臣没有看到丁额不足是由于役丁的大量死亡,相反归之于百姓脱漏户口及诈老诈小。在民部侍郎裴蕴的建议下,隋炀帝下令进行貌阅,查出了丁男二十四万三千人,脱漏户口六十四万口。这次清查出来的丁口,远比几次工役死亡的丁口少得多。而隋炀帝知道后,却认为主持此事的裴蕴是一个贤才,对他更加信任。此后,隋炀帝对民间情况和农民的负担能力更是不加注意。

大业七年(611年),隋炀帝下诏讨高丽,开始进行攻打高丽的准备工作。一百一十三万军队从全国各地到涿郡(今北京市)集中,"其馈运者倍之"③,被调征出来运输粮食和军需物资的民夫超过了二百万。三四百万士兵和民夫,大量死于行役和战争,"太半不归"。农村中只剩下了老弱和妇女,"老弱耕稼,不足以

---

① 《隋书》卷24《食货志》。
② 同上。
③ 《隋书》卷4《炀帝纪下》。

救饥馁，妇工纺绩，不足以赡资装"。"耕稼失时，田畴多荒"。[①]社会生产已无法正常进行。大规模的征发从炀帝即位时开始，前后已持续七年，隋文帝时社会所积累的财富，这时也已消耗殆尽。隋炀帝所进行的各项活动到大业七年，已经大大超过了社会所能承受的能力，对社会经济已经造成了巨大的破坏。广大农民陷入了水深火热之中，被迫起来反抗，以求一条生路。对高丽的战争尚未进行，农民就相继起义了。

第二节　义军蜂起　土崩瓦解

一、为天下解倒悬之急

大业七年末，起义首先在山东章丘长白山爆发。起义的领导者王薄自称知世郎，作《无向辽东浪死歌》，鼓动农民不要到辽东去为统治者卖命。避征役者多前往参加。山东一带还兴起了许多支小股起义队伍。

隋炀帝对此根本没有看在眼里，除了命令地方进行追捕镇压，继续按原来的计划攻打高丽。大业八年（612年）正月，百万大军从蓟城（今北京市）出发，由炀帝亲自节度。三月，大军渡过辽水，进围辽东城（今辽宁辽阳）。高丽人据城坚守，隋军久攻不下，一直拖到六月。隋炀帝不去检讨指挥上的原因，而是归罪诸将作战不力。他召集诸将责备道："公等自以官高，又恃家世，欲以暗懦待我邪！在都之日，公等皆不愿我来，恐见病败耳。我今来此，正

[①]《隋书》卷24《食货志》；《资治通鉴》卷181大业七年。

欲观公等所为，斩公辈耳！公今畏死，莫肯尽力，谓我不能杀公邪！"① 谈话透露了隋炀帝与出自关陇贵族高门的诸将之间的深刻矛盾。正是在这种疑忌心理下，隋炀帝规定"凡军事进止，皆须奏闻待报，毋得专擅"②。使诸将不能因时制变，灵活机动地作战。隋炀帝留在辽东城西数里的地方督战，情况仍然没有什么变化。

与此同时，来护儿所率江淮水军从东莱海口出发，进入浿水（大同江），在平壤城下为高丽伏兵所败。宇文述、于仲文所率三十万大军进到距平壤三十里的地方，因粮食将尽，士卒疲惫，不可复战。引还途中，在萨水（清川江）被高丽打得大败，还至辽东城下的，只有二千七百人。

隋炀帝并没有从失败中接受教训，大业九年（613年）三月，又亲率大军赴辽东。高丽兵婴城固守，隋军虽然使用了飞楼、云梯等攻城武器，并开挖了地道，但是高丽兵应变拒守，辽东城仍未能攻下。

经过两次辽东之役的征发，正如杨玄感与樊子盖书中所云："转输不息，徭役无期，士卒填沟壑，骸骨蔽原野。黄河以北，则千里无烟；江淮之间，则鞠为茂草。"③ 社会经济的破坏已经变得更加严重了，越来越多的农民被迫走上了起义的道路。在黎阳（今河南浚县）督运的礼部尚书杨玄感看到这种"百姓苦役，天下思乱"的形势，便以"为天下解倒悬之急，救黎元之命耳"④ 为

---

① 《资治通鉴》卷181大业八年。
② 同上。
③ 《隋书》卷70《杨玄感传》。
④ 同上。

名，公开打出了反对隋炀帝的旗帜。

杨玄感在黎阳挑选运夫、船夫少壮者八千人组成部队，向洛阳逼近。在洛阳附近，杨玄感打败了前来拒战的隋军，其中裴弘策所部八千人，包括韩擒虎、观王杨雄、虞世基、来护儿、裴蕴、郑善果等达官应募从军的子孙，都投降了杨玄感。还有不少人参加了他的队伍，力量迅速壮大到五万人。

杨玄感是文帝时显赫一时的宰相杨素之子。炀帝即位后，对杨素猜忌日深，削夺了他的一切实权。杨素死后，杨玄感和他的弟弟们早就萌发了废掉隋炀帝的想法。他年轻时好读书，善骑射，与破落的关陇贵族高门子弟李密"为刎颈之交"[1]，与司农卿赵元淑，兵部侍郎斛斯政等也交往甚密。杨玄感还"爱重文学，四海知名之士多趋其门"[2]，在贵族子弟和文士中具有相当的影响。隋炀帝在前线接到杨玄感反叛的消息后，非常紧张，把纳言苏威找来商量说："此儿聪明，得无为患？"[3] 接着听说许多达官子弟皆在杨玄感处，感到事态严重，连夜密召诸将，从辽东撤军。堆积如山的军资、器械、攻具以及营垒、帐幕皆弃之而去。

杨玄感顺利地从黎阳到达东都城下，又打了几次胜仗，便"自谓天下响应，功在朝夕"。[4] 但是，事情的发展并不如杨玄感所预计的那样美妙。除了余杭刘元进在江南起兵响应，梁郡（今河南商丘）民韩相国举兵响应外，各地的农民和起义武装没有与之

---

[1]《隋书》卷70《李密传》。
[2]《隋书》卷70《杨玄感传》。
[3]《资治通鉴》卷182大业九年。
[4]《隋书》卷4《炀帝纪下》。

呼应的。至于郡县官吏，更是未有从者。隋炀帝也没有"陷身绝域"，很快就回到涿郡，指挥对杨玄感的镇压。隋王朝的统治基础虽然已经动摇，但是，从朝廷到郡县的统治系统还能有效地进行运转，在这样的情况下，许多地主官僚虽然早有反隋之心，但还不敢轻举妄动。

百官家口都在东都，杨玄感认为若能先取东都，便可以动摇百官，并可以号令四方，因此，屯兵于东都城下。留守西京的代王侑派卫文升率兵四万救东都，很快到达东都城北。隋炀帝所派屈突通，也率兵从河阳渡过黄河，到达洛阳东北。东都城内的樊子盖也不时出击，屡败杨玄感军。在腹背受敌，隋的援军不断到达的情况下，杨玄感于七月底引兵西走，企图入据关中。八月初在阌乡（在今灵宝、潼关间）被隋军追及，败亡。隋炀帝认为，"玄感一呼而从者十万，益知天下人不欲多，多即相聚为盗耳。不尽加诛，无以惩后"[1]。对这次起兵的参加者进行了残酷的镇压，有三万多人被杀，六千多人被流放。百姓接受杨玄感开仓所赈米者，也被活埋在都城之南。

二、停止征辽 依然故我

隋炀帝从辽东班师后，一直在涿郡进行指挥。杨玄感被杀后，他于九月来到河北中部的上谷（今易县），不久，到博陵（今定县）住了下来。这时山东、河南和江南百姓举兵反抗的越

---

[1]《资治通鉴》卷182大业九年。

来越多。济阳人吴海流、东海人彭孝才有众数万，东阳人李三儿、向但子众至万余。吕明星率众数千围东郡（今河南滑县东），孟让、王薄等众十余万据长白山。清河张金称众数万；渤海格谦自号燕王，孙宣雅自号齐王，众各十万。在唐县（今属河北）和扶风（今陕西凤翔）还先后发生了宋子贤和沙门向海明自称弥勒出世，聚众谋反的事件。向海明众至数万，自称皇帝。隋炀帝除了调少量军队进行镇压，还下令"为盗者籍没其家"①，想用严惩起义者家属的办法，来制止起义的蔓延。此外，没有采取任何措施来缓和与农民的矛盾。

第二年，大业十年（614年）二月，隋炀帝又下诏征集天下兵讨高丽。三月，亲赴涿郡；七月到达怀远镇（今辽宁辽阳西北）。由于内地到处有起义军，各路兵马多不能按期到达。高丽经过两次战争，也是疲惫不堪。因此，当来护儿在辽东半岛击败高丽军后，高丽王高元立即遣使请降，并送回杨玄感起兵时叛逃高丽的斛斯政。隋炀帝也就顺水推舟，派人召回来护儿。十月，隋炀帝到西京，以高丽使者和斛斯政告太庙。前后四年，三次亲征的对高丽战争，总算是对祖宗做了交代。

隋炀帝虽然被迫停止了对高丽的战争，但内心是很不甘愿的。隋炀帝攻打高丽，首先是想要占有辽东，如汉晋一样在那里设立郡县。而战争的结果，虽然设置了辽东郡，但辽东城一直没有攻下。本来还想通过高丽王入朝以确认高丽对隋的臣属关系，

---

①《隋书》卷25《刑法志》。

来增加一些光彩,但高丽王高元竟召而不至。隋炀帝老羞成怒,"敕诸军严装,更图后举"[1]。还想再发动一次对高丽的战争。

大业十一年(615年)正月初一,隋炀帝在东都大宴群臣。突厥、新罗、靺鞨、契丹、吐火罗、龟兹、疏勒、于阗、安国、曹国、何国等国并遣使朝贡。正月二十二日,又"大会蛮夷",会见在东都的各族、各国人士,设鱼龙曼延之乐进行招待。大业六年之后又一次举行这样盛大的活动,无非是要增加一些欢乐的气氛,表明又达到了"天下平一,海内晏如"[2]的局面。

隋炀帝虽然力图从战争和动乱的困境中摆脱出来,并下了很大的决心停止了对高丽的战争,但是由于他没有能从前一段的事态中吸取教训,听不进太史令庾质提出的三五年内停止巡省,使百姓尽力农桑,休养生息的建议,只是想通过强化统治来达到止奸息盗的目的,这就使他不能不陷入更大的困境。二月,他下诏"民悉城居,田随近给"[3],在农村大修城堡,把农民都赶到城堡中居住,造成了"百姓废业","无以自给"的严重后果。"初皆剥树皮以食之,渐及于叶,皮叶皆尽,乃煮土或捣藁为末而食之。其后人乃相食。"[4]

三、雁门之围

对于内地形势隋炀帝未能有清醒的认识,而对边疆形势却相

---

[1]《隋书》卷81《高丽传》。
[2]《隋书》卷4《炀帝纪下》。
[3]《资治通鉴》卷182大业十一年。
[4]《隋书》卷24《食货志》。

当敏感。大业十一年二月，隋炀帝接到报告，有上谷人王须拔，自称漫天王，国号燕；魏刁儿自称历山飞，各有众十余万，"北连突厥，南寇赵"①。有众十余万，这对隋炀帝已经司空见惯了，而"北连突厥"，突厥开始支持北方的反隋武装，倒是使隋炀帝非常担忧。

突厥自大业五年（609年）启民可汗死，始毕可汗继位后，部众渐盛。大业七年后，"值天下大乱，中国人奔之者众"。②内地许多人也避难到突厥境内。突厥的力量越来越强大，东自契丹、室韦，西尽吐谷浑、高昌，都臣属于突厥。裴矩看到突厥的强大，建议以宗女嫁始毕可汗弟叱吉设，拜为南面可汗以分其势。叱吉不敢接受。裴矩又诱杀了足智多谋的始毕可汗宠臣史蜀胡悉。双方关系紧张起来。

八月，隋炀帝在汾阳宫（在今山西静乐县）避暑后，出巡北塞。隋炀帝此行的本意，是要对突厥进行威慑，要它不要支持北方的反隋武装势力。而突厥这时已经强大到不仅敢于停止朝贡，断绝对隋的臣属关系，而且敢于和隋王朝公开对抗。始毕可汗率数十万骑南下，准备袭击隋炀帝一行。这是隋炀帝始料所不及的，幸赖嫁给突厥可汗的宗女义成公主及时通风报信，隋炀帝才得以仓皇驰入雁门（今山西代县）。第二天，突厥就把雁门团团围了起来。

一生攻打别人的隋炀帝，生平第一次遭到别人的围攻，惊慌失措，一筹莫展，只是抱着九岁的小儿子赵王杨杲哭泣，把双眼

---

① 《隋书》卷4《炀帝纪下》。
② 《旧唐书》卷194上《突厥传上》。

都哭肿了。左卫大将军宇文述建议率精骑数千突围。纳言苏威认为"城守则我有余力，轻骑则彼之所长"[1]，反对突围。民部尚书樊子盖也认为突围太危险，主张据城坚守，并建议隋炀帝亲抚士卒，宣布不复征辽，并厚为勋格，以激励士气。皇后弟、内史侍郎萧瑀则建议遣使间道赴突厥，向义成公主求救。

隋炀帝接受了苏威等人的建议，亲自到将士中巡视，并答应守城有功者，无官者授予六品官，有官的按这个标准升官。将士英勇拒战十天，伤亡很大，城中存粮也只够吃十天。情况是越来越危急了。隋炀帝"诏天下诸郡募兵"[2]，前来赴难。义成公主接到求救的要求后，立即派人告诉始毕可汗"北边有急"[3]。东都和诸郡的援兵也浩浩荡荡开到距雁门只有一百多里的忻口。始毕可汗不能得手，解雁门之围而去。

雁门之围给隋炀帝又一次提供了安定全国局势的机会。隋炀帝从雁门回到太原后，苏威曾对他说："今者盗贼不止、士马疲惫，愿陛下还京师，深固根本，为社稷之计。"[4] 意思是要隋炀帝不要去东都纵情享乐，还是回到西京去着手解决国内问题。隋炀帝诏募天下兵，各地兵马不到二十天就到达忻口，说明隋的统治系统仍然能正常运转，只要使百姓尽力农桑，实行与民休息的政策，依靠各级政府，是可以迅速把局面稳定下来的。

---

[1]《隋书》卷41《苏威传》。
[2]《隋书》卷4《炀帝纪下》。
[3]《资治通鉴》卷182 大业十一年。
[4]《隋书》卷41《苏威传》。

四、三大义军

大业十一年十月，隋炀帝回到东都，马上故态复萌，把群臣的劝谏抛到一边，再也听不进臣下的意见，又是议伐高丽，又是准备去江都，几个月就这样过去了。

直到大业十二年（616年）正月，由于起义的发展，朝集使不至者二十余郡，隋炀帝才感到形势确是有些严重，始议分遣使者十二道发兵进行讨捕，开始把部分注意力放到镇压农民起义上来。隋王朝开始加强了镇压，但各路起义军经过持久的战斗，壮大了力量，也开始加强攻势，攻陷了许多郡县，消灭了大量的郡兵和府兵。隋炀帝调杨义臣率辽东还兵镇压河北的起义军，亲自带禁军到江都，由陈稜率领镇压江淮的起义军，还任命唐公李渊为太原留守，继续镇压山西起义军，并防御突厥。在隋王朝集中力量进行镇压的情况下，几支最早的起义军受到挫折。起义军吸取分散作战易于被各个击破的教训，在大业十三年（617年）初，形成了杜伏威领导的江淮起义军，窦建德领导的河北起义军和李密、翟让领导的瓦岗军。

大业十三年三月，瓦岗军围逼东都，六月，又大败隋军。隋炀帝派薛世雄率燕地精兵前往救援，在河间七里井被窦建德大败。起义军占领了河北、中原和江淮广大地区，隋的残余势力被分割包围在长安、洛阳、太原、幽州、扬州等几个孤立的据点。隋王朝陷于土崩瓦解的境地。

第二编　唐开国

第一章　高祖李渊建立唐朝

第一节　晋阳起兵　进据关中

大业十三年（617年）七月初五，隋太原留守李渊在晋阳起兵，向长安进发。

李渊出生在一个关陇贵族高门的家庭。他的祖父李虎是西魏八柱国之一，北周初追封唐国公。其父李昞，北周时位至安州总管、柱国大将军。其母独孤氏是西魏开国功臣、与李虎并为八柱国之一的独孤信之女，与北周明帝皇后和隋文帝皇后是亲姐妹。李渊生于北周天和元年（566年），幼年丧父，七岁袭爵唐国公，少年时读过书，并养成了倜傥豁达，任情真率，宽仁容众的性格。隋取代北周后，十五岁的李渊被任命为隋文帝的贴身侍卫官千牛备身，在姨母文帝独孤皇后的关照下，很快出任刺史，开始了他的政治生涯。

隋炀帝时，李渊先后任郡太守、殿内少监、卫尉少卿。大业九年（613年），隋炀帝第二次征辽东，李渊督运于怀远镇。六月，在黎阳督运的礼部尚书杨玄感以"起兵以救兆民之弊"，"为天下解倒悬之急"为辞，[①]起兵反隋。炀帝急调李渊镇守弘化郡

---

① 《资治通鉴》卷182大业九年。

（今甘肃庆阳），兼知关右诸军事，负责长安以西的防务。这时农民起义已经爆发了近两年，炀帝两次征辽东，天下骚扰，民怨沸腾，迫使更多的农民走上了起义的道路。关陇贵族集团内部的矛盾日趋激化，杨玄感的起兵就是一次公开的爆发。李渊的妻兄窦抗也劝李渊乘机反隋。李渊看到时机尚不成熟，对他说："无为祸始，何言之妄也。"①要他不要乱说，以免招致杀身之祸。

随着隋王朝统治危机的加深，炀帝对关陇贵族集团内部门望高，有可能取其而代之的家族的疑忌也日益加深。特别对隋的开国功臣李穆之子李浑，门族强盛，更是放心不下。方士安伽陀迎合说，"李氏当为天子"②，劝炀帝尽杀海内李姓者。大业十一年（615年）五月，炀帝以谋反罪名杀李浑及宗族三十二人。这件事在统治阶级内部引起了深刻的反响。四月，炀帝以李渊为河东抚慰大使。副使夏侯端就以此劝说李渊及早起兵反隋。他对李渊道："天下方乱，能安之者，其在明公。但主上晓察，情多猜忌，切忌诸李，强者先诛。金才（即李浑）既死，明公岂非其次？若早为计，则应天福。不然者，则诛矣。"③作为西魏八柱国之一李虎之孙，又是皇亲国戚的李渊，门望不下于李浑，且久蓄反隋之心，故对夏侯端的分析深以为然。但是作为一个老谋深算的政治家，他也看到，这时隋炀帝已停止了对高丽的战争，辽东的精兵已经调回，驻屯在涿郡（今北京市）；长安、洛阳也驻有重兵。

---

① 《旧唐书》卷61《窦抗传》。
② 《资治通鉴》卷182大业十一年。
③ 《旧唐书》卷187《夏侯端传》。

隋王朝的军事力量还很强大。如果马上起兵，隋炀帝就会立即调重兵前来镇压。他还不敢贸然起事。

大业十二年（616年），李渊受命北御突厥，不久为太原留守。炀帝对这位比他大两岁的表兄虽委以镇守方面的重任，但又很不放心，派亲信王威、高君雅为副留守，对他进行监视。年底，农民起义军甄翟儿攻太原，李渊领兵南下镇压。突厥乘机攻马邑（今山西朔县），马邑太守王仁恭和太原副留守高君雅为突厥所败。隋炀帝非常震怒，派使臣囚捕李渊和王仁恭，准备送到炀帝所在的江都治罪，不久又遣使释放了他们。在此之前，许世绪、唐俭等地主官僚一再敦促李渊起兵，李渊也明确表示："今天下已乱，言私则图存，语公则拯溺，卿宜自爱，吾将思之。"[1]说明自己正在考虑此事。因此，被释后立即开始了起兵的具体准备工作。

起兵首先要有兵。李渊被囚时，其二子李世民曾想利用结纳的"死士"举兵，因李渊不同意而未行。李渊很清楚，凭这一点"死士"，搞一次暴动，把自己救出来，然后如李世民所建议的那样亡命山泽，"以观时变"是可以的，但要起兵反隋，则要有一支相当规模的真正的军队。隋朝实行府兵制，兵农合一，有事则征集作战，无事则兵归于农，任何人都不能擅自发兵。因此，李渊虽身为太原留守，手中却无兵。只有碰到紧急军情，来不及奏报皇帝，他才能发兵、募兵。因此，要起兵就要想办法造成一种

---

[1]《旧唐书》卷58《唐俭传》。

形势，使李渊可以发兵、募兵。

大业十二年（616年）底或十三年初，李渊与手下密谋，先由晋阳令刘文静伪造隋炀帝的敕书，内容是发太原、西河、马邑、雁门民年二十以上，五十以下悉为兵，岁末集涿郡，击高丽。这一伪造的敕书传开后，就引起了今山西北边诸郡反隋情绪的高涨。大业十三年（617年）二月，马邑校尉刘武周乘机在马邑杀太守王仁恭起兵，三月十七日进据汾阳宫（今山西宁武南），围雁门。仅在马邑杀王仁恭，还不能构成征募军队的借口，而到刘武周南下据汾阳宫，临时发兵就有充分的理由了。李渊召集将佐，对他们说："武周据汾阳宫，吾辈不能制，罪当族灭，若之何？"不能守卫离宫的罪名，王威虽为炀帝亲信，但也担当不起，便请李渊拿主意。李渊进一步对他们说：朝廷用兵，动止皆禀节度。今贼在数百里内，江都在三千里外，加以道路险阻，复有他贼据之。如果往来请示，敌兵前来进攻，连太原也保不住。王威等不得已，只好同意李渊"然则先当集兵"的意见，这样，就以备御刘武周为名，取得了副留守王威、高君雅的同意，开始招募军队。李渊一面让李世民、刘文静、长孙顺德、刘弘基等负责募兵，同时派人密招在河东（今山西永济）照顾家小的长子李建成和三子李元吉。五月十五日，又先发制人，以"潜引突厥入寇"的罪名，杀掉王威、高君雅，除去了在太原起兵的主要障碍。[①]

当时太原还面临着刘武周的威胁，而刘武周又是受突厥支

---

① 《资治通鉴》卷183义宁元年。

持的。隋末北方各武装力量，从窦建德到薛举，俱北面称臣于突厥，以取得突厥的支持，突厥则给予他们可汗等称号，并授以狼头纛。刘武周亦被立为定杨可汗。李渊为取得突厥的支持，也只有向突厥称臣。他亲自写信，派刘文静带了厚礼去见突厥始毕可汗。始毕以李渊自为天子，公开打出反隋旗号为条件，答应支持李渊。李渊为了争取隋的官僚们的支持，决定尊炀帝为太上皇，立炀帝孙代王杨侑为帝；同时改易旗帜，改隋的红旗为红白旗，向突厥表明自己是准备取代隋朝的。突厥派柱国康鞘利来到太原，并送来马千匹。李渊以臣礼接受了始毕可汗的书信，买下了五百匹战马，同时派刘文静出使突厥，请求突厥派少量军队以为声势。

在完成了以上的准备工作以后，最后还有一个起兵的时机问题。大业十三年（617年）五六月间，各路起义军已经把隋的势力分割包围在几个孤立的据点中，长安到江都的道路二月以后就已经不通了，边远地区的一些地主官僚也纷纷起来割据一方。其中占据金城（今甘肃兰州）一带的薛举离关中最近，又有强大的骑兵，已开始准备向东发展。李密在四月发布的《移郡县书》中也已经号召地主豪强纠率子弟，若萧何之奉刘邦，做起了改朝换代的美梦。再不起兵，就可能鹿入他人之手。而此时，关中兵力相对较弱，李密又"顾恋仓粟，未遑远略"[1]；特别是到七月，隋炀帝调集各路兵马讨伐李密，李密与隋军相持于洛阳城下，更不可能西进。

---

[1]《资治通鉴》卷184义宁元年。

李渊抓住这个时机，从太原起兵南下。由于李密在洛阳牵制了大量隋军，大大减轻了李渊进军的阻力。

李渊是大贵族，在关中有势力，在地主官僚中有影响。因此，他从太原起兵后，"三秦士庶，衣冠子弟，郡县长吏，豪强兄弟，老幼相携，来者如市"[①]。地主、官僚和贵族都像丧家犬重新找到了主人，纷纷投奔李渊。在进军的过程中，李渊收编了关中最强的孙华起义军；他的女儿李氏、从弟李神通、女婿段纶也收编了关中一带的几支武装力量。他并且采取"接待人伦，不限贵贱"[②]，"卜祝庸保，量能使用"，[③]对作战有功的部曲、奴隶同样授给勋赏等办法来壮大自己的力量，提高部队的战斗力。九月十二日渡过黄河后，二十四进屯冯翊（今陕西大荔）。十月初，进围长安。十一月九日，攻占长安城。

李渊立炀帝孙代王侑为皇帝，改元义宁，遥尊炀帝为太上皇；自为假黄钺、使持节、大都督内外诸军事、尚书令，大丞相，唐王，执掌一切大权。

第二节 建立唐朝 统一全国

一、李渊称帝

李渊占领长安后，河南大部分地区为瓦岗军所控制，窦建德

[①]《大唐创业起居注》卷2。
[②]《大唐创业起居注》卷1。
[③]《旧唐书》卷75《张玄素传》。

也在河北建立了政权。隋炀帝看到西归无望，想迁都丹阳（今江苏南京市），保据江南，再来一次南北朝。隋炀帝带到江都的禁军多是关中人，久客思乡里，见炀帝无意西归，多谋叛归。郎将窦贤帅所部西走，被炀帝派骑兵追斩，而逃亡仍不稍止。禁军将领的家属大都留在关中，他们中如果有人参加了反隋武装，禁军将领就要受到牵连。禁军士兵叛逃，将领也要被治罪。因此，他们利用士兵思归谋叛的情绪，推宇文化及为首领，于大业十四年（618年）三月在江都发动兵变，杀掉隋炀帝，率兵西进。

宇文化及军在成皋、洛口一带受到李密军的阻击，北走，一部分投降了窦建德。李密军也受到重大损失，骁将锐卒多死，加以内部贵族官僚势力与老瓦岗军将士的矛盾，被洛阳王世充打败，李密归唐。

五月，李渊正式建立了唐朝，改元武德。当时，还存在着地主割据势力和原来的农民起义军两种势力。比起这些武装集团，李渊有以下几个有利因素。

首先，李渊出身关陇贵族高门，在隋朝已官至刺史、留守，政治地位和社会地位比各武装集团的首领要高得多，加上他又控制了全国政治中心长安，因此，许多地主官僚虽然身在各个武装集团，但早已把重建统一政权的希望寄托在李渊身上。在以后李渊消灭各个武装集团的战争中，他们实际上起了内应的作用。

其次，李渊进据关中后，不久又取得了富饶的巴蜀。进入长安后，李渊与民约法十二章，宣布废除隋的苛禁，规定只有杀人、劫盗、叛军的罪犯处死。以后又定出减轻田租的法令，由三石减为二石，并规定额外不得征收。这样，他就有了一个除窦建德以外，远较其他集团广大而稳定的后方。

第三，关中所受隋末战乱影响较小，隋的府兵系统没有受到很大破坏，加以局势稳定，训练士兵，提高军队素质，都有较好的条件。李渊又掌握了永丰仓（在陕西华阴东渭水入黄河处）、长安府库和同州（今陕西大荔）牧监，粮食、布帛和战马都不成问题。而其他势力有的有库无仓，如王世充，有的仓、库均无，战马也无法补充。这样，在经济力量和军事力量上，李渊也超过了任何一个武装集团。

武德元年（618年），李世民率军消灭了割据陇右的薛举之子薛仁杲。武德二年（619年），唐派安兴贵回到凉州（今甘肃武威），暗结诸胡袭击李轨，把李轨执送长安，河西也归入唐的统治。武德三年（620年），李世民在山西击败勾连突厥的刘武周，占有山西全境。四年（621年），唐军攻打洛阳，窦建德应王世充之请率兵来援，李世民围城打援，击败窦建德，逼降王世充，河南、河北都成为唐的统治区。李靖包围江陵，萧铣也开城出降。五年（622年），全国基本上重归统一。

二、四方不宁

（一）刘黑闼起义

武德四年五月，李世民自虎牢（在今河南荥阳汜水镇）渡河，一举击溃窦建德，王世充被迫投降。窦建德虽然兵败被俘，但其所率兵乃新收孟海公、徐圆朗之众，原有的力量并没有受到什么损失。但当其妻曹氏与左仆射齐善行还至洺州（今河北永年）后，情况却发生了微妙的变化。众欲征兵以拒唐，齐善行却说："隋末丧乱，故吾属相聚草野，苟求生耳。以夏王之英武，平定河朔，士马精强，一朝为擒，易如反掌，岂非天命有所属，非人力所能争邪！"[1]极力主张降唐。立即为大家所接受，并于三天之内解散了全部军队。窦建德在虎牢一次战役性的失败，却导致了夏政权的顷刻瓦解。这中间齐善行、裴矩等固然起了作用，而起决定作用的是当时暴隋已亡，人心思定。唐朝政府如果采取恰当的政策和措施，山东、河北地区的形势是可以很快稳定下来的。

可是，唐王朝在重建这个地区的统治时，不是依靠和起义军有过一定联系的一般地主士人，而是派将军秦武通等将兵屯洺州，欲使分镇东方诸州；同时以山东士族郑善果为慰抚大使，就洺州选任山东州县官，也就是依靠武力和山东士族来重建山东地区的统治。山东士族已经衰落，山东、河北地区广大农村已不再控制在他们手中，而是控制在新起的一般地主手中。而在农民起义中，他们又是农民首要的斗争目标，因而他们对农民怀有刻骨的仇恨和深刻的恐惧。因此，唐王朝在山东刚刚任命了州县官，把政权的架子搭起来，就开始迫害参加起义军的农民，追捕、流放起义军的将领。高祖李渊在《平窦建德赦》中所说的"皆赦其罪"[2]被抛到九霄云外。这就迫使农民重新拿起了反对过隋王朝的

---

[1]《资治通鉴》卷189武德四年。
[2]《唐大诏令集》卷123。

武器。

七月初九，李世民身披黄金甲，由李元吉、李世勣等二十五将簇拥，率铁骑万匹，在军乐声中，凯旋归长安。十二日，李渊以天下略定，大赦百姓，免除赋税一年。一个统一、安定的新时期似乎开始了。可是，没有几天，十七日窦建德旧将刘黑闼就在漳南（今山东武城东北）起兵了。

刘黑闼起义后，李世民率兵前来镇压。李世民虽然打败了刘黑闼，但继续采取残酷镇压的办法来对待起义军及其家属。当时太子李建成曾问魏征："山东其定乎？"魏征回答说：黑闼虽败，杀伤太众。其首领皆缺席处死，妻子也都抓了起来，想要投降也没有办法。虽然有赦免的诏令，但俘获者仍必加杀戮。恐怕还会聚集起来，民未可安。果然，李世民回到长安第九天，刘黑闼又起。最后，还是李建成采纳魏征的建议，用政治分化的办法，瓦解了起义军，解决了这次历时一年半的起义。刘黑闼刚平，武德六年（623年）八月，辅公祏又起于淮南，直到武德七年（624年）三月底，才镇压下去。李渊从大业十三年（617年）起兵，到镇压了窦建德，削平了王世充，一共用了五年的时间。而解决这两支力量，却用了两年零八个月的时间。

刘黑闼、辅公祏虽然被镇压下去，但山东河北问题并没有彻底解决。农民逃亡、"为盗"的情况继续存在。这是高祖统治时期没有解决好的一个问题。

（二）突厥南下

突厥问题在高祖统治时期也没有解决。

在隋末农民战争年代里，突厥支持北方的各个反隋力量。太原起兵前，李渊对突厥称臣，唐朝建立后，对突厥仍然维持称臣奉币的关系。但到武德三年（620年）初，突厥又支持陕西北部的梁师都和山西北部的刘武周南下骚扰了。恰巧突厥始毕可汗去世，李渊听到消息后，便命令前往突厥奉币的使臣高静将所送物资送交所在地的府库存放。突厥闻知后大怒，准备发兵南下。丰州（今内蒙古五原南）总管张长逊赶紧让使臣把东西送去，才把事态平息下来。梁师都、刘武周继续南下。六月，刘武周使宋金刚将兵三万寇并州（今山西太原西南），并攻陷介州（今山西介休），就在这个时候，突厥遣使来告始毕之丧。李渊举哀于长乐门，废朝三日，诏百官就馆舍吊其使者。又派人前往突厥吊处罗可汗，并送去帛三万段。礼仪是相当隆重的，唐还不敢得罪突厥。

刘武周南下后，突厥与唐的关系又有一些变化。武德二年（619年）九月刘武周攻占太原后，李渊派李世民讨刘武周。处罗可汗遣其弟步利设率二千骑助唐，由支持刘武周变为以兵助李世民。这固然与李世民曾与处罗侄突利结为兄弟有关，而主要还是有力量和物质利益的背景。李渊以国内未宁，对突厥的奉献一直是很丰厚的。助唐比支持刘武周，突厥所能得到的物质利益，要大得多。武德三年（620年）十一月处罗可汗死，颉利可汗继位，对唐仍然是时战时和，乘机勒索。

武德七年（624年），唐削平了北方大部分群雄，只剩下苑君璋等小股势力。突厥与唐直接接触，几次向关中一带的原州、陇州、泾州（今宁夏固原、甘肃陇县、甘肃泾川北）进攻，威胁长安。这和过去在河北、山西支持个别的力量，借机向唐多要一些东西可不一样了。因此，在朝廷中掀起了一场迁都之争。有人对李渊说："突厥所以屡寇关中，以子女玉帛皆在长安故也。若焚长安而不都，则胡寇自息矣。"[①]李渊和不少大臣都以为然。太子李建成害怕李世民因御突厥而总兵权，也赞成此议。李世民及萧瑀等大臣则坚决反对。正当双方争持不下之际，颉利可汗与突利可汗举国南下，进至邠州（今陕西彬县）城西，与唐兵隔渭水相望。李世民不费一兵一卒，未与交战，只是带领百余骑在阵前与颉利可汗谈了一次话，又派人与突利可汗重申香火之盟，就退了突厥。

武德九年（626年）八月，李世民即位不久，颉利可汗又率兵十余万进至距长安只有四十里的渭水便桥之北。这一次仍然是未交一战，李世民与颉利可汗密谈后，突厥就退了兵。这两次唐在军事上固然都做了准备，使突厥无机可乘，而从李世民与颉利可汗的腹心执失思力所说："吾与汝可汗面结和亲，遗赠金帛，前后无算。"[②]可知唐为此也是付出了巨大代价的。

总而言之，终高祖统治时期，直到贞观初年，突厥问题一直没有解决。

三、来自各方的宰相

李渊即皇帝位后，五月令裴寂、刘文静等修定了律令。六月

---

①《资治通鉴》卷191武德七年。
②《资治通鉴》卷191武德九年。

初一，任命裴寂为尚书右仆射、知政事，刘文静为纳言，窦威、萧瑀为内史令，陈叔达、崔民幹为黄门侍郎，唐俭为内史侍郎，并任命了六部尚书。唐王朝的典章制度和最高统治机构初步建立起来。

六月二十八日窦威去世后，又以窦抗兼纳言，陈叔达判纳言。八月，刘文静被除名；十月，窦抗亦罢去相职。三年（620年）三月，以封德彝兼中书令。此后五年中，政事就集中在裴寂、萧瑀、陈叔达和封德彝四人手中，直到武德七年（624年）十二月以后，宰相中才又增加了裴矩和宇文士及。

裴寂是北周贵胄。他的祖父是北周司木大夫。他的父亲裴孝瑜是北周绛州刺史、仪同大将军，品列九命，相当于唐的从一品，地位是很高的。

裴寂与李渊有旧。李渊做太原留守时，裴寂也正在这里做晋阳宫副监，二人过从很密。在李渊决定起兵的过程中，他曾赞助此事，进宫女五百人，并上米九万斛、杂彩五万段、甲四十万领，以供军用，为起兵提供了物质基础。进入长安后，他又帮助李渊安排受禅即位。因此，"高祖既受禅，谓寂曰：'使我至此，公之力也。'"[1]

对于这样一位出身于关中郡姓的"世胄名家，历职清显"，和李渊同属关陇集团，私交甚笃，又有劝进之功的佐命元勋，李渊自然把他当作自己的心腹，除赐良田千顷，拜为尚书右仆射，

---

[1]《旧唐书》卷57《裴寂传》。

"高祖视朝，必引与同坐，入阁则延之卧内，言无不从，呼为裴监而不名。当朝贵戚，亲礼莫与为比"[1]。

刘文静也是北周贵胄，世居京兆武功（今陕西武功西）。他的祖父刘懿是北周石州刺史，父韶隋时战死，赠从四品的上仪同三司，地位不算很高。

隋末刘文静为晋阳令，他和李渊非亲非故，通过裴寂和李渊相识，并和李世民有很深的关系。由于他有谋略，有眼光，又有做晋阳令行事方便的条件，他参加了起兵前的谋议准备工作。特别是由于刘在晋阳"为令数年，知其豪杰"，[2]因此在募兵集众时，他起了很大作用。后来，他又出使突厥，请来援兵和马匹。进入关中后，他又立下了一系列战功。在大唐创业过程中，他的功绩和裴寂是不相上下的。对于这样一位佐命元勋，高祖虽也任命他做宰相，可不久就因打薛举失败而被除名。武德二年（619年），终被高祖以谋反罪杀掉。

对于裴寂和刘文静这两位佐命元勋，高祖对他们的厚薄是如此悬殊，这主要是由当时形势和刘文静本人的特点所决定的。

唐朝建立后，虽然征服了许多地方，但反者不少。许多地方割据势力都是慑于兵威，一时屈服，他们还想乘机而起，而东方的王世充和窦建德仍然是唐强大的对手。就是一些投向唐的乃至太原从义之士也和其他势力有着千丝万缕的联系。这样就使得唐初统治集团内部的关系显得特别复杂。高祖既要笼络、团结和利

---

[1]《旧唐书》卷57《裴寂传》。
[2]《旧唐书》卷57《刘文静传》。

用这些来自各方，有着不同背景的人物，又要处处防范他们。在这种情况下，曾与李密联姻，做过晋阳令的刘文静，与高祖既非亲非故，在关陇集团中又地位不高，而其本人又"有器干，倜傥多权略"，文武双全，才智过人，高祖对他是忌讳甚深的，因此，"素疏忌之"。武德二年九月刘文静因口出怨言，被妾兄上告。虽然萧瑀、李纲皆明其不反，李世民也为之求情，而裴寂一句话就送了他的命。裴寂在分析了刘文静的特点后，对高祖说："当今天下未定，外有勍敌，今若赦之，必贻后患。"[1]高祖听后，立即将文静兄弟处死。这说明，高祖当时还无法驾驭整个统治集团，对那些对他有威胁的人，只有一杀了之。

其他的宰相对他当然不构成这种威胁。窦威、窦抗、裴寂、萧瑀、陈叔达，他们是勋旧贵族，地位虽高，但无兵权，是靠门第、靠皇帝的信赖来维持他们的政治地位的。他们和皇帝是相互依靠、相依为命的。同时，都是贵族出身，气味相投，自然成为高祖的心腹力量。

窦威，他的先世在西魏、北周均为第一等高门。他的父亲窦炽是北周太保，曾做过上柱国，入隋后拜为太傅。他的三伯父之子窦毅，娶周武帝姐襄阳长公主为妻，他们的女儿便是高祖的皇后，建成、世民、元吉的母亲。

窦氏家族是关陇贵族中一个典型的家族。窦威的兄弟"并尚武艺，而威耽玩文史，介然自守，诸兄哂之，谓为'书痴'"。他

---

[1]《旧唐书》卷57《刘文静传》。

担任秘书郎十余年，博览群书，其诸兄并以军功致仕通显，交结豪贵，宾客盈门，而威仍职掌闲散，名位未达。高祖入关后，召威为大丞相府司录参军。唐朝建立后，当时军旅草创，典章不全，窦威既精通文籍，又多识旧仪，朝章国典，皆其所定，禅代的文书，也曾参预起草。高祖常对裴寂说："叔孙通不能加也。"①对于这样一位家世勋贵，世为帝戚，又是自己叔岳的人，自然是李渊理想中的统治核心人物。而其文才，也是关陇贵族中少有的。因此，高祖即位后不久，就拜他为内史令，参掌机密，对他倍加亲重。可是，他只做了二十八天宰相，就去世了。

正因为窦氏的这种勋贵地位，因此窦威死后高祖立即又任命他的从兄子窦抗做纳言。窦抗与高祖少年时很要好，杨玄感起兵时又曾劝高祖夺取天下，担任宰相后，高祖听朝时他或升御座，退朝后高祖把他延入卧内，舍去君臣礼仪，纵酒谈谑。有时侍宴太晚了，就留宿宫内，高祖每呼为兄而不名，宫内都称他为舅。窦抗在隋虽少入太学，略涉书史，但列位宰相，纯以外戚勋旧，并无经世之才，不能参知政务，只能陪侍游宴。所以只做了四个月宰相，便罢为左武侯大将军。

萧瑀，是南朝梁的后裔，梁武帝是他的高祖。他又是北周藩属后梁的嫡支，后梁宣帝是他的祖父，明帝是他的父亲。他的宗族和关陇军事贵族集团很早就有着密切的联系。入隋后，他的姐姐做了炀帝的皇后。他自己又是西魏八柱国独孤氏之婿，与高

---

① 《旧唐书》卷61《窦威传》。

祖也有姻亲关系。早在隋代，他就已成为关陇集团中一个重要人物，曾经做过内史侍郎。

萧瑀家世既与各统治集团有如此密切的联系，又在隋内史省日久，谙习故事，因此，高祖任他为内史令，"委以心腹，凡诸政务，莫不关掌"，"国典朝仪，亦责成于瑀"，[①] 对于唐初政治制度的建设起了重要作用。

陈叔达，他是南朝陈宣帝第十六子，隋炀帝时曾为内史舍人，后为绛郡（今山西新绛）通守。李渊兵至绛郡，他举郡归降。由于他"颇有才学"，授丞相府主簿，与温大雅同掌机密，军书、赦令及禅代文诰多出自其手笔。窦威死，他与窦抗同时被任命为纳言。窦抗不问政务，原任纳言的刘文静正领兵出征，门下省实际由他主持。同时，他来自江南，实为江南人士的代表，"江南名士薄游长安者，多为荐拔。"[②] 高祖用他做宰相，也是为了用他去解决江南问题。

封德彝，名伦，观州蓨（今河北景县）人。祖父封隆之是北齐太子太保，父亲封子绣是隋通州刺史。渤海封氏是山东崔卢李郑以下第二等高门士族，社会地位也是很高的。因此，伦父子绣得以与范阳卢氏通婚。卢思道便是封德彝的舅父。

在隋代，封德彝以揣摩之才深得杨素赏识，杨素把从妹嫁给他，并荐他做了内史舍人。隋炀帝时，他又托附虞世基，为之指画吏务。宇文化及杀炀帝，封德彝参预了此事。化及失败后，他

[①] 《旧唐书》卷63《萧瑀传》。
[②] 《旧唐书》卷61《陈叔达传》。

与宇文士及一起降唐。最初，高祖以其隋室旧臣而诒巧不忠，不加任用。后经萧瑀推荐，任为内史舍人，不久迁内史侍郎，武德三年（620年）三月兼中书令，做了宰相。六年，又以本官兼吏部尚书。由于他晓习吏职，甚获当时之誉。

裴矩，他的父亲裴讷之是北齐太子舍人，他本人也曾为齐高平王文学。隋初参加平陈之役，后经略岭南。隋炀帝时至张掖（今属甘肃）监视互市，对突厥和西域的情况都很熟悉，撰有《西域图记》三卷，是炀帝对外政策的主要参谋。炀帝让他参预朝政，官位很高。后来，宇文化及和窦建德都用他做尚书右仆射。武德四年窦建德失败后入唐。武德七年（624年），唐以主要力量对付突厥，以裴矩熟知边事，乃于十二月命他为相。

武德时期担任宰相的还有李世民、李元吉、杨恭仁和宇文士及。李世民、李元吉兄弟以亲王而任宰相，完全是挂名。杨恭仁长期镇守凉州（今甘肃武威），实际并未到任。宇文士及直到武德八年（625年）十一月才被任为权检校侍中，在高祖统治时期担任宰相的时间不过半年。

在实际担任过宰相职务的九人中，裴寂、萧瑀、窦威、窦抗、刘文静和宇文士及都出自关陇集团，除刘文静外，都出自显贵的家族，其中萧瑀、窦威、窦抗和宇文士及都是皇帝的亲戚。其余三人，封德彝是山东士族，陈叔达是江南贵族，裴矩是齐、隋旧臣。这说明高祖建立起来的，仍然是以关陇贵族为核心的统治。他把关陇贵族作为自己的依靠，同时重用山东士族和江南贵族出身的大臣，去制定各项典章制度，解决新建立的政权所面临的政治、军事问题。

关陇集团是凭借武力建立起来的一个军事贵族集团。这个集团家族的数目本来就不多，经过几次朝代变迁，特别是经过隋末农民战争的打击，家族减少了许多。加以尚武的风气，能够经世治国的人就更少了。唐朝刚刚建立，需要建立一整套典章制度，在隋朝曾经担任过内史舍人的江南贵族陈叔达，以及长期担任过隋的内史侍郎、兼具江南贵族和关陇贵族身份的萧瑀，便成为合适的人选。唐朝建国后，北方有突厥及其支持的各个武装集团，而东方的形势更加复杂。东都洛阳有王世充建立的政权，这个政权虽有精兵，但势力所及，仅洛阳城之内，且有库无仓，基础是非常脆弱的。而占据河北的窦建德和在江淮的杜伏威，都是通过农民起义建立起来的政权，不仅统辖着广大地区，而且在民间有着深厚的影响。因此，在军事上征服这些地区并进而在政治上巩固对这个地区的控制，便成为唐政权的一个主要问题。在李渊看来，山东士族长期在经济上、政治上统治着这个地区，因此，要解决山东问题就必须依靠山东士族。武德元年（618年）九月李密降唐后，李渊就曾派山东高门士族、黄门侍郎崔民幹副淮安王李神通安抚山东。武德二年（619年）四月，山东郡县和一些农民起义军相继归唐，李渊又派遣在山东士族中颇有影响的定州新乐人郎楚之安抚山东。到武德三年（620年）三月，唐对刘武周即将展开反攻，全面解决山东问题已经提到日程上来的时候，封德彝作为山东士族的代表，进入了中央决策机关，被李渊任命为中书令。

第三节　唐承隋制　充实完善

一、三省六部与九寺三监

唐朝基本上沿袭了隋朝制度而又有所发展。地方仍设州、县两级，中央有三省、六部、九寺、三监，并设立了政事堂。

政事堂是宰相议事之所，唐初设于门下省。唐初宰相由两部分人组成，一为三省长官，二是以他官加"参预朝政"、"参知政事"、"同中书门下三品"、"同中书门下平章事"等衔，由皇帝指定为知政事官者。宰相上午在政事堂议事，下午回本衙办公。凡是军国大事和五品以上官员的任免，均需经由政事堂会议议决，奏请皇帝批准。政事堂会议是协助皇帝统治全国的最高决策机构。

中书省和门下省是"机要之司"，亦即协助皇帝处理政务，发号施令的机关。

中书省其主要职责是为皇帝出谋，帮助皇帝起草诏令（制、敕）。长官中书令，正三品；副长官中书侍郎（正四品上）。具体负责诏敕起草的，是中书舍人（正五品上）。

门下省"佐天子而统大政"，是协助皇帝处理和决定国家大政的机构。中书省起草的诏敕、尚书省拟制的奏抄（对政事的处理意见）都要经过门下省审核。诏敕有不便施行的，封驳奏还；可行的，大事复奏而施行，小事则由门下省直接签发。奏抄有不合适的，也按照法令，指出问题，驳回尚书省；可行的，大事奏报皇帝批准执行，小事则直接批复执行。五品以上官任命，政事堂会议议决后，由门下省审查，报皇帝批准；六品以下官，一般均由尚书省吏部拟定，门下省审定，再报告皇帝即可。门下省长官侍中（正三品），副长官门下侍郎（正四品上）；负责文书审核处理的，是给事中（正五品）。

门下省和中书省分别有左、右散骑常侍（正三品下），左、右谏议大夫（正四品下），左、右补阙（从七品上），左、右拾遗（从八品上），均为谏官，主要职责是对皇帝进行规谏。此外，中书省还有负责记载皇帝言论的史官起居舍人；门下省有负责记录皇帝每天政事处理情况的史官起居郎。

尚书省是最高行政机关，长官是左、右仆射，左、右丞辅之，分别掌领六部。

尚书省的首脑机关是尚书都省。地方和各部门来的文书，六部下达地方，送往其他部门的文书，都要经过都省。都省的日常工作由左、右丞主持，负责具体工作的则是左右司郎中、员外郎。

尚书省下设六部，六部各设四司。吏部负责文官的任免、考核和封爵、勋级的授予，开元二十四年（736年）以前还掌管贡举；户部掌管全国的户口、赋税和国家的财政收支；礼部掌管礼仪、祭祀、宴会的有关政令，开元二十四年后还主管贡举；兵部负责全国武官的任免、考核，地图的保存以及有关兵器、军马、养马等政令；刑部除了掌管有关刑法、刑狱、官奴婢、关禁等政令；刑部的比部司还负责国家经费的审计；工部掌管有关修建、屯田、水利的政令。六部长官为尚书（正三品）、侍郎（正四品上），各司长官为郎中（正五品上）、员外郎（从六品上）。

九寺三监是掌管具体事务的机关。太常寺掌礼乐、郊庙，下设八署，其中太乐署掌宫廷音乐，太医署掌宫廷医疗和医药人才的培养；光禄寺掌宫廷宴会和郊庙贡品；卫尉寺掌管京师兵器和大朝会、大祭祀的仪仗；宗正寺掌管皇族事务以及京都的道观和道士；太仆寺掌管皇帝的车马，并统领各地的牧监；大理寺负责全国流刑、死刑的审复，在京诸司人员徒刑以上罪的审理以及金吾抓获的罪犯的审理；鸿胪寺负责接待外国使臣和少数民族首领，以及皇室及大臣的丧礼；司农寺主要掌管国家的库藏和财货出纳。九寺的长官为卿（从三品）、副长官为少卿（从四品上）。

三监，国子监掌管学校；少府监掌管官手工业作坊；将作监掌管土木建筑。亦有加都水监、军器监为五监的，唯此二监时设时废，设置时间不长。

尚书省的六部掌管各项全国性政令和事务，而九寺、三监掌管的则是各项专门业务，具体事务。从机构上来说，九寺、三监和六部是平行的，六部尚书与九卿的地位是相当的，相互之间没有隶属的关系。但在业务上，九寺、三监要接受六部的政令，要按照六部的政令行事；有关事务的处理情况，要申报六部。

政事堂和三省六部、九寺、三监的设立，实现了决策、政令和负责具体事务机关的分离。中央政府各机构之间分工的细密，反映了中央政府职能范围的扩大。

为了监督各级政府和官吏，还设立了御史台，作为最高监察机关。长官御史大夫（正三品），副长官御史中丞（正四品下）。

其下有侍御史（从六品下），主要职责是弹劾官吏的不法行为，并参预大狱的审讯；殿中侍御史（从七品上），主要是在殿廷和郊祀巡幸时纠察非违；监察御史（正八品上）负责巡按郡县、监督尚书省官员的会议、监督中央直属仓与库的出纳，军队出征时还要充当监军。

除上述三省等机构外，中央还有秘书省、殿中省和内侍省，分别掌管图书、天文，皇帝的衣食住行和内宫事务，与作为最高政权机关的中书、门下、尚书三省不可同日而语。其中内侍省的官员全部由宦官充任。

在地方，仍为州、县两级。州设刺史（上州从三品、中州正四品上、下州正四品下），下有别驾、长史、司马，协助刺史工作。上州和中州设有司功、司仓、司户、司兵、司法、司士等六曹，下州设司仓、司户、司法三曹，各曹设参军事一人，分掌官吏考核、贡士考试、租赋征收、仓库保管、户口的查核和管理、兵甲器仗的保管、刑狱的审讯、建筑和工匠的管理等事务。各州均有录事参军事一人，负责来往文书的收发和审核。县设县令，下有县丞、主簿、县尉等，协助县令工作，并有司户佐、史，司法佐、史等吏员，分别负责各项事务的处理。

里是最基层的行政单位，百户为里，设里长一人，负责户口的查核，赋役的催督，并监视人民的行动。

州县官员一律由中央任免，每年要进行考核，考核的结果要申报到尚书省吏部的考功司。州县的各项政务，也要逐级上报。重大政务，需要向上级直至皇帝请示。官吏的任免权、地方的财权、司法权都集中到了中央，唐朝中央集权进一步加强了。

二、官 阶 爵

唐朝的官，分为散官、职事官和勋官。此外，还有封爵。

散官是一种称号，代表一定的品阶，无具体职守。文、武散官均为九品，一至三品分正、从，四至九品正、从又分为上、下，共三十等，而文、武散官都只有二十九阶，因正一品为太师、太傅、太保等三师和太尉、司徒、司空等三公，自从一品开始，始为散官。

文散官从一品开府仪同三司，正二品特进，自从二品光禄大夫至从五品朝散大夫，均称某某大夫。除御史大夫、谏议大夫外，凡称大夫者，为五品以上文散官。自正六品上朝议郎，至从九品下将仕郎，均称某某郎，除著作郎、起居郎、秘书郎等外，一般称郎者，均为六品以下文散官。

武散官自从一品至正三品称某某大将军，自从三品至从五品称某某将军；正六品至从九品，上阶称校尉，下阶称副尉。十六卫亦有大将军、将军、校尉，折冲府亦有校尉，要注意加以区别。

职事官是有具体职守的官，三省、六部、九寺、三监和州县的各级官员，均为职事官。散官与职事官的品阶不一定相同，散官低而职事官高者曰守，散官高而职事官低者曰行。

勋官原为奖励作战有功的将领和士兵而设立的，后来也授给文官。

爵分九等：王（正一品）；嗣王、郡王（从一品）；国公（从一品）；开国郡公（正二品）；开国县公（从二品）；开国县侯（从三品）；开国县伯（正四品上）；开国县子（正五品上）；开国县男（从五品上）。有封爵者，各食邑若干户，这是一个虚数，食实封者才能得所封户的租调。

皇兄弟、皇子皆封国为亲王；皇太子之子为郡王；亲王之子承嫡者为嗣王、诸子为郡公。以恩进者封郡王。承嗣王、郡王者封国公。皇姑为大长公主，皇姊为长公主，皇女为公主，皆视一品。太子女为郡主，亲王女为县主。

唐代官吏以三五划线，三品以上为亲贵，五品以上为通贵，享有各种政治经济特权，其中最主要的是门荫（子孙按其官位高低获得不同官职）、广占良田（官人永业田），免除全家的赋税徭役以及触犯刑律后的议请减免等特权。此外，在服色（三品以上衣紫，四、五品绯，六、七品绿，八、九品衣青）等方面也享有特权。六品以下官也可占有官人永业田并免除本人的赋役。

散官、职事官以及有封爵者均享有上述特权。勋官与他们不全相同。勋官可按品服色穿衣、持笏（五品以上持象笏），这是相同的。他们可以请占勋田，也与官人永业田类似。但是，除上柱国、柱国外，无门荫特权，而且本人也是番上服役，实际上是与散官、职事官不同的。

九品以上官称流内官，还有流外官。流外官是指在中央各部门担任吏职的人员，也分为九品。政府各部门的收发、文书等具体工作都由他们负责，他们是政府机构正常运转的基础。

三、职制　监察　考课

为了保证各级政府机构的正常运转和各级官员高效能地充分发挥作用，唐王朝制定了完备的行政法规，建立了一整套制度，并通过奖惩和法律来保证其实行。

一是对各部门的组织、职责、工作条例、办事规程，都由令、格、式做了具体的规定。唐令中三师三公台省职员令，寺监职员令，卫府职员令，州县、岳渎关津职员令，就是中央和地方各级政府的组织法。格有留司格和散颁格，留司格是内部办事规程，工作章程；散颁格则是颁发到各地的外部行政法规；式则是办事细则。现存敦煌文书中保存有唐代《刑部格》和《水部式》。

为了保证办事效率，公式令规定了办事程限，小事限五日办完，中事十日，大事二十日，狱案三十日，经办者三人以下的，给一日程，经四人以上，给二日程，大事各加一日程，若有机密而又紧急的事，不在此例。尚书都省对内外百司所受公文，皆注明发出的日期，并限定办完的日程。除了经办、抄写，传递也都规定了具体的天数。根据敦煌、吐鲁番发现的唐代文书，唐代前期确实是如此办理的。

《唐律·职制律》对官吏失职和贪赃枉法也规定了处分的办法，如应宿直（即夜间宿卫），应直不直，应宿不宿者，各笞二十；无故不到及当班不到，因暇而违者，一日笞二十，三日加一等。泄密，大事绞；非大事，徒一年。延缓制书者，一日笞五十，官文书延缓者，一日笞十，三日加一等，罪止杖八十。诸事应奏而不奏，不应奏而奏者杖八十，应向上级请示报告而不请示报告，不应请示报告而请示报告，以及越级向上级请示报告，应向下级行文而不行文，不应向下行文而行下者，各杖六十。诸受人财而为人请求者，一尺以上笞四十，一匹加一等，罪止流二千五百里，主管官员受财而枉法者，一尺杖一百，一匹加一等，十五匹绞；受财而不枉法者，一尺杖九十，二匹加一等，三十匹加役流。

二是设立了监督检查的监察机关御史台，审计机构刑部比部司，并规定了年终检查的审计制度。御史台是最高监察机关，长官御史大夫，正三品，副长官御史中丞，正四品下，下设侍御史、殿中侍御史和监察御史。侍御史从六品下，负责纠察百官，并参与大狱的审讯；殿中侍御史，从七品上，负责检察殿廷供奉，仪式，巡察两京城内不法之事；监察御史，正八品上，负责监察州县官员以及屯田、铸钱和太府寺、司农寺的出纳，并出席尚书省的会议，进行监督。

刑部比部司负责对国家经费以及中央和地方各部门的收支情况进行审计。

地方及各部门的事务，除了按规定上报中央有关部门，年终还要对所处理的公文进行整理。各州年终还要派遣负责官员为朝集使，向朝廷交纳贡品，汇报财务，确定官员考第。

三是建立了官吏考课制度。为了保证官吏忠于职守，除了加强监察，还建立了每年对官吏进行考核的考课制度。

考课的标准有四善二十七最。四善是德义有闻、清慎明著、公平可称、恪勤匪懈，即按德义、清廉、公平、勤恳四项来进行考察，这是对官吏的普遍要求，二十七最则是担任各项具体工作的最佳表现，例如其一曰献可替否，拾遗补阙，即能够帮助皇帝对国事做出决断，对朝廷得失、天下利病提出意见，为近侍之最。其二曰铨衡人物，擢尽才良，即在选任官时，能正确地品评人物，把优秀人才都选拔出来，为选司之最。其六曰决断不滞，与夺合理，即处理问题时不拖拉，定夺合理，为判事之最。其十二曰训导有方，生徒充业，为学官之最。其十三曰赏罚严明，攻战必胜，为将帅之最。按善最多少，定为九等。一最以上，有四善为上上，一最以上，或无最而有一善，为中中，职事粗理，无善无最，为中下，爱憎任情，处断乖理，为下上，背公向私，职务废阙，为下中，属官谄诈，贪浊有状，为下下。[①]

凡考中上以上，每进一等，加禄一季，中中守本禄，中下以下，每退一等，夺禄一季，四考中中，进一阶，一中上复进一阶，一上下考，进二阶，有下考解任。这样把考课和官吏的经济利益以及升级联系起来，也有利于官吏积极性的发挥。

对表现特别好的，凡内外官有清白著闻，应由有关主管推荐，五品以下，酌情升迁，六品以下，付吏部量等第迁转。

考课的具体办法是，凡应考之官，都要写出自己一年来的功、过和工作情况，由本部门及本州长官对众宣读，议其优劣，定为九等考第，各于本部门按规定各等第的名额进行校定，然后送尚书省。地方官则由朝集使，把写定的等级簿送交尚书省。由

[①]《旧唐书》卷43《职官志》吏部考功郎中条。

指定京官位望高者和考功郎中、员外郎考校完毕后，京官集应考者宣读注定，外官则与朝集使注定。

考校时间，京官九月三十日前校定，外官视远近而定，吏部考校则在年底。

四、限制皇权

唐朝在制度上对皇帝的行为也进行了限制。唐朝皇帝在一般情况下不能直接发令，必须由中书省草诏，门下省审署复奏才能颁行。发往地方各部门，还需经过尚书省都省。军国大事，则需先经政事堂会议议决。由于唐太宗坚持发挥各级机构和官员的作用，从而使这种制度的实行，形成为一种传统，君臣上下都习以为常，并且认为只有这样做才是正常的。这种情况，高宗时沿袭下来。武则天临朝称制时，下令审讯宰相刘祎之，负责此事的王本立"宣敕示祎之，祎之曰：不经凤阁、鸾台（中书、门下），何名为敕？"[1]在三省制实行期间，皇帝独断专行，不按制度办事，除了武则天称帝前后，基本上是不多的。

皇帝以个人一时的好恶喜怒做出的决定，中书省、门下省和有关部门的官员可根据律令不奉诏。高宗时二武将误斫太宗昭陵柏，大理奏罪当除名，高宗特命杀之。大理丞狄仁杰不奉诏，奏二人罪不当死，并指出"今法不至死而陛下特杀之，是法不信于人也"[2]。高宗终于改变了自己的决定。

---

[1]《旧唐书》卷87《刘祎之传》。
[2]《资治通鉴》卷202 仪凤元年。

皇帝的言行还要受到谏官的监督。唐代谏官右、左散骑常侍、谏议大夫、拾遗、补阙分属中书省和门下省，是宰相中书令和侍中的属官。他们的主要职责就是对皇帝规讽谏谕。根据进谏尖锐的程度和方式，谏分为五种，即讽谏、顺谏、规谏、致谏和直谏。讽谏和顺谏是比较缓和的，而直谏就非常尖锐了，有时会弄得皇帝下不了台，而唐初从制度上对这些都做了肯定。除了谏官，大臣也可以对皇帝进谏。

唐朝史官对皇帝的言行也起着监督的作用。门下省的起居郎记事，典礼文物，迁拜旌赏，诛伐黜免，都按年月日的顺序加以记录，季终编为起居注。中书省的起居舍人记言，皇帝的制、诰、德音，也按年月日的顺序加以记录，季终编为时政记。起居注和时政记都要送交史馆，由史馆编为实录，最后按纪传体编为国史。由于关系到名垂青史，垂训子孙，皇帝对史官的记录是相当注意的。

五、军事制度

唐朝前期的军事制度，是以府兵制作为基础的。在中央有十二卫，作为府兵的统帅机关。十二卫是左、右卫，左右骁卫，左右武卫，左右威卫，左右领军卫，左右金吾卫。另外加上左右监门卫，左右千牛卫，合称十六卫。前十卫职掌为掌宫廷宿卫和朝会仪仗，并统领本属之府及各地的折冲府，后三卫各有专门职掌。左、右金吾卫负责京城和宫中的治安和巡逻；左、右监门卫负责宫门的守卫和出入人员的管理；左、右千牛卫负责宫殿侍卫和皇帝的仪仗。诸卫长官大将军（正三品），将军（从三品），卫下有府，如左、右卫有亲府、勋一府、勋二府、翊一府、翊二府。各府长官中郎将、左右郎将，下有校尉、旅帅、队正和队副。

另有禁军，其任务为守卫宫城，唐初人数很少，但由于它守卫皇宫，因此，有特殊的重要性。

折冲府即兵府，长官为折冲都尉和果毅都尉，下亦有校尉、旅帅、队正和队副。折冲府统领的卫士，上府一千二百人，中府一千人，下府八百人。卫士由政府选定，选择的标准是财力相当，选取强壮者；同样强壮，选取富者；财力相当，选取家中丁多者。充当卫士的农民，二十一岁入军，六十岁免役。卫士平时在家生产，农闲时由折冲府集中训练，并轮流到京城番上宿卫，每年番上的次数，根据折冲府距京师距离的远近而不同，每年番期一般均为一个月。发生战争，则要应征出征。宿卫和出征时，以三百人为团，一校尉领之。卫士本人不纳租调，但出征和宿卫时要自备武器、甲胄和粮食。

唐初全国共设有兵府六百多个，其中约百分之四十设立在关中，接近关中的河东（今山西一带），河南兵府也较多。这样，举天下不敌关中，中央政府就能随时调集重兵，保持强大的国防力量。

边地有镇戍，负责捍防守御，镇有将、镇副，有兵五百人为上镇，三百人为中镇，不及者为下镇。戍有戍主，五十人为上戍，三十人为中戍，不及者为下戍。再下有烽（烽火台）、候

（哨所）。

遇有战事，首先要征发府兵，同时还要征发其他人员，镇戍有时也要征发其他人员，即所谓临时募行者，叫作征人。拣兵的标准与卫士同，名义上是募，实际上不是自愿应募而是强制征发。

军事要地，设都督，一般由所在州刺史兼任。行军作战，则派大总管、总管。战事完毕，兵归于农，将归于朝。

唐政府为了刺激士兵的战斗力，设置勋官十二等，以赏战功。勋官十二等为：上柱国、柱国、上护军、护军、上轻车都尉、轻车都尉、上骑都尉、骑都尉、骁骑尉、飞骑尉、云骑尉、武骑尉。最低的武骑尉，比从七品；最高的上柱国，比正二品，可受一定数量的勋田。勋官番上期满，兵部考试合格，可授予散官。在战争中，还给以优厚的赏赐。因此，在唐太宗时期，不少人自办衣粮，争欲从军，企图通过勋赏来提高自己的政治经济地位。如薛仁贵，绛州龙门人，少贫贱，以田为业，将改葬其父母，其妻曰：今天子自征辽东，求猛将，此难得之时，君盍图功名以自显？富贵还乡，葬未晚。乃应募，以功授游击将军（从五品下，武散官）。[①]

六、官吏选拔的途径

（一）门荫和杂色入流

唐代官吏选拔的途径有三种，即门荫、杂色入流和科举。

[①]《新唐书》卷111《薛仁贵传》。

以门荫入仕，自汉已然。西汉有"任子"制度，吏二千石以上任满三年，可保举子弟一人为郎。魏晋实行九品中正制，更是把大族豪强世袭做官的特权，用法律形式固定下来。隋朝建立后，正式废除了九品中正制，但为了保证当朝权贵和高官子弟仍能做官，在北齐、北周制度的基础上，形成了自己的门荫制度。

唐朝继续实行门荫制度，并对如何以门荫入仕，做了严格的规定：一是有封爵者可由子孙承袭；二是皇亲亦可按亲疏叙阶授官；三是散官、职事官三品以上曾孙、五品以上子孙、二品勋官子可以资荫入仕，散官、职事官虽不至五品，但所带勋官在五品以上，子孙亦可以资荫入仕。以荫入仕者，根据他们父祖身份和官品的高低，叙以不同的品阶。

五品以上高官子孙以荫入仕，或通过学馆，或直接以门荫入仕。通过学馆就是充当弘文馆、崇文馆（三品以上子孙）或国子学、太学（五品以上子孙）的学生，学成后通过考试或出仕，或参加科举。科举及第，按本荫应叙品阶加阶授官。

直接以门荫入仕，则需要先充当千牛或三卫，也就是皇帝或太子的侍卫。根据父祖官品的高低，担任千牛或三卫的年限也不一样，千牛五年，三卫则需五至八年。期满后，兵部考试合格，有文堪时务者送吏部应选，再经考试合格，即可授职事官。没有文化的，亦可由兵部予以升迁。

门荫入仕，是唐朝前期高级官吏的主要来源。

杂色入流主要有品子、勋官和流外入流。

品子，以文武六品以下，勋官三品以下、五品以上成年子充任。他们轮流担任三品以上亲贵的侍从亲事、帐内，或交纳品子课钱，十年期满后，经兵部简试，文理高者送吏部，铨试合格，即可授与官职。他们虽不能按资荫叙阶，但七品以上子叙阶时，授从九品上阶，可有一级的优待。这是六品以下官吏子弟入仕的主要途径。

勋官需轮流番上服役，供京城诸司和各州驱使，不服役者需交纳课钱。服役或纳钱期满，经兵部考试合格，可授与散官。

品子、勋官等无品阶、无官职人员到吏部参加铨选（考选官吏），铨试合格即获得官职，这叫作入流。中央各官府的令史、书令史、传制、亭长、掌固等胥吏，是经吏部考试加以任用的，称作流外官。流外官自勋品、二品至九品，亦分为九品。他们经过考核，可以逐步升迁。至勋品即一品后，经三考合格，可至吏部参加铨选，合格后授与官职，叫作流外入流。

杂色入流，特别是流外入流，在整个唐代都是低级官吏乃至中级官吏的主要来源。

（二）科举

科举是一种通过分科考试选拔官吏的制度，始于隋而确立于唐。南北朝时期，北朝有举秀才、孝廉的制度；南朝有举明经的制度。由州县确定举送的对象，举送到中央后不一定进行考试。隋朝建立后，制度上有一些变化，秀才、明经举送到尚书省后，要进行考试。隋炀帝时又建立了进士科。这是科举制的开始。

唐代科举分为常科和制科。

常科分秀才、明经、进士、明法、明书、明算六科。秀才为最高科等，要试方略策，相当艰难，士子视为畏途。秀才科很快就被废绝。明法试律、令各一部。明书试《说文》、《字林》，要求通训诂。明算试《九章算术》、《海岛算经》、《缉古算经》、《缀术》等十部算经。明法、明书、明算等考试及第后从事专门工作，出路较窄，因此应举者不多。一般地主士人大多趋向于明经和进士二科。

明经主要考儒家经典。唐初五十多年间是按经的章疏试策，到调露二年（680年）才决定加试帖经（即把举子所学的儒家经典两端覆盖住，中间只留下一行，再把其中的几个字蒙住，让试者填充）。每经要帖十条，答对五条以上才算通过。儒家经典的背诵程度成为明经录取的主要标准。

进士在唐初时只试时务策五道。调露二年四月，考功员外郎刘思立针对当时有些举子唯读旧策，不读经史，不辨章句，不会写文章等情况，奏请加试杂文两道，并帖小经。唐高宗接受了他的建议，并在永隆二年（681年）八月的《条流明经进士诏》中做了规定。此后，应进士举者都要经过帖经、试杂文和对策三场考试。杂文最初是指箴、铭、论、表之类，到天宝时开始专用诗赋。从天宝到建中（742—783年）的四五十年间，诗赋的好坏成为进士科录取的主要标准。贞元（785—805年）以后，才又重新以对策成绩为主。

常科的应举者有学校的生徒和自己在州县报名的"乡贡"。唐朝在门下省设有弘文馆，太子左春坊设有崇文馆，招收皇亲、宰相、尚书和一部分三品以上高官的子孙；国子监所统的国子学招收文武三品以上和国公的子孙；太学招收四、五品官僚和郡公、县公的子孙；四门学招收六、七品官以及侯、伯、子、男的儿子和一部分庶人的子弟；律学、书学、算学招收八、九品子和一般老百姓。州、县也设有学校。在以上馆监和州县学校学习的学生，都要学习两部儒家经典，考试合格后，举送到尚书省参加各科考试。自己报名的，要"怀牒自列于州县"，[①] 经州县考试合格，举送到尚书省。这些"不在馆学而举者，谓之乡贡"[②]。在高宗初年和玄宗开元年间，应举者多先入国子监学习；天宝以后士子则多到地方应考，故"乡贡进士"、"乡贡明经"成为一般应举者的通称。

唐高祖以后，贡举一直由吏部的考功员外郎主持，开元时应举者增多，开元二十四年（736年）又发生了举子顶撞考功员外郎李昂的事件，朝议以为员外郎权轻，"不足以临多士"[③]，于是改归礼部，专令礼部侍郎一人知（即主管）贡举，并置贡院。

应举者每年十月由州县和馆监举送到尚书省，由吏部或礼部进行考试。第二年二月张榜公布进士录取名单。凡是考中的称为及第。应进士举者称作"进士"或"乡贡进士"，及第后称作"前进士"或"前乡贡进士"，新及第的进士要向主持贡举的官员（即主司）谢恩，然后由主司带领参见宰相，称作过堂。最后还要到吏部参加一次"关试"。唐代进士或明经及第只是获得出身

---

① 《新唐书》卷44《选举志》。
② 《通典》卷15选举三，历代制下。
③ 《唐摭言》卷1进士归礼部。

即做官的资格，并不直接授与官职。要做官还需要到吏部参加铨选，经过身（体貌）、言（言辞）、书（书法）、判（判决书）四项铨试，再结合各项规定，才能授官。新及第的进士通过关试后即可按规定到吏部参加铨试。但在高宗以后，每年获得做官资格即入流的人数大大超过可以委派的官职，因此，如果没有一定的背景和门路，新及第的进士、明经在参加铨选时很难获得一个官职。韩愈在《上宰相书》中谈到"四举于礼部乃一得，三选于吏部卒无成"[①]。就是说自己参加了四次科举考试才得中进士，而到吏部参加了三次铨选，还没有获得一个官职。

制科，是由皇帝临时确定科目进行考试的，科目很多，如才堪经邦科、文以经国科、武足安邦科、智谋将帅科、文辞雅丽科、贤良方正能直言极谏科，乃至哲人奇士逸伦屠钓科、才高未达沉迹下僚科、乐道安贫科等等。常科已有官职者不能再应举，制科一般人和在职官员都可以报考，并且可以不断应举。制科及第后，一般人"文策高者特授以美官，其次与出身"[②]。在职的官吏则可立即提升官职。

此外，还有通五经、一史，及进献文章，并上著述者，经有关部门考试，亦同制举。伟大诗人杜甫就是在进士不第后，于天宝中献三大礼赋，玄宗召试文章而后授与官职的。

[①]《韩愈文集》卷6《上宰相书》。
[②]《通典》卷15选举三，历代制下。

第二章 唐太宗与贞观之治

第一节 玄武门之变

一、太子与秦王

唐高祖李渊以其敏锐的眼光和丰富的政治经验，抓紧时机，进占关中，一举完成了大唐创立的事业，并在七年的时间里完成了统一全国和稳定政局的工作。在这些艰巨的工作中，他的几个儿子建成、世民、元吉都发挥了各自的作用。

长子建成，性情宽简仁厚。李渊在山西期间，十七八岁的建成留居河东（今山西永济蒲州镇）照顾家小。他能喝酒、爱打猎，与当地博徒大侠有密切的往来。李渊决定起兵后，建成被密召到太原，和世民共同带兵打下了西河郡，又与世民一起领兵进入关中。李渊称帝后，建成以嫡长子被立为太子。由于皇储的地位，他没有亲自率兵参加东征西讨统一全国的各次战役。他的主要工作是帮助高祖安定后方，处理国事。当时，"自非军国大务，悉委决之"[①]。武德二年（619年），他曾带兵讨平"司竹群盗"，四年又击平稽胡，说明他也具有一定的军事才能。武德五年（622年）末他带兵压平了刘黑闼的第二次起义，并在魏征的帮助下，

[①]《旧唐书》卷64《隐太子建成传》。

迅速稳定了山东局势，更表现了他的政治家风度和卓越的政治才能。为了寻求帮助他处理国政的助手，他到处搜罗人才。后来在贞观前期政治上起了主导作用的魏征、王珪等人，便是他的主要属官。

三子元霸早死，元吉是李渊的四子。太原起兵那年，他才十五岁，李渊让他留守太原，直到武德元年被刘武周打败，奔赴长安为止。李元吉从小好武，两年边境的生活，更使他的武艺大有长进。他善马术，虽然因为年轻寡谋，难当方面之任，但高强的武艺和骁勇的性格，却决定他成为一名勇猛的斗将。除了善避能夺的尉迟敬德，一般人还不是他的对手。武德四年平东都时，他设下埋伏，击破了王世充的进攻。元吉为王朝的建立和巩固也曾立下汗马功劳。

李世民是高祖的第二子，少好弓矢。由于他年岁稍长，大业十一年（615 年）李渊受命为山西河东抚慰大使，便把十六岁的世民也带到了太原。在李渊身边，世民熟悉了战争和统治阶级内部政治斗争，获得了较多的军事知识和政治斗争经验。同时，他结交"群盗大侠"，对社会情况也有一定的了解。他自己后来说，"朕年十八，犹在民间，民之疾苦情伪，无不知之"[①]。

在唐初削平群雄、统一全国的战争中，李世民立下了许多战功，声誉越来越盛，权势越来越大。特别是武德四年（621 年）一举击败了窦建德，逼降了王世充，更成为一位威震四海、人心

[①]《资治通鉴》卷 194 贞观七年。

瞩目的人物。高祖以古官不足以加,命他为天策上将。而他本人更是努力培植自己的势力。

他在洛阳,命萧瑀、窦轨封府库,收其金帛,颁赐将士,以树私惠;继续收罗人物,做他的幕僚,结纳谋臣猛将,为他尽力。回到长安后,他又设立文学馆,以杜如晦、房玄龄、虞世南、褚亮、姚思廉、于志宁、陆德明、孔颖达、许敬宗等十八人以本官兼文学馆学士,号十八学士,在公事之暇,与他们讨论文籍。

虽然这些志在四方、谋图篡夺的活动还是在隐蔽地进行着,但是,他的权势和某些做法已经招致高祖的不满,并使太子建成感到了威胁。

李世民连年率兵在外作战,高祖又给他节度方面的权力,这便形成了他的教命与高祖的诏敕并行,甚至与之抗衡而使高祖诏敕不行的情况。平东都后,淮安王李神通有功,李世民乃给田数十顷,恰好高祖也因婕妤张氏奏请将此地手诏给她父亲,李神通以教命在前,不肯将地交给张家。高祖知道此事后大怒,责备世民道:"我诏敕不行,尔之教命州县即受。"并对裴寂说:"此儿典兵既久,在外专制,为读书汉所教,非复我昔日子也。"[1]高祖已感到他专权难制,不好驾驭,已不是过去听话的儿子了。因此,对他的猜忌越来越大,不再让他长期带兵在外。武德五年(622年)四月李世民击败刘黑闼后,高祖便急召其还朝。武德六

---

[1]《旧唐书》卷64《隐太子建成传》。

年七月李世民屯兵并州以备突厥，未及时班师。十月，高祖诏世民引兵还，并亲自到华阴等候。

作为皇位继承人的太子李建成，由于李世民勋业日隆，中外归心，更感到对自己地位的威胁越来越大。因此，当刘黑闼再起于山东，建成的谋臣王珪和魏征便建议他亲自率兵征讨，以取功名来扩大自己的影响，并结纳山东豪杰，作为自己的支持力量。

建成此行获得了很大的成功。不仅打败了刘黑闼，而且在洺州和罗艺相会，建立了密切的关系，并促使罗艺带兵入朝，使自己在关中有了一支可靠的武装力量。同时，他又通过魏征等人在河北、山东建立了自己的势力，许多州县官吏都成了建成、元吉的党羽。

此后，李建成与李世民兄弟之间的矛盾就表面化了。李世民即位以后便说到过，武德六年（623年）以后"不为兄弟所容"①。从此，双方展开了激烈的斗争，并从各方面充实自己的力量。

建成山东之行后，接着就在长安"私召四方骁勇，并募长安恶少年二千余人，蓄为宫甲，分屯左、右长林门，号为长林兵"②，建立起了一支与李世民的玄甲兵不相上下的精悍的卫队。

建成还与后宫嫔妃建立联系，作为自己的支援。高祖晚年多内宠。他的二十二个儿子中，除皇后窦氏所生建成、世民、元霸（早死）、元吉和万氏所生智云（已死）外，小王达十七人之多。这些小王的母亲竞相交结建成、世民和元吉，以巩固自己的地位

---

① 《旧唐书》卷63《萧瑀传》。
② 《旧唐书》卷64《隐太子建成传》。

并求来日的照顾。建成、元吉与张婕妤、尹德妃都有往来，企图通过她们从高祖方面巩固自己的地位。

李世民也同样注意建立自己的势力范围。武德六年他屯兵并州，便乘机在山西活动，高祖召他还师后，他还借口屯田问题，逗留了一个月的时间。

对于后宫，李世民也经常"遍见诸妃"，以大量的金宝来进行赂遗。[①]他的王妃长孙氏也"恭顺妃嫔、尽力弥缝，以存内助"[②]，希望得到嫔妃们的帮助。

武德七年（624年）三月，唐压平了辅公祏的反抗，清除了农民起义的余波，完成了国内统一事业。建成与世民之间的矛盾迅速激化。建成令可达志从燕王李艺（即罗艺）处发幽州突骑三百置宫东诸坊，又使庆州总管杨文幹募健儿送长安，积极扩大自己的力量。

这年六月，高祖到宜君（今属陕西）仁智宫避暑，建成留守长安，世民、元吉同行。正好这时，建成派去给杨文幹送甲的郎将尔朱焕等行至豳州，言称有急变，到仁智宫向高祖密告太子使杨文幹举兵，使内外相应。高祖听后大怒，托辞有事召建成。建成感到事态严重，惊惧不知所为。最后还是贬损车服、屏从者、诣仁智宫谢罪。高祖同时派司农卿宇文颖驰召杨文幹，杨文幹知道事情的原委后，立即举兵反。

高祖这才感到事情的严重。他怕事态扩大，赶忙派李世民

[①]《新唐书》卷79《隐太子建成传》。
[②]《旧唐书》卷51《太宗长孙皇后传》。

去讨杨文幹，以避免建成在关中的势力起来响应。在盛怒和紧张中，他也没有细加考虑，便答应李世民，回来后立他为太子。经过元吉和封德彝等的劝解和分析，高祖也明白这完全是兄弟之间的争斗，不是针对他来的。于是他改变了更换太子的主意，仍派建成回京师留守。罪过落到太子中允王珪、左卫率韦挺和天策兵曹参军杜淹身上，把他们流放到巂州。事态总算平息下来。

此后，双方进一步展开活动。而高祖对世民的嫌忌也越来越深，终于发展到要对他进行贬责。宰相陈叔达反对，理由是秦王有大功于天下。高祖也感到罪迹未见，无以为辞，只好听之任之，凭他们兄弟之间互相争斗了。

事至于此，双方都在考虑决一死战。

建成的计划是乘突厥进攻的时机，派元吉领兵出征，并借此夺取世民的精兵猛将，除去他的羽翼，然后让他束手就擒。这个计划被建成的一个部下密告世民。李世民和他的幕僚进行了紧张的谋划，最后决定先发制人。

二、弟兄交锋

武德九年（626年）六月初三，世民密奏建成、元吉淫乱后宫，准备在高祖召他们入宫时谋杀他们。四日清晨，李世民带领尉迟敬德、侯君集、张公谨、刘师立等九人入宫，并伏兵于玄武门。建成、元吉事先虽已得到张婕妤的通知，知道高祖要他们廷辩，但他们不知道玄武门的守将常何已为世民收买。因此，他们将东宫和齐王府兵集中起来，严阵以待以后，就前往高祖处以探究竟。行至临湖殿，发现情况有异，想急转回去，世民伏兵冲出。元吉射世民不中，世民先射死了建成。元吉也被尉迟敬德杀死。冯立、薛万彻等率东宫、齐府兵二千人来攻玄武门，薛万彻又扬言欲攻秦府，世民兵士气不振。尉迟敬德出示建成、元吉首级，宫府兵才失去了斗志。世民又调来数百骑，其妻舅高士廉也率吏卒释囚犯、授以兵甲，赶至芳林门与世民合势，才取得优势。

高祖知道事变后，问裴寂等怎么办，萧瑀、陈叔达建议立世民为太子，把国事交给世民。六月七日，立李世民为太子，下诏"自今军国庶事，无大小悉委太子处决，然后闻奏"①。李世民终于取得了军国大权。

玄武门事变前，李世民在长安的力量相对建成、元吉来说，是比较薄弱的。虽然他们都蓄养了一批精兵，但世民只有八百人，不及宫府兵二千人的一半。因此需要高士廉率吏卒囚徒前来作战。正是这种情况，决定了世民采取阴谋伏兵、先发制人的方式。而这种方式之所以可能，主要是由于玄武门守将为其收买，因而可以出其不意，攻其不备，一举而击杀建成，从而收到擒贼先擒王、攻心为上、瓦解对方的效果。建成在兵力上的优势也就失去了作用。

地方形势的有利，也是李世民敢于发动玄武门之变并取得最后胜利的重要条件。当时关中大部分地区，山西、河南、四川、

---

① 《资治通鉴》卷191 武德九年。

江南的军将大多是倾向于世民的。玄武门之变后，除了河北州县和泾州（今甘肃泾川）的李艺以外，各地都很稳定。这样，就使得李世民没有外顾之忧，尽可以解决了长安的问题后，再去处理地方上的反对派。

李世民的身边有一批强有力的谋臣骁将，也是他取得成功的重要因素。李建成虽然想尽一切办法来削弱李世民的力量，并且说动高祖把多谋善断的房玄龄、杜如晦这两位世民最主要的谋臣逐出秦府，敕旨不让他们复事秦王，但由于李世民善于隐蔽，没有根本动摇他在长安的力量。玄武门之变前夕，他身边仍有长孙无忌、侯君集、高士廉和尉迟敬德等一批谋臣武将，程知节等也拖延没有离开长安。房玄龄、杜如晦也穿着道士服潜入了秦府。建成斫除世民手臂的计划完全落空。李世民的主要幕僚几乎全都参加了这次事变。建成虽然知人善任，王珪、韦挺、魏征始终都是忠于他的，但王、韦武德七年（624年）就被流放出去，魏征虽是经世之才，但对统治阶级内部斗争这一套东西，终不如房、杜等熟悉。比起世民来，建成的参谋部就显得薄弱了。

此外，在收买对方的工作上，建成也全盘失败，而且还有一些人被世民收买。除了秦府幕僚对世民的忠诚外，主要是收买对象的不同。建成曾想收买秦府骁将尉迟敬德，但遭到拒绝。李世民所收买的，则是在建成处地位不算很高，与建成关系不很密切，但又是能起作用的人物，如事变前夕向世民告密的太子率更丞王晊，官位只有从七品。而建成却没有收买到这样通风报信的人物。

李世民在玄武门之变后，立即赦免了为建成、元吉战斗到最后的死党薛万彻、谢叔方、冯立，认为他们是忠于所事的义士而不予问罪。同时，礼遇曾劝建成早除世民的魏征，引为詹事主簿，并将王珪和韦挺从巂州召回，将三人皆任为谏议大夫。这几位建成主要幕僚的使用，对安定局势起了很大作用。

世民还派屈突通为陕东道行台左仆射，驰镇洛阳，以防东方之变。又派崔敦礼驰驿至幽州（今北京市）召与建成关系密切的庐江王瑗。李瑗心不自安，囚崔敦礼，征兵，准备起兵。兵未发即为王君廓所杀。

这时，建成、元吉的党羽散在民间，还很不安心，也有些人争着告密以取赏。在王珪的建议下，李世民重申建成、元吉左右皆赦不问，下令不得相告，违者反坐。但河北州县素来与建成、元吉关系密切的仍不自安，"往往曹伏思乱"。魏征建议，"不示至公，祸不可解"。①如果不采取宽大的措施，河北还可能闹出乱子来。于是，世民又派魏征宣慰河北，并听以便宜从事。魏征在磁州（今河北磁县）释放了州县解送京师的建成党羽、前太子千牛李安志和齐王护军李思行，从而解除了建成党羽的顾虑。

通过这些办法，河北和各地的形势很快安定下来。贞观元年（627年）李艺据泾州反，很快也被讨平。

八月甲子，李渊传位世民，李世民正式做了皇帝。这就是有名的唐太宗。

---

① 《新唐书》卷97《魏征传》。

第二节　贞观君臣论治道政术

一、导我以礼义　弘我以政道

贞观元年（627年）六月，唐太宗与侍臣讨论为什么周的统治时间很长而秦的统治却很短。萧瑀回答道："纣为不道，武王征之。周及六国无罪，始皇灭之。得天下虽同，人心则异。"唐太宗说："公知其一，未知其二。周得天下，增修仁义。秦得天下，益尚诈力。此修短所以殊也。盖取之或可以逆得，守之不可不顺故也。"① 得天下可以不择手段，不合道义，但守天下就必须符合统治规律。唐太宗杀兄逼父，皇位取之不顺，但皇位终究已经到手，摆在他面前的是如何巩固这个统治。唐太宗说"守之不可不顺"，说明他知道，要巩固统治，需要遵循一定的方法，需要有一套治道政术。

在长年征战中，唐太宗逐步形成了他的军事思想。武德九年（626年）他曾经说过："吾自少经略四方，颇知用兵之要。每观敌阵，则知其强弱，常以吾弱当其强，强当其弱。彼乘吾弱，逐奔不过数十百步；吾乘其弱，必出其阵后反击之，无不溃败。所以取胜，多在此也。"他不仅形成了这种具有朴素辩证法和运筹学观点的战术思想，而且能够从战争全局和战争各方的特点和相互关系考虑问题，成为一个具有虚怀若谷的政治风度和成熟的战

---

① 《资治通鉴》卷192贞观元年。

略思想的军事家。

至于治道政术，在贞观十年（636年）的一次谈话中，唐太宗谈道："朕是达官子弟，少不学问，唯好弓马。至于起义，即有大功，既封为王，偏蒙宠爱，理道政术，都不留心，亦非所解。"① 这种说法固然有掩盖自己在玄武门之变以前对皇位的野心的意味，但也并非谦谦之词，说的还是实情。因为最初几年是忙于打仗，后来是考虑怎样把皇位夺取到手，其他问题也就无暇多思了。

当然，经历了隋末的动乱，从隋的灭亡之中，对"所以安天下者"，唐太宗也有初步的认识。武德九年，他对公卿说："朕思所以安天下者有二事，唯在朕与公辈耳。荒淫田猎，杀戮任情，人君之恶也。私树朋党，阿谀顺旨，人臣之恶也。宜各制其欲，则为治不难矣。"② 在正常情况下，这两条确是保持长治久安的重要条件，而在统治尚未稳定的唐初，这些就远远不够了。

唐太宗八月初九即位，二十八日突厥颉利可汗和突利可汗合兵十余万进到距长安城仅四十里的渭水便桥之北。对于这样严重的形势，他还是信心十足，处理得很有章法。他仔细观察了敌情，看到突厥人马虽多而队伍不整，分析突厥这次大军前来，无非是想乘唐的政局变动，进行勒索。他考虑到自己刚即位，国家未安，百姓未富，如果进行战争，不仅会造成很大损失，而且和突厥关系搞坏了，突厥会加紧战备，不利于将来消灭突厥，决定和平解决。他一面部署兵力，然后单独与颉利可汗在渭水上进行

---

① 《贞观政要定本》卷6《杜谗佞》（日本原田种成校，《东洋文化研究所纪要》第三辑）。
② 《册府元龟》卷157《帝王部·诫励二》。

会谈。突厥与唐订盟约和而退。唐太宗能既着眼于将来突厥问题的解决，又解除了当时的战火威胁，虽然要拿出相当多的金帛送给突厥，仍算得上是大手笔。而面对内地复杂的形势，他就很有些茫然了。

当时国内的客观形势，一是生产受到严重破坏，土地荒废，人口减少。洛阳到山东几百里路上长满了荒草，"人烟断绝，鸡犬不闻，道路萧条，进退艰阻"①。来往者必须带上足够的口粮。河北、山东和河南地区，直到贞观中，也才有七十万户，只及隋时政府控制的户口四百七十万户的七分之一。社会经济急需恢复。二是农民仍在继续进行斗争。农民被迫"为盗"的情况仍不断发生，还有一些农民"亡命山泽"。②封建秩序尚未安定下来。

怎样解决？朝廷里有着各种不同的意见。唐太宗初即位，与群臣谈论自古以来政治得失时说道："当今大乱之后，造次不可致理。"③意思是农民战争后，不可能迅速致治，对于阶级矛盾能否迅速缓和，封建秩序能否很快稳定没有信心。对太宗的这个问题，魏征回答说："凡人在危困则忧死亡，忧死亡则思理，思理则易教。然则乱后易教，犹饥人易食也。"对于魏征的说法，太宗还有怀疑。魏征接着指出，关键在于实行什么样的政策，"若圣哲施化，上下同心，人应如响，不疾而速，期月而可，信不为

---

① 《贞观政要》卷2《直谏》。
② 《唐大诏令集》卷1《太宗即位赦》。
③ 《贞观政要》卷1《政体》。

难。三年成功，犹谓其晚"。①如果由圣哲来施行教化，百姓就会积极响应，在一个月的时间就达到致治，也不是很难的。太宗颇以为然。封德彝反对魏征的意见，他认为夏、商、周三代以后，老百姓越来越不老实，因此，秦用法律，汉杂霸道，都是欲治而不能，不是能治而不欲。如果听信了魏征的一套，国家必然败乱。主张对农民要实行高压。魏征举出历史上黄帝征蚩尤、汤放桀、武王伐纣后很快太平的历史事实来加以反驳，指出"五帝、三王不易人而理，行帝道则帝，行王道则王，在于当时所理，化之而已"②。由于太宗亲自经历了隋末的动乱，并看到魏征解决刘黑闼问题的成功。事实告诉他，高压并不能解决问题。因此，当魏征分析当时百姓的动态是人心思治，人心思定，指出对百姓应行"帝道""王道"，即实行教化的方针时，他豁然开朗，深以为然，完全接受了魏征所提出来的方针。

这在唐太宗政治思想的发展上，是一个巨大的转折，是认识上的一次飞跃。在贞观之治的局面刚刚形成时，太宗对群臣说："贞观初，人皆异论，云当今必不可行帝道、王道，惟魏征劝我，既从其言，不过数载，遂得华夏安宁，远戎宾服。……使我遂至于此，皆魏征之力也。"③

贞观十年（636年），他谈得更加明确："及为太子，初入东宫，思安天下，欲克己为理，唯魏征与王珪，导我以礼义，弘我

---

① 《贞观政要》卷1《政体》。
② 《贞观政要》卷1《政体》。
③ 同上。

以政道。我勉强从之，大觉其利益，力行不息，以致今日安宁，并是魏征等之力，所以特加礼重，每事听从。"①

贞观十二年三月丙子，"太宗以诞皇孙，诏宴公卿，帝极欢，谓侍臣曰：'贞观以前，从我平定天下，周旋艰险，玄龄之功，无所与让。贞观之后，尽心于我，献纳忠谠，安国利人，成我今日功业为天下所称者，惟魏征而已。'"②

贞观十二年九月甲寅，太宗在与侍臣讨论创业与守成孰难时，也谈到"玄龄昔从我定天下"，"魏征与我安天下"。③

唐太宗在不同年代的这些言论，对于与他共取天下，历来被封建历史家艳称为贞观名相的房玄龄在佐成贞观之治的作用，无一言及之；而对于魏征，则一再肯定"成我今日功业为天下所称者，惟魏征而已"。并认为魏征的最大功劳在于劝行"帝道""王道"。唐太宗对于魏征的这些评价进一步说明，太宗掌权以后，思安天下，但是，大战之后能否迅速致治，他没有信心；采取何种方式来进行统治，他也没有把握。是在魏征的帮助下，才解决了这两个具有根本性的问题。

唐太宗所以不能解决这些问题，主要是由于他不能准确地把握住当时的阶级动态。他虽然几次到过山东地区，但在打败窦建德，平东都后，对山东地区，高祖没有让他过问；镇压刘黑闼时，由于高祖对他已经发生疑虑，因此刚把起义军镇压下去，就

---

① 《贞观政要定本》卷6《杜谗佞》（日本原田种成校，《东洋文化研究所纪要》第三辑）。
② 《贞观政要》卷2《任贤》，月、日据《通鉴》。
③ 《贞观政要》卷1《君道》，年、月、日据《通鉴》。

被匆忙召回长安。打徐圆朗时，战事一结束，他也就立即班师，未敢久作停留。因此，在与建成斗争的过程中，他虽然已经感觉到"山东豪杰"是一支不可忽视的力量，派张亮去洛阳"阴结纳山东豪杰以俟变"，[①]但对于山东地区的实际情况和阶级动态他并没有真正的了解。

在李世民身边，杜如晦、房玄龄、虞世南、褚亮、姚思廉、李玄道、李守素、于志宁、薛收、薛元敬、陆德明、孔颖达、盖文达、许敬宗等十八学士，多为文士和儒生。他们虽然都博通经史，对历代政治理论和隋末政治情况也有相当的了解，其中一些人如房、杜且有杰出的政治才能，在行军作战和夺取皇位的斗争中，给李世民筹谋划策，起了很大作用，但是，除房玄龄、李玄道等少数人外，多非山东人，且多为士族或贵族出身，对民间情况没有什么接触，因而对南北朝以来阶级关系的变化，特别是唐初山东士族已经衰落，一般地主正在兴起，广大农民要求致治，对这样的政治形势他们缺乏深刻的理解。秦叔宝、程知节、张亮等武将，其中秦叔宝原为隋将来护儿部下士卒，后从张须陀镇压起义军。程知节、张亮虽然都参加过李密起义军，但缺少经史知识和政治经验，也不能洞察当时形势。因此，他们都不能帮助李世民深入理解当时的形势。

而魏征，魏州曲城人，其父虽在北齐做过县令，但早死。《旧唐书·魏征传》说："征少孤贫，落拓有大志，不事生业，

[①]《资治通鉴》卷191武德九年。

出家为道士，好读书，多所通涉，见天下渐乱，尤属意纵横之说。"① 在农民战争的年代里，他先后在瓦岗军和窦建德军中待过。因而他熟悉农民的情况和全国的政治形势，能帮助唐太宗认清当时的形势并制定恰当的方针。

二、"有道则人推而为主，无道则人弃而不用"

在总的统治方针确定以后，唐太宗并没有就此止步，他继续探求治国安民，长治久安的方略。他特别重视历代统治理论和历史经验的学习。刚即位，即"于正殿之左，置弘文馆，精选天下文儒，令以本官兼署学士，给以五品珍膳，更日宿直，以听朝之隙引入内殿，讨论坟典，商略政事，或至夜分乃罢"②。并命魏征等编撰《群书治要》，"爰自六经，讫于诸子，上始五帝，下尽晋年"③。他还下令修成了《晋书》、《周书》、《北齐书》、《梁书》、《陈书》和《隋书》等六部史书。太宗在与大臣讨论政事时，君臣经常是言必孔孟诸子，语必历代盛衰兴亡。这样，就使得唐太宗的政治思想在学习历代统治理论，吸取历史经验教训，特别是隋朝兴亡教训的基础上，结合唐初的实际情况而不断得到发展。

武德九年（626年）唐太宗与群臣论止"盗"，他已经认识到"民之所以为盗者，由赋繁役重，官吏贪求，饥寒切身，故不暇顾廉耻耳"。他并且由现实而及于历史，认识到"君依于国，

---

① 《旧唐书》卷71《魏征传》。
② 《贞观政要》卷7《崇儒学》。
③ 《唐会要》卷36《修撰》。

国依于民。刻民以奉君，犹割肉以充腹，腹饱而身毙，君富而国亡"①这样一个普遍性的道理。并且由此而提出了"为君之道，必须先存百姓"②。这从《尚书·五子之歌》："民为邦本，本固邦宁。"《淮南子·主术训》："食者，民之本也，民者，国之本也。"结合隋末唐初的情况，还是比较容易引申出来的。

到贞观二年（628年），太宗与大臣谈话时谈道："凡事皆需务本，国以人为本，人以衣食为本。凡营衣食，以不失时为本。夫不失时者，在人君简静乃可致耳。"王珪接着说："昔秦皇汉武，外则穷极兵戈，内则崇侈宫室，人力既竭，祸难遂兴。彼岂不欲安人乎？失所以安人之道也。亡隋之辙，殷鉴不远。陛下亲承其弊，知所以易之，然则在初则易，终之实难。"③这次谈话表明，贞观君臣的政治思想又有了进一步的发展：

一是他们明确提出了国以民为本的核心问题是衣食问题、生产问题，并从历史的对比中得出了一个规律性的结论：不能竭泽而渔，剥削一定要保持在"人力不竭"的限度之内。也就是说，一定要保持农民最低限度的生活水平，以保证生产的持续进行，才能保持封建统治的稳定。这也就是王珪所说的"安人之道"。这样，唐太宗所说的"为君之道，必须先存百姓"，也就有了更加具体的内容。这对于封建统治理论不能不说是一个很大的发展。

---

① 《资治通鉴》卷192武德九年。
② 《贞观政要》卷1《君道》。
③ 《贞观政要》卷8《务农》。

二是明确指出了"祸难兴"的原因是"人力竭"。唐太宗在另一次谈话中谈到隋炀帝广造宫室，大修驰道时也指出："人力不堪，相聚为贼。"①这说明贞观君臣都已经认识到剥削和奴役超过了一定限度，超过了农民的负担能力，农民是要起义反抗的。这样，"民"在贞观君臣的心目中就不再是一种任人宰割的、消极被动的力量，而是一种可以使封建王朝覆亡的巨大力量。

三是王珪提出了"亡隋之辙，殷鉴不远"，要求以隋亡为鉴。太宗始即位，忙于稳定封建秩序，制定统治方针，还来不及过多考虑隋朝兴亡的经验教训。贞观二年（628年）后，随着封建统治的日益稳定，贞观君臣开始从各个方面来总结隋亡的教训。这对于唐太宗进一步认识人民的力量，具有重要意义。

贞观六年（632年）唐太宗所说的"天子者，有道则人推而为主，无道则人弃而不用，诚可畏也"②，就是在上述认识的基础上发展而来的。尽管唐太宗的这句话是从《尚书·虞书》的"可爱非君，可畏非民"引申出来的，但他在这里所说的"道"，即前述"为君之道"、"安人之道"，是有具体内容的；他这里所说的"无道则人弃而不用"，也不是抽象的说教，而是农民起义推翻隋王朝的活生生的现实。此后，贞观君臣反复引用荀子所说的"君者，舟也；庶人者，水也；水则载舟，水则覆舟"③。把君主比作船，把老百姓比作水，老百姓可以让你的统治继续下去，也可

---

① 《贞观政要》卷10《行幸》。
② 《贞观政要》卷1《政体》。
③ 《荀子·王制篇》。

以把你推翻。这样,皇帝的权威,就不是来自上天,而是来自庶民,因而也就不是神圣而不可动摇的。皇帝只有"有道",老百姓才会拥戴你,"无道"就会抛弃你推翻你。贞观君臣既抛弃了君权神授的思想,就不再凭借上天来进行统治,因此,"诚可畏也"也就不是一句空话,而确是表达了唐初统治者对农民在一定程度上的畏惧心理。因此,可以说,唐太宗的这句话是从隋末唐初的社会现实出发,吸取了历代统治理论的精华,总结了隋朝灭亡的教训而提出来的。它不仅是唐太宗政治思想的精华,在封建统治理论中,也达到了前所未有的高度。

三、君臣行事准则

在唐太宗和大臣的议论中,君臣作用和君臣关系是一个重要的内容。他们得出了一些很有意义的结论:

(一)君不独断,广任贤良

唐太宗初即位,不少人上书太宗,说是"人主当独运威权,不可委之臣下"[①]。要唐太宗实行独裁。而被太宗召见问以政道的景州录事参军张玄素则对唐太宗说,隋主好自专庶务,不任群臣,大小事都要自己做出决断。群臣恐惧,害怕得罪,只知道禀受奉行,照皇帝的旨意办理,而不敢提出不同意见。以一人之智决天下之务,如果是得失相半,错误也就很多了。这样,下面阿谀奉承,上面又不了解实情,怎么能不灭亡呢。他建议太宗"谨

---

① 《资治通鉴》卷193 贞观四年。

择群臣而分任以事"①。皇帝要从繁琐的事务中摆脱出来，深入全面地了解情况，考查官吏的政迹，施以赏罚。太宗很同意他的意见。

贞观四年（630年），唐太宗和近臣谈论隋文帝。萧瑀认为，隋文帝能克制个人欲望，勤劳思政，每次坐朝与五品以上官员论事，往往要坐到日过正午，虽然性非仁明，也算得上是励精之主了，唐太宗不以为然。他认为隋文帝"性至察而心不明"，心不明，头脑不清醒，对情况就不能有全面而深切的了解；至察，心太细，则往往多疑。加之欺孤儿寡母以得天下，经常害怕群臣内心不服，因此，不肯信任百官，每事皆自决断。虽则劳神苦形，未能尽于合理。而大臣既知其意，亦不敢直言。宰相以下，只是承顺而已。唐太宗表示："朕意则不然。以天下之广，四海之众，千端万绪，须合变通。皆委百司商量，宰相筹划，于事稳便，方可奏行。岂得以一日万机，独断一人之虑也。且日断十事，五条不中，中者信善，其如不中者何。以日继月，乃至累年，乖谬既多，不亡何待！岂如广任贤良，高居深视，法令严肃，谁敢为非。"②

唐太宗在这里提出了一个处理政务的基本原则："千端万绪，须合变通。"政事的决断要从实际情况出发，要考虑到情况的变化和差异。以天下之广，四海之众，情况是非常复杂的，而要进行处理的政事又是那样的多，因此，"岂得以一日万机，独断一

---

① 《资治通鉴》卷192武德九年。
② 《贞观政要》卷1《政体》。

人之虑也"。这样，唐太宗就鲜明地提出了君主不能一人独断的政治原则。

同时，唐太宗还指出，皇帝处理问题不可能完全正确，会有许多乖谬。这样，就揭开了君主神圣的面纱，从认识论的角度，把君主从神还原为人。

正是由于唐太宗认识到君主一人不能遍知天下之事，不能独断天下之务，因此，他提出要"广任贤良"，充分发挥各级官员的作用。一般的军国大事，由宰相在政事堂议决。遇有重大的政事，唐太宗还要召集宰相和大臣讨论。他总是先让群臣充分发表意见，展开争论，最后他才总结归纳并做出决定。唐太宗的高明之处并不在于他个人有什么远见卓识，提出了什么新的东西，而在于他能集思广益，接受群臣提出的正确意见，加以总结，并坚持实践。

在制诏起草的过程中，唐太宗规定中书舍人要各执所见，经过中书侍郎、中书令审定后，再送交门下省由给事中和黄门侍郎驳正。他要求中书省和门下省的官员充分发挥互相检查的作用，防止发生差错。他指出，各人的意见，每或不同，有所是非，都是为了公事。有的人护己之短，忌讳别人指出自己的失误；有的人为了避免私怨，顾惜颜面，明明知道是错的，也照样施行。这是顺一人之颜情，为万民之大弊，实在是亡国之政。他要求大臣"灭私徇公，坚守直道"，不要上下雷同。贞观三年（629年），唐太宗重申："中书、门下，机要之司，擢才而居，委任实重。诏敕如有不稳便，皆须执论。"他并且尖锐地指出："若惟署诏敕、行文书而已，人谁不堪，何烦简择，以相委付！"① 如果只管在诏敕上签字署名，但行文书，则谁不可为，又何必要选择你们来担任这些职务！

（二）君需兼听，臣宜直谏

贞观二年（628年），唐太宗问魏征："何谓明君、暗君？"魏征回答说："兼听则明，偏信则暗。"如果人君兼听广纳，则贵臣不得壅蔽，而下情必得上通。太宗很同意他的意见。有一次，唐太宗对侍臣谈到自己看《隋炀帝集》，见他文辞奥博，也知道是尧、舜而非桀、纣，但他行事为什么正好相反呢？魏征答道：人君虽圣哲，犹当虚己以受人，应该虚心地接受臣下的意见。这样，智者就会献其谋，勇者就会竭其力。而隋炀帝恃其俊才，骄矜自用，故口诵尧舜之言而身为桀纣之行，最后终至覆亡。太宗认为应该引以为戒："前事不远，吾属之师也。"②

唐太宗懂得，要使自己"耳目外通，下无怨滞"，避免"下为百姓所怨"，就必须要有正人匡谏。他认识到，"明主思短而益善，暗主护短而永愚"。隋炀帝好自矜夸，护短拒谏，结果是臣下杜口。唐太宗公开承认人主所行会有不当，自己的决定会有失误。贞观元年（627年），他就曾对侍臣说："朕虽不明，幸诸公数相匡救。"由于大家"直言鲠议"，才致天下太平。因此，"人欲自照，必须明镜；主欲知过，必藉忠臣"，要求大臣"必须极言规谏"。③

---

① 《贞观政要》卷1《政体》。
② 《资治通鉴》卷192 贞观二年。
③ 《贞观政要》卷2《求谏》。

唐太宗经常注意广泛地听取臣下的意见，并鼓励大臣犯颜直谏。贞观四年（630年），太宗下令修复洛阳的乾元殿。给事中张玄素上书建议停止。在书中张玄素指出，"承凋残之后，役疮痍之人，费亿万之功，袭百王之弊，以此言之，恐甚于炀帝远矣"。太宗看后问张玄素："卿以我不如炀帝，何如桀纣？"张玄素对道："若此殿卒兴，所谓同归于乱。"意思是，如果你一定要修此殿的话，那么和桀纣也差不多。太宗听后叹道："我不思量，遂至于此。"① 于是停修此殿，并赐张玄素绢二百匹，以示鼓励。贞观六年，唐太宗又对侍臣说："公等但能正词直谏，裨益政教，终不以犯颜忤旨，妄有诛责。"②

贞观时期的大臣，一般也都敢于进谏，尤其是魏征，更是敢于犯颜直谏。有一次魏征弄得太宗很生气，甚至说一定要杀掉这个田舍翁。长孙皇后问是谁，太宗回答说："魏征每廷辱我。"长孙皇后立即换上朝服，站在院子里。太宗惊问其故。长孙皇后回答说："妾闻主明臣直，今魏征直，由陛下明故也，妾敢不贺！"③ 太宗才高兴起来。此后太宗对魏征的意见更加重视。魏征也经常提醒太宗要居安思危，慎终如始。贞观十七年（643年）魏征死后，唐太宗对他思念不已，对侍臣说："人以铜为镜，可以正衣冠；以古为镜，可以见兴替；以人为镜，可以知得失；魏征没，朕亡一镜矣！"④

---

① 《贞观政要》卷2《纳谏》。
② 《贞观政要》卷1《政体》。
③ 《资治通鉴》卷194 贞观六年。
④ 《资治通鉴》卷196 贞观十七年。

（三）君臣守法，以法为准

唐太宗曾说："法者，非朕一人之法，乃天下之法。"[①]因此，他要求一切定于法，而不要以皇帝的一时喜怒和片言只字作为根据。对于自己临朝决断有不合于律令的，他也要求大臣不要以为是小事，遂不执言。他指出，"凡大事皆起于小事，小事不论，大事又将不可救。社稷倾危，莫不由此"[②]。把是否坚守法令和社稷倾危联系起来。

他还要求官吏遵守法令。他对大臣说："朕见隋炀帝都不以官人违法为意，性多猜忌，唯虑有反叛者。朕则不然，但虑公等不遵法式，致有冤滞。"[③]

在贞观君臣论政过程中形成的这些政治原则，并没有停留在口头上。唐太宗思安天下，急于致治，魏征及其他大臣也以安民治国为己任，因此皇帝能虚己受人，兼听广纳，避免独断；大臣能积极进谏，忠于职守，充分发挥自己的作用，从而形成了一种君臣相遇，有同鱼水，上下一心，以求致治这样一种封建社会少有的政治风气。

四、选拔贤才

贞观元年（627年），唐太宗谈到，古来帝王以仁义为治者，统治时间长，"今欲专以仁义诚信为治"。黄门侍郎王珪对道：

[①]《贞观政要》卷5《公平》。
[②]《贞观政要》卷1《政体》。
[③]《魏郑公谏录》卷3。

"但非贤不理，惟在得人。"太宗道："朕思贤之情，岂舍梦寐。"意思是我连做梦都在想着贤才，正在为得不到贤才而苦恼。给事中杜正伦当即指出："世必有才，随时所用，岂待梦傅说，逢吕尚，然后为治乎！"①

对于王珪、杜正伦的意见，通过一两年的政治实践，特别是执掌大权的勋贵和原秦王府幕僚无力处理当时农民逃亡、生产凋敝的复杂局面，唐太宗有了越来越深的体会。贞观二年，唐太宗对侍臣说："为政之要，惟在得人，用非其才，必难致治。今所任用，必须以德行、学识为本。"②对于用人的重要性和用人的原则做了全面的论述。

唐太宗一方面先后罢去高祖时重用的宇文士及和裴寂等腐朽无能的宰相，同时积极发掘人才。他不仅自己注意发现贤才，还要求群臣举贤。尚书右仆射封德彝久无所举，唐太宗问他为什么，封德彝答道："非不尽心，但于今未有奇才耳。"唐太宗道："君子用人如器，各取所长，古之致治者，岂借才于异代乎？正患己不能知，安可诬一世之人。"③在这里唐太宗不仅发挥了杜正伦世必有才的思想，而且从孔子关于君子用人如器的思想出发，指出用人要各取所长，根据每个人的特长来加以任用，而不要求全责备。

在选拔贤才时，唐太宗能做到"唯才是与"，而不问亲疏，

---

① 《贞观政要》卷5《仁义》。
② 《贞观政要》卷7《崇儒学》。
③ 《资治通鉴》卷192 贞观元年。

不论贵贱。魏征、王珪、韦挺等原是太子李建成的属官，魏征并曾劝建成及早除掉太宗。唐太宗认为这是忠于所事，不仅没有报复，而且随着对魏征了解的加深，而不断加以重用。由太子詹事主簿而谏议大夫，由谏议大夫而给事中。有一次，封德彝建议点十八岁以下中男壮大者为兵，太宗也同意，由中书省起草的敕文送到门下省，魏征坚持不肯署敕。太宗很生气，找他责问。魏征指出，这样做有悖于太宗提出的"吾以诚信御天下，欲使臣民皆无欺诈"。太宗听后高兴地说，原来看到你固执，以为你不达政事，现在听到你论国家大事，诚尽其精要。乃不点中男，并赐给魏征金瓮一个，不久，又破格把他擢升为尚书右丞，让他与戴胄共同主持尚书省的工作。[①]贞观三年（629年）二月，又以魏征为秘书监参预朝政，做了宰相。马周，清河茌平（今属山东）人，少孤贫好学，尤精《诗经》，《左传》，原为中郎将常何门客，有一次，太宗看到他为常何所写的一个条陈，大为欣赏，立即召见。当时马周才二十九岁，太宗先让他任直门下省，后又让他担任监察御史，中书舍人，直到十五年以后，才任命他为宰相。就这样，一批出身于山东一般地主家庭的士人，被提拔到各级政府部门。

对于自己任秦王时的幕僚，唐太宗也完全按照他们的才行，分别安排不同的官职。当房玄龄反映秦府旧僚未得官者有不满情绪时，太宗说，君人者以天下为公，无私于物，今所以择贤才

[①]《资治通鉴》卷192武德九年。

者，盖为求安百姓也。用人但问堪否，岂以新故异情。并批评房玄龄"不论其能不能，而直言其嗟怨，岂是至公之道邪！"①

由于太宗充分认识到用人对致治的关键作用，积极地发现人才，认真地考察人才，不拘一格地提拔人才，很快地就把一批当时最优秀的人才安排到各个重要岗位上，对他们大胆地加以使用，放手地让他们工作。这些人也各尽其能，从各方面推动了贞观之治的出现。其中魏征、王珪在治国方针的确定和保证这个方针的贯彻执行上，起了主导作用；房玄龄"不以求备取人，不以己长格物，随能收叙，无隔疏贱"。②他和杜如晦则在选用人才，审定法令，调整政府机构，制定典章制度等方面，发挥了很大作用；戴胄明习律令，尤晓文簿，贞观初以尚书左丞主持尚书省工作，处繁理剧，众务毕举，保证了政府机关的高度效能；李靖，才兼文武，出将入相，在攻灭东突厥，击破吐谷浑的战役中，立下了卓越的功勋。

五、贞观之治的出现

唐初荒地大量存在，大部分农民实际上都占有了相当数量的土地。依据唐高祖武德七年（624年）四月颁布的田令、户令和赋役令，农民只要把自己占有的土地按照田令的有关规定，登记在政府的户籍簿上，政府就确认农民对这些土地的所有权。农民则需要按丁向国家交纳租二石，绸绢二丈或布二丈五尺；每年服

---

① 《贞观政要》卷5《公平》。
② 《贞观政要》卷2《任贤》。

役二十天，不役时交庸绢每天绢三尺或布三尺七寸，从外乡回来的农民，也可按规定申请一块耕地。

农民土地的产权问题虽然解决，但赋役繁重、官吏贪求的问题尚未解决，因此，仍然不能安下心来去从事生产。唐太宗即位后，确立了轻徭薄赋、不夺农时的方针，特别是对于河南、河北、山东等战乱破坏最严重的地区，在相当长的一段时间里，不从这里征发徭役。从其他地区征发徭役，也都在农闲时间进行。实在不得已而必须进行战争，如对突厥、吐谷浑的战争，也都在冬闲进行。对于贪官污吏，也严惩不贷。有枉法受贿者，必无赦免。在京流外官有贪赃者，也据其所犯，置以重法。濮州刺史庞相寿原为秦王府幕僚，犯贪污罪当解任，太宗原想听还旧任，后经魏征提醒，太宗也认识到自己是四海之主，不得独私故人，依法解除了他的职务。因此，官吏多自清谨。唐太宗还注意制驭王公妃主之家，大姓豪猾之伍，使他们畏威屏迹，不敢在地方上为非作歹。

经过农民的艰苦劳动，社会经济很快就得到恢复。在战胜了连续几年的水、旱、蝗灾后，贞观四年（630年）取得了全国性的大丰收。此后几年，连年丰收，人民的生活终于安定下来。贞观四年，突厥也被压平，颉利可汗被送到长安。北方四夷君长请求唐太宗为天可汗。东北奚、契丹、室韦等皆内附，伊吾（今新疆哈密）城主、高昌（今吐鲁番）国王麴文泰、高州（今广东高州东北）总管冯盎，先后入朝。新罗、林邑、倭国也派遣使臣来唐。面对天下乂安，家给人足，四夷宾服的大好形势，文武百官纷纷请求太宗去泰山封禅，以祭告天地，称述功德。太宗开始还不同意，后来也有些心动。魏征独以为不可。太宗问道："公不欲朕封禅者，以功未高邪？"魏征回答说："高矣！""德未厚邪？"对道："厚矣！""华夏未安邪？"对道："安矣！""远夷未慕邪？"对道："慕矣！""符瑞未至邪？"对道："至矣！""年谷未登邪？"对道："登矣！"太宗又问道："然则何为不可封禅？"魏征接着回答说：陛下虽有此六者，然承隋末大乱之后，仓廪尚虚，百姓尚未充实。现在自洛以东，直到泰山、海滨，"崔莽巨泽，茫茫千里，人烟断绝，鸡犬不闻，道路萧条，进退艰阻"。这是引戎狄示以虚弱，即使给百姓免除赋税，也不偿百姓之劳。太宗接受了魏征的意见，没有封禅。①

贞观君臣继续励精图治，经过一个时期的努力，终于出现了《贞观政要》所述的下列情景：

> 商旅野次，无复盗贼，囹圄常空；马牛布野，外户不闭，又频致丰稔，米斗三四钱，行旅自京师至于岭表，自山东至于沧海，皆不赍粮，取给于路，又山东村落，行客经过者，必厚加供待，或发时有赠遗。此皆古昔未有也。②

社会秩序安定，中原和山东农村的情况有了很大的变化。虽然荒地还很多，还需要继续垦辟，人口也才由武德初的二百万户左右

---

① 《贞观政要》卷2《直谏》；《通鉴》卷194贞观六年。
② 《贞观政要》卷1《政体》。

增加到三百余万户，要赶上隋朝极盛时期并进一步繁荣，还需要经过相当长时间的努力，但农村毕竟是开始出现了家给人足的小康局面和热情好客的社会风气。这不仅是贞观君臣，也是历来的政治家和思想家所追求的致治的境界。历来被人们艳称的"贞观之治"的局面终于出现。

贞观之治之所以出现，除了贞观君臣的不懈努力，还有其客观条件。这主要就是南北朝以来随着豪强士族的衰落，大量农民摆脱了地主的控制，而正在发展的一般地主还没有来得及把大部分土地和农民控制到自己手中，社会上存在大量的自耕农。因此，贞观年间虽然国家只控制了三百万户左右的户口，但由于大部分是自耕农，国家可以直接向他们征收赋税、征发徭役，并征点他们从军，因此，国家有一个比较坚实的财政基础和军事基础，此其一。

其次，由于经济尚处在恢复阶段，商品货币关系尚处在一个较低的水平，土地兼并还没有发展，整个社会还未处在激烈的动荡之中。因此，随着经济的恢复和发展，一方面是国家财政力量和军事力量的进一步加强，另方面则是农民生活的进一步改善。虽然离《礼记·礼运》篇中孔子所说的"大道之行也，天下为公"的大同境界还有很大距离，但也确实出现了"男有分，女有归"，男有职业，及时嫁娶，家给人足；"盗窃乱贼而不作，故外户而不闭"，社会安定的局面，这在封建社会确实是不可多见的。

最后，代替豪强士族而正在兴起的一般地主，要求一个安定的社会环境，要求有一套适合他们需要的统治理论和统治方法。隋末农民战争推翻了一个既强且富的隋王朝，不仅使唐太宗亲自感受了人民力量的伟大，使他对历代兴亡的规律有了更深刻的认识，而且锻炼出了一批关心国家命运，富有学识，熟悉政治形势，反映一般地主致治要求的士大夫。唐太宗提拔、重用这些一般地主出身的大臣，与他们朝夕相处，不断讨论和研究治道政术，总结出了为君之道，制定了安民的方针，并着力造成了一种君臣相得，上下一致，吏治清明的政治风气，有力地促进了政治局面的出现，也成为贞观之治的一个重要内容。

第三节　措置失当　准备后事

一、树立新门阀的失败

唐太宗尽管提拔了一大批一般地主出身的大臣，帮助他制定统治方针，主持日常政务，但是这些一般地主出身的大臣在最高统治机构中，还只是处在被重用而不是核心的地位。

唐太宗害怕隋取代北周和唐取代隋的重演，曾问萧瑀怎样才能"使子孙长久，社稷永安"，萧瑀回答说：我看前代统治长久的，莫若封诸侯以为磐石之固。秦并六国后，罢诸侯设郡守，二代而亡；汉朝郡国并建，统治了四百多年；魏晋没有这么做，都不能长久，建议实行封建之法。①太宗接受了萧瑀的建议，下令以子弟荆王元景等二十一人，功臣长孙无忌、房玄龄等十四人并为

---

① 《旧唐书》卷63《萧瑀传》。

世袭刺史，想以此来屏藩皇室。由于太不合乎时代潮流，遭到包括长孙无忌在内的群臣的反对，从贞观五年（631年）一直拖到贞观十三年（639年），都未能实行。①

唐太宗进而想扩大最高统治集团和统治核心的圈子，具体措施主要是两条，一是修订氏族志，二是皇室与勋贵名臣联姻。

贞观六年（632年），唐太宗曾令吏部尚书高士廉刊定天下氏族，根据史籍进行对照，考订各个家族的真伪。结果，审定了三百九十八姓，为各郡郡姓，准许他们互通婚媾。②这一次定天下氏族，主要是审定旧的士族，剔除那些由贱入良，原是兵户、杂户或商贾的假冒牌，防止良贱为婚以及同姓为婚，亲戚间尊卑为婚等违律为婚③和非礼现象的发生，保持士族门阀的纯洁和尊严。

高士廉条举氏族的奏抄以敕旨颁行后，山东崔、卢、李、郑等第一等士族的后裔，虽然早已衰落，但"犹恃其旧地，好自矜大，称为士大夫。每嫁女他族，必广索聘财，以多为贵，论数定约，同于市贾"④。而朝廷大臣也多送钱物，争相和他们结亲。这样，唐太宗原来审定氏族，让关陇贵族、山东士族、江南士族、代北虏姓，互通婚姻，将这些集团联结起来，共同拥戴皇室的目的不仅未能达到，反而使山东士族的社会影响更为扩大。因此，唐太宗决定修撰氏族志，根据唐朝情况，重定氏族及其等第。崔民幹由于出自山东第一等高门博陵崔氏，当时又担任黄门侍郎的

---

① 《贞观政要》卷3《封建》。
② 敦煌文书·北图位字79号（胶卷号8418）。
③ 《唐律疏议》卷14《户婚下》诸同姓为婚等条。
④ 《贞观政要》卷7《礼乐》；《旧唐书》卷65《高士廉传》。

要职，被列入第一等，唐太宗看后对参加编撰的高士廉、韦挺、岑文本、令狐德棻说：我和山东崔、卢、李、郑，过去并没有嫌疑，只是因为他们世代衰微，全无官宦，而至今犹以他们为重。见居三品以上，欲共衰代旧门为亲，纵多输钱帛，犹被偃抑。我今特定族姓者，欲崇重今朝冠冕，为什么还要以崔民幹为第一等呢，难道你们不看重我朝的官爵吗？最后，唐太宗提出"不须论数世以前，止取今日官爵高下作等级"。[①]要求根据这个原则进行修改。贞观十二年《氏族志》修成，共一百卷，合二百九十三姓，一千六百五十一家，分为九等。崔民幹根据他在唐朝的官品，被列入第三等。姓族也比刊定天下氏族时减少了一百零五姓。在唐代全无官宦的崔、卢、李、郑等山东士族被剔除出《氏族志》。

唐太宗重定族姓等级，以今日官爵高下作等级，其目的是要树立一个以李唐皇室为核心，当朝高官为骨干的新的门阀。但是，由于《氏族志》仍着意考辨士族的真伪，不叙新贵郡望，因此，新贵虽然被列入《氏族志》，但是，他们原来没有门第却也同时暴露在光天化日之下。因此，他们更加热衷于与山东士族后裔通谱联姻，来提高自己的社会地位。针对新官之辈，丰财之家与山东士族竞结婚媾，多纳货贿，有如买卖的情况，唐太宗于贞观十六年（642年）六月诏令禁止卖婚，但也没有什么效果。

与勋贵名臣联姻，是唐太宗树立新门阀的另一重要措施。高

[①]《旧唐书》卷65《高士廉传》。

祖、太宗的子女，即诸王、公主的王妃、主婿虽然皆取勋贵名臣家，但绝大部分取自关陇贵族或一些与关陇贵族关系密切，出自山东士族的名臣之家，还有一部分是武将子弟和归降的突厥首长，而唯独没有出自一般地主的大臣的子弟。

因此，唐太宗树立新门阀的努力没有成功，统治核心的圈子并没有扩大多少，贞观时期处于整个统治核心的，还是关陇贵族原有的那些家族。这样，就造成了唐太宗时期用人上的一个显著特点，即依靠力量和使用力量的分离，最高统治核心和决策办事大臣的分离。而由于门阀观念的影响，随着贞观之治的形成和巩固，唐太宗对于一般地主出身大臣信与用的矛盾也越来越突出了。

二、亲王相争

这时又发生了皇位继承问题。早在即位初，唐太宗即已立嫡长子承乾为太子，后来承乾患足疾，行动艰难，而四子魏王泰，从小就爱好文学，越来越受到唐太宗的宠爱，不仅特令在王府中设文学馆，任由他自己招引学士，而且每月物质上的供应，也都超过太子。随着父皇对自己宠爱的不断加深，魏王泰开始谋夺承乾的太子地位。看到"太宗微有废立之意"[1]，文武群臣也"各有附托，自为朋党"[2]。魏征从保持最高统治集团的稳定出发，极力维护承乾，并向太宗推荐杜正伦和侯君集为相，想通过这两位文

---

[1] 《旧唐书》卷77《韦挺传》。
[2] 《旧唐书》卷76《濮王泰传》。

臣武将掌握朝政，以达到稳定太子地位的目的。太宗也看到侯君集的杰出才能，在侯君集破高昌后，便以他在高昌私取珍宝，将士竞为盗窃为名，将他下狱，不久虽将他释放，但也不予重用，想以此来考验侯君集对自己是否忠诚。侯君集没有能经受这个考验，太宗也就把他搁在一边了。这样，宰相中就没有更多的人支持承乾。贞观十七年（643年）初，朝廷中关于废承乾，改立魏王泰的议论多了起来，连唐太宗也不得不公开向群臣表示，不准备以其他王子取代嫡长子承乾，开启窥窬之源。

就在太宗表示不废承乾后的第三天，魏征逝世，承乾在朝廷中失去了最后的依托。承乾出于保存自己太子地位的考虑，原来即与侯君集和杜如晦之子驸马都尉杜荷等联结，现在形势变得更加险恶，承乾便与他们积极策划，谋杀魏王泰。此事为承乾所养刺客纥干承基所告发。承乾终于被废。侯君集被处死，杜正伦被贬。魏征也被怀疑与杜正伦、侯君集阿党，唐太宗废除了魏征之子魏叔玉尚衡山公主的决定，并推倒了亲自撰文、书石的魏征碑。

承乾被废后，岑文本、刘洎和崔仁师建议立魏王泰为太子。长孙皇后弟长孙无忌则坚持要立太宗九子晋王李治。褚遂良支持长孙无忌的意见。承乾也申诉自己"但为泰所图，时与朝臣谋自安之术，不逞之人遂教臣为不轨耳。今若泰为太子，所谓落其度内"[1]。太宗考虑到，如果立魏王泰，则太子之位可经营而得，会

---

[1]《资治通鉴》卷197贞观十七年。

给后代留下一个恶劣的榜样，而且承乾和李治也都要被李泰害死。因此，接受长孙无忌的意见，立李治为太子。这是关陇贵族的一次重大胜利。

三、刘洎被杀与李勣贬出

唐太宗很清楚，仅仅依靠长孙无忌等少数关陇贵族以及依附于关陇贵族的江南士人褚遂良等少数人，是无法治理日益繁杂的政务的，也不可能有力地辅佐未来的皇帝。因此，他继续重用马周、刘洎等一批出身一般地主的大臣，同时，为太子配备了一个既有关陇贵族于志宁又有一般地主出身的马周等人组成的太子属官班子。他还利用李勣生病，前往探视的机会，对这位在立太子问题上没有明确表态的一代功臣名将表示亲近，并在一次宴会上口头上向李勣托孤，对李勣说：朕求群臣可托孤幼者，无以逾公，公往不负李密，岂负朕哉。但是，由于门阀观念作怪，唐太宗对非关陇贵族出身，特别是一般地主出身的大臣的疑忌也日益加深。曾想拥立李泰为太子的刘洎，出身寒素，与有佐命之功的张亮先后被借故杀掉。岑文本、马周相继病死。杜正伦已被放出，崔仁师也被借故贬出，中枢机构中来自一般地主和中下级官吏家庭的，只剩下了年事已高的张行成和威望不算很高的高季辅，力量受到很大削弱。唐太宗临终前，还怕李勣将来不能效忠李治，把他黜为叠州都督。按照太宗事先的考虑，如果李勣接受任命后立即启程，李治即位后就招他回来担任仆射，以作为左膀右臂。如果李勣徘徊观望，就立即杀掉他，免得日后李治无法控制，用心真可谓良苦。机敏过人的李勣，又有侯君集、刘洎的先例，焉能不体会唐太宗的深意？受诏后，不至家而去，通过了这次生死考验。

贞观二十三年（649年）五月十八日，出身关陇贵族，立有卓越战功的伟大军事家，韬晦终身才得以善终的李靖也死了。七天后，二十四日，唐太宗虽不无遗憾，但总算是放心地死去了。临终前，召长孙无忌、褚遂良入卧内，对他们托付后事："朕今悉以后事付公辈，太子仁孝，公辈所知，善辅导之。"[1]

---

[1]《资治通鉴》卷199贞观二十三年。

第三编 唐 鼎盛

第一章 鼎盛之基的奠立

第一节 关陇贵族势力的消长

一、长孙无忌排斥异己

高宗即位后，以太子左庶子于志宁为侍中，少詹事张行成兼侍中，以检校吏部尚书、右庶子兼吏部侍郎高季辅兼中书令，并以长孙无忌为太尉，同中书门下三品，李勣为开府仪同三司、同中书门下三品，褚遂良仍为中书令。这是唐太宗晚年精心安排的一个宰相班子，其中有长孙无忌这样的皇亲国戚，于志宁这样的代袭簪裘的关陇军事贵族，也有作为开国功臣和山东一般地主的代表人物张行成以及具有功臣、武将和一般地主三重身份的李勣。他既考虑到关陇贵族的核心地位，也考虑到一般地主在政权中的作用，基本上保持了各派政治力量的平衡。

但是，由于长孙无忌以皇舅和顾命大臣的身份把持朝政，他在褚遂良的支持下，从永徽元年（650年）六月到永徽三年（652年）九月，在两年零三个月的时间里，先后把宇文节、柳奭、韩瑗、来济等关陇贵族官僚提拔为宰相，并迫使李勣辞去了尚书左仆射职务，让他做一个挂名的宰相。随着张行成、高季辅在永徽四年先后死去，一般地主在朝廷中的力量受到很大的削弱。

长孙无忌排斥一般地主出身的大臣，扩大关陇贵族权势的做法，和当时的社会现实是很不相称的。社会上一般地主正在发展，要求朝廷中有他们的代表人物。地方和朝廷中的中下级官吏，已大多由一般地主子弟担任。高级官吏乃至宰相中，一般地主出身的，也占有相当的比重。因此，长孙无忌竭力扩大宰相中关陇贵族成员的人数，垄断政权，并不是关陇贵族集团强大的结果，而是他们在日益壮大的一般地主势力面前虚弱和恐惧的表现。他们可以利用自己在最高统治机构中的核心地位得逞于一时，但是，这种缺乏基础和现实脱节的情况，是不可能维持多久的。

这时正好发生了废王立武的问题。

二、武则天立为皇后

唐朝初年，参照隋制，建立了"内官"制度，规定皇帝除了皇后，还有妃嫔，也就是皇帝的妾。妃嫔包括贵妃、淑妃、德妃、贤妃等"四妃"，昭仪、昭容、昭媛、修仪、修容、修媛、充仪、充容、充媛等"九嫔"，此外还有婕妤、美人、才人各九人，宝林、御女、采女各二十七人，合一百二十一人，各有品位，并各有一定职掌。除了"内官"，还有宫官，她们是负责管理后宫各项宫廷事务的职事官，也各有品位，并有专门职掌。此外，还有众多的宫女，负责侍奉皇帝、妃嫔，担负宫中各种事务。

唐初皇后均出自关陇贵族高门。高宗原来的王皇后，是西魏大将王思政的玄孙女。唐高祖的妹妹同安长公主是她的从祖母，家世是很显赫的。遗憾的是嫁给高宗多年，一直无子。后来这就成为高宗废掉她的借口。

武则天，并州文水人。父亲武士彟，家富于财，颇好交结。李渊在汾晋间作战时，在他家住过，后来参加了太原起兵，为大将军府铠曹。贞观初做过利州（今四川广元）都督和荆州（今湖北江陵）都督，武则天的少女时代就是在利州度过的。贞观十年（636年）太宗长孙皇后去世后，唐太宗听说武则天长得很美，便在十一年把她召进宫，做了才人。才人为内宫正四品，在妃嫔中地位不算很高，因此，在唐太宗死后，被送到感业寺为尼。

高宗为太子时，就很喜欢这位比他大三岁的姑娘。即位后，高宗在太宗忌日到感业寺烧香，见到了武则天，二人都很伤感，武则天被重召入宫。当时萧淑妃受到高宗的宠爱，王皇后要借助武则天与萧淑妃争宠，武则天也对王皇后卑躬屈膝，表现得非常恭顺，得到了王皇后的喜爱。王皇后几次在高宗面前称赞武则天，武则天很快就取代了萧淑妃的地位，被进封为昭仪，成为"九嫔"之首，地位仅次于后、妃。

武则天做昭仪后，利用自己给高宗生了一个儿子的有利条件，采用种种手段，争取做皇后。她扼死自己亲生的幼女，嫁祸于王皇后，促成高宗废王立武的决心。她偕同高宗到高宗的舅舅长孙无忌家，给长孙无忌的三个庶出的儿子拜官，赐金宝缯帛十车，想收买长孙无忌同意废掉王皇后；又让自己的母亲杨氏到长孙无忌处活动。同时，还在大臣中网罗了许敬宗，去劝说长孙无忌，长孙无忌都没有同意。

关陇贵族集团形成后，主要依靠婚、宦，即婚姻和官位来进行维系。与皇室通婚，更是扩大他们势力的一种重要手段。因此，维护王皇后的地位，就能稳定出身关陇集团和依附关陇集团的长孙无忌、褚遂良等在朝廷中的统治地位。而武则天，虽然出身功臣家庭，母亲又是隋宗室宰相杨士达之女，但父亲本来没有什么门第，自己又做过太宗才人，在出自关陇贵族或士族世家的大臣看来，门第、身份都有问题。褚遂良、韩瑗、来济公开表示坚决反对立武则天为皇后。褚遂良甚至公开对高宗说："陛下必欲易皇后，伏请妙择天下令族，何必武氏。"①

褚遂良既是顾命大臣，背后又得到长孙无忌和一些宰相的支持，高宗也感到无可奈何。一天，李勣进见，高宗问他，我要立武昭仪为皇后，褚遂良反对，这件事难道就这样了结么？李勣回答说："此陛下家事，何必更问外人。"②李勣兼有功臣、武将和一般地主代表人物三重身份，在朝野都有重大影响，高宗得到他的支持，决意立武则天为皇后。

永徽六年（655年）九月，褚遂良被贬出，十月十三日，王皇后、萧淑妃同时被废为庶人，十九日，武则天终于被立为皇后。

废王立武，这是关陇贵族和一般地主官僚之间关键的一仗，两派政治力量之间的胜负已经揭晓。但是，清除关陇贵族集团在政治上的影响，特别是把他们全部清除出朝廷，还需要一个过程。虽然新任命了中书侍郎李义府参知政事，度支侍郎杜正伦为

---

① 《资治通鉴》卷199永徽二年。
② 同上。

黄门侍郎、同三品，但是，韩瑗、来济还担任着侍中、中书令的要职。显庆元年（656年）韩瑗还利用这种地位为褚遂良被贬出诉怨，斗争并没有结束。直到显庆二年（657年）八月，许敬宗、李义府诬奏韩瑗、来济与褚遂良潜谋不轨，高宗将韩瑗、来济贬出。已贬出的褚遂良、柳奭再贬为边远州刺史，并以许敬宗为侍中，杜正伦为中书令，才基本上告一段落。显庆四年（659年）四月，长孙无忌也以谋反罪被削去太尉官职和封邑，给了一个扬州都督的空衔，于黔州（今四川彭水）安置。褚遂良已死，被追削官爵，柳奭、韩瑗被除名。太子太师、同中书门下三品于志宁也因议废王皇后时中立不言，在这时被免官。不到三个月，又派人去黔州逼令长孙无忌自杀，下令杀柳奭、韩瑗，三家的财产一律没收，近亲皆流岭南为奴婢。不久，又把于志宁贬为荣州（今四川荣县）刺史。

关陇贵族本来人数就不多，经过朝代变迁和隋末动乱，所剩家族更少，因此，在废王立武的斗争中，完全丧失了抵抗的能力，处在被动挨打的地位。经过这一段大规模的贬杀，只剩下了少数几个家族，已经不成其为一个集团了。西魏、北周以来，关陇贵族集团持续控制中央政权的局面，终于结束了。

第二节 东征西讨 开拓疆土

一、征讨西突厥

唐朝初年，新疆地区控制在西突厥手中，唐和西突厥还处在对立状态，因此，唐朝政府"禁约百姓不许出蕃"。这种人为的政治上的隔绝，使得玄奘西行取经时，过武威后便必须"昼伏夜行"。在玉门关外到伊吾（今新疆哈密）之间的戈壁滩上，玄奘迷失道路，水袋中的饮水又失手覆没，被困了四夜五天，险些丧失了性命。①

就在玄奘犯禁西行的第二年即贞观四年（630年），唐打败了东突厥，伊吾归唐，高昌（今新疆吐鲁番）王麴文泰入朝。"伊吾之右，波斯以东，职贡不绝，商旅相继。"②唐与西域的交通初步打开，但不久高昌又在西突厥的支持下，东击伊吾，西破焉耆，并遏绝西域朝贡，阻挠西域诸国与唐通商。贞观十四年（640年）唐太宗派侯君集消灭了高昌割据政权，唐以高昌之地为西州，原为西突厥所据的可汗浮图城为庭州（今新疆吉木萨尔北），并置安西都护府于交河城，留兵镇守。这时唐在西域的势力，"西至焉耆"③，龟兹、于阗、疏勒（今新疆库车、和田、喀什）等地仍处在西突厥的控制之下。但是，由于西突厥各部互争雄长，内部矛盾重重，加之西域地区广大，西突厥无力严密控制各国，因此，西域各国一方面臣于西突厥，同时又与唐建立了朝贡关系。贞观十八年（644年）玄奘西行返国到达于阗后，国王即遣高昌人马玄智随商旅奉表入朝，唐太宗敕于阗等国派使人和驼马把玄奘护送到且末，玄奘得以顺利地到达敦煌。④中西交通的

---

① 《大唐大慈恩寺三藏法师传》卷1。
② 《唐大诏令集》卷130《讨高昌王麴文泰诏》。
③ 《新唐书》卷37《地理志一》；《资治通鉴》卷195贞观十四年。
④ 《大唐大慈恩寺三藏法师传》卷5。

情况发生了很大的变化。

贞观二十二年（648年）唐以阿史那社尔为昆山道行军大总管，率军攻破龟兹。西突厥、于阗、安国争馈驼马军粮。唐在西域的影响大为增强。同年，唐把安西都护府从西州迁到龟兹，统焉耆、疏勒、于阗和龟兹四镇。① 此后，唐与西方的交通，特别是从敦煌经且末、于阗（今和田）越葱岭而西的南道和出玉门关经西州、龟兹、疏勒越葱岭而西的中道就更加畅通了。

唐王朝虽然设立了安西都护府，但唐在西域的统治主要依靠各族酋长。唐虽然在南疆设立了安西四镇，但所驻的军队是不多的。唐在西州只驻守了千余人，破龟兹后，立叶护为王，亦未见派兵戍守的记载。

唐高宗永徽元年（650年），刚被唐任命为瑶池都督并委以招集西突厥未服者和统治北疆重任的原西突厥叶护阿史那贺鲁，在听到唐太宗的死讯后，便自号沙钵罗可汗，征服了西突厥各部，并于次年七月攻陷庭州金岭城及蒲类县。唐赶紧把安西都护府迁回西州。这时唐正处在三征高丽之后的恢复时期，无力进行大规模征讨。刚刚设置不久的安西四镇就这样废弃了。

显庆二年（657年），唐以苏定方为伊丽道行军总管，平定了阿史那贺鲁的叛乱。唐于碎叶川（今楚河）东西分置昆陵和蒙池二都护府，原来西突厥所役属的诸国也都设立都督府和州，由各族首领担任都督、刺史，并隶安西都护府。次年，唐在讨平了

---

① 《旧唐书》卷198《龟兹传》。

龟兹大将羯猎颠的叛乱以后，于五月移安西都护府于龟兹国，旧安西复为西州都督。这是第二次把安西都护府迁到龟兹，故《旧唐书·高宗本纪》特标明是"复于龟兹国置安西都护府"。安西四镇也同时恢复。据《唐会要·安西都护府》引苏冕论及《通鉴》卷二百一咸亨元年记事，此时所恢复的四镇仍为龟兹、于阗、疏勒和焉耆，碎叶（今托克玛克南）仍未列于四镇。但是，由于唐的军事力量已及于碎叶地区，唐在原西突厥统治区又都设立了州府等行政机构，这样，无论是从南道或中道越葱岭而至中亚，还是经庭州或龟兹而至弓月（今新疆伊宁东北）、碎叶一带的丝绸之路就都畅通了。吐鲁番出土的麟德二年（665年）《高昌县上安西都护府牒》中关于京师人李绍谨在弓月城一次就举借了二百五十匹绢去龟兹，以及证人毕娑从弓月西走等记载，[1]具体反映了当时此道上丝绸运输和商旅往来的情况。

二、攻打高丽

西域的形势初步稳定后，唐把视线又转向了东方。早在贞观十九年（645年），唐太宗就曾以高丽原东部大人泉盖苏文杀害高丽王作为借口，亲征辽东。他在定州对侍臣说："辽东本中国之地，隋氏四出师而不能得；朕今东征，欲为中国报子弟之仇，高丽雪君父之耻耳。且方隅大定，惟此未平，故及朕之未老，用士大夫余力以取之。"[2]因此，他虽然同时派张亮泛海趋平壤，而主

---

[1]《吐鲁番县阿斯塔纳——哈拉和卓古墓群清理简报》，《文物》，1972年第1期。
[2]《资治通鉴》卷197贞观十九年。

攻方向还是放在辽东，进一步完成统一的意图是很明显的。由于高丽人据城坚守，唐军在攻下辽东、盖牟后，与高丽军民相持于安市（今辽宁牛庄附近）城下，虽然运用了巨大的攻城撞车和可将三百斤的巨石抛于一里之外的抛车等最新武器，围攻了四个月，仍不能攻下，东北冬来早，天寒粮尽，草枯水冰，人无粮，马无草，唐太宗只好撤军。

正当唐朝集中力量进攻辽东的时候，漠北的薛延陀乘机进犯河套。唐太宗于贞观二十年（646年），派江夏王李道宗等分道击灭薛延陀，又派李勣招降原来服属于薛延陀的铁勒诸部。唐太宗亲至灵州（今宁夏灵武西南），接受了铁勒诸部所上天可汗尊号。唐还根据铁勒诸部的请求，在回纥以南，突厥以北，开参天可汗道，设立六十八个驿站，以供来往使人的食宿和马匹。

贞观二十一年（647年），二十二年（648年），他又根据朝臣们的意见，两次派偏师泛海到高丽进行骚扰，让高丽疲于奔命，农时荒废。高丽困敝，唐太宗认为时机成熟，准备发三十万兵，一举击灭高丽，并下令在剑南道伐木造船舰。这时正好唐太宗去世，唐对高丽的战争暂时停了下来。

高宗即位后，朝鲜半岛上三国之间的攻战更加激烈，高丽和百济的联军屡次攻打早在贞观时就已臣附于唐的新罗。显庆五年（660年），新罗王金春秋上表求救，唐高宗不仅想要完成父亲没有完成的统一全国的任务，而且还企图乘机控制朝鲜半岛，派苏定方率水陆军十万，自成山（今山东成山角）渡海，攻占百济都城，百济王义慈投降。百济故将福信据周留城，从倭国迎回故王子丰。丰为百济王后，向倭国请求救兵。龙朔三年（663年），唐将孙仁师、刘仁愿与新罗王法敏率陆军进攻周留城，带方州刺史刘仁轨率水军及粮船准备与陆军会师途中，在白江口（锦江口）与倭国水军遭遇，四战皆捷，焚倭军船四百艘。百济王扶馀丰逃奔高丽，王子忠胜等率众投降，唐军占领了百济全境。

乾封元年（666年），高丽泉盖苏文死，长子泉男生继为莫离支。泉男生与弟男建、男产发生争斗，走保国内城（今吉林辑安），派子泉献诚向唐求援。唐高宗派李勣为辽东道行军大总管，统辖诸军攻打高丽。总章元年（668年）三月，唐将薛仁贵攻拔扶馀城（在今吉林怀德一带），九月，李勣攻占高丽首都平壤。唐在高丽设立都督府和州县，并在平壤置安东都护府进行统辖。

三、边疆形势的变化

进入七世纪七十年代以后，边疆形势发生了很大的变化。唐的统治激起了高丽和百济人民的不断反抗，他们和新罗联合起来，抗击前往镇压的唐军，唐在高丽和百济的统治很难维持下去了。

吐蕃的兴起，对唐构成了更大的威胁，七世纪初，吐蕃赞普松赞干布统一了西藏高原，力量强大起来，贞观十五年（641年），唐太宗把宗女文成公主嫁给了松赞干布，双方关系密切起来。永徽元年（650年）松赞干布死后，大相禄东赞执掌大政，吐蕃开始把势力伸到青海高原，逐步吞并了吐谷浑的牧地。龙朔三年（663年）吐谷浑可汗诺曷钵与弘化公主被迫率数千帐走依凉州（今甘肃武威）。咸亨元年（670年）吐蕃攻陷西域十八州，又与于阗（今和田）攻陷龟兹拨换城（今新疆阿克苏），唐罢安西四镇。唐派薛仁贵为逻些道行军大总管，准备在青海反击吐蕃。禄东赞之子论钦陵率兵数十万迎战，大败唐军于大非川。此后，唐与吐蕃在青海开始了长期的争夺。

唐在对少数民族和对外的战争中开始处于守势。

从显庆二年（657年）苏定方率兵攻打西突厥，到六十年代对高丽的战争，唐一直处于主动进攻的地位，这时朝野皆以征战为意。唐高宗要完成太宗未竟之业，锐意在边疆上进取；朝廷大臣也鼓动高宗进行战争。由于贞观、永徽以来，唐王朝对东征西讨的战争中死亡的将士都要派敕使吊祭，追赠官爵，并将死亡者的官爵授给其子孙；战士经过一次战役，即可得一转勋官。因此，一般地主和富裕农民最初也是积极参加这场战争的。"百姓人人投募，争欲征行，乃有不用官物，请自办衣粮，投名义征。"[①] 他们希望在战争中获得勋赏和官职，使自己富贵起来。战争是这个时期政治生活的中心。但随着战争的旷日持久，勋赏日益减少，战死者也不再有人过问。一般地主富裕起来以后，不再愿意从事这种无利可图的以生命作赌注的游戏。一般百姓也对从军不感兴趣，每逢"州县发遣兵募，人身少壮，家有钱财，参逐官府者，东西藏避，并即得脱；无钱参逐者，虽是老弱，推背即

---

① 《旧唐书》卷84《刘仁轨传》。

来"①。对外战争从内部也逐渐失去了支持。

第三节　高宗后期政局的微妙变化

一、武则天建言十二事

武则天采取种种手段做了皇后以后，在一段时期内，曾通过担任宰相的李义府和许敬宗对朝政发生过较大影响，显庆五年（660年）高宗风眩头重，目不能视，百司奏事，或使武则天决之，武则天开始直接参与政事的处理。但其地位，并不是十分稳定的。武则天"及得志，专作威福，上欲有所为，动为后所制"的做法，以及李义府恃中宫之势，专以卖官为事，且把高宗的警告不放在眼里，都引起了高宗的不满。龙朔三年（663年）十月，"诏太子每五日于光顺门内视诸司奏事，其事之小者，皆委太子决之"②。麟德元年（664年）高宗更命上官仪草诏废武则天。虽然经过武则天的"自诉"，没有废成，上官仪也被杀掉，但《通鉴》所云，自是"天下大权，悉归中宫，黜陟、杀生，决于其口，天子拱手而已"③，也并不尽然。在麟德至咸亨（664—674年）年间，在唐的基本国策的确定上，从现存史料，还看不出武则天到底起了什么作用。高宗用人，也并不以对武则天的态度为标准，曾经反对立武则天为皇后的裴行俭，就受到高宗的一再提拔。总章二

---

① 《旧唐书》卷84《刘仁轨传》。
② 《资治通鉴》卷201龙朔三年。
③ 《资治通鉴》卷201麟德元年。

年（669年），李勣死。咸亨元年（670年）许敬宗致仕（退休）后，宰相中不再有武后的心腹。咸亨四年（673年）"三月，丙申，诏刘仁轨等改修国史，以许敬宗等所记多不实故也"[①]；上元元年（674年）"九月，癸丑，诏追复长孙晟、长孙无忌官爵"[②]，也都是对着武则天来的。

武则天长期不能执掌大权有各方面的原因，诸如女子不能参政的传统观念影响，等等，而其中政治威望不够，缺乏官僚和下层的广泛支持；唐朝的政府结构和宰相制度和官员的构成两点，尤有很大关系。

唐朝实行三省制，并且确立了宰相政事堂议事的制度，凡军国大事和五品以上官员的任免，均需先由宰相在政事堂议决然后由中书省起草制诏，经门下省审核，呈皇帝批准后颁布执行，不经过中书省和门下省，皇帝不能直接发号施令。这样，军国大事的最后决定权虽仍操纵在皇帝手中，但在决策时宰相和中书省、门下省的官员的发言权都是很大的。特别是给事中、黄门侍郎和侍中有封驳否决之权，更是对君权的一种限制，这对于防止皇帝越出常规行事，具有重大意义。

随着唐高宗健康状况的恶化，武则天谋取最高统治权的活动也更加紧张了。在她做皇后进入第三个十年的时候，上元元年十二月二十七日（公元675年1月28日）武则天上表建言十二事：一、劝农桑，薄赋徭；二、给复三辅地；三、息兵，以道德

---

① 《资治通鉴》卷202咸亨四年。
② 《资治通鉴》卷202上元元年。

化天下；四、南北中尚禁浮巧；五、省功费力役；六、广言路；七、杜谗口；八、王公以降皆习《老子》；九、父在为母服齐衰三年；十、上元前勋官已给告身者无追核；十一、京官八品以上益禀入；十二、百官任事久，材高位下者得进阶申滞。①

在十二事中，武则天提出："国家圣绪，出自玄元皇帝（指老子李耳），请令王公以下皆习《老子》，每岁明经，准《孝经》《论语》策试。"② 一方面这是要表明自己是李唐皇权的忠实维护者，而更重要的却是提出了要以道家思想作为统治思想的理论基础，实行无为而治。而无为而治在当时最重要的是停止战争，第三事息兵，以道德化天下，就把这两者具体而微妙地结合在一起了。一、二、四、五等事中提出的轻徭薄赋，发展生产，都是在这个思想指导下展开的。六、七事提出的广开言路，杜绝谗言，要求建立良好的政治风气，也是为了保证这个方针的实行。

第九事，父亲健在，为母亲的服丧期由一年改为三年。表面是要把女的地位提到和男的一样，实际是为自己要以一个女子来掌权而制造舆论。

最后三事中提出的勋官已给告身（证书）的不再追核，八品以上官员增加俸禄，低级官员久不提升的晋级，则是满足中小地主和下级官吏的要求，以换取他们的支持。

十二事具有很强的针对性，适应了唐在边疆由进攻转为防御，中小地主和中下级官吏要求在政治上进一步发展的客观形

---

① 《新唐书》卷76《则天武皇后传》。
② 《资治通鉴》卷202 上元元年。

势。武则天建言十二事说明她再次抓住了潮流,在此后一段时间里,唐王朝就是按照她提出的建言十二事行事的,高宗临终前发布的《改元弘道诏》:"比来天后事条,深有益于为政,言近而意远,事少而功多,务令崇用,式遵无怠。"①固然是为武则天评功摆好,但也并非虚言。正是由于建言十二事的实行,武则天才逐步掌握了人心。

二、宰相构成格局的初步变化

武则天没有能在宰相中抓住一批亲信,因此,在上元二年（675年）三月高宗议使武后摄知政事时,便遭到宰相郝处俊和中书侍郎李义琰的反对。高宗又欲禅位皇太子。在这权力交接的关键时刻,四月二十五日,太子弘不明不白地暴死在合璧宫。太子弘死后,高宗终于暂时停止了把权力交给妻子还是传给儿子的摇摆,于六月初五立李贤为太子,并于八月二十七日以张文瓘为侍中,郝处俊为中书令,确定了新的宰相班子。正因为如此,这个宰相班子一方面要执行武则天提出来的基本政策,而另一方面,比起以往几个时期又具有更加浓厚的反对武则天直接执掌政权的色彩。

这个时期的宰相班子,有几点值得注意:

一是这个时期宰相中一直担任侍中和中书令,处于中心位置的是张文瓘和郝处俊。张明经出身,郝进士出身,都是文士,

---

① 《唐大诏令集》卷2。

这与前一时期刘仁轨兼右相（中书令）姜恪兼左相（侍中），武将处于核心地位，是一个鲜明的对照。这时，唐王朝由于边疆形势和国内形势的变化，在边疆由进攻转为防御，高宗实际上实行了武则天"息兵，以道德化天下"的建议，在边疆以防御为主，在内地则与民休息。基本国策转变，宰相核心随之也发生变化。

但是，由于边疆形势的不断紧张，防御的任务仍相当艰巨，因此，不仅刘仁轨以尚书左仆射同中书门下三品，而且刘仁轨和李敬玄还先后以宰相为洮河军镇守使和洮河道行军大总管，宰相中出将入相和以相为将、将相合一的做法却保持了下来。还有，郝处俊曾为李勣副手浿江道副大总管，颇有胆略，张文瓘、李义琰也都曾在太原为李勣属官，是与武将有密切关系的人物，因此，这个核心还有一种过渡的性质，从以武将为核心到以文士为核心的过渡。

二是由于武则天所提出的基本国策一直在实行，因此，从上元元年到调露元年（674—679年），宰相的变动不大，形成了一个比较稳定的宰相班子。

三是这个宰相班子的成员仍然是由贵族和一般地主家庭出身的官员组成，但成员情况与唐初又有了很大变化。

从出身来说，郝处俊、戴至德、薛元超、来恒都出身于贵族高官家庭，郝处俊是唐开国功臣许绍外孙，侍中、平恩公许圉师外甥，甑山县公郝相贵之子。好读《汉书》，略能暗诵，贞观中举进士，按照以门资出身者，县公从六品上叙阶的规定，释褐时被授与著作郎（从六品上）。后袭爵甑山县公。总章二年（669年），拜东台侍郎，寻同东西台三品后，一直担任宰相。高宗对他的评价是"志存忠正，兼有学识"[①]。

戴至德是贞观名臣宰相戴胄兄子，胄无子，以至德为嗣。他处事"慎密"，故自乾封二年（667年）与张文瓘同时知政事，到仪凤四年（679年）正月逝世，一直担任宰相。[②]

薛元超是隋代著名文学家薛道衡孙，李世民秦府十八学士薛收之子，娶巢剌王李元吉女和静县主，高宗即位后，擢拜给事中，时年二十六岁。他好学，善属文，上元三年（676年）迁中书侍郎寻同中书门下三品，"特承恩遇，常召入与诸王同预私宴，又重其文学政理之才"[③]。

来恒，是来济异母兄，隋代名将来护儿之子。来济虽因反对立武则天为后而被贬死，高宗并未因此而摈弃来恒。

这四个人的父祖都是贵族高官，但又不是西魏北周关陇贵族，而是在隋末唐初厕身贵族高官行列的，但同时他们又与皇室有这样那样的联系，有的且有封爵，因此，又不同于一般新贵。他们虽不一定直接以门荫入仕，但在释褐叙阶时，都得门荫之助，因而年轻时即至高位。

中级官吏家庭出身的有李敬玄、李义琰。李敬玄父孝节，谷州长史。敬玄博览群书，特善五礼。贞观末，经马周、许敬宗推

[①]《旧唐书》卷84《郝处俊传》。
[②]《旧唐书》卷70《戴胄传附至德传》。
[③]《旧唐书》卷73《薛收传附元超传》。

荐，进入东宫崇贤馆兼预侍读。李义琰，父为县令，少举进士，博学多识，曾为太原尉、白水令，李勣甚礼之，为相后，宅无正寝。在私人生活上是很注意检点的。

一般地主出身的有刘仁轨、张文瓘和高智周。

刘仁轨，在隋末丧乱的年代里，博涉文史，武德初年，一般地主士大夫在乱离之后，心有余悸，不愿出仕，朝廷派人带着空白委任书到各地选补官吏，刘仁轨也被委以官职。高宗时，刘仁轨在打高丽过程中，不断建立功勋，并表现出杰出的政治才能，受到高宗的赏识，于乾封元年（666年）提升为右相，时年六十四岁。是继李勣之后最有名望的将领，出将入相，资深望高。

张文瓘，幼孤，贞观初举明经，曾任并州参军，为长史李勣所敬重；为大理卿，以执法平恕而著称。上元二年（675年）拜侍中，时年七十一岁。

高智周，常州晋陵人，少好学，举进士，累补县令，曾为弘文馆直学士，太子侍读，寿州刺史，仪凤元年（676年）入相，时年七十五岁。[①]

以上这些情况说明，这个宰相班子，仍然是由贵族和出身一般地主官僚家庭的官吏两部分组成，唐初以来，最高统治机构中人员构成的老格局尚未打破，门阀观念仍然起着作用，但是唐初皇帝视为皇权依托的关陇军事贵族已经衰落，所剩家族无

[①]《旧唐书》卷185《高智周传》。

几，故这个时期所启用的贵族均非魏周以来的门阀，而大多是唐初的开国功臣，或与皇室有着密切关系的人物。他们除了可以通过门荫迅速升迁外，其他方面与一般地主官僚家庭出身的并无显著差别，他们所以能跻身宰相行列，固然与他们的出身有一定的关系，但在贵族这个圈子中，所以选中他们，主要还是靠他们的才学。

而出自一般地主和中下级官吏家庭的几个宰相中，科举出身的增多了，张文瓘、李义琰、高智周均从科举出身，刘仁轨、李敬玄虽非科举出身，但刘仁轨博涉文史，李敬玄博览群书，特善五礼，也都是富有才学的。他们虽然不像李勣那样具有开国功臣的身份，也都不是高宗的佐命元勋，但高宗信用他们，他们在政治上都发挥着越来越大的作用。张文瓘为侍中，"诸司奏议，多所纠驳，高宗甚委之。或时卧疾在家，朝廷每有大事，上必问诸宰臣曰：与文瓘议未？奏云未者则遣共筹之，奏云已议者皆报可从之"[①]。他们不仅在协助皇帝决策上起作用，而且在过去被皇帝和关陇贵族视为独享领域的皇位继承问题上，也和贵族一样有举足轻重的发言权。贵族出身和一般地主家庭出身这两部分人，在朝廷中，都还存在，但是他们在统治集团中的地位和作用发生了很大的变化。这些新贵族已起不了唐初关陇贵族那样的核心作用，而一般地主出身的大臣们的发言权则是大大提高了。

---

① 《旧唐书》卷85《张文瓘传》。

四是他们不仅资格老，而且年龄老。说资格老，是指他们都是老臣，从贞观时期就已经登上了政治舞台，因此，资望高，礼遇重，能够形成一股抗拒武则天掌握政权的力量。正是这种情况促使武则天更加处心积虑地加紧篡夺最高权力的活动。这是问题的一方面，而另一方面，正因为他们是老臣，所以年龄大都在七十岁上下，上元二年（675年），郝处俊六十九岁，张文瓘七十一岁，刘仁轨七十四岁，高智周七十四岁，都已经到了日薄西山，气息奄奄，朝不保夕的年龄，只要有一个人逝世，就可能改变朝廷中政治力量的对比，这又给武则天以可乘之机。

三、外司四品文士入相

仪凤三年（678年）九月张文瓘去世，十一月来恒去世，次年，调露元年正月，戴至德去世，五个月之内，宰相中连死三员老臣，十一月，高智周也罢为御史大夫，在这之前，五月命太子监国。这时，九位宰相中，剩下的有七十七岁的刘仁轨，七十三岁的郝处俊，还有薛元超、李敬玄、李义琰和张大安。表面上仍然维持着原来不让武则天掌权的格局，但实际上三死一罢，对最高统治核心的冲击是很大的。

永隆元年（680年）夏四月，黄门侍郎裴炎、崔知温、中书侍郎王德真并同中书门下三品。一批年纪较轻的顶替了原来的老臣。这虽然还不是武则天有意的安排，但是，原来宰相机构中清一色老臣的情况开始被打破。

由于高宗健康状况的不断恶化，以及太子李贤监国后"处事明审，为时论所称"①。威望比原太子李弘还高，阻止高宗把最高统治权转移给李贤，便成为武则天的当务之急。这样，在任裴炎为宰相后不久，又发生了所谓太子谋逆的事件，高宗"素爱太子，迟回欲宥之"②。但在武则天的坚持下，八月十二日李贤被废为庶人。十三日，英王哲被立为太子。左庶子中书门下三品张大安坐阿附太子，贬为晋州刺史。九月，王德真也罢相。高宗准备把最高统治权移交给儿子的打算终于被武则天阻止住了。

但在宰相中，除了裴炎和崔知温，其他宰相仍为高宗即位以来的老臣，武则天还不可能随心所欲地指挥这个班子。直到永隆二年（681年）三月，郝处俊罢政事，七月刘仁轨固请解仆射，闰七月丁未，裴炎为侍中，崔知温、薛元超并守中书令，旧的宰相结构才完全打破。

但在这个班子中，薛元超如前所述，乃贵戚老臣，年纪虽刚到六十，但资望很高，后来高宗病情加剧，"政出武后"，他假装失音，请求告老，③实际上是不支持武后专权的。

崔知温年纪更轻，当时只有五十五岁，但其祖枢为司农卿，父义真为陕州刺史。本人起家左千牛，后为灵州都督府司马，兰州刺史，由尚书左丞转黄门侍郎同中书门下三品。④他谙于边事，资望又高，高宗对他很尊重。他不需要武则天的支持和提拔，故也不易成为武则天手中驯服的工具。

---

① 《旧唐书》卷86《章怀太子贤传》。
② 《资治通鉴》卷202 永隆元年。
③ 《新唐书》卷98《薛元超传》。
④ 《旧唐书》卷185《崔知温传》。

刘仁轨，从后来给武后的信看，也是不主张武后专权的。至于李义琰，那就更加碍手碍脚了。

永淳元年（682年）四月，高宗武后去东都，留太子监国，使刘仁轨、裴炎、薛元超等辅之。到东都后，又立即以黄门侍郎郭待举、兵部侍郎岑长倩、秘书员外少监检校中书侍郎郭正一、吏部侍郎魏玄同并与中书门下同承受进止、平章事；与李义琰等共掌政事。宰相班子的这种变化，在唐朝前期政治史上，以及对于武则天执掌最高统治权，都具有重要意义。先从新入相人员的情况来看。

郭正一，定州鼓城人，贞观中举进士，少与孟利贞、高智周、刘祎之"俱以文藻知名，时人号为刘孟高郭"[1]。累转中书舍人、弘文馆学士。"正一在中书累年，明习旧事，兼有词学，制敕多出其手，当时号为称职"[2]。最后，以中书侍郎同平章事，走的是一条当时一般地主士人以文学进身迅速升迁的典型道路，因此，具有很大的代表性。

魏玄同，亦定州鼓城人，举进士，曾因与上官仪文章属和配流岭外。后累迁至吏部侍郎，曾上疏论选举，对贵戚子弟例早求官，对门荫入仕的亲贵子弟"课试既浅，艺能亦薄而门阀有素，资望自高"，对"用刀笔以量才，案簿书而察能"，对以文学进身的一般地主出身的官吏不得升迁，表示了强烈的不满。[3]

---

[1]《旧唐书》卷87《刘祎之传》。
[2]《旧唐书》卷190《郭正一传》。
[3]《旧唐书》卷87《魏玄同传》。

此前不久，仪凤三年（678年），太学生魏元忠上封事，指出"当今朝廷用人类取将门子弟，亦有死士之家而蒙抽擢者"，认为这样不能选拔出人才，并指出"有志之士，在富贵之与贫贱，皆思立于功名，冀传芳于竹帛"，认为地主阶级各阶层中都有有才能的人，他们都想要建立功名，名垂青史，突出反映了一般地主士人的要求。[①] 这时，从科举出身者，累计已在千人以上，在各级官吏，特别是在中下级官吏中，一般地主出身的官吏已成为一股强大的力量，他们不仅强烈地要求自己政治上的发展，进入各级政权机构，而且要求在最高统治核心中有自己的代表人物。郭正一、魏玄同这批人上台，首先就是反映了一般地主的这种要求。

在前一个时期的宰相中，反映一般地主官僚这种要求的，代表人物是薛元超。薛元超虽然本身是贵戚，但他作为一个文人，是非常敏感的。尽管他不一定理解，但他确实深刻地感觉到时代的变化和要求。他曾经对亲近的人说过："吾不才，富贵过分，然平生有三恨，始不以进士擢第，娶五姓女，不得修国史。"[②] 他以善于写文章，由中书舍人加弘文馆学士而中书侍郎，最后位至中书令。文士所追求的，他全都达到了，而恨不由进士出身，这固然反映了他的文人气质，而更重要的是表明了他的政治倾向，说明他是同意当时不少人提出来的选拔官吏时要提拔科举及第者的要求。他"好引寒俊"，曾表荐进士及第的高智周、郭正一、明经及

---

① 《旧唐书》卷92《魏元忠传》。
② 《隋唐嘉话》中。

第的王义方以及任希古、孟利真等十余名文士，[1]就是这种政治倾向的具体表现。薛元超尚和静县主，成为皇亲国戚，而他不以尚主为荣，而恨不娶山东士族第一等高门崔、卢、李、郑、王之女，固然是表明他还没有摆脱门阀观念和其他传统观念的束缚，而更主要的还是深刻地反映了关陇贵族的彻底没落。当然，作为一个贵族，在他和一般地主官僚之间，还是存在着一堵无形的墙，使他不可能真正从一般地主官僚的立场出发，采取各种有力的措施来满足他们的要求。而他自己也深感力量不足，表现了很大的软弱性。

宰相之中文学之士还有高智周。高智周虽进士出身，曾预撰《瑶山玉彩》、《文馆辞林》等，并以儒学为太子李弘侍读，但他担任中央要职以至宰臣，实在是由于吏治和名声，[2]而不是由于文学，故《旧唐书》既没有将他列入宰臣一类，也没有列入《文学传》，而是列入《良吏传》。同时，他年事已高，入相时已七十五岁，已不能充分反映一般地主官吏的要求。更重要的是，即使像薛元超这样，只能在一定程度上反映一般地主某些要求的，在整个宰相中，也还是处于一种陪衬的地位。当时起主导作用的宰相张文瓘、郝处俊，他们的主要任务是保持政局的稳定，边境的安宁，保证政策转变的实现。虽然这些也是符合一般地主的基本利益的，但是，对一般地主"思立于功名，冀传芳于竹帛"，要求更广泛地受到提拔的要求，还没有给予更多的注意。这样，最高统治核心再次出现了与现实基础不相适应的情况。永淳元年

---

[1]《旧唐书》卷73《薛元超传》。
[2]《旧唐书》卷185《高智周传》。

（682年）以郭待举、魏玄同、郭正一等为相，就突破了这种局面。这是从人员的构成来说。

从制度上来说，自贞观十三年（639年）十一月尚书左丞刘洎以黄门侍郎参知政事起，就不断以中书侍郎、黄门侍郎知政事。但除此之外，从未以其他部门之四品官为宰相者，故唐人刘肃在《大唐新语》卷十《厘革》中这样记载说："高宗欲用郭待举、岑长倩、郭正一、魏玄同等知政事，谓中书令崔知温曰：'待举等历任尚浅，且令参闻政事，未可即卿等同名称也。'自是外司四品以下官知政事者，以平章为名，自待举始也。"

无论是从高宗对崔知温打招呼，指出待举等"资任尚浅"，还是刘肃的记载本身，都可以看出，以外司四品以下官知政事，是打破了有唐以来在宰相任用上资历的限制，故为历来史家所重视。而事实上，此举不仅在资历上，而且在宰相的家庭出身和入仕途径上，都是一个突破。宰相中贵族高官子弟和以门荫入仕者比重下降，而一般地主子弟和以科举入仕者的比重上升。虽然此后还有许多曲折，但毕竟是一般地主的一次历史性胜利，也是对武则天掌权具有决定意义的一个变化。

即使宰相中还有一些不受武则天控制的人物，但是，由于宰相结构已发生根本性变化，力量对比已变得有利于武则天，剩下的问题就好解决了。

永淳二年（683年）三月，李义琰以所谓迫舅氏迁坟问题致仕，即退休。不到半个月，守中书令崔知温死，七月，高宗疾剧，"政出武后"，中书令薛元超"因阳喑（哑）乞骸骨，加金紫光禄大夫"①，也退出了最高统治核心。这样，资望较高的大部分都排除了，只剩下一个刘仁轨还留在长安。在东都，除裴炎外，全都是永淳元年（682年）后入相的。他们资历浅，又非贵族高官出身，尽管在他们的背后有广大的一般地主、官僚，但从他们个人来说，都是缺少依托的，他们得以跻居相位，完全是靠了最高统治者的赏识和提拔。因此，只要他们想保持相位，不管他们的政治态度和主观意图如何，在他们脚跟没有站稳以前，他们都将是武则天的支持者。其中最突出的人物就是裴炎。

裴炎，绛州闻喜人，少补弘文生。在馆十余载，尤晓《春秋左氏传》及《汉书》，擢明经第。他担任宰相后，参与了搜查太子贤，废中宗等武则天篡权的阴谋活动，为武则天掌握最高统治权扫除了最大障碍；嫉裴行俭平西突厥之功，杀掉裴许以不死而来降的阿史那伏念，裴行俭"因此称疾不出"，从而堵塞了文武兼资的裴行俭入相的道路，为卑品文士入相打开了道路。特别是在高宗死后，他以顾命大臣的身份，帮助武则天合法地取得了最高发令权。这些都说明，裴炎从他入相开始，就一直是武则天篡权的一个工具。唐人刘肃评论说："炎居中执权，亲授顾托，未尽匡救之节，遽行伊、霍之谋，神器假人，为兽傅翼，其不免也宜哉。"②

综上所述，我们可以看到，就宰相的构成和人选而言，在废王立武之后一段时期里，仍保持着贞观、永徽时的老格局，

---

① 《新唐书》卷98《薛元超传》。
② 《大唐新语》卷11《惩戒》。

既有贵族，也有一般地主官僚，但是贵族已不是旧日的关陇贵族，而只是与皇室或关陇集团关系密切的贵族成员。而一般地主出身的成员中，任雅相以将帅而入相，开高宗时边将立功为相的先声，这和贞观时起用的一般地主官僚魏征、马周等也是不同的。

麟德（664—665年）以后，宰相的构成虽然仍保持着前一时期的格局，但是，在最高统治核心中，武将的人数，占据了优势，这在唐朝前期，是仅有的。到上元（674年）以后，统治核心又转变为以文士为主，但在宰相班子中，武将仍占有重要地位，而且在这个时期，宰相的人数也比以往任何一个时期为多，最多时达到十人。尽管这个时期宰相班子比较稳定，但稳定中也透露出过渡的消息，其突出的特点就是科举出身和博涉文史的一般地主官僚在宰相中开始占据多数。因此，永淳元年（682年）以卑品文士入相，宰相就完全以文士为主了。唐初以来，宰相中贵族子弟和一般官僚互相平衡的格局，开始打破。这时，也只有这时，武则天才可能控制相权，并进而控制政权。

而总的来说，这又离不开一般地主的发展。如果说，武则天做皇后依靠的还是作为开国功臣的少数普通地主出身的新贵和一部分刚进入高官行列，地位不稳的一般地主官僚的话，那么，在高宗末年武则天所依靠的就是已经登上政治舞台的广大一般地主了。整个一般地主都站在了她的背后，这也是武则天所以能胜利地登上最高权力宝座的重要条件。

第四节　女皇武则天

"乘风波浪会有时，直挂云帆济沧海"，这对李白来说，始终是一个不能实现的幻想。正是这种幻想和现实中的冲突，激发出李白的许多不朽名篇。而对武则天来说，尽管以她的美貌和特殊素质可以得宠于年轻的皇帝，但爬上皇后的位置，最后并登上最高权力的宝座，却决非她的个人素质所能完成。那么，是什么力量把她捧上最高权力的宝座呢？回答是几股风。

第一股风，是关陇贵族集团和一般地主出身的官僚之间的矛盾。这是隋唐之际山东士族已经衰落，关陇贵族集团受到沉重打击，一般地主正在蓬勃兴起，这样一种阶级关系的变化，在政治上的必然反映，这个矛盾集中反映在当时朝廷中两派官吏势力的消长上。

第二股风，政策的转变。这除了反映一般地主的发展，也反映了边疆形势的变化。这在唐朝前期，是影响历史发展的两个主要方面。

第三股风，体制的变化。高宗后期，政治体制开始了一些微妙的变化，低品宰相的出现，侍中、中书令地位的变化，最后导致皇权的加强，这也是关陇贵族和功臣贵族集团衰落，而新贵集团尚未形成的结果。

这三股风，风源其实都是一个，那就是一般地主土地所有制和一般地主经济的发展。当生产和经济的发展达到一定程度后，必然要为自己开辟道路，任何力量也是抗拒不了的。武则天不过是利用了这个潮流，充当了这个潮流的工具。没有第一股潮流，她当不了皇后；没有第二股潮流，她不可能扩大政治影响，掌握人心；没有第三股潮流，没有低品宰相的出现，她也很难掌握最高统治权。她正好碰上了这几股风，而她又不失时机地抓住潮流，巧妙地利用这几股风，她才能破万里浪，战胜各种阻碍，掌握最高统治权，去施展她"济沧海"的抱负。

一、武后临朝称制

弘道元年（683年）十二月初四，唐高宗李治长期卧病不治，在东都洛阳去世。死前召侍中裴炎受遗诏辅政。遗诏皇太子柩前即皇帝位，"军国大事有不决者，兼取天后进止"[①]。虽然对武后表示了极大的信任，给她以继续参政的权力，但并没有把大权全部交给武后。初七，裴炎奏，太子没有即位以前，不应宣布敕令，有紧要事，建议由武后下令于中书、门下施行，帮助武后取得了最高发号施令权，凌驾于新皇帝之上。

十二月十一日（684年1月3日），中宗即位，武则天临朝称制。十三日，以裴炎为中书令。裴炎把政事堂从门下省迁到中书省，中书令在宰相中上升到首相的地位。

中宗李哲是高宗第七子，武后所生第三子。他既没有他的两位同母兄长的学识和才能，也没有从两个哥哥的遭遇中吸取到

---

① 《唐大诏令集》卷11《大帝遗诏》。

什么教训。他虽然做了皇帝，但不去思量怎样把国家治理好，却想把自己的老丈人韦玄贞提为侍中。韦玄贞是几年前李哲为太子时才由一个九品的州参军超升为刺史的。担任宰相显然是不合适的。裴炎一再提出反对，中宗不接受，并且怒道："我以天下与韦玄贞何不可，而惜侍中邪！"[①]把国家官职完全视为自己可以随意支配的私有财产，完全背离了唐太宗"君人者以天下为公，无私于物"，"择贤才者，盖为求安百姓"[②]的祖训。

裴炎将此情况报告武则天后，武则天果断决定，废掉中宗。二月初六，武则天集百官于乾元殿，裴炎与中书侍郎刘祎之、羽林将军程务挺、张虔勖勒兵入宫，宣武则天令，废中宗为庐陵王，扶下殿。中宗做皇帝前后不过五十天，不久，就被送到均州（今湖北均县西北），后又迁到房州（今湖北房县），在那里度过了十四个春秋。第二天，武则天立四子李旦为皇帝，继续临朝称制，并积极策划取代唐朝，自己做皇帝。她任命自己的内侄武承嗣、亲信刘祎之等为宰相，给诸武以大权，组成了自己的最高统治核心。裴炎虽仍以中书令而执掌军国大权，但实际上是被排斥在这个核心之外的。武则天还派左金吾将军丘神勣去巴州（今四川巴中）以检核李贤住宅以备外虞为名，逼令李贤自杀，以防止有人推出李贤来与自己对抗。

高宗下葬后二十五天，九月初六，"既因大礼之终，宜更中区之始"，改元光宅，改变旗帜颜色，由黄色改为金色；改东都

[①]《资治通鉴》卷203 光宅元年。
[②]《贞观政要》卷5《公平》。

为神都；改尚书省为文昌省，左、右仆射为左、右相，六部为天地春夏秋冬六官，门下省为鸾台，中书省为凤阁，侍中为纳言，中书令为内史。[①]其他政府机构的名称也一律加以改变，摆出了一副改朝换代的架势。

接着，由武承嗣出面，请太后追尊其祖宗为王，立武氏七庙。七庙即七世之庙，汉唐以来只有天子才立七庙。追尊祖先为王，也只有天子才有这种特权，武则天追尊祖先为王，并要立武氏七庙，实际是为自己做皇帝做舆论上的准备，更确切地说，是放出了一个试探气球。

二、徐敬业叛乱

由于武则天提出建言十二事，符合时代需要，满足了一般地主和中下层官吏的要求，在高宗晚年她又把一批高级官吏，拉到了自己的周围，因此，武则天执掌最高统治权，在当时一般地主官僚是可以接受的。但由武氏取代李氏做皇帝，反对的人还是相当多的。睿宗即位后，留守在西京的老臣宿将刘仁轨立即上疏武后，陈述西汉初年吕后专权终于败亡的故事，规诫武则天不要做吕后。武承嗣请求立武氏七庙，裴炎也提出，独不见吕氏之败乎！

当时社会上也还有一股反对武则天的力量，主要是一些失意的官吏。他们在政局变动时，没有能乘机爬上去，有的甚至被武则天贬逐，因而对武则天怀有极端怨恨的情绪。

[①]《唐大诏令集》卷3《改元光宅诏》。

即使在武则天亲自提拔的宰相乃至亲信中，裴炎、刘祎之等人，也对武则天大权独揽、重用武氏、削弱相权，感到不满。

光宅元年（684年）九月，因事被贬的原眉州刺史徐敬业及弟盩厔令徐敬猷、给事中唐之奇、长安主簿骆宾王、詹事司直杜求仁以及一贬再贬的盩厔尉魏思温，在扬州会合，以匡复庐陵王为辞，发动叛乱。参加叛乱的人之中，徐敬业和徐敬猷是唐朝开国功臣英国公李勣（徐世勣）之孙，杜求仁是高宗初年宰相杜正伦之侄，薛仲璋是裴炎的外甥，其余的都没有什么显赫的出身，官位也不过八、九品。他们急功近利，锐于进取，在仕途受到挫折后，便迁怒于武则天。正好武则天废掉了中宗，又急于取代唐朝，引起了宗室和一些人的不满，他们便抓住这个时机，想把武则天搞下台。

他们以魏思温为谋主，事先商量好，让同党监察御史薛仲璋请求奉使江都，又派人向薛仲璋告变，说扬州长史陈敬之谋反。薛仲璋依法把陈敬之抓了起来。扬州当时为大都督府，平时长史即为长官，陈敬之被抓后，扬州就处于没有长官的状态。因此，几天后徐敬业来到扬州，矫称扬州司马上任，就轻易地掌握了扬州的实权。他们假称奉密旨，发兵讨高州酋长冯子猷，于是开府库，驱钱坊囚徒、工匠为兵，徐敬业自称匡复府上将，领扬州大都督，公开打出了匡复的旗号。

徐敬业起势很猛，旬日间得胜兵十余万，楚州（今江苏淮安）司马李崇福帅所部三县响应，徐敬业也在十月十四日攻下了润州（今江苏镇江）。徐敬业起兵时还向州县发布了檄文，这就是骆宾王所写的《讨武曌檄》。文章写得颇有点气势，但也很不高明。

檄文一开头就指出武则天"地实寒微"，门第低下。这实际是重复了当年长孙无忌反对废王皇后，立武则天为皇后时的老调，把自己放到了当时仍处在寒微地位的广大普通地主的对立面。接着，檄文揭了武则天曾是太宗才人的老底，并且连高宗在内进行了一通谩骂和攻击。其实，子娶父妾，父夺子妻，在深受胡族习俗影响的唐代，是不以为奇的，武则天也并不忌讳。至于说她豺狼成性，残害忠良，杀姊屠兄，弑君鸩母，这些事，有的如所谓"残害忠良"是事出有因，而有些如杀姊屠兄，弑君鸩母则纯属子虚乌有。只有说武则天"犹复包藏祸心，窥窃神器"，算是击中了武则天的要害，但也只是道出了一个人所共知的公开秘密。接下来就是大段的自夸，夸耀徐敬业是"皇唐功臣，公侯冢胤"，夸耀自己"铁骑成群"，实力雄厚，吹嘘自己的战斗力是"喑呜则山岳崩颓，叱咤则风云变色"。最后，以"一抔之土未干，六尺之孤何托"，"请看今日之域中，竟是谁家之天下"来进行号召，鼓动各州县"共立勤王之师"。[①]

可惜檄文只是着力于对武则天进行人身攻击，以及对自己百般炫耀，此外，没有提出什么激动人心的新东西。因此，檄文发出以后，鼓而不动。叛军攻盱眙（今属江苏），遭到县人刘行举的抗拒；略地和州（今安徽和县），前弘文馆学士高子贡帅乡里

[①]《骆临海集笺注》卷10《代徐敬业传檄天下文》。

数百人拒之。李孝逸所帅三十万大军从洛阳顺运河而下到达扬州后,经过几场激战,很快把叛军镇压下去。叛乱前后四十余日,范围不出扬、润、楚三州。正如陈子昂所说:"故扬州构祸;殆有五旬,而海内晏然,纤尘不动。"① 应该说,这就是武则天临朝称制后国内基本的政治动态。

在平定徐敬业叛乱过程中,朝廷里也出现了一些不和谐音。徐敬业起兵后,作为中书令的裴炎,不仅不积极组织平叛,而且在武则天问他怎么办时,对武则天说:"皇帝年长,不亲政事,故竖子得以为辞。若太后返政,则不讨自平矣。"② 要挟武则天交出政权。

裴炎要求武则天还政睿宗,倒不是为了维护李唐皇权。如果是这样,当初高宗死后,他就不会帮助武则天取得最高发令权,把武则天凌驾于皇帝之上,也不会在新皇帝宝座还没有坐稳的时候,就匆匆把政事堂移到中书省,把宰相的决策和发令权集于自己一身。他的本意是欺中宗昏庸无能,而武则天以一个女子,也不可能全面执掌朝政,于是抬出武则天来抗衡、制约中宗,而由自己来左右朝政。因此,当中宗坚持己见,不听从他的意见时,便与武则天密谋废掉了中宗,另立小心谨慎的睿宗。但他毕竟是过低地估计了武则天。武则天临朝称制,不仅是要大权独揽,而且要做皇帝,这些都是宰相帮不了忙的,因此,在追尊武氏祖宗为王,立武氏七庙,杀唐高祖之子韩王元嘉和鲁王灵夔等一系列问题上,武则天都是倚重武承嗣、武三思的。而裴炎则凭借相权

---

① 《陈子昂集》卷9《谏用刑书》。
② 《资治通鉴》卷203 光宅元年。

和武则天对抗，屡加反对。武则天越来越感到裴炎是自己独断专行的障碍，而裴炎更是把武则天看成是自己掌权的不可逾越的障碍。因此，乘徐敬业叛乱之机，裴炎提出要武则天还政睿宗。

裴炎还政睿宗的意见，颇代表了大臣中一些人的想法，因此，当武则天以反罪将裴炎下狱后，凤阁舍人刘景先、凤阁侍郎胡元范以及其他一些大臣，都起来证明其不反。这自然只能加速裴炎的死亡。叛乱还没有平息，裴炎就被斩于洛阳都亭。刘景先也贬为普州刺史，胡元范则流放琼州而死。裴炎下狱后，正在北边抗御突厥的单于道安抚大使、左武卫大将军程务挺也密报申理。程务挺原来与唐之奇、杜求仁关系就很好，因此有人说他与裴炎、徐敬业通谋。武则天也派人到军中把他杀掉。

如果武则天知难而退，就停留在这种实际掌权的状态，那么，徐敬业叛乱平定后，围绕皇位而展开的斗争也就可以终结了。可是武则天是一个充满了雄心壮志的坚毅的女性，她既然下定了要做皇帝的决心，她就要克服一切障碍，采取任何可以采用的手段，来实现这个目的。在斩裴炎、平徐敬业、杀程务挺之后，武则天召集群臣谈话，她说："朕事先帝二十余年，忧天下至矣！公卿富贵，皆朕与之；天下安乐，朕长养之。及先帝弃群臣，以天下托顾于朕，不爱身而爱百姓。今为戎首（指裴、徐、程），皆出于将相，群臣何负朕之深也！且卿辈有受遗老臣，倔强难制过裴炎者乎？有将门贵种，能纠合亡命过徐敬业者乎？有握兵宿将，攻战必胜过程务挺者乎？此三人者，人望也，不利于朕，朕能戮之。卿等有能过此三者，当即为之；不然，须革心事朕，无为天下笑。"① 说的都是实话，虽然很严厉，但也充满了她要继续驾驭形势，登上皇位的坚强信念。

三、任威刑以禁异议

垂拱四年（688年）四月，武承嗣指使人伪造瑞石，在白石上刻了"圣母临人，永昌帝业"八个字，献给武则天，说是在洛水中得到的，武则天给这块石头起名为"宝图"。五月初，武则天下诏要亲自拜洛水，受"宝图"，到南郊告谢上天，然后在新建成的明堂接受群臣的朝贺，并下令诸州都督、刺史及宗室、外戚都要在拜洛前十日到达神都洛阳。接着，武则天给自己加尊号为"圣母神皇"。②

武则天从永徽三年（652年）重新被高宗接入宫中，封为昭仪，在宫廷中已经整整奋斗了三十五年，这年武则天已经六十六岁了，虽然善于保养，健康状况良好，但留下的岁月毕竟是不多了，因此，加紧了取代李氏，自己做皇帝的步伐。加尊号，这是只有皇帝才能享受的特权，"皇"、"帝"也是皇帝的专有名号。武则天加尊号，称神皇，就是要脱去太后的帽子，以神皇的独立身份来执掌政权，这是她割断和李氏皇权联系的关键的一步，接下来便是公开称皇帝了。

李唐皇室面临着严峻的形势，迫使他们对自己的前途做出抉择。韩王元嘉，是唐高祖尚存三子中年纪最长者，武则天在临朝

---

① 《资治通鉴》卷203光宅元年，考异引《唐统纪》。
② 《旧唐书》卷6《则天皇后本纪》。

称制之初，就曾想除去他及其弟鲁王灵夔，因此在诸王中起着领袖的作用。武则天召诸王回洛阳拜洛、朝明堂的命令下达后，他派人对诸王传话，说武则天在举行大享仪式的时候，一定会派人告诸王密，然后收捕诸王，诛杀无遗，要诸王考虑对策。越王贞是唐太宗尚存二子中年长者，时为豫州（今河南汝南）刺史。他几次奏免所部租赋，以收人心，同时以畋猎为名，畜养了马数千匹，家僮千人，积极进行战备。其子博州（今山东聊城）刺史琅邪王冲在诸王中辈分是最小的，少年气盛，当韩王元嘉与诸王相约共同起兵后，他立即行动起来，命长史萧德琮等募集了五千兵。正当诸王往来串联，秘密策划的时候，高祖子鲁王灵夔的儿子范阳王李蔼"知越王必败，白发其谋"[1]，将诸王准备起兵的情况密告武则天。

谋泄后，琅邪王李冲在博州匆匆起兵，由于得不到地主官僚和群众的支持，七日而败。其父越王贞闻知李冲起兵后，便也在豫州起兵相应，这时李冲已败亡三日。李贞举兵不到二十天，也兵败自杀。诸王还没有来得及响应，事态就平息下去。

豫、博事件的迅速平定，说明反对武则天的，只是极少数人，武则天称帝的障碍其实不是很严重的。而武则天对反对她的敌对力量的估计，在主观上被大大扩大了。

正是由于对政治形势的这种错误估计，因而对付敌对力量所采用的手段也就非常极端。

---

[1]《新唐书》卷79《鲁王灵夔传》。

早在扬州叛乱平定后，为了任威刑以禁异议，武则天就盛开告密之门。告密者各级官吏皆不得过问其所告内容，并让他们乘驿马，吃五品官的伙食。到达武则天所在地后，武则天亲自召见，谈得投机，合乎武则天的心意，即授与官职。胡人索元礼即以告密召见，被提拔为五品武散官游击将军，成为有名的酷吏。垂拱二年（686年）二月，武则天并令铸铜匦，以受天下密奏。铜匦分为四隔，东曰"延恩"，献赋颂、求仕进者的文章、表章可投入；南曰"招谏"，专受言朝政得失的表章；西曰"伸冤"，有冤抑者可申诉冤情；北曰"通玄"，言天象灾变及军机秘计者投此。铜匦所受范围很广，但也方便了告密者。这个时期所告，大抵"皆以扬州为名"，[①]被告者牵涉高官的还不多。但在审讯时，酷吏利用严刑酷法，逼令被告者"检举"别人，因此，在社会上也造成了一种不敢非议武则天的气氛。

越王李贞叛乱平定后，武则天杀戒大开。她任用周兴、来俊臣、侯思止等酷吏，宗室以及对她表示不满或她认为不满意的大臣，都指使酷吏罗织罪状，严刑逼供，强令牵引，进行大规模的连坐诛杀。从垂拱四年（688年）九月到载初元年（690年）十一月的两年中，牵涉宗室及四品以上文武大臣的案件十九起，其中与宗室有关的九起，与外戚有关的一起，与宰相有关的六起，与文武大臣有关的三起。韩王元嘉以下高祖、太宗的子孙大部分被杀，他们的亲党数百家也都被杀掉。这个期间担任宰相的十三人

[①]《陈子昂集》卷9《谏用刑书》。

中，骞味道、张光辅、魏玄同、裴居道、范履冰五人被杀，韦待价、韦方质二人被流；武承嗣、武攸宁是武则天的侄子；岑长倩、邢文伟不过一年，也一个被杀，一个被流；只有苏良嗣、王本立罢相后不久死去，算是幸运的。在这些大案中，朝野之士，内外大臣连引坐死及流贬的很多。朝士人人自危，相见时都不敢交谈，有的人上朝时就被秘密逮捕，因此，朝士出门，即与家人诀别："未知复相见否？"①

这样大杀宗室的结果，使李唐宗室完全丧失了组织反抗的力量。宰相的激烈变动和朝臣的大量诛杀，也使朝臣中再也不能形成一个反对她的核心。武则天登上皇帝宝座的道路被最后扫清了。

四、改唐为周

永昌元年（689年）十一月初一，武则天大赦天下，宣布历法改用周正，以建子月为岁首，改永昌元年十一月为载初元年正月，以十二月为腊月，正月为一月。在《改元载初赦》中，借阐述历法（正朔）改变的意义，武则天一方面透露了革唐命而建新朝的意思，同时告诉人们这种变革是受之于天，而不是定之于人，她不过是接受天意的安排。她还很羡慕秦始皇把统一文字作为新时期开始的一项壮举，但她知道"习俗多时，良难顿改"，重新创制一套文字是不可能的。因此，命宗秦客改造"天"、"地"等

---

①《资治通鉴》卷204天授元年。

十二个字，也在赦文中颁示天下，以象征新局面已经到来。[1]

七月，东魏国寺僧法明等十名僧人，表上《大云经》，《大云经》全称《大方等大云经》，其中有菩萨转身为女当国王的经文，还有无明国王等乘之女增长继承王位的记载。[2]因此，僧法明等在表中言武则天乃弥勒下世，当代唐为人世主。武则天立即将之颁示天下，向百姓宣传她做皇帝的合理性。春官尚书李思文还翻出《尚书·武成》篇，把其中"垂拱天下治"之语，说成武则天"受命之符"，武则天也颁示天下。[3]

在这样密锣紧鼓声中，载初元年（690年）九月初，侍御史傅游艺帅关中百姓九百人出潼关至洛阳，到皇宫给武则天上表，请武则天改国号为周，正式做皇帝。接着，洛阳的父老群众，和尚、道士一万二千人云集到皇宫外，请武则天做皇帝，武则天表示谦让，没有马上答应。第二天，更多的百姓、四夷酋长、和尚道士，再加上文武百官五万余人守着皇宫固请，要求武则天不要"推久而绝人"[4]。睿宗看到形势如此，也请求赐姓武氏。武则天这才表示上应天命，下顺民意，接受了睿宗及群臣、百姓的请求。

九月初九，武则天登上则天门城楼，宣布改唐为周，改元天授，大赦天下。几天后又给自己加尊号为"圣神皇帝"，以睿宗为皇嗣。武则天就这样登上了皇帝的宝座。

十月，武则天敕两京及诸州各建大云寺一座，藏大云经，并

---

[1]《唐大诏令集》卷4《改元载初赦》。
[2] 陈寅恪《武曌与佛教》（见《金明馆丛稿二编》）。
[3]《新唐书》卷76《则天武皇后传》。
[4]《陈子昂集》卷7《大周受命颂》序。

令僧人升高座讲解，向百姓宣讲大云经。接着又下了《释教在道法上制》，把佛教提到道教之上，以表彰僧人从佛教经典中给她提供了受命祯符的功绩，同时也从宗教思想上和李唐尊奉道教区别开来。遍布于各地的大云寺遗迹和天授、长寿、延载年间（690—694年）的弥勒造像，便成为武则天做了中国历史上唯一女皇帝的历史见证。

五、酷吏政治的终结

武则天虽然热热闹闹地做了皇帝，但是原来的宰相除了武承嗣、武攸宁两名内侄，便只有岑长倩和邢文伟了，因此，又任命史务滋为纳言，宗秦客为检校内史，傅游艺为鸾台侍郎、平章事。

岑长倩是太宗时宰相岑文本的侄儿，高宗时即已做到宰相，也算得是一个老资格了。武则天利用符瑞来为自己取代唐朝制造根据，岑长倩为了取得武则天的欢心，也颇有陈奏。在宰相大部分被杀、被贬的情况下，岑长倩能留下来，是很不容易的。

邢文伟在《旧唐书》中被列入《儒学传》，以博学知名，能把儒学解释得符合武则天的需要，故受到武则天的提拔。

史务滋是宣州溧阳人，出身、经历，史文不详，大概是从下层上来的人物。

宗秦客是武则天从父姊子，因劝武则天代唐有功而被授与内史的。傅游艺更是由于劝进有功，一年之间由九品的县主簿而超升为三品宰相，历衣青、绿、朱、紫，时人谓之四时仕宦。

这些人在政治上没有什么远见卓识，也缺少实际的从政经验，武则天完全是为了改唐为周的需要，才把他们提拔为宰相的。因此，当武则天已经坐上了皇帝的宝座，需要进一步巩固和发展自己的统治时，就首先向这些急功近利，只会拍马屁的宰相开刀了。

天授元年（690年）十月，宗秦客贪污事发，贬为遵化县尉，邢文伟也因与宗秦客关系密切，贬为珍州刺史，不久，有制使到州，他以为是来诛杀自己的，因而自杀。天授二年（691年）一月，史务滋与来俊臣共同审理刘行感案，俊臣向武则天奏告史务滋欲掩盖其反状，史务滋恐惧自杀。九月，傅游艺也因所亲检举他梦登湛露殿，下狱，自杀。这样，一年之中，除二武外，其余五个宰相，三个自杀，一个贬出，只剩下一个岑长倩，不久也被杀掉。

就在此期间，武则天于二月杀掉了酷吏周兴和索元礼，九月任命狄仁杰、裴行本并同平章事。

周兴，少以明习法律，为尚书省都事，后为县令，虽然都事亦为八品官，但终是办事小官，而不得迅速升迁。武则天临朝称制后，被提升为司刑少卿（大理少卿）、秋官侍郎（刑部侍郎），屡次负责审理制狱，被他陷害的有数千人。武则天称帝后，又被擢升为文昌右丞（尚书右丞）。有人告他与丘神勣谋反，武则天命来俊臣审讯。当时来俊臣正与周兴一起吃饭，便问周兴："囚犯不承认，当用何法？"周兴说："这容易得很，取一口大瓮。四周用炭火烧着，叫囚犯进去，没有不承认的。"来俊臣于是叫人拿来大瓮，用炭火烧着后，便起来对周兴说："接到命令要审讯老兄，请兄入此瓮。"周兴听后，惶恐叩头，马上伏罪。[①]这就是历史上有名的请君入瓮的故事。周兴依法当处以死刑，武则天免其死流岭表，在路上为仇家所杀。索元礼是武则天最先擢用的酷吏，被他杀掉的亦有数千人，武则天也杀之以收人望。

狄仁杰虽然父、祖均为高官，但从小专心读书，后以明经出身，从地方官做起，高宗时历任大理丞、度支郎中。武则天临朝称制后，先任尚书右丞，后为豫州刺史，处理因越王贞起兵而被牵连的人时，密表审理，使六七百人得免一死，这种以大局为重而不顾个人安危的做法，受到武则天的赏识；因此，当武则天皇位已经坐稳，准备结束酷吏恐怖政治，使统治重新走上轨道的时候，任命他担任宰相。

但树欲静而风不止。武则天已经是六十九岁高龄了，皇位继承问题，突出地摆在眼前。她的两个儿子，三儿子即中宗还远在房州，四儿子睿宗退位后，降为皇嗣，而不是太子，地位也是很不明确的。而武则天不仅为祖先在东都创置武氏七庙，连武士彠都被追尊为皇帝，而且重用诸武，这些又似乎向人们表明，大周政权是武家建立的政权，将来也仍然是武家的，皇位将传给姓武的。武则天的侄儿武承嗣便认为自己是理所当然的皇位继承人，于是展开了积极的活动。武承嗣是武则天同父异母兄元爽之子。其父元爽因得罪则天母杨氏，高宗时被流放到岭南，武承嗣也跟

[①]《资治通鉴》卷204天授二年。

随到岭南。直到高宗末年，武则天感到亲族孤单，才放弃旧嫌，把武承嗣召回。在武则天改唐为周的过程中，他请立武氏七庙，伪造瑞石，起了推波助澜的作用。武则天尽杀李唐宗室诸王和不拥护她的大臣，武承嗣的建议也起了很大作用。这也是一个为了实现家族利益和个人野心而不择手段的人物。

武则天的皇位既已坐稳，武承嗣便也开始谋为皇太子。他令其亲信凤阁舍人张嘉福，指使洛阳人王庆之等数百人上表，请立武承嗣为皇太子，宰相文昌右相、同凤阁鸾台三品岑长倩以皇嗣在东宫，不宜有此议，奏请切责上书者。武则天又问另一个宰相格辅元，格辅元也表示坚决反对。其他宰相也都没有表示支持，这可触怒了武承嗣等人，便把岑长倩派去西征吐蕃，半路上又把他追回来，投入制狱；格辅元也被武承嗣陷害。来俊臣又胁迫岑长倩牵引司礼卿兼纳言事欧阳通等数十人，说是共同谋反。十月，岑长倩、格辅元、欧阳通等均被处死。这是武承嗣与来俊臣勾结兴起的第一次大狱。

武则天对岑长倩、格辅元公开顶撞固然不快，岑长倩等也未免一死，但在皇位继承问题上，她还是很矛盾的。因此，当王庆之见她时，她问道："皇嗣我子，奈何废之？"可是当王庆之回答说"今谁有天下，而以李氏为嗣乎"时，她也感到很入耳，给王庆之印纸，使他可以自由出入皇宫，随时进见武则天。最后还是凤阁侍郎李昭德的一席话打动了武则天。李昭德对武则天说："天皇，陛下之夫；皇嗣，陛下之子。陛下身有天下，当传之子孙为万代业，岂得以侄为嗣乎！自古未闻侄为天子而为姑立庙者也！且陛下受天皇顾托，若以天下与承嗣，则天皇亦不血食矣。"李昭德所说只有儿子祭祀父母，而没有侄儿祭祀姑姑，这一点确是打动了武则天，因此，对于王庆之纠缠不断，颇为恼怒，命李昭德赐杖，李昭德乘机把王庆之带出皇宫光政门，对朝士说，"此贼欲废我皇嗣，立武承嗣"，然后杖杀。[1]这样，武承嗣谋为太子的事才算压了下去。

武承嗣一伙并不甘心，迁怒于宰相，连续又掀起了几场大狱。

天授二年（691年）十月，杀宰相乐思晦、右卫将军李安静。

次年，长寿元年（692年）一月，左肃政台中丞来俊臣罗告同平章事任知古、狄仁杰、裴行本、司礼卿崔宣礼、前文昌左丞卢献、御史中丞魏元忠、潞州刺史李嗣真谋反。赖乐思晦不满十岁的儿子上变，武则天了解了实情，才把这七人和他们的家属释放了，狄仁杰等被贬出。来俊臣与武承嗣等固请诛杀，武则天没有应允。

这时，朝臣中反对酷吏横恣和反对重用武承嗣的呼声越来越高。万年主簿徐坚、右补阙朱敬则、侍御史周矩先后上疏，揭露酷吏的残暴，并指出原来任威刑以禁异议，"不峻刑名，不可摧奸息暴"[2]，现在众心已定，就应该省刑尚宽，停止恐怖活动。李昭德在私下对武则天说，魏王承嗣权太重，并且指出，侄儿和姑姑不可能像子女与父母那样亲近，儿子还有篡夺甚至杀害父亲

---

[1]《资治通鉴》卷204天授二年。
[2]《唐会要》卷56《左右补阙拾遗》。

的，何况是侄子？现在武承嗣为亲王，又为宰相，权力和皇帝差不多，这样下去，恐怕你也不能久安天位。武则天基本上接受了他们的意见，罢去武承嗣相职，同时注意减少制狱，实行比较宽容的政策。九月，宰相李游道、王璿、袁智弘、崔神基、李元素等为王弘义所陷害，武则天只是把他们流放到岭南而未诛杀。

武则天虽然已经倾向把皇位传给自己的儿子，但对于已经三十岁的皇嗣李旦还是很不放心的。长寿二年（693年）正月，武则天所宠的户婢团儿密告皇嗣妃刘氏和德妃窦氏为压咒，武则天借口把她们杀掉。刘氏是太宗时刑部尚书刘德威之孙女，当时刘氏宗族至刺史者二十余人，宗族虽不算大，但权势不小。窦氏是高祖时宰相、外戚窦抗的曾孙女，莘国公窦诞之孙女，更是出自皇亲贵戚，关陇贵族的核心家族。武则天杀掉刘、窦，一方面是给李旦一个警告，同时也是为了除去李旦的羽翼。不久，又把李旦长子皇孙成器降为寿春王，李旦其他几个儿子也由亲王降为郡王。这至少表明，武则天短期内还不准备把皇位传给儿子。

长寿二年（693年）一月，又发生了前尚方监裴匪躬、内常侍范云仙私自谒见皇嗣的事件，这就更使得武则天疑神疑鬼，除将二人腰斩于市，不让皇嗣和群臣见面，还以有人告皇嗣潜有异谋为由，命来俊臣严刑拷问李旦左右的人，太常工人安金藏剖开自己的胸膛，证明李旦没有谋反，武则天这才放心，下令停止追究。

经过一次又一次大狱，连杀带贬，朝廷里打扫得差不多了，武则天还害怕地方上有什么力量。有人向武则天分析，自武则天临朝称制以来，被杀贬的宗室、大臣的家人亲族流放在外的，估计可能有数万人，这些人如果联合起来造反，那是很危险的，建议尽杀流人。① 这正说中了武则天的顾虑所在，便在长寿二年（693年）二月，先后派大理司刑评事万国俊，以及刘光业、王德寿、鲍思恭、王大贞、屈贞筠等酷吏，前往诸道按问流人，按谋反罪把他们处死。万国俊在广州一天杀三百人。其他人也争先效仿，刘光业杀七百人，王德寿杀五百人，其余也至少杀百人以上。武则天当然知道这是滥杀，在流人已杀得差不多的时候，下制"六道流人未死者并家属皆听还乡里"②。算是安慰死者。万国俊等也都相继死去，没有再活动在政治舞台上。

在此前后，长寿二年二月，李昭德以私蓄锦的罪名，将侍御史侯思止杖杀于朝堂。延载元年（694年）九月，又以贪赃罪把御史中丞来俊臣贬为同州参军。酷吏的气焰受到了一次打击。此后，虽然仍小案迭起，但牵涉的人都不多，整个政治气氛缓和下来。直到神功元年（697年）初，箕州刺史刘思礼与洛州录事参军綦连耀谋反并阴结朝士。事情为明堂（县治在长安）尉吉顼所知，吉顼进士出身，不安于县尉小官，便把事情透露给已被贬斥了两年多的合宫（县治在洛阳）尉来俊臣，让他上变告密。武则天将此事交给堂侄武懿宗。武懿宗自武则天称帝后，多次被武则天派去审理制狱，"王公大臣，多被陷成其罪，时人以为周兴、

---

① 《资治通鉴》卷205长寿二年或告岭南流人谋反条，考异引潘远《纪闻》。
② 《资治通鉴》卷205长寿二年。

来俊臣之亚焉"①。这一次他也令刘思礼广引朝士。宰相李元素、孙元亨、知天官侍郎事石抱忠、刘奇等三十六家皆海内名士，均被族诛，亲党千余人连坐流放。

武懿宗在恐怖气氛平息了三四年之后又掀起了如此大狱，说明诸武为了控制皇权，又在蠢蠢欲动了。这也说明武则天在传子传侄问题上的摇摆，也还没有最后结束，至少还没有做出公开的、明确的决断。

而作为此案的副产物，是酷吏来俊臣的重新任用，他又被任命为司仆少卿。武氏诸王和酷吏本来就是武则天称帝前后孕育出来的一对孪生怪胎。当时诸武在谋取皇权的斗争中，虽然也面临着最后一搏的形势，但即使不成功，也仍然是武则天的侄、孙，对他们不会造成更大的伤害。而对贬而复起的来俊臣来说，情况就大不一样了，大部分酷吏在长寿年间，武则天通过李昭德逐个除去，来俊臣这时已是硕果仅存，势力是很孤单的，因此，能不能继续兴起大狱，就成为来俊臣存亡发展的根本条件。李昭德担任凤阁侍郎和宰相期间，屡抑酷吏，有的并被他处死。后与来俊臣差不多同时被贬出，这时回朝担任监察御史。来俊臣便找了这个死对头首先试刀。神功元年（697年）六月，他与秋官侍郎皇甫文备诬告李昭德谋反。武则天竟然接受了他们的密告，将李昭德下狱。来俊臣觉得老章程还行得通，便想罗告诸武及太平公主，以取得更大的权力。诸武及太平公主恐惧，共发其罪，来俊臣自

---

① 《旧唐书》卷183《武懿宗传》。

己反被下了大狱。武则天念他在自己做皇帝过程中的功劳，想赦免他，但由于王及善和吉顼的劝说，武则天还是杀了来俊臣。

来俊臣的被杀，标志酷吏政治的最后终结。这也说明，酷吏始终是武则天手中的政治工具，招之即来，挥之即去。过去杀周兴、索元礼，现在杀来俊臣，固然有杀之以慰人望的意思，但也符合武则天的本意。对于酷吏这种危险的政治工具，当需要他们完成的任务已经完成时，留下来不免要出现各种问题，甚至会变成自己的反对势力，还不如去之以免留下后患。内史王及善在劝武则天杀来俊臣时就说："（来）俊臣凶狡贪暴，国之元恶，不去之，必动摇朝廷。"[1]

恐怖政策从武则天临朝称制开始，到神功元年（697年）结束，前后持续了十四年，而高潮则在垂拱四年至长寿元年（688—692年）期间，长寿二年（693年）还有一个尾巴，其后就缓和下来了。在这整个期间，诛杀和酷吏都是受到控制的，武则天只让酷吏执法，一般不让他们参与行政。在司法机关中，有意保留了狄仁杰、徐有功、李日知、杜景俭等一批执法平恕的官吏，让他们与酷吏相抗衡。称帝后一个时期，罗织虽然达到高潮，但这个时期很短，长寿元年以后，武则天就不再听任酷吏胡作非为了。虽然还搞了一些大案，但除了对酷吏，一般处理都比较宽大，不再随便杀人，即使宰相，也是一贬了之。长寿元年，武则天甚至命监察御史严善思去复查酷吏经手的案件，查出屈打

---

[1]《资治通鉴》卷206神功元年。

成招的冤案犯八百五十余人。对于狄仁杰、魏元忠等一批公正能干的大臣，虽一再受到诬陷，武则天也总是亲自干预，不加杀害，后来也都重新受到重用。

徐敬业叛乱以后，直到称帝前后，滥杀也是很严重的，由于武则天不仅要打击反对派，而且要任威刑以禁异议，要造成一种只许效忠武则天，不许说一个不字的政治空气，有意无意使诛杀扩大化，滥杀了不少无辜。其后果是使朝廷元气大伤，一个时期里，朝廷中已找不出像样的将领去应付边疆上的紧张形势，宰相中也没有几个真能够掌握形势解决问题的大臣。

第五节　鼎盛之基的奠立

一、破格用人

（一）广开入仕之门

武则天不愧为一个杰出的政治家，她懂得仅仅依靠严刑酷法，只能打击那些反对自己的人，压制那些不利于自己的舆论，但并不能获得广泛的支持。因此，她一方面以禄位收天下之心，同时，使自己的政策更加顺应广大地主官僚的要求。

经过半个多世纪的发展，一般地主大量涌现出来，他们在经济上有了一定的势力以后，便要求有相应的政治权势，以便保护和借以扩大他们的经济力量。地主士人要求做官的越来越多。

唐代一般地主可以通过杂色入流和科举及第获得做官的资格，但真要获得一个官职是很不容易的。

杂色入流，主要是通过勋官上番和流外入流。高宗、武则天时期战争不息，获得勋官的人很多，但由于他们缺少文化，上番期满后，很难通过考试，因此，勋官很少能获得出身。流外入流者，在担任中央各官府的掌固、亭长、佐史、府史、令史以及诸仓、关、津的计史、府史和诸牧、苑囿的监史等流外官后，首先要通过每年一次的考课和三考一次的转选，才能一级一级升上去。流外官九品，三年一转选，①如果从最低一级九品开始，需二十七年才能获得入流的机会，即使从六、七品开始，也需要二十年上下才能入流。入流后，升迁也非常困难，而且一般不能担任五品以上的高级官吏。

科举出身虽可位至高官，但录取名额很少，尤其是进士科，贞观二十三年中，共取二百零五人，平均每年不足十人，高宗、武则天时期增加了一倍，平均每年也只有二十人。一般地主士人既无世传经学，又无门第可以凭借，在考试上处于不利地位，录取者多为高官权贵子弟。高宗时常举出身的十名宰相中，其中进士八人，明经二人，贵族和五品以上高官子弟六人，县令子二人，出身于父祖没有官位的一般地主家庭的只有二人。录取名额虽然有所扩大，一般地主子弟及第的也有所增加，但是应举的人也更多了。

即使通过上述两个途径获得出身即做官的资格，最后还要通过"应选"才能获得官职。高宗、武则天时期每年需要补充的官

---

① 《旧唐书》卷43《职官志》吏部郎中、员外郎条。

员只有四五百人，而获得做官资格即入流的"年以千计"，加上其他候选的官吏，每年到长安应选，等待分配官职的就大大超过此数。"选集之始，雾积云屯，擢叙于终，十不收一"。①往往需要经过长期等待，才能获得一个官职。

一般地主子弟通过各种途径获得一官半职后，升迁也是极为困难的。唐代官吏每年进行一次考课，在任四年中每年的考第都是中中，应选时才能进一阶。一个从九品下阶的小官，每考中中，每选必中，也需要六十四年才能进入五品。至七品，共八阶，也需要三十二年。而贵族和高级官吏的子弟，由于享有门荫的特权，还是小孩子，就做上六七品官，系上了银腰带；尚未成年，即位至五品三品，穿上了朱色、紫色的袍子。②完全垄断了通往高官的道路。

在上述情况下，一般地主子弟对贵族高官子弟借荫得官，垄断仕途是深为不满的。唐朝初年，他们积极从军作战，通过战功获得勋赏、土地，甚至做到五品以上官。七世纪七十年代以后，战争频繁，打得越来越不顺手，不仅勋赏不行，甚至夺赐破勋。既然打仗得不到什么好处，还有丧身的危险，所以，一遇征兵，地主富户就雇人代替，后来就勾结地方官吏以逃避点检。这样做在经济上需要付出相当的代价。唐代只有官吏才有免除赋役的特权，九品以上官可以免除本人的赋役，五品以上官则可免除全家的赋役，官位越高，免除的范围越大。也就是说，经济上的

---

① 《通典》卷17《选举·杂议论中》魏元同疏。
② 《旧唐书》卷87《魏元同传》。

特权只有获得相应的政治地位以后才能获得，而政治地位获得以后，又可以之来扩大自己的经济力量。正因为如此，大量涌现出来的一般地主，没有做官的，要求进入各级政权机构；已经做官的，要求迅速升迁；已经做到七品以上中级官吏的，要求进入高级官吏的行列。总而言之，都要求扩大自己的政治权势。武则天在上元元年（674年）提出的建言十二事中的"上元前勋官已给告身者无追核"和"百官任事久材高位下者得进阶申滞"[1]，就在一定程度上反映了这种要求。但不能说这时她已充分认识到这个矛盾，同时，就其当时的地位，她也不可能去解决这个问题。

武则天临朝称制后，采取了一系列打破常规，破格用人的措施，客观上满足了一般地主和广大官吏的要求，而从武则天来说，则是为了取得地主官僚对她的支持。

对于谋求官职的一般地主来说，武则天广开入仕门路。垂拱元年（685年）武则天"诏内外文武九品以上及百姓，咸令自举"[2]。凡是有才能者，都可以自我推荐，以求进用。天授元年（690年）革唐命后，又派存抚使十人分巡各地，"选残明经、进士，及下村教童蒙博士，皆被搜扬"[3]。没有考上明经、进士的士人，以及农村的教书先生都被举荐上来。长寿元年（692年）一月，武则天亲自接见存抚使所举人，不问贤愚，一律破格加以任用。正额安置不下，给予试官名义，高的试凤阁舍人、给事中，

---

[1]《新唐书》卷76《则天武皇后传》。
[2]《旧唐书》卷6《则天皇后本纪》。
[3]《朝野佥载》卷1。

次试员外郎、侍御史、补阙、拾遗校书郎。当时有人作讽刺诗："补阙连车载，拾遗平斗量；欋推侍御史，盌脱校书郎。"意思是说补阙、拾遗已经多到可以车载斗量，耙子推来推去，推出了一大堆侍御史，模子翻来翻去，翻出了好多的校书郎。举人沈全交续诗："糊心存抚使，眯目神圣皇。"存抚使吃了浆糊，糊里糊涂，连圣神皇帝也眯了眼睛，分不清贤愚。此事被新提拔的御史纪先知当场抓住，便弹劾他诽谤朝政，请先在朝堂杖打，然后交给法司处理。武则天听后笑道："但使卿辈不滥，何恤人言，宜释其罪。"[1]只要你们不滥，何必怕别人说闲话呢。十道存抚使搜罗上来的多为下层失意知识分子，以及一部分下层官吏。至于那些文化不高或者没有文化而又急于仕进的地主阶级中下层，也可以通过杂色入流、自荐甚至告密等途径进入仕途。

（二）赐勋阶

对于广大官吏，主要是赐阶勋。睿宗即位（684年2月），改元文明，赐文武官五品以上爵一等，九品以上勋两转。垂拱二年（686年）正月大赦，赐内外官勋一转。[2]证圣元年（695年）刘知几上表说："今皇家始自文明，迄于证圣，其间不过十余年耳。海内具僚，九品以上，每岁逢赦，必赐阶勋。""每论说官途，规求仕进，不希考第取达，唯拟遭遇便迁。或言少一品未脱碧衣，待一阶方被朱服，遂乃早求笏带，先办衫袍。今日御则天门，必是加勋一转；明日享宣阳观，多应赐给一班。

---

[1]《资治通鉴》卷205长寿元年。
[2]《新唐书》卷4《则天皇后本纪》。

既而如愿果谐，依期必获。"① 这说明，自文明以后，赐阶勋是每年都要进行的。尽管刘知几建议不要滥赐阶勋，但赐阶勋仍继续进行。登封元年腊月又制内外官三官以上通前赐爵二等，四品以下加两阶。②

唐代文武散官均为九品二十九阶，四考中中，始能升一阶。表现好的，有一中上考，进一阶，一上下考进二阶，但这终是极少数。按部就班升上去，即使有门资的三品子孙，由从七品上阶出身，升入五品，需经过六阶。如果表现一般，每考每中，至少也需要二十四年。其他官员子弟和通过杂色入流和科举出身的，所需时间更长，而武则天每年给官员赐阶，让他们普遍升级，虽然他们所担任的职事官不一定改变，但地位和俸禄却是迅速提高了。有些人出身不到十三年，就做到了五品，不到二十五年就进入三品。③赐阶大大提高了官员升迁的速度，特别是中级官吏升为高级官吏的速度。

赐勋对于低级官吏的意义更大。唐代勋官共分十二转，由最低的武骑尉（比从七品上）到比从五品上阶的骑都尉，只需要四转，只要经过五次赐勋，八、九品的散官、职事官都可以在服色、持笏、官当等方面享受五品以上官的待遇，这也就是刘知几在所上表中所说的："至于朝野宴聚，公私集会，绯服（四品深绯，五品浅绯）众于青袍（八品深青，九品浅青）；象板（五品

---

① 《唐会要》卷81《阶》。
② 《旧唐书》卷6《则天皇后本纪》。
③ 《唐会要》卷81《阶》万岁通天元年七月四日制文。

以上象笏）多于木笏（六品以下木笏）。"[1]此外，二品勋官子有荫，三品至五品子可充当品子，只要能获得五品以上勋官称号，就为下一代做官创造了条件。因此，赐勋虽不升官，但能迅速提高社会地位，并享受某些政治经济特权，这对于急于扩大自己政治经济权势的中下级官吏来说，自然是意外的收获。

对高官子弟，还经常利用南郊祭圜丘、祠明堂、拜洛、封嵩岳等各种庆典仪式，取弘文生、国子生为斋郎，到时帮着捧一捧祭祀的礼器，过后"皆令出身放选"。[2]弘文生三十人，国子生三百人，只有三品以上亲贵子孙才能充任，一部分国子生亦可由太学生升任。因此，其中也包括五品以上通贵子孙。垂拱以后，盛典鸿休，每次都有一批高官子弟通过担任斋郎获得出身，取得官职。这样一批接着一批，"因藉际会，入仕尤多"[3]，前后不可胜数。这也是武则天能够取得高级官吏支持的一个重要原因。

（三）大开制科

通过上述各种办法，解决了一部分地主士人进入各级政权的问题；各级官员官阶亦可有所升迁。但是仅用这些办法还不能解决那些富有文学才能和卓越政治才干，以及知识层次较高的人才的选拔和迅速升迁问题。为此，从垂拱四年起，武则天继续举行制科，其中垂拱四年至天授二年（688—691年）和长寿三年至万岁通天二年（694—697年）都是连年举行。前一个四年，恰好

---

[1]《唐会要》卷81《阶》。
[2]《旧唐书》卷189《儒学传》序。
[3]《旧唐书》卷88《韦嗣立传》。

是武则天称帝前后,大开制举是她以禄位收天下人心政策的一部分。永昌元年(689年)贤良方正科,进士出身的青城县丞张柬之前往应举,同时对策者有一千余人。[1]说明知识分子确是被武则天调动起来。后一个四年则是在武则天任威刑以禁异议,革命成功之后,恐怖政策开始终结的时候,除了收取人心,从科目设置有贤良方正、超拔群类、经邦等科来看,选拔政治人才的色彩更加浓烈。[2]

由于制举可以一再应举,每次中举,都可升官,同时制举及第者可以破格提升,这样就给那些文化程度高,政治素质好的士人和官吏提供了一条便捷的升迁之途。

(四)不肖者旋黜,才能者骤升

武则天以上措施并不能同时把更多的地主士人吸收到各级政府中去,但是,由于破格用人,迅速升迁,这就打破了贵族和高官子弟对高级官位的垄断,使一般地主和中小官吏的子弟有可能进入高级官僚的行列。武则天称帝期间,宰相中明经出身的十人,其中狄仁杰、李昭德、姚涛、韦安石等四人为贵族高官子孙,陆元方、唐休璟、崔玄暐等三人为中下级官吏子,杨再思、格辅元、杜景俭等三人父祖无官。进士出身的十人,其中宗楚客和李迥秀是贵族高官子弟,李峤为县令子,韦嗣立、韦承庆兄弟虽为故相韦思谦之子,但韦思谦的父祖皆为县令,其余娄师德、苏味道、周允元、吉顼、张柬之等五人都是平民出身。科举出身

---

[1]《旧唐书》卷91《张柬之传》。
[2]《登科记考》卷3、卷4。

的宰相中，普通地主和中下级官吏家庭出身的，开始占居大多数。这是一个有历史意义的变化。

武则天虽"滥以禄位收天下人心，然不称职者，寻亦黜之，或加刑诛"①。"不肖者旋黜，才能者骤升"②。对官吏的监督和考核是很严格的，不称职的，不仅要罢官，严重的还要杀头。在大量一般地主涌入朝廷的情况下，怎样有效地控制这些暴发户，使这些急功近利者不能为所欲为，是一件很不容易的事。武则天"挟刑赏之柄"，严于课责，把他们的破坏作用降到最低限度。而对真有才能的则进用不疑，迅速把他们提拔到负责的职位上去。这就有力地保证了整个统治机构的正常运转和较高的办事效能。

官吏虽然"进退皆速"，③不能长期安于其位，但是，地主入仕面却因此而扩大。唐代官吏被罢官分为几种情况，除名者官、爵悉除，六年后降若干阶重新叙阶，如原为正四品散官，重叙为从七品下阶。免官者职事官、散官和勋官统统免掉，三年后降二等叙阶。免所居官者，一年后降一等叙。总之，只要不被杀头，罢官后，官的身份最终都可以保留下来。进退愈速，入仕面愈大。地主的入仕的人数，较之正常情况下就大为扩大了。他们获得了官的身份，社会政治地位相应提高，在地方能与地方官平起平坐，在乡里可以对农民作威作福。一般地主兼并土地，扩大经

---

① 《资治通鉴》卷 205 长寿元年。
② 《陆宣公集》卷 17《请许台省长官举荐属吏状》。
③ 同上。

济实力，由此获得了更加可靠的政治保障。

二、安定农村形势

高宗末年，吐蕃犯边，突厥反唐，战争频繁，加上连年水旱，生产受到相当的破坏。武则天临朝称制后，尽管发生了徐敬业扬州叛乱事件，她仍然没有放松生产的恢复和发展。在文明元年（684年）四月她颁布了《诫励风俗敕》，要求地方官"肃清所部，人无犯法，田畴垦辟，家有余粮"[①]。并以此作为考核地方官吏的标准。垂拱元年（685年）她又撰写了《臣轨》，指出"建国之本，必在于农。忠臣之思利人者，务在劝导，家给人足，则国自定矣"[②]。把劝农提到建国之本的高度。她还编发了农书《兆人本业记》，作为地方官指导农业生产，推广先进技术的依据，光宅元年（684年）九月还增设了右肃政台（御史台），每年春秋发使"分巡天下，察吏人善恶，观风俗得失"[③]。从制度上监督地主官吏对恢复发展生产政策执行的情况。

关中地区地少而人口过多的问题长期存在。但是由于关中兵府很多，农民不能随便移动。而关东地区，特别在隋末动乱中争夺最激烈的河南中部，地广人稀的情况长期没有改变。关中有许多农民逃亡到河南。天授二年（691年）武则天发布《置鸿、宜、鼎、稷等州制》[④]，决定关中雍州旧管及同、太等州百姓无田业者

[①]《唐大诏令集》卷110《诫励风俗敕》。
[②] 见《丛书集成初编》《忠经臣轨及其他五种》。
[③]《旧唐书》卷94《李峤传》。
[④]《唐大诏令集》卷99。

及自愿迁徙者，由政府有组织地迁徙到洛阳及怀、郑、虢、许、汝等州附贯，原有逃亡到这个地区的农民，也可以在当地申请附贯。结果，有几十万农民由关中迁徙到河南。关中"土狭人稠，营种辛苦"的压力得到缓解。河南中部的劳动力也得到了补充。

武则天长期住在洛阳，并且扩大漕运范围，在开封开石湛渠，引汴水注白沟，以通漕曹、兖等山东州县赋税；在泗州涟水新开漕渠，南连淮水，以通海、沂、密（今江苏连云港市、山东临沂、诸城）等州。这也减轻了对关中、河东地区的压力，有利于这些地区农业生产的发展。

天册、神功（695—697年）时，契丹、突厥相继进入河北中部骚扰，军事调发过重使许多农民"家道悉破"，而州县修筑城池、铸造兵甲的役使，更是"十倍军机"。许多农民被迫"露宿草行，潜窜山泽"。[①]蜀汉和江淮以南也因为官府征求不息，存在着许多逃亡的农民。

农民逃亡后，土地和财产"旋被兼并"。在"归又无依"[②]的情况下，或成为地主隐藏的佃户，或逃到山林和地广人稀的地区去开荒垦种。武则天对地主隐藏佃户没有采取什么措施，事实上采取了放任的政策。而对逃亡的农民，则采取了审慎的政策，赦免逃户脱户避役之罪，准许农民在所在地登记户籍，并免除两年的赋税，甚至由官府贷给种子，来扶助逃亡农民在异乡重建产业，投入生产。租佃制的发展和荒地的大量存在使农民可以重新

---

① 《旧唐书》卷89《狄仁杰传》。
② 《唐大诏令集》卷111《置功农使安抚户口诏》。

回到土地。武则天的放任和安辑的政策使农民可以安心地去重新安排自己的生活。到长安三年（703年）"诸处逃亡，今始安辑"[1]，农村的形势基本上安定了下来。

三、武则天晚年政局

在公元七世纪结束之前，武则天在边地设立军、镇，进行屯田，建立了屯防的军事体系，边疆形势开始稳定下来。对于逃亡农民，唐朝政府允许他们就地落籍，农村形势也趋于安定。圣历元年（698年）武则天从房州召回庐陵王李显，复立为太子后，皇位继承问题也基本解决。

进入八世纪后，也就是武则天执政和生命的最后五六年中，虽然八十上下的武则天还不准备传位太子，甚至连政事也不让太子插手，而交由内宠张易之、张昌宗兄弟帮助处理，但是武则天还是为当时和身后政治上的稳定做出了不懈的努力。

武则天力图建立一个她所理想的宰相班子，并给太子配备了强有力的属官。武则天晚年宰相的人数很多，变动也相当频繁。久视元年（700年）狄仁杰为内史（即中书令），韦巨源为纳言（即侍中），苏味道为凤阁（中书）侍郎同凤阁鸾台平章事、李峤同凤阁鸾台平章事。其中狄仁杰是杰出的政治家，韦巨源卓有吏才，苏、李则"俱以文辞知名"[2]，李峤还颇有政治见识，是一个很不错的班子，武则天也很满意。这年九月狄仁杰去世，武则天

---

[1]《旧唐书》卷94《崔融传》。
[2]《旧唐书》卷94《苏味道传》。

泣曰："朝堂空矣。"自是朝廷有大事，众或不能决，武则天辄叹道："天夺吾国老何太早邪！"①

狄仁杰死后，经过不断的调整，到长安三年（703年），魏元忠以同凤阁鸾台三品兼太子左庶子，成为宰相中的核心人物。除了原有的宰相姚崇、苏味道、李迥秀外，又任命了敢于直谏，注意用人的朱敬则和谙于边事的唐休璟为相，也是一个不错的班子，但也是一个短命的班子。因为魏元忠曾对武则天说过："臣承先帝顾眄，受陛下厚恩，不徇忠死节，使小人得在君侧，臣之罪也。"②张昌宗知道后很紧张，害怕武则天死后魏元忠把他们兄弟杀掉，便乘武则天生病之机，诬告魏元忠与人说："主上老矣，吾属当挟太子而令天下。"③武则天召太子、相王及诸宰相，让张昌宗与魏元忠对质，没有结果。张昌宗又收买张说做伪证，张说在宋璟、张廷珪、刘知几等的劝说下，如实做了回答。武则天虽然明白了这是一次诬告，还是把魏元忠贬为高要尉。

到长安四年（704年）十月、十一月，武则天先后任命张柬之、房融、韦承庆为相，加上此前原有的杨再思、姚崇和崔玄暐，组成了武则天在位的最后一个宰相班子。韦承庆是韦思谦之子，父子都受到武则天的信重。张柬之、姚崇是狄仁杰向武则天推荐过的人才。崔玄暐以清谨见称，是武则天亲自发现和提拔起来的。

在这三个宰相班子中，武则天都把具有经世治国之才的人放

---

① 《资治通鉴》卷207久视元年。
② 《旧唐书》卷92《魏元忠传》。
③ 同上。

在核心地位，并未有意识地为二张敷以羽翼。虽然有一些宰相与二张关系密切，但一般都处于次要地位。

同时，武则天也没有把兵权交给二张，而是以相王李旦知左右羽林大将军事。

在朝臣的要求下，武则天还几次平反了在她授意或纵容下，酷吏所造成的冤狱。长安二年（702年），命监察御史苏颋按覆来俊臣等所推大狱，雪冤者甚众。长安四年，又雪冤周兴等所劾破家者。

长安三、四年，武则天还对吏治给予了注意，三年，分命使者以六条察州县；四年，又与宰相议及刺史、县令，并于京官中挑选了二十人，各以本官检校刺史。对于一些朝臣的贪污受贿和不法，也进行了处理，其中包括宰相李迥秀，因受贿被贬为庐州刺史，张昌宗的几个兄弟司礼少监张同休、汴州刺史张昌期、尚方少监张昌仪皆坐赃下狱。张昌宗强市人田，也罚铜二十斤。

第二章　玄宗与开元之治

第一节　安定皇位　革除弊政

一、五王政变与武韦之乱

长安四年（704年）年底，武则天卧病不起，宰相一个多月都未能与她见面，只有张易之、张昌宗侍侧。在这期间，张昌宗召术士李弘泰占相，弘泰言昌宗有天子相的事被揭发，宋璟、桓彦范、崔玄璟一再要求下狱治罪，武则天都没有同意。神龙元年（705年）初，武则天的病进一步加剧。宰相张柬之、崔玄暐与大臣敬晖、桓彦范、袁恕己为了防止政权落到二张之手，秘密策划杀掉二张。张柬之先说服了右羽林大将军李多祚，又用杨元琰、桓彦范、敬晖和李湛为右羽林将军，控制了禁军羽林军。宰相姚崇从灵武军中归来，也赞同他们的计划。

在征得太子和相王的同意后，正月二十二日，张柬之、崔玄暐、桓彦范等率左右羽林军五百人，拥太子至玄武门斩关而入，斩张易之、张昌宗于武则天所住的迎仙宫廊下，桓彦范和太子等进至武则天寝殿。武则天了解事实真相后，对太子说："小子既诛，可还东宫。"桓彦范进言："天意人心，久思李氏。群臣不忘太宗、天皇之德，故奉太子诛贼臣。愿陛下传位太子，以顺天人之望。"武则天这才被迫下制传位皇太子，并徙居上阳宫。重新即位的中宗率百官至上阳宫，给母亲上尊号曰则天大圣皇帝。① 此后，中宗每十日前往看望一次，直到十一月武则天逝世。张柬之等五人中宗时皆封为王，故这次事件也被称为五王政变。

中宗即位后，沿用武则天的神龙年号，以张柬之为夏官（兵部）尚书、同凤阁鸾台三品，崔玄暐为内史，敬晖、桓彦范为纳言，袁恕己同凤阁鸾台三品。

张柬之虽然涉猎经史，沉厚有谋，能断大事，② 但缺少政治上的远见和气度，未能把一般官吏团结在自己的周围。他们不仅将曾为二张开脱罪行或关系密切的宰相韦承庆贬为高要尉，司礼卿崔神钦流钦州，宰相房融除名流高州，朝官和文士崔融、李峤、宋之问、杜审言、沈佺期、阎朝隐等数十人，"皆坐二张窜逐"③。这些人都是武则天命张昌宗修撰《三教珠英》过程中，张易之、张昌宗结交的文士，包括"以文才降节事之"④的李峤和崔融，虽然与二张关系密切，但并不是二张的死党。如果对他们采取比较宽容的政策，是可以为新朝服务的。而张柬之等对他们一律加以贬逐流放。他们甚至对太仆卿、同中书门下三品姚崇在武则天迁居上阳宫时，因为"事则天岁久，乍此辞违，情发于衷"⑤而呜咽流涕也不能容忍，把他出为亳州刺史。张柬之等还劝中宗杀武三思等武氏宗族，中宗没有接受。

---

① 《资治通鉴》卷207神龙元年。
② 《旧唐书》卷91《张柬之传》。
③ 《旧唐书》卷78《张行成传附族孙易之、昌宗传》。
④ 《旧唐书》卷94《崔融传》。
⑤ 《旧唐书》卷96《姚崇传》。

在这样的情况下，武三思乘机而起。在武三思的策划下，对张柬之等先捧后打。五月，敬晖、桓彦范、张柬之、袁恕己、崔玄晖等五人皆封为王，同时罢知政事，名为尊宠，实夺其权，接着，出为刺史，左迁、贬官、长流，最后在神龙元年（705年）七月，武三思又遣使矫制尽杀五王未死者桓彦范、袁恕己和敬晖。

景龙元年（707年）七月，武三思为太子李重俊所杀，太子亦为左右所杀。

武三思和太子被杀后，中宗皇后韦氏想效法武则天篡夺政权。中宗安乐公主则求为皇太女，与其姑太平公主各树朋党。政权就掌握在这些皇亲国戚和武则天时期提拔起来的一批新贵手中。

韦后亲属、安乐公主、上官婕妤等恃宠骄恣，卖官度僧，凡是出钱三十万，就别降墨敕授官，斜封付中书，时人谓之斜封官。纳钱三万则度为僧尼。正额官员安置不下，别置员外、同正、试、摄、检校、判、知官凡数千人。许多商贾和江湖卖艺的，都挤进了官僚行列，每年到吏部参加铨试，等候委派官职的应选者达数万人。

贵族官僚还通过食实封大量占有国家赋税。唐初功臣食实封者不过二三十家，中宗时食实封者达到一百四十余家，封丁达六十余万丁，国家租调收入的十分之一被这些食封之家分割了去，食封家自己派人收取租调，遇有水旱，阻挠国家减免租调，迫使许多农民逃亡。

他们还大量修建佛寺，耗费大量资财；并不断度人为僧，免租庸的僧人达数十万。仅封丁和僧人，国家每年要减少近一百万丁的赋税收入。

中宗虽然容忍了韦后一伙的胡作非为，但对他们干预国政，也颇为不满。韦后为了临朝执政，安乐公主欲为皇太女，合谋于景龙四年（710年）六月，毒杀中宗，立温王李重茂为皇帝，韦后临朝称制，大权完全掌握在韦后手中。

二、睿宗革除中宗弊政

景云元年（710年）六月初二，韦后、安乐公主毒杀中宗，也宣告了自己的灭亡。六月二十日，中宗死后十九日，相王李旦的一儿一妹临淄王李隆基与太平公主，在苑总监钟绍京、前朝邑尉刘幽求、长上果毅麻嗣宗、万骑果毅葛福顺、陈玄礼协同下，诛韦后、安乐公主，杀韦温、纪处讷、宗楚客、武延秀等韦后党羽。

五天后，以少帝的名义，诏令传位相王。少帝李重茂是中宗第四子，年方十六，小孩子不懂事，还在皇帝的宝座上坐着不下来，太平公主对他说，"天下之心已归相王，此非儿座"，把他从御座上提了下来。① 李旦乃宣布即位，御承天门，大赦天下，是为睿宗，时为六月二十四日。

睿宗即位后，首先就碰到了立谁为太子和由谁来帮他掌权的

---

①《资治通鉴》卷209景云元年。

问题。按照立嫡长子的传统，应立宋王李成器为太子。而李隆基有拥立的大功，弄得不好，就会闹出玄武门之变一类的乱子，因此疑不能决。饱尝武则天时期宫廷斗争之苦的李成器倒是很识时务，主动提出："国家安则先嫡长，国家危则先有功；苟违其宜，四海失望。"① 请求让李隆基做太子。大臣们也多认为李隆基功大宜立。睿宗算是顺应人情，正式册立李隆基为太子。六七月间，又先后召许州刺史姚崇为兵部尚书、同中书门下三品，洛州长史宋璟检校吏部尚书、同中书门下三品；七月十七日，又以姚崇兼中书令，并先后罢去了钟绍京、薛稷和崔日用等的宰相职务，完成了宰相人员的调整。

姚崇少尚气节，习于射猎，后折节读书，二十八岁时制科及第。比起那些弱冠及第的才子来说，不算是很年轻了，但在道德修养、体魄和学识方面，却得到了更加全面的发展。武则天万岁通天年间（696年），姚崇已经做到了从五品上阶的夏官（兵部）郎中，虽说是刚刚迈入高官通贵的行列，但从制举及第（677年）到位至五品还不到二十年，在求进者众，选人渐多，有"出身二十年而不获禄"的情况下，不能说是不速了。当时正值契丹攻陷河北诸州，前线有关战争的各种文件大量集中到兵部，姚崇"剖析若流，皆有条贯"②，武则天看到了他超人的政治才能，超升他为正四品下的夏官侍郎，连升五级。两年后，圣历元年（698年），姚崇又以夏官侍郎同中书门下平章事，做到了宰相。但在

---

① 《资治通鉴》卷209景云元年。
② 《旧唐书》卷96《姚崇传》。

武则天晚年，新贵族已经形成，朝廷里的腐朽因素不断增长，事有不可为者，因此，长安四年（704年）姚崇以母老为由，请解职侍养。武则天不得已解去他的相职。中宗即位后，被出为刺史。

宋璟父祖无官，为人耿介正直，博学，工于文翰。调露二年（680年）进士及第，后中制科，由于为官刚正，受到武则天的重视，先后任命他担任凤阁（中书）舍人和左御史台中丞。虽然由于一再触犯武则天的宠幸张易之、张昌宗兄弟，受到他们的中伤，但武则天还是看到问题不在宋璟，没有对他进行谴责。直到中宗时，才被武三思排挤出朝廷。

姚崇、宋璟出任宰相后，开始革除中宗时期遗留下来的各项弊政。

八月，罢斜封官数千人，对中央政府机构进行了初步的整顿。

接着，着手恢复官吏铨选的正常秩序，文武官员的任命，皆须经过尚书省的吏部、兵部奏拟，其他人不得干预。并以宋璟为吏部尚书，姚崇为兵部尚书，由他们直接掌握官吏的任用。他们不畏强御，依法办事，秉公而行，请谒路绝。中宗末年嬖幸用事，选举混淆，复无纲纪的情况得到了纠正。《资治通鉴》说："璟与姚元之协心革中宗弊政，进忠良，退不肖，赏罚尽公，请托不行，纲纪修举，当时翕然以为复有贞观、永徽之风。"[1]

---

[1]《资治通鉴》卷209景云元年。

三、玄宗继位

弊政刚刚开始革除，宫廷内太平公主倾陷太子的活动也加紧进行了。诛杀韦后，是李隆基和太平公主共同策划的，李隆基以功被立为太子后，朝廷中就形成了太子和太平公主两大势力，睿宗经常与他们商量国事。他们不在时，睿宗就让宰相去征求他们的意见。宰相奏事时，睿宗也总是要问"尝与太平议否？""与三郎（即太子）议否？"然后再置可否。太平公主所欲，睿宗无不应允，"权倾人主，趋附其门者如市"[1]。最初，太平公主认为太子年轻，未把他看在眼里，但很快发现，李隆基并不那么容易控制，便想换一个"暗弱者立之以久其权"。不仅放出流言，"太子非长不当立"[2]，在李隆基身旁安排了耳目，把李隆基的一举一动都报告给睿宗，而且在宰相中活动更换太子。

姚崇、宋璟感到事态严重，特别是睿宗长子宋王成器和高宗长孙邠王守礼都住在长安，睿宗的四子岐王隆范和五子薛王隆业还典掌着禁军，太平公主这样活动将使太子地位不稳，会影响整个政局的安定，便向睿宗秘密建议：出宋王及邠王为外州刺史，罢岐王和薛王的兵权，太平公主于东都洛阳安置。睿宗起初还有些犹疑，后来又出现了"五日内当有急兵入宫"这样离间睿宗和太子关系的流言，经过张说和姚崇的分析，睿宗乃下定决心，于景云二年（711年）二月初一命宋王成器为同州刺史，邠王守礼为豳州刺史，罢去岐、薛二王的左、右羽林大将军职务，太平公

---

[1]《资治通鉴》卷209景云元年。
[2] 同上。

主于蒲州安置。第二天又命太子监国，六品以下官的任用及徒罪以下的处理，并取太子处分。

太平公主听到这样的安排，勃然大怒，找到太子。太子只好奏姚崇、宋璟离间姑、兄，请处极刑。睿宗心里很明白，不让宋王和邠王外任，不把太平公主送到外地，政局无法安定下来，所以才下决心同意了姚、宋等的建议。但另方面，他与太平公主毕竟是手足情深，武则天所生四男一女中，就只剩下他们二人了，况且在做皇帝的问题上，她也出了很大力气。因此，太平公主一闹，他也就心软了，马上取消了上述决定，并在二月初九，把姚、宋贬为外州刺史，由韦安石、李日知代替姚、宋秉政。已经开始的革除中宗弊政的工作停了下来，自是纲纪紊乱，又恢复了中宗时的局面。

睿宗这个人思想并不糊涂，他继位后重用姚、宋，开始革除中宗弊政，还是很想有一番作为的，但在高宗、武则天之世，他的两个哥哥死于非命，中宗被废后，他被立为有名无实的皇帝，武则天称帝后又被降为皇嗣，后来中宗被复立为太子，他又被封为相王。在这样险恶的政治生涯中，也就养成了他韬晦澹泊、与世无争的性格，因此，当他刚刚迈开步伐就受到挫折时，他立即采取了退避的态度，想把皇位传给太子。太子不肯接受，太平公主党羽也反对，传位事暂时搁置下来，但睿宗还是把政事交给太子处理，四月十三日制："凡政事皆取太子处分。其军旅死刑及五品已上除授，皆先与太子议之，然后以闻。"[1]

---

[1]《资治通鉴》卷210景云二年。

太平公主动摇太子的企图没有成功，便利用自己的特殊地位，通过睿宗对宰相进行了调整。九月，以其党羽窦怀贞为侍中。十月，又以水旱为灾，府库益竭，辅佐非才为借口，按太平公主的旨意，罢去了韦安石、郭元振、窦怀贞、李日知、张说等五人的宰相职务。其中郭、李、张为太子之党。至景云三年（712年）七月，终于形成了宰相七人，五出太平之门的局面。其中窦怀贞、萧至忠、岑羲、崔湜四人为太平公主死党。

景云三年七月，彗星出于西方。太平公主使术者对睿宗说："彗所以除旧布新，又帝座及心前星皆有变，皇太子当为天子。"[①]这本来是要离间睿宗和太子的关系，而睿宗却说"传德避灾，吾志决矣"。决定传位太子，这对于太平公主来说，真是弄巧成拙。极力谏阻不成，乃"劝上虽传位，犹宜自总大政"。太子坚决推辞，睿宗也顺水推舟，对太子说："汝以天下事重，欲朕兼理之邪？昔舜禅禹，犹亲巡狩。朕虽传位，岂忘家国！其军国大事，当兼省之。"[②]八月初三玄宗即位，尊睿宗为太上皇。太上皇五日一受朝于太极殿，三品以上任命及大刑政决于太上皇，其余皆决于皇帝。李隆基名义上做了皇帝，而其权与前引景云二年四月十三日制中所规定的，并没有扩大多少。太平公主与玄宗两大势力之间的斗争也没有停息。

先天二年（713年）夏秋之际，形势紧张起来。太平之党加紧策划毒杀或发羽林兵杀死玄宗。太平党不仅在宰相中占居多

---

① 《资治通鉴》卷210先天元年。
② 同上。

数，而且文武之臣，大半附之，并且掌握了禁军羽林军。形势对玄宗来说，是相当险恶的。

但玄宗也有一个太平公主无法比拟的优越条件，那就是他已经取得了皇帝的身份。正如荆州长史崔日用对玄宗所说的："太平谋逆有日，陛下往在东宫，犹为臣子，若欲讨之，须用谋力。今既光临大宝，但下一制书，谁敢不从？"问题就是要抓住时机，他特别提醒玄宗："万一奸宄得志，悔之何及！"[①]王琚催促玄宗赶快下手。张说也自东都派人送佩刀给玄宗，要玄宗快下决断。

玄宗密知太平公主将于七月初四举兵作乱，乃与两个弟弟岐王范、薛王业及宰相郭元振、龙武将军王毛仲、内给事宦官高力士等定计，于三日由王毛仲取闲厩马及兵三百人，先召斩左羽林大将军常元楷和知右羽林将军事李慈，解决了羽林军。接着斩杀萧至忠、岑羲。太平公主逃入山寺，三日乃出，赐死于家。窦怀贞自杀，崔湜亦赐死。睿宗这才下诰："自今军国刑政，一皆取皇帝处分。朕方无为养志，以遂素心。"[②]玄宗这才真正掌握了军国刑政大权。

四、重用姚崇

玄宗虽然掌握了皇帝应有的全部权力，但皇位仍然没有坐稳。

[①]《资治通鉴》卷210开元元年。
[②]同上。

在诛杀韦后，平定太平公主之乱的过程中，赞助玄宗的刘幽求、张说为制举出身，崔日用、郭元振为进士出身，他们父祖无官，没有资荫的凭借，全靠自己才智一步步升上来的，在帮助玄宗两次平定祸乱中发挥出很大的能量。他们把协助玄宗夺取和巩固皇位，视为一种保护和扩大自己权势的手段，把夺到的大权视为自己的既得利益，要求与玄宗分享，因此，具有很大的排他性。他们一再反对姚崇入相，而对当时面临的各种问题则不予关心。

玄宗对此有清醒的认识。为了摆脱他们的包围，采取了非同一般的措施。十月初九，玄宗来到新丰。十三日讲武于骊山之下，借口军容不整，要斩杀兵部尚书同中书门下三品郭元振。刘幽求、张说跪于马前为他求情，改为流放到距京师五千二百里的新州。郭元振虽得以不死，刘、张的地位也没有改变，而功臣集团却是挨了当头一棒。第二天，玄宗猎于渭川，召见姚崇，即拜兵部尚书同中书门下三品，张说等反对姚崇入相的企图终于落空。张说反对姚崇入相，除了维护自己的权势和地位，也包含了政见上的不同，姚崇对时局的主张，睿宗时已开始出台。他在政治上的着眼点，首先是消除长期积累下来的各种弊政，使政局迅速安定下来。这也正是玄宗考虑的焦点，而张说从七月到十月为相三个月，除了把玄宗那些功臣都拉进朝廷，没有什么大的动作。因此，张说竭力反对姚崇入相，也有极力维持现状的目的。

玄宗正是从张说等人反对姚崇入相之中，看到了这些人对自己的包围。张说先是指使御史大夫赵彦昭弹劾姚崇，接着又让殿中监姜皎向玄宗推荐姚崇去做河东总管。玄宗识破了他们的意图，当面戳穿这是张说的意思，并马上派人召见姚崇。玄宗在办完了打击功臣和起用姚崇这两件事，第二天就返回长安。

又经过一个半月的努力，政局初步稳定下来。十二月初一，改元开元，标志着八年动乱的结束和一个新时期的开始。

五、整顿朝政

（一）安定皇位 诸王外刺

玄宗改元开元后，立即又任命姚崇兼紫微令（中书令），开始着手整顿朝政。

首先是安定皇位。当时政治上不安定的因素仍然存在，特别是玄宗任用姚崇为相，引起了帮他登上皇位的功臣们的不满。作为首席宰相的紫微令张说，甚至偷偷跑到玄宗的四弟岐王范家活动。姚崇知道后，一天去见玄宗，故意一瘸一瘸的。玄宗问他："有足疾乎？"姚崇回答说："臣有腹心之疾，非足疾也。"玄宗问他原故，对道："岐王陛下爱弟，张说为辅臣，而密乘车入王家，恐为所误，故忧之。"[1] 意思是怕张说利用岐王范作旗号，搞政治上的动乱。玄宗也深深感到这是一群"可与履危，不可得志"[2]的阴谋家，立即把张说贬为相州刺史，并罢去了刘幽求的宰相职务。开元二年（714年）闰二月，又以刘幽求、钟绍京有怨

---

[1]《资治通鉴》卷210 开元元年。
[2]《旧唐书》卷106《王琚传》。

言，把他们贬为远州刺史。紫微侍郎王琚也被贬为刺史。至此，所有功臣都被贬出。

接着，六月，玄宗以长兄宋王成器兼岐州刺史，二兄申王成义兼幽州刺史，从兄邠王守礼兼虢州刺史。并令到官后但领大纲，州务皆委长史、司马主持。七月，又以两个弟弟岐王范兼绛州刺史，薛王业兼同州刺史。

贬逐功臣和诸王外刺，使二者不能结合起来，这样就堵塞了在京城发动政变的道路，玄宗终于坐稳了自己的皇位。

（二）澄清吏治

整顿朝政的第二项工作是整顿吏治。

先天二年（713年）九月，停诸道按察使，复置右御史台，督察诸州。十月初，又引见京畿县令，戒以岁饥惠养黎元之意。对于地方吏治，玄宗一开始就是很注意的，十月二十五日，又置诸道按察使，"分遣按部，纠摘奸犯，颇闻惩息"①。收到了相当的效果。

玄宗还决定，都督、刺史、都护等地方军政长官赴任的时候，都要向皇帝面辞，并接受皇帝的咨询和指示。为了提高地方官的素质，纠正士大夫重京官、轻外任的风气，开元二年正月又决定，选京官有才识者担任都督、刺史，选都督刺史有政绩者担任京官，"使出入常均，永为恒式"②。

开元四年（716年）春，有人向玄宗上奏："今岁吏部选叙太

---

① 《唐大诏令集》卷104《遣御史大夫王晙等巡按诸道制》。
② 《资治通鉴》卷211开元二年。

滥，县令非才，全不简择。"①玄宗在这些新授县令入谢时，召入宣政殿庭，试以理人策。只有鄄城令韦济词理第一，被提升为醴泉令。二十余人不入第，仍然令他们去上任。四十五人入下第，其中有的还交了白卷，一律让他们回家读书。这次主持铨选的吏部侍郎卢从愿和李朝隐，当时是以典选称职而著名的。卢从愿从睿宗时起前后典选六年，纠正了中宗时官吏选用中纲纪紊乱、请托大行的情况，精心条理，大称平允。有冒名顶替和伪造资历的，也都能加以揭发。李朝隐自开元二年任吏部侍郎后，也以"铨叙平允，甚为当时所称"②。他们都受到玄宗的嘉奖。而这一次都以授县令非其人而受到贬官的处罚。这表明，铨选中请托伪滥的弊病基本上已得到纠正，才学的标准突出地被重新提了出来。这对于提高各级官吏，特别是县这一级直接统治人民的官吏的政治、文化素质，具有重要意义。

在中央，宰相姚崇、卢怀慎通过两件具体事件的处理，初步解决了贵戚横暴和请托的问题。开元二年（714年）初，薛王业之舅王仙童，侵暴百姓，被御史弹奏，薛王业为之向玄宗说情。姚、卢等奏："仙童罪状明白，御史所言无所枉，不可纵舍。"③玄宗听从了他们的意见。中宗以来骄纵惯了的贵戚，看到玄宗严惩不贷的态度，也都不敢肆无忌惮地去欺压百姓。

闰二月，申王成义请以其府录事为其府参军。玄宗已经同

---

① 《旧唐书》卷88《韦嗣立传》。
② 《旧唐书》卷100《卢从愿传》、《李朝隐传》。
③ 《资治通鉴》卷211开元二年。

意，姚崇、卢怀慎以为，量材授官，当归有关主管部门，若因亲故之恩，得以官爵为惠，那是沿袭了中宗时的弊政，破坏法纪。玄宗也接受了他们的意见。贵戚的请谒由此也受到抑制。

五月，罢去了所有的员外、试、检校官。

开元三年（715年），尚书左丞韦玢奏："郎官多不举职，请沙汰，改授他官。"对尚书省六部各司的长官郎中、员外郎进行审查，不合格的或不称职的改授他官。郎中从五品上阶，属高级官吏，员外郎从六品上阶，属中级官吏。他们负责处理各司的有关政务，并起着承上启下的作用，在维持政府机关的正常运转中起着关键作用。因此，对郎官进行调整，是提高政府效能的一个必要步骤。

沙汰郎官，触动面是相当大的，除了被解职的郎官，还有各种与他们有关系的人。尚书左丞韦玢是沙汰郎官的建议者和执行者，在整顿吏治中是有功之臣，但是，那些不称职的郎官刚刚被改授他官，韦玢也被莫明其妙地贬黜。宰相奏拟冀州刺史，玄宗敕改小州。虽经姚崇力争，仍授冀州。但从中也可以看出，沙汰郎官所引起的反作用是很大的，经过一层层的折射，韦玢成为这次整顿的第一个牺牲品。下一个，就该是后台老板姚崇了。

开元三年沙汰郎官，四年考县令，组织上的整顿已经达到极限，进一步就需要从内容上进行整顿了。所谓内容上的整顿，就是严格按照考课中的四善来考核官吏。四善中德义有闻、恪勤匪懈两条，属于道德标准和工作态度，都是比较虚的。最实际的，也是对百姓影响最大的是清慎明著、公平可称这两条。居官是否清廉，谨慎小心，处理政务是否公平，不循私情，是政治清明的两个主要方面。因此，在确定考课等级时，"居官谄诈，贪浊有状"[①]为下下。而恰恰在这个问题上，姚崇的儿子们是很不像样的。早在开元二年（714年），黄门监、摄吏部尚书魏知古在东都主持官吏铨选时，姚崇的两个儿子就凭恃姚崇曾引荐过魏知古，招权纳贿，向魏知古进行请托。姚崇虽知他们为人多欲而不谨，还是同意让他们担任从四品上阶的光禄少卿和宗正少卿，并纵容他们"广引宾客，受纳馈遗，由是为时所讥"[②]。他的一个亲信中书主书赵诲，也接受了胡人贿赂，事情被发现后，玄宗亲自审问，并要将赵诲处死。中书主书为从七品上的京官，京官犯罪，杖以下由本部门处理；徒罪以上，由大理寺审理，而玄宗抛开正常的法律程序，亲自审理此案，表明了他要把整顿吏治推向深入的决心。姚崇尽管本人不营产业，相当清廉，在长安甚至没有一所宅第，住在罔极寺里，但对子弟、下属管教不严，采取纵容的态度，自然也就不能去继续推行吏治的整顿了。姚崇明于吏道，善应变成务。经过君臣几年的协同努力，政局稳定，政治走上轨道。姚崇作为"救时之相"的任务已经完成，把政局再推向前进，他已经无能为力了。玄宗亲自审理赵诲案，姚崇竟然还为赵诲求情，玄宗很不高兴。正好碰上要赦免一批京城的罪犯，玄宗令在赦中特别标出赵诲姓名，杖一百后流岭南。给姚崇一点面子也不留，公开表露了对姚崇的不满。姚崇只好主动请求罢相，

[①]《旧唐书》卷43《职官志》。
[②]《旧唐书》卷96《姚崇传》。

并推荐宋璟继任宰相。

第二节　调整制度　促进繁荣昌盛

一、制度调整的开始

(一) 准许逃户就地落籍

中宗以来政治上的动乱和吏治的腐败，给生产带来了严重的破坏。玄宗采取"宽赋敛，节征徭，使天下为无事"[1]的政策，让农民休养生息，并要求地方官"止奸盗，挫豪强"；"勤恤孤弱，劝率耕桑"，[2]给农业生产创造一个适宜的环境。到开元八年（720年），玄宗在三月十一日的敕中谈到，"五谷丰植，万物阜安，百姓无事，与能共化，于兹八年矣。"[3]恢复生产的政策收到了实效。开元九年九月，开元初被贬出的功臣张说，被召回担任兵部尚书同中书门下三品。在外诸王也悉召还京。政局完全稳定下来。

社会经济发展，人口、垦田增加，而由于逃亡农民的大量存在，政府控制的户口和赋税收入反呈下降趋势。玄宗在敕中一再强调"租赋颇减，户口犹虚"；"庸调尚减，户口且虚"，并且指出"逃亡之户，兼藉招携"。[4]

农民逃亡，表面上是政府对农民控制的削弱，实际上则是反映了两方面的问题。一是随着经济的发展，土地兼并也发展

---

[1]《唐大诏令集》卷104《遣王志愔等各巡本管内制》。
[2]《唐大诏令集》卷103《处分朝集使敕》。
[3] 同上。
[4] 同上。

了。农民失去土地后，成为地主"潜停"的佃户，脱离了国家的户籍。二是边疆驻屯的军队不断增加，边兵达六十余万，农民的兵役负担过重，加上地主豪强勾结官府，兼并土地，转嫁赋役，农民开始无力承受，被迫大量逃亡。这些都要求政府在制度、吏治和政策方面采取相应的措施，来一个全面的解决，以进一步加强王朝的经济力量和军事力量，并求得新的稳定。完成这样的任务，开元初年以来放纵无为的政策和宋璟守法持正的一套做法都已经不行了。开元八年（720年）初，宋璟与另一位宰相苏颋同时下台，接替他们的是源乾曜和张嘉贞。

开元九年（721年）初，监察御史宇文融根据当时天下户口逃亡的实际情况，向玄宗提出搜括户口的具体建议，得到侍中源乾曜和中书舍人陆坚的支持。二月，唐玄宗制，各地逃亡户准许百日内自首，根据令式户口可以迁移者，可于所在地方附籍；想要返回故乡及不符合附籍规定者，牒归故乡。过期不首，检括出来后，押送边远州居住。

唐律规定，逃亡、脱户都是有罪的。有课役而全家逃亡者，一日笞三十，十日加一等，最高要处三年半徒刑。脱户者家长徒刑三年。[1]唐朝政府宣布不追究逃亡农民的逃亡罪，并允许其中一部分人就地落籍，从唐朝统治者看来，是够宽大的了。但是，根据唐朝的户令，京都附近的畿内人不得迁往畿外，有军府州不得迁往无军府州。[2]而恰恰是这些地区人口密集，负担沉重，逃亡者

---

[1]《唐律疏议》卷12《户婚上》；卷28《捕亡》。
[2]《唐六典》卷3《尚书户部》户部郎中员外郎条。

最多。按照玄宗二月制书，他们都要牒归故乡，并马上负担各种差科徭役。因此，很自然地遭到农民的抵制。地主官僚担心已经成为他们佃户的逃户要被搜括出来，也以各种理由加以反对。作为宰相的张说"嫌其扰人不便，数建议违之"①。在一年多的时间里，检括户口的工作没有取得什么进展。

到开元十一年（723年），唐政府被迫改变章程，敕令逃户"各从所乐，令所在州县安集，遂其生业"②，准许逃亡农民就地落籍。同时，在实际执行中也没有去触动地主潜停的佃户。括户很快就收到了实际的效果，八十万户农民重新进入了国家户籍。国家控制的户口由神龙元年（705年）的615万户增加到开元十四年（726年）的706万户。

在括户过程中，宇文融由监察御史（正八品上阶）特加从五品下阶的文散官朝散大夫，到开元十二年（724年）又提为正五品上阶的御史中丞，不到四年的时间里升了十二阶。由此可见玄宗对他的倚重，也从一个侧面反映了括户工作在上层所受阻力之大。

（二）遍设节度使　募兵取代府兵

解决逃户问题的同时，玄宗着手解决军事制度中存在的问题。

唐初实行兵农合一的府兵制，担任府兵即卫士的农民，平时在家生产，宿卫、出征时自备兵器、甲胄和衣粮，国家不必开

---

① 《旧唐书》卷97《张说传》。
② 《资治通鉴》卷212开元十一年。

支大量军费。由于在选拔卫士和征发出征时要考虑财产情况和家庭丁口的多少，因此在一般情况下，有卫士的家庭还是可以承担的。高宗以后，战争增多，地主富户开始逃避兵役。他们勾结官府，或伪装出家，以逃避征发。兵役落到贫下农户身上。政府虽然规定出征卫士的衣粮由邻里资助，但出征时往往还是"多无衣食，皆带饥寒"[①]。轮流到京师宿卫和出征、戍守，成为农民沉重的负担。

八世纪初，突厥不断南下骚扰，唐王朝在今宁夏、山西境内驻扎了数十万军队，加上西北、幽州等地的驻军，边镇兵达六七十万人，约占当时课丁的十分之一。由于边镇兵数量太大，定期轮换也很难进行。

开元九年（721年）张说任命为兵部尚书同中书门下三品。张说制举出身，长于文学，自开元初贬出后，即久在边地，先后任右羽林大将军兼检校幽州都督，检校并州大都督兼天兵军大使，并曾统兵击溃叛胡。玄宗重用这位功臣后，首先就让他着手解决军事方面的问题。在这个期间，唐朝政府采取了三项重要措施。

第一，沿边普遍设立节度使。武则天时期，为了加强边境防务，开始在边地驻扎大量军队，同时进行屯田。睿宗景云元年至玄宗开元七年（710—719年），先后设立了幽州、河西、陇右、剑南、安西和平卢等六个节度使。统一对这些地区军队的管辖和

[①]《旧唐书》卷101《辛替否传》。

指挥。只有朔方仍按战时临时领兵出征之制，设大总管。天兵军虽设有节度使，但山西境内同时还有大武等军，指挥仍不统一。开元九年（721年）十月，改朔方行军大总管为朔方节度使。开元十一年（723年），罢天兵、大武等军，设太原以北节度使。沿边节度使制度最后确定下来。

第二，继续裁减边兵。中宗景龙二年（708年）朔方道大总管张仁愿在今内蒙古黄河以北地区筑三受降城，阻绝了突厥南下的道路，"朔方无复寇掠，减镇兵数万人"[1]。睿宗景云二年（711年），解琬为朔方军大总管，又奏减三城兵募十万人。开元十年（722年），张说根据当时与吐蕃关系比较缓和，突厥威胁减少的实际情况，建议从缘边镇兵六十余万中，裁减二十余万，放他们回家务农。玄宗提出质疑，张说回答说，臣久在疆场，对边镇情况是很了解的，军将不过是为了自卫和役使营私，才需要那么多军队。如果是为了御敌制胜，是不需多拥冗卒以妨农务的。如果陛下还有怀疑，我请求以全家百口为保。玄宗这才采纳了张说的建议。

第三，改府兵制为募兵制。边镇兵虽然是征发而来，并且要定期轮换，但他们常年驻守在边地，作为府兵制特点之一的兵农合一的原则已不能维持。担任府兵的农民大量逃亡，番上宿卫的制度也无法维持下去了。张说建议，停止府兵轮流到京师宿卫，另外召募壮士充当宿卫。开元十一年（723年），在长安及附近一些州从府兵和白丁中召募十二万人，称为"长从宿卫"，分隶

---

[1]《旧唐书》卷93《张仁愿传》。

十二卫。十三年改称"旷骑"。府兵番上宿卫，从此停止。后来开元二十五年（737年），又于诸色征行人及客户内召募丁壮长充边兵。府兵征行也从此结束。唐初实行的兵农合一的征兵制，终于为募兵制所取代。募兵制取代府兵制，不仅解除了农民的兵役负担，也为逃亡农民安排了一个新的出路。而节度使的普遍设立和募兵制的实行，又彻底改变了唐初内重外轻的军事布局。这对唐朝历史发展的影响，就非同一般了。

（三）使职系统和中书门下

在采取上述措施的同时，中央政治体制也发生了重大变革。

一是使职系统的发展。高宗、武则天以来，为了处理日益复杂的边疆问题、财政问题和新出现的其他问题，都由皇帝临时派遣大臣担任各类使职前往解决。开元初，使职有了进一步的发展。普遍设立节度使，不仅不再是一种临时派遣，而且有了固定的治所。开元九年（721年）后为了解决逃户问题而设立的劝农使，虽为临时差遣，但权力很大。此外还有各种使职，如支度营田使、覆囚使等。《唐国史补》卷下："开元以前，有事于外，则命使臣，否则止。自置八节度、十采访，始有坐而为使，其后名号益广。大抵生于置兵，盛于兴利，普于衔命，于是为使则重，为官则轻。"[①]各种使职由皇帝任命，其任务也由皇帝在命使的制书中规定。这样，在政务上就出现了尚书六部和使职两个互不统属的系统。

---

① 《唐国史补》卷下《内外诸使名》。

二是开元十一年（723年）中书令张说奏改政事堂曰中书门下，下设吏房、枢机房、兵房、户房、刑礼房等五房，分掌庶政。这样，原来作为最高决策机构的政事堂，也随着改称中书门下而成为最高决策机关兼最高行政机关，从而使宰相掌握了从决策、发令到行政的全部权力。

唐初实行三省制，三省长官皆为宰相，共同参加政事堂议事。睿宗时起，有专为仆射而不兼宰相者。开元元年（713年）刘幽求罢相后，直到开元十二年（724年），则长期不置仆射。[1] 三省长官共知政事的格局已彻底破坏。中书门下同时掌握决策和行政大权，三省制也就名存实亡了。这是唐朝政治体制的重大变化，具有划时代的意义。

政治体制变化后，作为中书令的张说的权势空前地加强了。开元十二年宇文融以御史中丞为劝农使，乘驿周流天下，虽然"事无大小，先牒上劝农使"，也还是要"申中书"。[2] 因而张说可以"数建议违之"。后来宇文融与苏颋分掌铨选事，宇文融每有奏请，亦"皆为说所抑"[3]。但是，张说的这种做法，相反地也促使宇文融等吏治派官吏加强了凝聚力，导致了后来张说本身的垮台。

二、粉饰文治　泰山封禅

裁减边镇兵，停止府兵番上宿卫，减轻了农民的兵役负担，

---

[1] 严耕望《唐仆尚丞郎表》卷二《通表上·左右仆射左右丞年表》。
[2] 《旧唐书》卷105《宇文融传》。
[3] 《旧唐书》卷97《张说传》。

增加了农村的劳动力；节度使的普遍设立，稳定了边疆形势；检括户口，缓解了国家与农民的矛盾，也增强了国家的政治经济力量。加之连年丰收，东都米斗十钱，青齐米斗五钱，社会经济也有了长足的发展。在这个基础上，玄宗开始重视文治。

开元十一年（723年）五月，玄宗置丽正书院，礼延文儒，其中包括文学之士秘书监徐坚、太常博士贺知章、监察御史赵冬曦等，或修书，或侍讲。十三年改为集贤殿书院，书院官五品以上为学士，六品以下为直学士，仍以张说知书院事。张说为文俊丽，构思精密，朝廷大手笔多出自其手，尤长于碑文、墓志，是一代文人领袖，他虽以宰相而兼知书院事，但他拒不接受玄宗授予的大学士称号。后来集贤学士于院厅宴会，举酒后，张说推让不肯先饮，对诸学士说："学士之礼，以道义相高，不以官班为前后。"①命大家一起举杯同饮。当时中书舍人陆坚对玄宗这样优礼学士很不理解，认为无益于国，徒为糜费。张说对他说："自古帝王于国家无事之时，莫不崇宫室，广声色。今天子独延礼文儒，发挥典籍，所益者大，所损者微。"②

玄宗既然要粉饰文治，把自己的统治装点得更加高雅一些，张说作为宰相，便也极力引用文学之士，并以文学作为提拔和评价官吏的标准。著名文学家孙逖、著名诗人王翰以及被张说称誉为"后来词人之首"的张九龄，都受到张说的引用和推重。

开元十二年（724年），文武百官及四方文学之士以理化升

---

① 《大唐新语》卷7《识量》。
② 《资治通鉴》卷212开元十一年。

平，连年丰收，不断上书建议封禅。封禅自古以来为帝王祭天地的大典。在泰山上筑土为坛以祭天，称为封；在泰山脚下祭地称为禅，名义上是答谢天地之厚德，报告统治之成功，实际上是借此来炫耀帝王之功业，以提高自己的威信。自秦始皇、汉武帝登封后，历代帝王都向往着能举行这一大典，但由于各种条件的限制，能实现这一愿望者寥寥无几。

唐朝建立后，贞观六年（632年）群臣曾建议封禅。唐太宗亦认为自己功高德厚，国家安宁，四夷宾服，年谷丰稔，有资格进行封禅，但终因经济尚未完全恢复而没有实行。直到唐高宗乾封元年（666年），才进行了唐代第一次封禅。唐玄宗亦以自己即位十四年以来，连年丰收，物用不缺，刑罚不用，礼义兴行，远人重译而至，鸿儒纷纷献书，莫不合乎天意，万民同心，决定第二年去泰山封禅，并着手进行各项准备工作。

开元十三年（725年）十月，登封的队伍从东都出发，经汴州、宋州、许州（今河南开封、商丘南、许昌），前往泰山。车骑数万，百官、贵戚、四夷君长的马和骆驼亦数万，前后连绵数十里。

十一月初六，玄宗一行到达泰山下。初九，乘马登山。登山前玄宗为表示此行皆为苍生祈福，没有个人的秘请，将玉牒出示百官。其辞如下：[①]

有唐嗣天子臣某，敢昭告于昊天上帝。天启李氏，运兴土

[①]《旧唐书》卷23《礼仪志三》。

德。高祖、太宗，受命立极。高宗升中，六合殷盛。中宗绍复，继体不定。上帝眷祐，锡臣忠武。底绥内难，推戴圣父。恭承大宝，十有三年。敬若天意，四海晏然。封祀岱岳，谢成于天。子孙百禄，苍生受福。

牒文概述了从唐朝建立到睿宗时期唐朝政治上的起落，炫耀了玄宗本人平定内难、四海晏然的功德。最后对昊天上帝表示感谢，并祈求上天保佑子孙把皇位一代代传下去，百姓都得到幸福。

初十，玄宗祀昊天上帝于泰山上的封坛，群臣祀五方帝及诸神于山下之坛。封坛为一圆台，广五丈，高九尺。台上有石头垒成的方坛，广一丈二尺，高九尺，名曰石礛。玉牒、玉尺即藏于石礛之中。封坛东南为燎坛，上面堆积木柴。祀完昊天上帝后，点燃燎坛上的木柴。群臣看到火光后高呼万岁，传呼声自山顶至山下，声震山谷。接着，玄宗下山至社首山斋宫。

十一日，祀皇地祇于社首山，藏玉策于石礛。祀完地神，封禅大典基本结束。

十二日，玄宗在帐殿受朝觐。文武百官、诸方朝集使、儒生文士，以及突厥颉利发、契丹王、奚王、大食、昆仑、日本、新罗、靺鞨的侍子和使臣，高丽朝鲜王、百济带方王、西突厥、日南以及南方诸蛮之酋长都参加了朝贺。玄宗下制封泰山神为天齐王，同时大赦天下，内外官三品以上赐爵一等，四品以下赐一阶。

为了纪念这次历史性的大典，唐玄宗亲自书写了《纪泰山铭》，刻勒在山顶石壁上。中书令张说、侍中源乾曜、礼部尚书苏颋也分别撰写了《封祀坛颂》、《社首坛颂》和《朝觐坛颂》。

在泰山下休息一天后，玄宗又前往曲阜孔子宅，亲设奠祭。十二月二十日，还至东都。这时距离开东都已有两个多月了。

三、边疆形势的变化 文学吏治之争

（一）唐与吐蕃关系的张弛

东封泰山时，由于检括户口和改革兵制，缓和了与农民的矛盾，对内地的情况，玄宗是放心的。但边疆上的形势虽然暂时平静，却仍使他放心不下。东突厥虽然从开元九年（721年）就恢复了和好的关系，但从历史上来看，突厥汗国一直是影响东北、北边、西北乃至吐蕃的一个强大力量。因此，唐一直把突厥作为防御的重点。朔方节度使和太原以北节度使的设立，都是为了对付突厥的。为了防止突厥乘东封之间入寇，东封前唐派使臣前往突厥，征其大臣从封泰山。

契丹和奚从武则天时起力量有很大发展，也对河北地区构成了威胁。尽管这时它们内部矛盾复杂，还没有形成一个统一的力量，玄宗也不敢掉以轻心。除了设立卢龙、幽州两个节度使以加强防御，还尽量拉拢其首领。从泰山回到东都后，就改封契丹松漠郡王李邵固为广化王，奚饶乐郡王李鲁苏为奉诚王，并封宗室外甥女二人为公主嫁给他们。

最使玄宗心神不定的，还是吐蕃。中宗景龙三年（709年），唐把金城公主嫁给吐蕃赞普。应吐蕃请求，唐还把河西九曲之地

作为公主汤沐邑。九曲在今青海黄河以北，兴海、共和以东，同仁以南，甘肃夏河、碌曲以西地区，这里土地肥饶，水草甘美，适宜畜牧。吐蕃得到九曲后，在此畜牧，并以此作为向唐进攻的根据地。开元二年（714年），吐蕃兵十万人进犯临洮（今甘肃岷县），军至渭源（今属甘肃），掠取牧马；九年（721年）围小勃律（在今吉尔吉特雅辛河流域）均被唐军打败。其间虽无大战，但仍维持着敌对关系。吐蕃一面准备继续骚扰，一面遣使求和，张说没有看到当时吐蕃并无诚意，建议玄宗接受。玄宗不以为然，回答说，待我与王君㚟议之，实际上是不同意张说的意见。这是玄宗与张说之间继括户问题之后，第二次在政策问题上的重大分歧。

这时还发生了在进用崔隐甫问题上的分歧。崔隐甫在职强正，理有威名，历任太原尹、河南尹。玄宗召他入朝，想要大用。张说薄其无文，奏拟金吾大将军，同时推荐与其友善的崔日知为御史大夫。玄宗不同意，改以崔日知为左羽林大将军，以崔隐甫为御史大夫。这件事不仅进一步暴露了玄宗与张说之间在对内对外政策和用人方面的分歧，而且引发了崔隐甫和御史中丞宇文融、李林甫等吏治派官吏对张说的斗争。开元十四年（726年）四月，他们利用御史大夫和御史中丞的身份，共同奏弹张说引术士占星，徇私舞弊，受纳贿赂。玄宗命宰相源乾曜、刑部尚书韦抗、大理少卿胡珪和御史大夫崔隐甫于尚书省会审。事情属实，玄宗念其有功于国，仅罢去张说中书令职务，仍保留书院职务。同时任命以清俭著称的李元统为中书侍郎、同平章事。

九月，又以安西副大都护、碛西节度使杜暹同平章事。杜暹虽明经出身，但素无学术，为官清廉勤俭。自开元十二年为安西副大都护，绥抚将士，不惮劳苦，甚得当地各族人之心。玄宗任他为相，说明玄宗的注意力进一步转向边事。

开元十四年（726年）冬，吐蕃大将悉诺逻率兵经大斗拔谷进攻甘州（今甘肃张掖），焚掠而去。凉州都督王君㚟率兵追击，开元十五年（727年）初破其后军于青海之西。吐蕃军经过一番休整后，又于九月攻陷瓜州（今甘肃安西东南），俘刺史及王君㚟父而去。稍后，吐蕃赞普与突骑施苏禄围安西城（今新疆库车）。与此同时，吐蕃还派使臣到突厥，要求毗伽可汗与吐蕃联合行动。王君㚟在邀击吐蕃去突厥使臣时，也被回纥部落伏杀。西北形势又紧张起来。

玄宗急忙从东都赶回长安，任命萧嵩为兵部尚书、河西节度使、判凉州事，负责对吐蕃的防务。萧嵩以裴宽、牛仙客为判官，委以军政，河西人心逐步安定下来。萧嵩又奏以张守珪为瓜州刺史，修筑州城，招集百姓。他还用反间计，让吐蕃赞普杀掉了进扰甘州和瓜州的统帅悉诺逻。

年底，玄宗又调集陇右、河西及关中兵十万六千人集临洮（今甘肃岷县），朔方兵万人集会州（今甘肃靖远）防秋。防止开元二年吐蕃从九曲地区进犯临洮的重演。

开元十六年（728年）七、八月间，吐蕃又进至瓜州和祁连城（在今甘肃张掖祁连山）下，均为唐军击走。萧嵩和陇右节度使张忠志进行追击，大破吐蕃兵于青海西，并攻破青海湖以东的大莫门城。河西的局势基本稳定下来。为了进一步组织反击，玄宗任命萧嵩为兵部尚书、同中书门下平章事。

开元十七年（729年）三月，朔方节度使信安王李祎力排众议，攻拔吐蕃石堡城。石堡城在今青海西宁西南，湟中、共和之间，是吐蕃进入河湟的必经之地。吐蕃在这里建立城堡，储存粮食武器，是吐蕃进扰河西陇右的基地。

吐蕃连年兵败，又失去了石堡城，乃请求和好。玄宗派皇甫惟明与内侍张元方出使吐蕃。赞普大喜，把贞观以来唐朝皇帝致赞普的书信全部拿出来给皇甫惟明看。开元十八年（730年）十月，吐蕃派论名悉猎随皇甫惟明入朝。赞普在给玄宗的表中重申甥舅关系，表示愿意修复旧好。开元二十一年（733年），吐蕃又以金城公主名义，请立碑于赤岭以分唐与吐蕃之境。二十二年（734年）六月，双方在赤岭正式分界立碑，相约"两国和好，无相侵掠"①。赤岭即今明山，在青海湟源县西。赤岭以西可进行农耕，唐从武则天时起就在这里进行屯田。赤岭又地当中原通往吐蕃和西域的交通要冲，石堡城即在其下。因此，这里也就成为唐蕃反复争夺的地方。以赤岭为界，说明吐蕃又退回到游牧区，西北边疆的形势取得了暂时的稳定。

（二）张九龄罢相　李林甫上台

唐蕃关系的缓和并没有使玄宗宽下心来。东北奚和契丹内部情况发生了变化，可突干杀契丹王李邵国，帅契丹人并胁迫奚人叛降突厥。开元二十一年（733年），幽州道副总管郭英杰为契

---

①《旧唐书》卷112《李暠传》。

丹、突厥联军所败，郭英杰及所部精骑一万全部战死。玄宗急忙把张守珪从河西调到幽州，大破契丹，斩契丹王屈烈及可突干。东北形势才稳定下来。

东北的形势刚稳定下来，西北的形势又发生了变化。吐蕃在青海境不能得手，便抽出力量，西击勃律，企图从唐朝力量薄弱的西边突入安西。

边疆形势的变化，战争的增多，军费开支相应增加；长安人口日益增加，关中的粮食供应经常出现问题；内地农民逃亡的情况也重又严重起来。这些都需要从制度上、官员的任用上加以调整，以加强唐王朝的政治、军事力量。玄宗很赏识张守珪的军事才能，想任命他为宰相，遭到中书令张九龄的反对。对于当时面临的政治、军事和财政上的一系列问题，张九龄也不予理会。玄宗一方面任命整顿漕运，解决长安粮食供应卓有成效的裴耀卿为侍中，同时起用李林甫为礼部尚书、同中书门下三品。开始对宰相人员进行调整。

开元二十四年（736年）十月，玄宗改变了来年二月西返的决定，提前回到长安。回到长安不到一个月，玄宗罢去张九龄和裴耀卿的宰相职务，任命兵部尚书李林甫兼中书令，牛仙客为兵部尚书、同中书门下三品，领朔方节度使如故。

张九龄韶州曲江（今广东韶关市）人，进士出身。张说生前曾向玄宗推荐他。玄宗也很欣赏他的文学和风度，曾经对侍臣说："张九龄文章，自有唐名公皆弗如也。朕终身师之，不得其一二。此人真文场之元帅也。"有一次早朝，玄宗见他风威秀整，异于众人，对左右说："朕每见九龄，使我精神顿生。"[1]开元二十二年（734年）五月用张九龄为中书令，是想让他主持解决当时面临的各种问题。而张九龄由于本身素质的限制，走的是一条由进士、制科而中书舍人的"以文章达"的升进之路，长于文学而薄于政事，不能统观全局，抓住存在问题的关键，同时，他与张说一样，是正在发展中的一般地主的政治代表，对于一般地主已经获得的政治经济利益和当时的一些制度，他们都不愿加以触动，因此，张九龄不能帮助玄宗去解决问题。相反地，倒是与玄宗的分歧越来越多。特别是对于玄宗想起用武将张守珪解决边疆问题，重用李林甫等吏干之士解决政治经济问题上，遭到张九龄的激烈反对。开始时玄宗还接受他的一些意见，后来就越来越不耐烦了。

回到长安后，终于在任用牛仙客问题上，张九龄与玄宗发生了激烈的争论。牛仙客，泾州（今甘肃泾川）人，初为县小吏，以军功做到洮州司马、河西节度使判官。后代萧嵩为河西节度使，仓库盈满，器械精劲，河西安定。玄宗想用为尚书，张九龄反对；欲加实封，张九龄也反对。第二天，玄宗又提出实封问题，张九龄还是反对。玄宗这下可恼火了，怒道：事情都要由着你吗？张九龄慌忙答道：陛下既然让我做宰相，事情有不妥当的，我不敢不尽言。玄宗又说：你嫌仙客寒微，你又有什么阀阅？九龄道：臣是岭表海隅的孤贱，当然不如仙客生于中华。然

---

[1]《开元天宝遗事》。

而臣出入台阁，典知制诰，已经有好些年了。仙客起自边疆小吏，目不知书，如果委以重任，恐不惬众望。事后，李林甫对玄宗说："苟有才识，何必辞学！天子用人，有何不可。"[①]点破了玄宗和张九龄争论的焦点是用人以才识为主，还是以辞学为主，从而坚定了玄宗起用牛仙客，抛弃张九龄的决心。玄宗最终放弃了同时使用文学和吏治两派官吏的做法，专用吏治派官吏。

四、继续调整制度

（一）新税制的萌芽

开元十七八年（729—730年）开始，唐朝政府继续对各项制度进行调整，到开元二十五六年（737—738年），大体告一段落。

在财政、赋税制度方面，（一）适应土地占有情况的变化，改变了地税征收的方法，由按户等征收改为亩收二升，王公以下均需交纳。土地数狭乡据户籍簿，宽乡则根据记载各户实际垦田数的青苗簿。与此同时，征收户税也成为一项固定的制度。地税、户税在政府财政收入中的比重迅速上升到三分之一。地税、户税按照土地财产（户等）作为征收标准，也是新赋税制度的萌芽。

（二）为了减轻农民和工匠役的负担，满足官府对货币的需求，开始普遍实行纳资代役的制度。白丁和工匠所纳资课在开元后期与庸调并列而成为封建国家的一项重要收入。

---

① 《资治通鉴》卷214开元二十四年。

（三）在赋税的征纳上，根据各地区生产的不同情况，在关中、河南、河北普遍折纳实物，以满足政府对粮食和绢布的需要。开元二十五年（737年），唐政府规定，关内诸州庸调资课，根据实价变粟取米送长安，路远的就地储藏充作军粮；河南、河北租米、折粟留本州，不通水运州的租，则折租造绢以代替关中的调课。江南诸州租则折纳布。

（四）负责粮食漕运的转运使，主管赋税征敛的户口色役使等财政使职，开始成为常设职务。

（二）禁卫军合流与主帅召募镇兵

军事制度方面，在中央，实现了禁卫军合流。唐初以来，京师除了由十二卫统领的由府兵轮流担任的宿卫兵外，还有禁军。开元初，禁军有左右飞骑与左右万骑，并隶左右羽林军。开元十六年（728年），改弩骑为左右羽林军飞骑。弩骑原为宿卫兵，是在停止府兵番上宿卫后，召募强壮组成的，分隶十二卫。弩骑改为左右羽林军飞骑后，同时也就改变了隶属关系，成为禁军的一部分。禁卫军的合流，扩大了禁军的数量，意味着中央从此有了一支数量可观职业化的常备军，同时，也反映皇帝对禁卫军控制的加强。开元二十六年（738年），又将左右万骑从左右羽林军中分出，置左右龙武军。这样就形成了天子四军。在边镇，镇兵开始由主帅召募。开元二十五年（737年）五月，敕令中书门下与诸道节度使根据各军镇的具体情况，审定兵防定额，同时从诸色征人及客户中召募丁壮，长充边兵。中央不再向边镇征派边兵。也就是从制度上确定，边镇兵从此由节度使召募充任。虽然陇右等边镇地区人口稀少而兵额甚多，在当地不能召募足额，仍需从山东地区征派，但大部分边镇都是就近召募的，其中安西、幽州、朔方等镇还召募了不少胡人。召募而来的镇兵和征发而来的镇兵不同，他们是职业性的雇佣兵，不入地方户籍，封建国家不再能通过户籍来控制他们。他们完全听命于自己的主帅。

（三）循资格与科目选 科举的失误

在选举制度方面，当时铨选面临的问题是，开元以来吏部在选用官吏时，着重官员的才能，有能力的往往不次超迁，而一般的官员晋升很难，甚至有获得做官资格即出身二十余年还得不到一个官职的。在社会安定，经济繁荣，地主士人不断通过各种途径获得各种出身的情况下，怎样满足这些人入仕和升迁的要求，成为地主阶级内部关系的一个重要问题。

开元十八年（730年），裴光庭为吏部尚书，奏用循资格。规定官吏任满罢官后，需经过若干年，即若干选，才能参加铨选。停选的时间，根据官位的高低，有不同的规定。官高的时间短些，官低的时间长些。到期参加铨选，一般即授与官职，并根据年限，逐步升迁，不得逾越。[①]

循资格可以使一般官吏稳步升迁，但是只能选拔一般的官吏，不可能选拔才识之士。因此，在循资格实行的同时，在开元十八年至二十四年（730—736年）这段时间里，唐朝政府正式设立了科目选，选人有格限未至者，可到吏部试文三篇，谓之博学

[①]《通典》卷15《选举三·历代制下》。

宏词科；试判三条，谓之拔萃科。考试合格，即可授予官职。①

这样，以循资格以待平常之士，以科目选吸引和选拔才能之士，两种制度互相补充，士人各得其所，国家得所需人才。

科举也面临严峻的形势。一是应举者日益增多，权门贵势对主持科举的官员的嘱请日益增多；而举子也由于高官子弟的参加和相互结为朋党而气盛，使得仅为从六品上阶的考功员外郎无法应付。因此在开元二十四年（736年）初考场上发生了进士李权侮员外郎李昂的事件后，改变制度，改由礼部侍郎知贡举。②不仅提高了科举主持机关的级别，而且把科举从吏部中分离出来，使考试机关和铨选机关完全脱离关系，取得了更大的独立性。

二是自从武则天以来，科举出身者担任高级官吏和州县官吏的越来越多，宰相中科举出身的前后共二十人，约占宰相总数的五分之二。到玄宗时，从开元元年至二十二年（713—734年）期间，科举出身的十八人，占宰相总数的三分之二。但是，由于开元以来取士标准和用人政策上的失误，这种趋势不仅没有能继续发展，而且发生了逆转。对于科举中的失误，玄宗开元二十五年（737年）二月《条制考试明经进士诏》作了如下的分析：

> 致礼兴化，必在得贤。强识博闻，可以从政。且今之明经、进士，则古之孝廉、秀才。近日以来，殊乖本意。进士以声韵为学，多昧古今；明经以帖诵为功，罕穷旨趣，安得

---

① 《通典》卷15《选举三·历代制下》。
② 《封氏闻见记校注》卷3《贡举》；《唐摭言》卷1《进士归礼部》。

为敦本复古，经明行修。以此登科，非选士取贤之道也。①

诏令指出了选拔贤才的重要性，提出了政治人才的标准"强识博闻"；指出明经科和进士科即古来选拔政治人才的孝廉和秀才，而当时进士却醉心于讲求声韵的文学，而对古代的典籍和历史以及现实情况却稀里糊涂；明经也成天在那里死记硬背以应付帖经，而对儒家经典的精神实质，却不去深究。②这样的人是不可能注重根本，恢复古道，通晓经术，修养德行的。以此作为登科的标准，是不可能选拔出贤才的。诏中提出的问题，是切中前一段科举考试的要害的，也是开元后期起科举出身者不被重用，高级官吏中吏治派官吏占居优势的重要原因。为了纠正这种情况，诏中规定：明经停试经策，改为答时务策三道；进士停试小经，改为试大经十帖。

科举考试科目和内容的这些改变并不能从根本上解决进士只有文学而无政治见识，明经只会死记硬背而无真才实学的问题。特别是在录取时并没有改变以文学和帖诵为主要标准的做法，因此除了使进士要多背一部大经，并使一些文士因不能通过帖经这一关而不能及第外，并没有其他效果。相反地，由于文学取士已经成为一种传统，加之当权的吏治派官吏着意把进士科变成文学之科，诗赋在天宝年间反倒成为进士科录取的主要标准。

---

① 《册府元龟》卷639。
② 《全唐文》卷31。

诏中提出的"博闻强识"的标准虽然在科举中没有贯彻，但在官员的任用和提拔上，却对那些科举出身者的仕途产生了深远的影响。从开元后期到天宝年间，进士和明经等科举出身的士人，担任高级官吏的大为减少。在李林甫专权的十五年间，先后担任宰相的李林甫、牛仙客、李适之和陈希烈四人中，无一人由科举出身。在杨国忠专权的四年里，宰相中也只有韦见素一人为科举出身。

（四）决策行政一体化的加强

在政治制度方面，中央决策、行政一体化的体制进一步加强，一切政务都集中到中书门下。宰相人数也进一步减少。开元以来宰相时而二人，时而三四人。张九龄罢相后，一直到天宝末年，始终为二人。而大权则完全集中到作为中书令的李林甫之手。其他宰相都处于陪衬地位。开元二十七年（739年）牛仙客为兵部尚书兼侍中，李林甫为吏部尚书兼中书令，总文武选事。官吏的选授也集中到宰相手中。唐初以来宰相集议，三省按政务处理程序分工的体制彻底破坏。

在新的体制下，皇帝决策主要依靠中书令，但是，议表状由中书舍人参议预裁，侍郎及令连署后进奏给皇帝，皇帝仍需亲自审阅，许多事情也需要由皇帝直接做出决定。进奏的表章，都先呈送给宦官知内侍省事高力士，然后再送给玄宗。玄宗穷于应付或怠于政事时，小事就由高力士处理决定。某些政事，玄宗也与高力士议论。唐初制度规定，宦官不能参预政事。玄宗任用高力士，唐初"权未假于内官"①的情况开始发生变化。

在中枢权力集中的同时，还加强了中央对地方的控制。唐初以来，不断向地方派出过巡察使、安抚使、按察使、黜陟使，主要是了解民情，监察地方官吏善恶，均为临时派遣，无处置权力，也没有固定治所。开元二十二年（734年）二月，设立采访处置使，选择贤能的刺史担任。其任务开始时也是监察官吏善恶，但其职权不仅限于奏闻，对于犯有贪污或其他罪行的刺史，采访处置使有权停止他们的职务，并派人代理。②后来，一些原来需要报请中央批准的事务，如灾年开仓赈济，也改由采访处置使与刺史研究决定。③除了变革旧章，一般事务允许采访处置使"便宜从事，先行后闻"，④采访处置使逐步成为代表中央总管一道监察和行政，介于中央和州之间的一级地方行政机构。

（五）律令格式的修定

开元以来各项制度的变革，到开元二十五年（737年）大体告一段落。这些变革以制敕颁行后，与原有的令，或多有相违，施行时容易发生混乱，为了消除法令前后的矛盾，把新制度纳入原有法令体系，玄宗接受臣下意见，令李林甫、牛仙客修定律、令、格、式，于开元二十五年九月颁行。

唐朝自武德七年（624年）颁行新律令之后，对律令格式同时进行修定已有过四次。开元二十五年这一次从原有的律令

---

① 《旧唐书》卷184《宦官传序》。
② 《唐会要》卷78《采访处置使》；《唐大诏令集》卷100《置十道采访使敕》。
③ 《资治通鉴》卷214开元二十九年。
④ 《资治通鉴》卷213开元二十一年。

格式和敕令七千零二十六条中删去一千三百二十四条，修改了二千一百八十条，变动的幅度是很大的。其中改动最多的是格式。唐律共五百条，为了保持律的神圣性和稳定性，制定时即赋它一定的灵活适应性，并规定了比附的原则，因此基本上没有多少变动。唐令共一千五百九十条，是各项制度的规定，虽然有一些新的制度补充到令文中去，但是，由于有些制度还处在变化的过程之中，统治者一时还不愿彻底抛弃旧制度，因此删定后，有的令没有充分反映正在发生的变化，有的令新旧并存，有的令则完全是一纸空文。格式是各部门的行政法规和工作章程，直接影响政府机关的运转。朝廷经常根据情况的变化和形势的要求，通过制敕宣布一些新的规定，或对旧制做适当调整。这些规定经过删定整理，就成为格或式的一部分。因此，当令文与现实情况日益脱节，越来越无法严格遵循时，格和式就成为日常政务的主要准绳。

律令格式的修定完成，标志着玄宗时期对于政治体制和各项制度的调整基本上告一段落。此后虽然在军事制度上仍然有一些变化，财政制度方面也有一些小的修修补补，但是彻底废除建立在唐初广大自耕农基础上的租庸调制，创建新的赋税制度，建立适应募兵制和地方驻军的新的军事制度，建立适应租佃制的新的法律制度，都还需要假以时日，只有留给下一个时期乃至宋代去完成了。除了统治者不愿做彻底的改变，主要是因为客观条件尚未完全成熟，社会上还存在大量自耕农，租佃制还没有充分地发展。同时对统治者来说，也需要一个认识的过程。

五、空前繁荣的社会经济

玄宗即位以后，由于他能根据形势变化的需要，不断地调整政策和制度，并根据政策的需要，调整宰相和中枢机构成员；由于他在用人时头脑清醒，不讲关系，不拘一格，因此迅速稳定了政局，并及时解决了由土地占有情况改变和边疆形势变化，以及经济迅速发展所引起的各种政治、经济和军事问题，为经济持续稳定的发展创造了一个比较良好的环境。

开元以来社会的长期安定和经济的不断发展，也为土地集中提供了温床。由于玄宗对土地兼并继续采取放纵的政策，对地主隐藏佃户采取默认的态度，因此，农民成为佃户后地租相对稳定，加之人身依附关系削弱和地主对生产干预的减少，仍有可能发展自己的经济。失去土地后逃亡的农民也可跑到地广人稀，统治相对薄弱的地区去开荒耕种。土地集中不仅没有引起激烈的社会震荡，而且在一定程度上促进了社会经济的发展。

开元、天宝年间耕地面积继续扩大，据汪篯教授估计，"唐天宝时实有耕地面积，约在八百万顷至八百五十万顷（依唐亩积计）之间"[①]。平均每户占有的耕地约为七十亩。随着土地的开发，在今川东、鄂西、皖南、闽西、浙东以及河南中部出现了一批新的居民区。唐政府就地设立了一批新的州、县。

人口也不断增加，从开元十四年到开元二十八年（726—740年）的十四年间，由七百零七万户，四千一百四十二万口增加到

---

① 汪篯：《唐代实际耕地面积》，载《汪篯隋唐史论稿》，中国社会科学出版社，1981。

八百四十一万户，四千八百一十四万口，年增长率都超过了百分之一，仍然保持着高的增长速度。到天宝十三载（754年），国家控制的户口达九百六十万户，五千二百八十八万口。此外，还有不入国家户籍的逃户，包括地方隐藏的佃户三四百万户。天宝年间全国实有的户口约为一千三百万户，八千万口。

各地区粮食生产大有发展。粮食一直比较紧张的关中地区，经过武则天时移出多余人口，玄宗时修复水利等措施，到开元末年，农村有余粮可以卖出。开元二十五年（737年）政府在京畿即长安附近和籴粟数百万斛。淮河流域和长江以南的粮食，自武则天、中宗以来即通过运河运到洛阳和长安。但由于运输上的困难，仍不能满足长安对粮食日益增长的需要。开元二十二年（734年）八月，玄宗任命侍中裴耀卿充江淮、河南转运使，改革漕运，运粮量大增。天宝中每年通过水陆路运到关中的米为二百五十万石。中国历史上持续了一千二百多年的南粮北运的格局最后确定下来。江南的稻米还通过运河和海上运往幽州。由于粮食生产的丰富，粮价也长期稳定。从开元十三年到天宝末年（725—756年）的三十年间，长安、洛阳的米价基本保持在每斗十五文至二十文上下。在传统产粮区的河北、山东地区，粮价更低。青、齐（今山东益都、济南）米每斗五文，最贱时三文。

农业生产的发展还突出表现在人均粮食的提高上。天宝前后，全国人均粮食达到七百斤上下。这在中国古代是空前的。这是因为唐代人口、耕地面积和单位面积产量有着一个良好的比例。改良农具、兴修水利、改革耕作制度，使唐代粮食单位面积产量有了很大提高，平均亩产达到八十斤。唐代可垦地很多，可以随着人口的增加而不断扩大，因而每户耕地可以保持在平均七十亩的水平上，从而使人均粮食达到了七百斤上下。杜甫《忆昔》诗所云："忆昔开元全盛日，小邑犹藏万家室。稻米流脂粟米白，公私仓廪俱丰实。"元结《问进士第三》所云"人家粮储，皆及数岁，太仓委积，陈腐不可较量"的秘密就在于此。开元、天宝时期国力强盛，经济繁荣，文化灿烂，就是建立在这样一个坚实的物质基础之上的。

天宝年间政府的租庸调，地税和户税的收入是：粟二千五百万石，布、绢、绵二千七百余万端、匹、屯，钱二百余万贯。天宝八载（749年）国家仓储的粮食约为一亿石，约合国家四年的粮食收入。

手工业、商业和城市也有很大发展，特别是南方各地的手工业，到开元、天宝年间开始赶上北方，出现了许多具有地方特色的手工业产品。为了检阅各地的手工业特产，天宝二年（743年）三月二十七日，唐玄宗在长安城东望春楼畔的广运潭举行了一次规模空前的水上盛会。陕郡太守、水陆转运使韦坚预先准备了新船数百艘，每船标明郡名，各郡船上除了装有大米，还陈列了各郡所出的土特产品：

广陵郡（今江苏扬州）：锦、铜镜、铜器、海味；

丹阳郡（今江苏镇江）：京口绫衫缎；

晋陵郡（今江苏常州）：官端绫绣；

会稽郡（今浙江绍兴）：铜器、罗、吴绫、绛纱；

南海郡（今广东广州）：玳瑁、真珠、象牙、沉香；

豫章郡（今江西南昌）：名瓷、酒器、茶釜、茶铛、茶碗；

宣城郡（今安徽宣城）：空青石、纸、笔、黄连；

吴　郡（今江苏苏州）：方文绫。

这些产品说明，唐朝前期绢、绫、锦等丝织品主要产于河北、河南和四川的情况有了很大的改变。南方正在逐步取代北方而成为官府所需丝织品的主要提供者。制瓷业在唐朝从陶瓷业中分离出来，生产各种日用瓷器，成为宫廷、贵族和民间通用的器具。茶具则反映了茶叶生产已有了巨大发展，饮茶已蔚然成风。宣城纸笔不仅说明这里从唐朝起就已经成为纸笔等文房四宝的生产基地，而且也反映了社会上对文具需求量的增加。广州船所陈象牙、沉香等多为外国进口。天宝年间，广州江中停舶着许多来自南亚、西亚的船舶，运来珍宝、香药，运走绫、绢、丝绵之类。其中象牙是从非洲东海岸转口阿曼运到中国的。

长安居民拥到广运潭畔，来观看这次盛会，观者山积，船队连绵数里。第一船上站立着陕县尉崔成甫。他唱着由他翻词的得宝歌等十余首歌曲，由身着盛装的美妇一百人应和。玄宗也和大臣在望春楼上置宴作乐。这不仅是一次检阅各地丰盛产品的物资博览会，也是一次君民同乐的大聚会。玄宗和广大百姓均为开元以来经济发展、国泰民安、身临盛世而感到无比的兴奋。

德宗时礼部员外郎沈既济回顾这段历史说：

> 开元、天宝之中，上承高祖、太宗之遗烈，下继四圣

（指高宗、武则天、中宗、睿宗）治平之化，贤人在朝，良将在边，家给户足，人无苦窳，四夷来同，海内晏然。

百余年间，生育长养，不知金鼓之声、爟燧之光，以至于老。故太平君子，唯门调户选，征文射策，以取禄位。此行己立身之美者也。父教其子，兄教其弟，无所易业。大者登台阁，小者仕郡县，资身奉家，各得其足，五尺童子，耻不言文墨焉。是以进士为士林华选，四方观听，希其风采。每岁得第之人，不浃辰而周闻天下。①

经济的繁荣和政治的安定，为文化的发展繁荣创造了良好的条件。社会上读书的人越来越多，学习成风，人们都以羡慕的眼光看待新及第的进士，门第观念已退居次要地位，社会观念也发生了很大变化。

第三节　玄宗后期的政治

一、太子废立

开元二十五年（737年）四月，经过几年的酝酿和斗争，太子瑛终于被废，鄂王瑶、光王琚也同时被废，三人并赐死于长安城东驿。

唐高祖李渊以李建成为太子，是遵循了立嫡以长的原则，但

---

① 《通典》卷15《选举三·历代制下》。

从李世民被立为太子起，这个原则就经常遭到破坏。或以功，或以宠，或以母，无一定之规，玄宗本人就是以诛韦后之功被立为太子的。开元时期政治安定，按理是应该先立嫡长的。但是玄宗的皇后王氏无子，长子琮，原名嗣真，一次于苑中打猎时，脸上被猛兽抓破，留下了大片伤痕，面部破相，故不得立为太子。被立为太子的李瑛，是玄宗第二子，本名嗣谦，开元三年（715年）正月定立。李瑛的生母赵丽妃，本是伎人，善歌舞，玄宗为潞州别驾时所纳，颇得玄宗宠幸。李瑛虽是二子，有长不能立而立其次的意思，但主要还是以母宠而得立。赵丽妃出身低微，无甚门第，故宠衰之后，李瑛的太子地位只有靠朝廷中大臣的支持。当时玄宗虽然年过半百，但身体健康，太子短期内没有继位的希望，且本身地位岌岌可危，没有大臣依附于他。张九龄虽然支持他的太子地位，也是从废立太子容易引起政治动乱出发，并且张九龄的权力基础也已经发生动摇。

开元二十三四年（735—736年），玄宗宠妃武惠妃所生子寿王瑁已长大成人，"宠冠诸子"，太子被逐渐疏薄。善于观风使舵的李林甫看到这是一个提高自己权势的好机会，便通过宦官告诉武惠妃，表示自己愿尽力保护寿王，这样，就激起了武惠妃要把自己的儿子推上太子地位的强烈欲望。而太子瑛以及鄂王瑶、光王琚也都以母亲失宠而经常聚到一起发牢骚，武惠妃的女婿驸马都尉杨洄把他们的活动情况告诉了武惠妃，武惠妃抓到把柄后，向玄宗哭诉："太子阴结党羽，将害妾母子，亦指斥至尊。"玄宗听后大怒，与宰相商量要废太子，张九龄反对。李林甫不言，但私下又对宦官说："此主上家事，何必问外人。"武惠妃也在宰相间活动，密派宫奴牛贵儿对张九龄说："有废必有兴，公为之援，宰相可长处。"遭到九龄拒绝。九龄将此事报告了玄宗，史称"上为之动色"。[1] 玄宗的反应是很微妙的，此事暂时被搁置下来。

开元二十四年（736年）十一月，原来主张稳定太子瑛地位的宰相张九龄下台了，太子在朝廷中几乎失去了一切支持。宰相人事的变动为太子瑛的被废铺平了道路。而李林甫的掌权，也使得寿王瑁被立为太子的可能性大大增加。

形势紧迫，太子瑛联络两个弟弟鄂王瑶、光王琚以及自己妃兄驸马薛锈加紧策划，"谋陷弟兄"，准备谋害寿王瑁。[2] 事情又为杨洄所侦知，奏报玄宗。玄宗召宰相商议，李林甫对道："此陛下家事，非臣等所宜豫。"[3] 没有表示反对。玄宗乃下定决心，废瑛、瑶、琚为庶人，接着又赐死于长安城东驿。瑛舅家赵氏、妃家薛氏、瑶舅家皇甫氏，坐流贬者数十人。

像太子瑛这样为维护自己的太子地位，而企图对受宠兄弟采取行动的事，在唐代不是第一次。太宗宠爱魏王泰，太子承乾为保全自己就曾谋杀魏王泰。事发后，太宗虽也把承乾废为庶人，但是他处理的原则，是要把他们都保全下来。而玄宗一气之下，三人同时赐死。一日而杀三子，这在唐朝皇帝中是绝无仅有的。

太子瑛被废，本来是为寿王瑁立为太子扫清了道路，但是，

---

[1]《资治通鉴》卷214开元二十四年。
[2]《唐大诏令集》卷31《废皇太子瑛为庶人制》。
[3]《资治通鉴》卷214开元二十五年。

一日杀掉三个儿子，平息下来后终究不是滋味，同时，也流传着寿王以母宠子爱的议论，颇有夺宗之嫌，这也使得玄宗举棋不定，害怕给子孙留下一个夺宗的坏榜样，因此，没有马上再立太子。而不久武惠妃因病去世。寿王瑁虽然宠冠诸子，但毕竟没有显示出有什么特殊才能，更没有立过什么大的功勋。到底立谁，玄宗"犹豫岁余不决。自念春秋浸高，三子同日诛死，继嗣未定，常忽忽不乐，寝膳为之减"①。心情是很郁闷的。

一天，宦官高力士乘机问起玄宗为什么老是闷闷不乐，玄宗道："汝，我家老奴，岂不能揣我意！"力士说："得非以郎君未定邪？"玄宗说："对。"力士接着说："大家何必如此虚劳圣心，但推长而立，谁敢复争！"玄宗连声道："汝言是也！汝言是也！"②事情就这样定了下来。开元二十六年（738年）六月初三，玄宗的第三子忠王玙被立为太子。这就是后来的肃宗，是年已经二十八岁了。

二、寻求精神寄托

玄宗深受道家思想的影响，对道教神仙方药之事虽也很感兴趣，"及闻变化不测而疑之"③，是不大相信的。他与道士叶法善谈话，"屡询至道"，叶法善对他说的，也只是"理国之法"④。开元

---

①《资治通鉴》卷214开元二十六年。
② 同上。
③《旧唐书》卷191《张果传》。
④《旧唐书》卷191《叶法善传》。

二十二年（734年）他把张果召到东京，张果"所为变怪不测"[①]，玄宗才开始有些相信。但当时玄宗还着力于各项制度的调整和边疆形势的稳定，不久又发生了太子废立事件和武惠妃之死，还无暇顾及。

开元二十六年（738年）太子定立后，开元二十八年（740年）玄宗又把自己的儿媳妇寿王瑁之妃杨玉环纳入宫中，度为女道士，号太真。玄宗一改每年十二月去骊山温泉半个月的惯例，正月、十月都要带着杨太真去骊山温泉，每次都是乐不思返，一住就是一个多月。玄宗终于从太子废立和武惠妃之死所引起的情绪低落中复苏过来。

到开元天宝之际，制度的调整基本告一段落，社会经济繁荣，国家安定，边疆形势也趋于缓和。历尽坎坷的李隆基登上皇位后，经过三十年的努力，"万方无事，六府惟修，寰宇晏如，庶臻于理"[②]，不仅在位的时间超过了有唐以来任何一个皇帝，经济的繁荣和国家的昌盛也超过了任何一个时期。已经年届六十的玄宗踌躇满志，自我陶醉，他忘记了这是群臣辅佐他励精图治，不断革新政治的结果，而归之某种超自然力量对他的护佑，很自然地想起了"列祖玄元皇帝"。开元二十九年（741年）正月，他甚至梦见玄元皇帝告诉他："吾有像在京城西南百余里，汝遣人求之，吾当与汝兴庆宫相见。"[③] 唐以老子李耳为其祖先，高宗时

[①]《次柳氏旧闻》。
[②]《唐大诏令集》卷4《改元天宝敕》。
[③]《资治通鉴》卷214开元二十九年。

并尊为玄元皇帝。盩厔楼观山是以随老子入关而著名的尹喜旧宅所在，是道教胜地，玄宗所派使人很快就在这里找到一尊老子像，并于四月迎置兴庆宫。玄宗每天清早都要前去参拜。玄宗并命画玄元真容，置诸州开元观。

为了弘扬玄元皇帝天宝赐庆，垂裕后人的事迹，给自己的功业蒙上一层神圣的色彩，玄宗下令大赦天下，改开元三十年为天宝元年（742年）。

玄宗一心想着神仙老祖宗赐福于他，希望当时的局面能长久维持下去，便不再去想怎样依靠群臣把朝政再向前推进一步了。但有两件事他还是抓得很紧的。

一是边事，一是财政。

开元二十九年（741年）盖嘉运被吐蕃打败，吐蕃重占石堡城后，玄宗任命曾为忠王友的皇甫惟明为陇右节度使，对吐蕃进行反击。这时突厥内乱，玄宗又任命从小和太子一起长大的王忠嗣为朔方节度使，相机行事。在唐的配合下，天宝四载（745年）回纥怀仁可汗击杀突厥白眉可汗，影响北方形势达两个世纪的东突厥终于灭亡。

府兵制改为募兵制后，边地各军的粮食，主要依靠屯田，部分依靠和籴，而和籴和衣赐所需要的绢帛，则需由中央政府调拨，每岁用衣达一千零二十万匹，其中安西、北庭一百一十万匹段，河西一百八十万匹段，朔方二百万匹段，陇右二百五十万匹段。这些绢帛均需由内地运去，因此，物资的调拨和转运就成为保证边军正常生活的一个重要条件。长安人口的增长，漕运也成为保证长安粮食正常供应的唯一途径。天宝元年，玄宗以太子妃兄韦坚为陕郡太守、水陆转运使，勾当缘河及江淮南租庸转运处置使，负责转运江淮租米，并取州县义仓粟转市轻货运往长安。①天宝四载（745年），又以御史中丞杨慎矜代韦坚领诸使，以户部郎中王鉷为户口色役使。

三、玄宗与太子、边将的矛盾

天宝四载（745年），玄宗终于闯过了六十岁大关。他不仅希望当时繁荣昌盛的局面能长期延续，更希望自己的生命能长期延续下去。他派人到嵩山炼药。又在宫中建坛，正月初六，玄宗亲自在黄素上书写了向上天祈福的文字，放在案桌上。突然黄素被风吹起，望着直上云霄的黄素，玄宗浮想联翩，似乎听到空中有"圣寿延长"②的声音。这本来是一种幻觉，而玄宗却作为特大喜讯告诉了宰相。太子、诸王和宰相听说后，也都上表称贺。这一方面说明玄宗已深深陷入道教的宗教迷信之中，同时也表明玄宗充满信心面向未来的岁月。

天宝初年，玄宗重用皇甫惟明、王忠嗣和韦坚，解决军事、财政问题。这三人都与太子有着特殊的关系，因此，带有鲜明的给太子傅以羽翼，给自己准备后事的色彩。唐朝皇帝除高祖李渊活了七十岁，太宗五十二岁，高宗五十六岁，睿宗五十五岁，没有超过五十六岁的。又届这个年龄的玄宗着眼于身后是很自然的。而到天

---

① 《旧唐书》卷105《韦坚传》；卷48《食货志》。
② 《资治通鉴》卷215天宝四载。

宝四载（745年），皇甫惟明、王忠嗣屡立战功，威名显赫，韦坚理财也取得了很大成功，声震朝野。太子虽然和他们不一定有什么特殊的联系，但由于他们过去的关系，客观上成为太子的一种支持力量。从这个意义上来说，太子的羽翼是丰满了。而玄宗这时从身体到心情，都是空前的良好，还准备在政治军事上成就一两项新的功业。

太子羽翼丰满，玄宗又不准备传位或让太子参与政事，玄宗与太子的关系发生了微妙的变化。而在立太子时，李林甫是主张立寿王瑁的，眼看与太子有关的皇甫惟明、韦坚日益受到玄宗的重用，皇甫惟明还曾劝玄宗去掉李林甫。李林甫感到他们对自己的地位是一种威胁，便令杨慎矜秘密监视他们的行动。

天宝五载（746年）正月十五日夜，太子出游与韦坚相见。韦坚又与皇甫惟明会于景龙观道士之室。事情为杨慎矜所揭发，李林甫因奏韦坚与皇甫惟明结谋，欲共立太子。玄宗也怀疑韦坚与皇甫惟明有谋，皇甫惟明贬播州（今贵州遵义）太守，韦坚一贬再贬，最后长流临封（今广西梧州），宰相李适之也因与韦坚关系密切，贬宜春（今属江西）太守。韦坚亲党被流贬者数十人。第二年正月，又赐韦坚、皇甫惟明死，李适之忧惧自杀。太子也被迫表请与韦妃离婚。从此，玄宗和太子的关系蒙上了巨大的阴影。

天宝六载（747年），又发生了王忠嗣拒攻石堡城的事件。

王忠嗣之父王海宾，开元初在与吐蕃的战争中阵亡，忠嗣从小养于宫中，与尚未成为太子的忠王游处。天宝四载（745年）二月王忠嗣以朔方节度使兼河东节度使。五载初，又命他担任河西、陇右节度使兼知朔方河东节度事。玄宗以王忠嗣一人而兼领四镇，表明在东突厥灭亡后，玄宗决心倾四镇之力攻克石堡城，并进而收复黄河九曲的决心。而王忠嗣则仍保持了开元、天宝之际持重安边的观点，主张采取厉兵秣马，相机行事的策略，暂时不要进攻石堡城。将军董延光自请将兵攻取石堡城，玄宗命王忠嗣调一部分士兵给董延光，王忠嗣迫于制书，调给他数万军队，但不立重赏。结果董延光过期不克，归罪于王忠嗣阻挠军计。玄宗很生气，李林甫乘机让济阳别驾魏林上告，说王忠嗣曾自言我幼养宫中，与忠王相爱狎，欲拥兵以尊奉太子。王忠嗣被召回长安，交三司审讯。胡人哥舒翰和安思顺分别接任陇右、河西节度使。

玄宗很快给王忠嗣案定下了调子："吾儿居深宫，安得与外人通谋，此必妄也，但劾忠嗣阻挠军功。"[1] 三司奏王忠嗣罪当死，赖哥舒翰在玄宗面前为其陈诉冤情，才免死贬为汉阳（今属武汉市）太守。自后，太子更加小心谨慎，还不到四十，鬓发就已经斑白了。

四、李林甫和杨国忠

进入天宝年间以后，玄宗认为俗阜民安，中外无事，天下无复可忧，可以做太平天子了。加以在位多年，倦于万机，因此除了边事和财政，其余的朝廷大事，全交给李林甫去处理。

开元时期的宰相，除了源乾曜从开元八年正月做到开元十七

---

[1]《资治通鉴》卷 215 天宝六载。

年六月（720—729年），牛仙客从开元二十四年十一月到天宝元年七月（736—742年），其他宰相任期没有超过五年的。天宝时，陈希烈也从六载做到十三载（747—754年）。但是，不论是源乾曜、牛仙客，还是陈希烈，都只担任过侍中，都没有做过中书令，在宰相中并不起主导作用，更没有大权独揽。而李林甫从开元二十二年（734年）拜相，到天宝十一载（752年）去世，任期达十八年之久，其中开元二十四年（736年）为中书令后的十六年间，朝廷大权集中在李林甫之手。

李林甫是唐高祖从父弟长平王叔良之曾孙，为李唐宗室，善音律，"自无学术，仅能秉笔"，文化水平不算很高。林甫舅姜皎，是帮助玄宗平定内乱夺取皇位的功臣，林甫受到吏治派官吏源乾曜、宇文融的援引，开元中做到了吏部侍郎，仕途是相当顺利的。他担任宰相后，开始的五六年间，帮助玄宗解决了一些当时面临的问题，并初步完成了政治、军事制度上的调整。李林甫经常通过玄宗左右了解玄宗的想法，悉心揣摩玄宗的意图，更增加了玄宗对他的信任。李林甫虽然大权在握，但"每事过慎，条理众务，增修纲纪，中外迁除，皆有恒度"，能做到"动循格令，衣冠士子，非常调无仕进之门"。[①] 在他执政期间，不仅能保持政府机构有条不紊地正常运转，并且能及时采取一些措施，以保持国内的安定和经济的持续发展。针对土地兼并加剧，贫困农民增加，唐政府规定，每五百户农民中，可放免三十丁的租调。为了

[①]《旧唐书》卷106《李林甫传》。

避免农民因天灾而流亡，规定赈济放免等救灾措施，由各道采访处置使与刺史商量决定，而不必先报请中央批准。

在官吏的任免和升迁上，李林甫虽然"谨守格式"，但对于不附于他，或有才望，受到玄宗赏识，威胁到他的地位的人，也要想方设法把他们打下去，甚至置之死地才肯罢休。皇甫惟明、韦坚、王忠嗣、杨慎矜、王铁等狱，固然与玄宗的疑忌和好恶有关，但背后也都有李林甫插手。

天宝七、八载（748—749年）以后，杨国忠以理财有方，越来越受到玄宗的宠信。

杨国忠本名杨钊，武则天时幸臣张易之的外甥。杨贵妃是他的从祖妹。天宝初新都尉任满后，在蜀中赋闲。剑南节度使章仇兼琼为了在朝廷中找到靠山，辟杨国忠为推官，派他到长安去结交杨家。杨贵妃的姐姐们把他引荐给玄宗。由于他具有经济之才，很快受到玄宗的赏识，由正八品上阶的监察御史，骤迁为从六品的检校度支员外郎兼侍御史。到天宝七载（748年）已兼领十五使，又超迁为正五品上阶的给事中、兼御史中丞，专判度支事，取得了总理财政收支的大权。

当时州县仓库里积聚了大量粟帛，而军费和皇室、贵族奢侈用度的增加，朝廷需要更多的布帛和货币。杨国忠扩大折变的范围，命各地将仓中的粮食粜变为金、银等轻货。丁租和地税也变市布帛，送往京师。中央政府的库藏空前丰富起来。天宝八载（749年）二月，玄宗带领公卿百官参观左藏库，看到库中"货币山积"，特赐给杨国忠紫衣和金鱼。这次参观彻底解除了开元以来玄宗思想上不断承受的财政压力，感到财政问题已不成问题，同时，感到"国用丰衍，故视金帛如粪壤，赏赐贵宠之家，无有限极"①，整个统治集团沉浸在奢侈享乐之中。而杨国忠在玄宗心目中的地位，也迅速提高，成为与李林甫、王𫓧鼎足而三的势力。天宝十载（751年），又命杨国忠兼领剑南节度使。

天宝十一载（752年）初，与王𫓧弟王銲关系密切的邢縡欲举兵作乱，事情败露后，玄宗赐王𫓧自尽。王𫓧原来担任的京兆尹、御史大夫、京畿关内采访使及所领二十余使，全部由杨国忠接任。杨国忠贵震天下，与李林甫的矛盾激化起来。李林甫借口南诏骚扰，蜀人请杨国忠赴镇，奏遣杨国忠赴蜀，想把杨国忠赶出朝廷。杨国忠不得已，向玄宗辞行，玄宗对杨国忠说："卿暂到蜀区处军事，朕屈指待卿，还当入相。"②意思是准备让他取代李林甫为相。已经疾病缠身的李林甫感到政治生命也不会长久了，病情迅速恶化，玄宗在华清宫降圣阁遥望他，李林甫已不能拜谢。不久就死在华清宫附近昭应县城内的私第。

李林甫死后第三天，杨国忠被命为右相（即中书令）兼文部（即吏部）尚书，所任诸使如故。这就是说，杨国忠不仅继承了李林甫的权力，他原来担任的和从王𫓧那里接受过来的财权，对关内道、京畿道、剑南道和山南西道的军政大权也全部保留下来。李林甫当权时，玄宗虽然"悉以政事委林甫"③，而财权则由

---

① 《资治通鉴》卷216 天宝八载。
② 《资治通鉴》卷216 天宝十一载。
③ 《资治通鉴》卷215 天宝三载。

王铁、杨国忠二人分掌。其临终时的头衔是左仆射兼右相（中书令）、吏部尚书、上柱国、晋国公，除了总理庶政，具体负责的部门工作，只有吏部铨选。杨国忠为相后，除了总理庶政，财政、用人大权以及关内、京畿、剑南和山南的地方军政大权也都集中到杨国忠一人之手，权力的集中达到空前的程度。

第四编

唐 中兴

第一章　盛极而乱

第一节　尾大不掉　安史之乱

一、安禄山势力的成长

天宝六载（747年），安西副都护、都知兵马使、充四镇节度副使高丽人高仙芝，攻克小勃律。天宝八载（749年），陇右节度使哥舒翰攻占石堡城。唐对吐蕃取得了很大胜利。这时边疆形势发生了几个重大的变化。

一是契丹和奚的强大，唐为了镇遏奚和契丹，重用安禄山，先后任命他为平卢、幽州两镇节度使；天宝九载（750年），赐爵东平郡王，还让他兼任河北道采访处置使；天宝十载（751年），又让他兼任河东节度使。

二是大食势力的东进。大食即阿拉伯，公元750年，阿拔斯王朝取代了伍麦叶王朝，政治中心东移。天宝九载（750年），高仙芝伪与石国（在今乌兹别克斯坦塔什干一带）约和，引兵偷袭，俘其王，并大肆抢掠。石国王子联合诸胡请求大食出兵。高仙芝率兵迎击，在怛逻斯为大食所败。

三是南诏的兴起。南诏统一六诏后，徙居大和城（今云南大理南），开元二十六年（738年）唐册封南诏王蒙归义（皮逻阁）为云南王。阁罗凤继位后，为了与唐争夺对东西爨部的控制，与唐发生冲突。天宝十载（751年）剑南节度使鲜于仲通率兵征讨，吐蕃也以大军压境，威胁南诏。面对来自两面的压力，阁罗凤向唐请罪，表示愿继续修好。鲜于仲通没有接受，继续进军，在西洱河全军覆没，士卒死者六万人。南诏被迫臣附吐蕃。

在这些事件以后，天宝十载十一月，杨国忠兼领剑南节度使；天宝十一载（752年）三、四月间，安思顺取代李林甫为朔方节度使；十二月，封常清为安西四镇节度使。天宝十二载（753年）哥舒翰收复黄河九曲后，又兼任河西节度使，并赐爵西平郡王。这样，河西、陇右，朔方，河东、幽州、平卢三个地区，便分别掌握在哥舒翰、安思顺和安禄山三个胡人将领手中。他们所统帅士兵三十九万余人，占边镇兵四十九万人的百分之八十。

朔方军士兵多为胡人，但只有六万多人。安思顺担任节度使的时间也只有三四年，在三方中不成其为一个独立的力量。

哥舒翰虽然从天宝五载（746年）起就随王忠嗣来到陇右，并掌握了十四万八千军队，但河西军队多由本地人充当，陇右士兵则多为山东戍卒；粮食虽可由本地屯田供应，但衣赐所需的绢帛则需由朝廷供给。且地处戈壁沙漠地带，交通不便，因此，只有和中央政府保持密切的联系，才能保持力量的强大。

兵力最大，在任最长的是安禄山。河东、范阳、平卢三镇共有士卒十八万三千五百人，占三方兵力总和的百分之四十六，全部边镇兵的百分之三十七。他不仅兼领三镇，天宝九载（750年）还兼任河北道采访处置使，成为河北地区的最高军政长官。河北地区背靠太行山，西向大海，中间是一望无际的河北大平原，盛产粮食、绢帛，又有矿、有盐，是唐朝前期经济最发达的地区。到天宝十二载（753年），突厥阿布思为回纥所破，安禄山诱降其部落后，安禄山的力量事实上已经可以和其他所有的边镇兵相抗衡。

开元末府兵制就已经完全破坏，中央政府已不能随时调集重兵，中央政府直接掌握的，只有十万人左右的禁军，其余四十九万军队全部集中在边镇。唐初内重外轻的军队布局已经改变为内轻外重了。而玄宗仍不断加强边镇节度使的力量。在玄宗看来，他们是胡人，又没有文化，他们不可能与内廷相勾结，对自己的皇位不会构成威胁。李林甫害怕汉人大将功名日盛而入朝为相，影响自己的地位，因此，也极力促使玄宗重用胡人将领。玄宗采取给安禄山、哥舒翰封王赐爵，收安禄山为养子，给予各种恩宠的办法来笼络他们，用几方势力互相牵制的办法来保持平衡；并派遣宦官监军来监视他们的行动，但是没有从制度上采取措施来保证他们对中央的绝对忠诚和服从。形势已经发展到随时可能失控的地步。

二、渔阳鼙鼓动地来　惊破霓裳羽衣曲

天宝十四载（755年）十一月九日，安禄山以诛杨国忠为名，在范阳起兵南下。虽然太原和东受降城的报告很快就送到了华清宫，而玄宗仍然认为，这是那些反对安禄山的人编造出来的而未予理会。

安禄山兼领三镇后，积极扩大自己的力量，养同罗、奚、契丹壮士八千人，谓之"曳落河"；畜养战马数万匹，积聚兵器；派遣商胡到各地贸易，岁输珍货数百万；同时组成了以失意文人高尚、严庄，以及张通儒和将军、契丹人孙孝哲为腹心，史思明等一帮胡汉将领为爪牙的骨干力量。天宝十三载（754年）安禄山入朝，又求兼领闲厩、群牧使，又奏请超资加赏所部将士，授将军者五百余人，中郎将者二千余人，以此收买众心。

经过几次入朝，安禄山看到内地武备松弛，坚定了谋反的信心。杨国忠反对玄宗给安禄山加同平章事头衔，并到处收集安禄山的反状，不断向玄宗说安禄山要反。二人矛盾的迅速激化，也促使安禄山加快了反叛的步伐。天宝十四载（755年）二月，安禄山请以蕃将三十二人代汉将。八月以后屡饷士卒，厉兵秣马，进行临战前的准备。十一月安禄山声称"有密旨，令禄山将兵入朝讨杨国忠"[①]。九日，安禄山发所部及同罗、奚、契丹、室韦等部共十五万人，在城南誓师出发。

十一月十五日，玄宗才接到安禄山确实反叛的情报，这时安禄山从范阳出发已是第七天了。玄宗忙召宰相商量，杨国忠洋洋有得色，对玄宗说道："今反者独禄山耳，将士皆不欲反也。不过旬日，必传首诣行在。"[②]要玄宗不要着急，在华清宫等着看安禄山的人头。杨国忠不了解，安禄山的士兵中胡人比重很大，将领中胡人更多。安禄山以优厚的待遇，丰厚的赏赐，或给以高

---

① 《资治通鉴》卷217天宝十四载。
② 同上。

官,或收为养子,和这些将士结成为一个紧密的军事集团。河北地区又是他的辖区,在他的叛乱面目尚未充分暴露之前,他就可以顺利通过河北地区,到达黄河之滨。杨国忠所作的将士皆不欲反,旬日之间安禄山就会被部下杀掉的预计,和实际情况相距是太远了。基于对形势的这种错误估计,玄宗只是派遣特进毕思深赴东京,金吾将军程千里赴河东,各简募数万人,就地组织防御。

第二天,安西节度使封常清入朝,玄宗问以讨贼方略。封常清认为今太平积久,故人望风惮贼,请求走马诣东京,开府库,募骁勇,渡黄河,计日取安禄山之首献阙下。封常清不仅低估了安禄山的力量,而且由于他长期生活在安西,他不了解内地长期安定,府兵制已经废弃,府兵训练早已停止,民间尚武、习武的风气早已改变,重赏之下可以募集起一支六万人的军队,但却不是一支来之能战的队伍。

十七日,封常清起东都,唐玄宗在华清宫一直等到二十一日,才返回长安,并做了进一步的部署,以郭子仪取代安禄山养父之子安思顺为朔方节度使,以右羽林大将军王承业为太原尹,置河南节度使领陈留(即汴州,今河南开封)等十三郡,以张介然为节度使,以程千里为潞州(今山西长治)长史,负责扼守这些冲要地区。二十二日,又以荣王李琬为元帅,右金吾大将军高仙芝为副元帅。在长安拼凑了五万人,包括禁军飞骑、彉骑及新募兵及边兵在京师者,于十二月初二离开长安,屯驻陕郡(今河南陕县)。

十二月初三,安禄山从冰上渡过黄河,初六陷陈留,初九陷荥阳。封常清在东京外围连战皆败，十三日东京失陷，河南尹达奚珣降于安禄山，封常清率余众西走。

安禄山渡河后，玄宗才感到形势严重，下制欲亲征，并下令调朔方、河西、陇右兵，除留守城堡外，一律由节度使率赴行营，限二十日全部到达。

洛阳失陷后，封常清在陕郡和高仙芝会合，仓皇退往潼关。在撤退过程中，由于没有组织阻击，叛军追上后，部队陷于混乱，自相践踏，死伤了不少人。但封、高还是及时在潼关建立起了守备，阻挡了叛军西进，给朝廷进一步组织力量争取了时间。

封常清三次派人奉表向玄宗陈述叛军形势，玄宗都拒不接见。封常清乃亲自前往长安，准备直接向玄宗面陈军情，提醒玄宗不要轻敌，行到渭南，也被勒令返回高仙芝部队。在叛军兵临潼关的严重形势面前，玄宗竟然不愿听取来自前线将领的第一手报告，这也是说怪不怪的事。唐初以来，皇帝经常召见大臣了解情况，商讨政事，玄宗即位后也继承了这一传统，但自从张九龄下台，李林甫上台后，玄宗听不得不同意见，就很少召见大臣听取意见了。宰相也只有二人，因此，玄宗逐步习惯于只听李林甫、杨国忠等少数大臣和身边宦官的话，偏听偏信开始成为一种习惯，大臣和将领的话就既不想听，也听不进去了。

封常清和高仙芝败退潼关，根据《唐律·擅兴律》"诸主将守城，为贼所攻，不固守而弃去，及守备不设为贼所掩覆者斩"[①]

[①]《唐律疏议》卷16《擅兴》。

第一章 盛极而乱

条，是要处斩的。但唐律上的这一类条文往往并不严格执行，往往多是削去官职，留在部队让他们将功赎罪。这一次对封常清原来也是命他白衣自效。但玄宗听到在高仙芝军中监军的宦官边令诚的片面报告后，立即改变初衷，下令将封常清、高仙芝处死。同时，强行起用病废在家的哥舒翰为兵马副元帅，代高仙芝镇守潼关。

大敌当前，接替者尚未到任，就在前线处死主将，使诸将处于群龙无首的状态，这是非常荒谬的。如果叛军发起突然进攻，其后果将不堪设想。所幸这时河北情况发生了重大变化，平原（即德州，今属山东）太守颜真卿召募勇士，举兵讨安禄山，附近诸郡共推颜真卿为盟主。常山（即恒州，今河北正定）太守颜杲卿起兵，河北诸郡响应，有十七郡归向朝廷。安禄山亲率大军进攻潼关，走到新安，听到河北有变而还。哥舒翰这才有时间在潼关建立起防御体系。

天宝十五载（756年）正月，安禄山在洛阳自称大燕皇帝。平原郡城也为叛军史思明所陷，颜杲卿被执送到洛阳，英勇就义。二月，河东节度使李光弼率朔方兵万人出井陉，克常山，三月，平原、清河、博平三郡兵克魏郡。四月，郭子仪率兵出井陉，至常山与李光弼会合，大败史思明。河朔之民苦于叛军的残暴，也纷纷结为二万人、一万人的队伍，起来抗拒叛军。五月，郭子仪、李光弼在常山之东的嘉山，大破史思明，斩首四万级，进围博陵（即定州，今河北定县）。河北十余郡皆杀叛军守将而降。洛阳至范阳的交通被断绝。叛军军心动摇，安禄山和众将商议，准备放弃洛阳，走归范阳。

平叛形势急转直下，而朝廷内部杨国忠与哥舒翰矛盾也与日俱增。当时朝野都把安禄山的叛乱归罪于杨国忠的骄纵，杨国忠害怕哥舒翰统兵入朝诛杀自己，因此，当玄宗接到叛军在陕兵不满四千，皆羸弱无备的错误情报后，杨国忠一再鼓动玄宗命哥舒翰出潼关，收复陕洛。哥舒翰对玄宗分析说，安禄山久习用兵，岂能无备。这不过是以羸师来引诱我们。郭子仪、李光弼也上言："请引兵北取范阳，覆其巢穴，质贼党妻子以招之，贼必内溃。潼关大军，唯应固守以弊之，不可轻出。"[①] 对于这些正确的意见玄宗一句也听不进。

在玄宗的一再催促下，哥舒翰不得已引兵出关，六月八日在灵宝西原落入叛军埋伏，几乎全军覆没，只有八千士卒逃入潼关。九日，潼关失陷，哥舒翰也被其部下抓送叛军。形势发生了戏剧性的逆转。

三、天子落难　贵妃丧命

六月九日，哥舒翰的部下来到长安告急，玄宗虽然即时召见，但只是派遣李福德等将监牧兵赴潼关，并没有采取任何其他措施，因为玄宗并不知道哥舒翰的军队已全军覆没，更没有想到潼关已经失守。直到晚上，从潼关方向来的报平安的烟炬未传到长安，玄宗才紧张起来。第二天找宰相商量，杨国忠建议逃往四

[①]《资治通鉴》卷218 至德元载。

川。第三天，杨国忠集百官于朝堂，问以策略，无一人发言。政府各职能部门，没有做出任何反应，也没有采取任何应变的措施，天宝末年权力集中所产生的恶果充分显示出来。开元年间，政事堂议事和三省按政务处理程序分工的制度就已经破坏。天宝末年，中央权力进一步集中，一切军国大事都要由皇帝和宰相临时决定和安排，许多事务都交给使职去承担。原来的机构已不能各司其职了。由于职责不清，机构臃肿，一碰到像潼关失守这样的突然情况，原来的职司无权处理，新建立的使职又没有这些任务，整个政府机关陷于瘫痪，无法正常运转，甚至连前线军情也不能及时传到朝廷，这也就注定玄宗除了逃跑，就别无他策了。

由于一直接不到确切的情报，玄宗在长安一直待到十二日，而官吏和百姓早已是跑的跑，藏的藏起来了。到这天晚上，玄宗终于沉不住气，急命龙武大将军陈玄礼集合禁军，准备马匹，第二天一早，玄宗就带着杨贵妃姐妹、皇子和部分王妃、公主、皇孙，以及宰相杨国忠、韦见素和亲近的宦官，匆忙逃出长安西走。王妃、公主、皇孙住在宫外的都没有来得及通知，后来都成为安禄山的俘虏。

早晨上朝的时候，百官才发现玄宗把他们抛弃了。长安城中一片混乱，王公大臣、一般官员、普通百姓四出逃窜。也有的大臣干脆留在长安，准备投降安禄山，其中有前宰相陈希烈，最受玄宗宠信的驸马都尉张说之子张垍。

十三日清晨出发，半夜，抵达金城（今陕西兴平），一天赶了八十五里路,打前站的宦官逃跑了,咸阳、金城县令也已经逃走,吃饭都成了问题。金城驿中连灯也没有,贵贱混杂,胡乱睡了一夜。

十四日继续西行,从行将士饥疲不堪,便将满腔的愤怒指向了杨国忠。走到马嵬驿(在今兴平),正好杨国忠被二十几个吐蕃使者围住,士兵高喊"国忠与胡虏谋反"①,射中他的马鞍。杨国忠逃到驿站西门,被军士追杀,其子杨暄及杨贵妃姐韩国夫人秦国夫人也都被杀。接着军士就把驿站包围起来,要求玄宗杀掉杨贵妃。玄宗犹豫不决,京兆司录韦谔以众怒难犯,安危就在顷刻,要玄宗当机立断。高力士也对玄宗说:"贵妃诚无罪,将士已杀国忠,而贵妃在陛下左右,岂敢自安!愿陛下审思之,将士安则陛下安矣。"②事情已经牵涉到玄宗个人的安危,玄宗终于在生命和爱情之间做出了抉择:命高力士把杨贵妃带到佛堂缢杀。杨贵妃死后,召陈玄礼入视,令晓谕军士。一场风波总算平息下来。

但事情并未就此终结。十五日正当玄宗要从马嵬驿出发的时候,许多百姓拦住他说:"宫阙,陛下家居,陵寝,陛下坟墓,今舍此,欲何之?"③在突然的事变面前早已把国家和百姓的命运丢到一边,只顾自己逃命的玄宗无言以对,勒住缰绳在马上停留了片刻,叫太子在后面宣慰父老,自己默默地走了。

---

① 《资治通鉴》卷218至德元载。
② 同上。
③ 同上。

百姓越聚越多，众至数千人。他们要求太子李亨留下，担负起平定叛乱，收复长安的重任。他们语重心长地对太子说："若殿下与至尊皆入蜀，使中原百姓谁为之主？"[1]李亨面临着一次严重的抉择。

在两个儿子广平王李俶和建宁王李倓和宦官李辅国的鼓动下，李亨终于顺从民意，留了下来。十年来玄宗最怕发生的事，终于发生了。

李亨被立为太子的最初九年间，父子相安无事，李亨安心做他的太子，玄宗也先后重用了太子妃兄韦坚和与太子关系密切的皇甫惟明和王忠嗣。但自天宝五载（746年）皇甫惟明、韦坚事件以后，玄宗总是害怕玄武门之变一类事件的重演，因此，高仙芝东征时，他派地位和年龄仅次于太子李亨的荣王李琬为元帅；洛阳失陷后，已下制令太子监国，但由于杨国忠的反对，也旋即作罢。玄宗害怕李亨在监国过程中威望提高，力量扩大，危及自己的皇帝宝座，深深陷入了宫廷斗争的旋涡中而不能自拔。他所依靠的仅杨国忠一人而已。玄宗已成为十足的孤家寡人。苦于无力摆脱老父控制的李亨在百姓的掩护和支持下，得以留下，父子终于在马嵬驿分道扬镳。对于玄宗，这是他晚年悲剧的开始，也是他的政治生命的实际终结，而对于唐王朝，这又成为重建和复兴的起点。

---

[1]《资治通鉴》卷218至德元载。

第二节　立于败军之际

一、灵武即位

唐玄宗丢下了长安的宫阙、父祖的陵寝和广大的百姓，日夜兼程，向成都逃去。太子李亨在马嵬驿留下后，由于事出仓促，何去何从，还没有来得及考虑。眼看天色渐晚，李亨还是没有拿出什么主意。李亨次子建宁王李倓认为，李亨曾为朔方节度大使，而且朔方道途较近，士马全盛，应该抓住叛军在长安掳掠，未暇略地的时机，迅速前往朔方，再徐图大举。大家觉得很有道理，于是拥着太子经奉天（今乾县）北上，到达平凉。

朔方节度留后杜鸿渐、六城水陆运使魏少游等得知太子到达平凉后，派盐池判官李涵奉笺到平凉迎接，并向太子报告了朔方的兵马、甲兵、谷帛和军需情况。杜鸿渐也亲自到平凉北境迎接。七月，太子一行到达朔方节度使的治所灵武。

太子李亨到达灵武的同时，唐玄宗也到达剑州（今四川剑阁），进入蜀境。这时李亨仅仅作为太子，还没有权力调动军队，指挥作战，而玄宗还在去成都途中，还无暇顾及中原，各地甚至连玄宗的去向也不知道。在差不多一个月的时间里，全国出现了权力真空。全靠郡县官吏和各级将领支撑着危局。为了不失时机地组织力量平叛，使人心有所归向，使指挥得到统一，裴冕、杜鸿渐等上笺太子，建议他即皇帝位。经过几次推让，李亨终于在七月即位于灵武城南楼，尊玄宗为上皇天帝，改天宝十五载为至德元载（756年）。这就是唐肃宗。

肃宗即位后的第四天，玄宗在剑州制：以太子亨充天下兵马元帅，领朔方、河东、河北、平卢节度都使，南取长安、洛阳；永王璘充山南东道、岭南、黔中、江南西道节度都使，给兄弟二人划分了势力范围。永王璘是玄宗三十子中的第十六子，虽然容貌不佳，视物不正，但少聪明好学，加以他的十五个兄长中，除了太子李亨北上，颍王璬作为剑南节度大使已先期赴蜀，仪王璲情况不详外，其余的非死即已得罪，故玄宗把经营南方的如此重任交付与他。李璘七月至襄阳，九月至江陵，召募将士，补署官吏，调集租赋，开始大干起来。

肃宗即位后三十天，灵武使者始奉表到达成都，玄宗表面很高兴，喜曰："吾儿应天顺人，吾复何忧！"其实内心是很矛盾的，四天后才不得已下制改称太上皇，但同时规定："四海军国事，皆先取皇帝进止，仍奏朕知，俟克服上京，朕不复预事。"[①]并没有把权力全部交给肃宗。

二、收复两京

肃宗到达灵武的时候，朔方精兵大多在河北讨伐安禄山叛军。肃宗命河西节度使李嗣业将兵五千赴行在，又征兵于安西，行军司马李栖筠发精兵七千人。七月底，郭子仪将兵五万自河北至灵武，灵武军威始盛，人们才有了兴复的希望。肃宗以郭子仪为武部尚书，灵武长史，以李光弼为户部尚书，北都留守，并同

[①]《资治通鉴》卷218至德元载。

平章事。李光弼带领景城、河间兵五千人赴太原。以确保这个东可出井陉，西可至长安，南可至洛阳的战略要地的安全。

肃宗深感兵力不足，于是派邠王守礼之子敦煌王李承寀与仆固怀恩出使回纥借兵。又发拔汗那兵，并使转谕西域城郭诸国，许以厚赏，让他们随安西兵一起入援。在财政上也做了安排，设法调集各地的庸调。

当肃宗在灵武积极组织力量的同时，河北诸郡仍与叛军展开激烈的战斗。长安附近百姓也自发地起来与叛军进行斗争，叛军控制的地区南不出武关，北不过云阳，西不过武功。

九月，肃宗接受李泌的建议，离开灵武，前往彭原（今甘肃镇原、合水间），等待各路军队的到来。十月，到达彭原，第五琦建议以江淮租庸购买轻货，逆江、汉而上至洋川（今陕西洋县），再陆运至扶风（今陕西凤翔）。肃宗任命他为山南等五道度支使主持此事，第五琦又作榷盐法，保证了平叛的财政用度。

玄宗保留了预闻政事的权力，并把江南道等四道大权交给了永王璘，说明肃宗的皇帝地位并不稳定。因此肃宗急于成就一番引人注目的事业，来提高自己的威望。当房琯请求率兵收复长安时，他竟然把四万多军队交给了这位好为大言，不懂军事的文士，分三路向长安进军。直到房琯被叛军打得大败，河南、河北的许多郡县又为叛军所陷，肃宗才感到形势不妙，把李泌找来问道："今敌强如此，何时可定？"[1]李泌建议派兵牵制住范阳、常

---

[1]《资治通鉴》卷219至德元载。

山和长安的叛军主力，再不断派兵出击，使叛军在数千里的战线疲于奔命。待来春各路兵马集中后，南北夹击以取范阳，覆其巢穴，叛军可一举而歼。肃宗接受了这个意见。

至德二载（757年）正月，安禄山为其子安庆绪所杀。二月，郭子仪进据河东（今山西永济西），李光弼也击破叛军对太原的包围。肃宗至凤翔。不久陇右、河西、安西、西域之兵也到达凤翔。江淮庸调也已运到洋川、汉中。这时肃宗再也听不进李泌先取范阳的建议，以"朕切于晨昏之恋，不能待此决矣"[①]为由，执意要先取长安，以便把玄宗从成都请回来，免得有两个权力中心。四月，肃宗任命郭子仪为天下兵马副元帅，命他带领部队前往凤翔。郭子仪在京西清渠为叛军所败，退保武功，武功距凤翔不足百里，形势又紧张起来。在河南境内，叛军东取灵昌（今滑州），西屠陕郡（今陕县），围攻睢阳（今商丘）、南阳。鲁炅坚守南阳一年后退保襄阳，有效地阻扼了叛军南侵江、汉；张巡死守睢阳亦达十月之久，使叛军终不得南进江淮，保卫了唐王朝赖以生存的江淮财赋基地，对平叛做出了卓越的贡献。

九月，回纥怀仁可汗遣其子叶护及将军帝德等率精兵四千余人来到凤翔后，元帅广平王李俶率领朔方等军及回纥、西域兵共十五万人，到扶风与郭子仪会合后，向长安进发。在长安西香积寺北大败叛军，叛军弃城东走。二十八日，大军进入西京，郭子仪继续率领蕃汉兵追击叛军。十月十五日在陕城西新店击溃安庆绪从洛

[①]《资治通鉴》卷219至德二载。

阳派来的援兵十五万，广平王李俶、郭子仪进入陕城，仆固怀恩等分兵追击。第二天夜晚，安庆绪逃离洛阳，退往邺郡（相州，今河南安阳）。十八日，广平王李俶入东京。两京全部恢复。

肃宗虽然收复了两京，但是没有消灭叛军的有生力量，只是凭借强大的军事力量，把叛军赶出了长安和洛阳。叛军退到河北，继续和朝廷进行对抗。

长安收复后，肃宗在凤翔立即表请玄宗东归，并表示自己当还东宫复修臣子之职，表明自己做皇帝是形势所迫，不是要乘危传袭。这完全是一种以退为进的做法，并非如肃宗自己所说是"以至诚愿归万机"[1]。在权力问题上，肃宗把握得很紧的。其弟永王李璘奉玄宗之命进驻江陵，肃宗命他回到玄宗身边去，李璘不从，肃宗便设立了淮南节度使、淮南西道节度使，使与江东节度使共图璘。等到李璘引兵沿江而下时，便遭到肃宗事先安排好的讨伐，于至德二载（757年）二月败死。玄宗也无可奈何。其三子建宁王李倓，英毅有才略，在从马嵬驿北上灵武的过程中，发挥了很大作用，原来就与朔方军将领有一些联系，到灵武后"军士属目归于倓"，[2] 威望有了很大的提高。肃宗害怕他抢夺兵权，仅仅凭了张良娣、李辅国诬告他"恨不得兵权，颇蓄异志"，[3] 便将他赐死。玄宗对肃宗这个儿子是有深刻了解的。因此，当李泌从长安回到凤翔得知此事后，便对肃宗说："上皇不来矣。"[4] 并

---

[1]《资治通鉴》卷220至德二载。
[2]《旧唐书》卷116《承天皇帝倓传》。
[3] 同上。
[4]《资治通鉴》卷220至德二载。

建议以群臣的名义写一贺表，说明群臣马嵬请留，灵武劝进的情况，以及现今成功，肃宗思念老父，请速还京以就孝养之意。玄宗接到此表后，立即打道还京。十一月二十二，玄宗到达凤翔，从兵六百人的武器全部交给了郡库，把自己的命运全部交给了儿子。十二月初三，肃宗亲自到咸阳迎接。十九日，玄宗在宣政殿把传国宝授给肃宗，算是最后完成了权力的交接。

第三节　一波未平　一波又起

一、安史之乱的结束

安庆绪退保邺郡后，忌讳留守范阳的史思明力量强大，派人前往征调他的军队。史思明看到叛军处境越来越困难，又不愿接受安庆绪的摆布，便以其所部十三郡及兵八万投降朝廷。十二月二十日，史思明的使者到达京师，肃宗以史思明为归义王、范阳节度使，并派宦官李思敬与乌承恩前往宣慰。乌承恩在河北宣布诏旨，沧、瀛等六州也降附朝廷。除了安庆绪所据相州等少数州县，河北大部分地方在名义上皆为朝廷所有。

史思明只是在表面上投降朝廷，朝廷自然对他不放心。乾元元年（758年）四月，根据李光弼的建议，肃宗任命为史思明所亲信的乌承恩为范阳节度副使，让他寻找机会除掉史思明。事情为史思明所察知。他杀掉乌承恩，囚宦官李思敬，并要求肃宗杀李光弼。

九月，肃宗命朔方郭子仪、淮西鲁炅、河东李光弼等九节度使讨安庆绪。肃宗不愿把这么多军队的统帅权交给一个人，便以郭子仪、李光弼皆元勋，难相统属为由，不置元帅，但以宦官鱼朝恩为观军容宣慰处置等使。十月，郭子仪等攻拔卫州（今河南汲县），进围邺城。安庆绪求救于史思明，史思明发兵十三万，攻陷魏州（今河北大名北）后，观察不进。直到乾元二年（759年）二月，史思明才进到邺城城下。三月，官军步、骑兵六十万与史思明在安阳河北展开决战。由于缺乏统一指挥，九节度之兵一战而溃，只有李光弼、王思礼的部队全军以归。郭子仪退屯河阳，李光弼还兵太原。不久，朝廷解除了郭子仪的兵权，召回京师，以李光弼代为朔方节度使，兵马副元帅。强寇尚未扫除，肃宗就开始疑忌大将了。

邺城之役后，史思明诱杀安庆绪，并于四月在范阳自称大燕皇帝，改范阳为燕京。九月，史思明自范阳南下，占领汴州（今开封），复陷洛阳。李光弼退到河阳后，击败了史思明的两次进攻，局势才又稳定下来。

上元元年（760年）春，李光弼攻怀州（今河南沁阳），破安太清于怀州城下，平叛战争又有所进展。但到夏秋之际，统治阶级内部矛盾也有了进一步发展。

一是太上皇玄宗和皇帝肃宗之间的矛盾。玄宗自成都回京后，住在兴庆宫，身边有左龙武大将军陈玄礼、宦官内侍监高力士和女儿玉真公主以及梨园弟子。肃宗经常前往请安，玄宗也间或去大明宫走动走动，父子之间倒也相安无事。但是，做了四十多年天子的玄宗毕竟是不甘寂寞的，经常登上临街的长庆楼，接受父老的瞻拜、欢呼，并赐给他们酒食。还曾把将军郭英义召到楼上赐宴。对玄宗来说，无非是重温一下昔日帝王的荣耀，获得一种精神上的满足。而对肃宗来说，就不能不怀疑这是与外人交通，谋不利于自己。正是利用肃宗的这种疑虑心理，宦官李辅国得以离间玄宗、肃宗的父子关系，并建议把玄宗从兴庆宫移到西内太极宫居住。李辅国在肃宗的默许下，先把兴庆宫的三百匹马大部取走，只留下了十匹。七月，李辅国带着射生五百骑，露刃遮道，把玄宗强行迁移到太极宫甘露殿居住。陈玄礼、高力士及旧宫人都不得留在玄宗左右。太极宫又称大内或西内，在长安城最北部的宫城之内，与外界完全隔绝。玄宗实际上是被软禁起来。肃宗为了稳定自己的皇位，真是青出于蓝而胜于蓝。在很大程度上，这也是玄宗自己酿成的苦酒。

二是朝廷与军将的矛盾。上元元年（760年）九月，曾有由郭子仪统诸道兵自朔方直取范阳，还定河北计划。这个计划如果实现的话，郭子仪、李光弼南北夹攻，平叛形势当会发生很大的变化。诏令都已经下达，又为宦官鱼朝恩所间，事竟不行。安史之乱本来就是地方军将的叛乱，因此，当形势危急的时候肃宗不得不依靠军将，但也要严加防范；而当形势有所好转的时候，肃宗首先想到的就是削弱和罢去他们的兵权，唯恐他们掉转枪口，对准自己。鱼朝恩也正是利用肃宗这种疑忌宿将的心理，而得以行其间。

但地方军将擅权割据的倾向也确有发展。上元元年（760年）十一月就发生了淮西节度副使、宋州刺史刘展的叛乱。姑不论叛乱前朝廷在刘展问题措置失当，刘展率宋州兵七千击溃淮南东道节度使邓景山军，入据广陵（今扬州），攻陷润州（今镇江）、昇州（今南京），总是一种公开的叛乱。刘展兵锋甚盛，连下宣州、苏州、湖州、濠州、楚州、舒州、和州、滁州、庐州。肃宗命驻屯在任城（今山东济宁）的平卢兵马使田神功前往讨伐。田神功虽然平定了刘展之乱，但又纵兵在扬州、楚州以及各地大掠，江淮人民遭到了一次空前的浩劫。

上元二年（761年）二月，李光弼攻打洛阳失败。三月，史思明为其长子史朝义所杀。史朝义所部节度使都是安禄山的旧将，地位与史思明不相上下，不肯为史朝义卖力。叛军的力量在内部矛盾中有所削弱。

宝应元年（762年）四月，玄宗、肃宗父子先后去世。太子李豫（即广平王李俶）即位，是为唐代宗。代宗派宦官刘清潭出使回纥借兵，登里可汗亲自率兵到达陕州。十月，以雍王李适为天下兵马元帅，率诸道兵和回纥兵收复洛阳。回纥在东京肆行杀掠，朔方、神策等军也把东京、郑、汴、汝州当作敌境而大肆掳掠。

官军乘胜渡过黄河追击，叛军将领薛嵩以相、卫、洺、邢四州，张忠志以赵、恒、深、定、易五州投降朝廷。官军进围史朝义于莫州（今河北任丘北）。次年正月，史朝义亲往幽州发救兵，田承嗣以莫州城投降，并把史朝义的母、妻、子送到官军。范阳节度使李怀仙也向朝廷请降。史朝义在范阳县为李怀仙兵马使李抱忠所拒，想北走奚、契丹，被李怀仙部下追及，穷蹙自杀。历时七年零两个月的安史之乱总算是结束了。

朝廷先后任命史朝义降将张忠志为成德军节度使，统恒、赵、深、定、易五州，赐姓李，名宝臣；薛嵩为相、卫、邢、洺、贝、磁六州节度使；田承嗣为魏、博、德、沧、瀛五州都防御使；李怀仙仍为幽州、卢龙节度使。安史的残余势力并没有被消灭，他们仍然统率着原有的部队。他们以表面上的投降换取了朝廷对他们的承认；朝廷则以授给他们节度使的称号换取了暂时的安宁。

二、江南动乱与吐蕃入京

安史之乱期间，河北被叛军割据，河南、山东、荆襄和剑南都驻有重兵，这些地区的赋税都不上解到中央，巨大的战争费用全部压到淮南和江南百姓身上。上元年间（760—761年），江淮地区继刘展之乱和田神功劫掠之后，又发生了严重的饥荒，出现了人吃人的惨象。而朝廷为了维持平叛战争的进行，仍千方百计向江淮百姓进行搜括。除了名目繁多的苛捐杂税，还要把百姓所有的粟帛强行取走一半，甚至十之八九，谓之"白著"。人民无法忍受，安史之乱尚未平息，江淮一带就爆发了起义。起义军多达十余支，人数数十万，活动地区北起舒州（今安徽潜山），南至温州（今属浙江），东达苏、常，西抵洪、饶（今江西南昌、鄱阳）。浙东袁晁起义在代宗广德元年（763年）四月即被压平。方清、陈庄领导的宣、歙起义军直到大历元年（766年）才被镇压下去。此后各地小规模的起义此起彼伏，持续了十几年。

江南形势刚刚有所缓和，西北形势又紧张起来。广德元年七月，吐蕃进入大震关（在今甘肃清水东）。安史之乱期间，唐把河西、陇右的边防主力调到中原，这里实际上成为一个军事上的真空地带。吐蕃乘虚而入，先后占有了陇右、河西许多州县。宝应元年（762年）和广德元年（763年）又连陷今甘肃东部的洮、秦、成、渭、兰、河、岷州及今青海东部的廓州、鄯州。陇右河西之地尽为吐蕃所有。凤翔以西，邠州（今陕西彬县）以北，或被吐蕃占领，或为党项所据。

吐蕃进入大震关，边将告急，宦官程元振都没有向唐代宗报告。直到十月一日吐蕃攻陷邠州，代宗才知道消息。第二天吐蕃就到达长安附近的奉天（今乾县）和武功（今武功西）。代宗急忙起用闲废在家的郭子仪为关内副元帅，组织防御。军队还没有调集起来，吐蕃已过了咸阳附近的西渭桥（便桥），代宗仓促逃往陕州（今河南陕县）。九日，吐蕃进入长安，立邠王李守礼之孙李承宏为帝。在长安城中剽掠府库市里，焚烧闾舍，并企图掠走城中的士女、百工。

代宗逃离长安时，六军将士逃散。郭子仪至商州收集逃散兵，又发武关防兵，共得四千人，军势稍振。郭子仪使左羽林大将军长孙全绪率二百骑出蓝田，在长安附近的韩公堆，白天击鼓张旗帜，夜则多燃火，以疑吐蕃。前光禄卿殷仲卿保据蓝田，也率领二百余骑渡过灞水，逼近长安。吐蕃不知就里，向百姓询问，百姓回答说，这是郭子仪自商州率领大军前来收复长安。吐蕃信以为真，开始撤退。长孙全绪又派人到长安城中组织了数百少年，夜间在朱雀街击鼓大呼，吐蕃以为大军至，于二十一日全部退出了长安。十一月，郭子仪进入长安，京畿地区迅速安定下来。十二月，代宗回到长安。

第二章　重整朝纲　走向中兴

第一节　代宗稳定局势的努力

一、局势的逐步稳定

代宗回到了长安，百废待兴，但是首先需要把局势安定下来。

宝应元年（762年）郭子仪从河东入朝后，被解除了兵权，留在京师。收复东京的任务交给了朔方节度使铁勒人仆固怀恩。十一月，又以仆固怀恩为河北副元帅，主持河北军事。仆固怀恩曾到回纥借兵，女嫁回纥可汗，在收复东京，平定河南、北的战事中立下了很大的战功。河东节度使辛云京、宦官骆奉仙等怀疑仆固怀恩联合回纥图谋不轨，奏其谋反。代宗派人劝他入朝，仆固怀恩以惧死为辞，拒不入朝。吐蕃退出长安后，广德二年（764年）正月，仆固怀恩攻太原，围榆次，公开反叛。代宗起用郭子仪为朔方节度使。仆固怀恩之子仆固玚为部下所杀，仆固怀恩带领三百人北走灵州，余众悉归郭子仪。十月，仆固怀恩引回纥、吐蕃至邠州，进逼奉天。郭子仪先是坚壁以待，使敌军以为官军怯战，然后出阵于乾陵之南，敌军前来袭击，见到官军有备，不战而退。郭子仪又派兵追击，敌军终于退去。

永泰元年（765年）九月，仆固怀恩复诱回纥、吐蕃、党项、吐谷浑数十万众同时入寇。仆固怀恩虽于途中死去,吐蕃、回纥继续前进,相继到达奉天。郭子仪利用回纥与吐蕃互争雄长的矛盾和与回纥共取两京的旧谊,亲自前往回纥营地,说服回纥大帅药葛罗共击吐蕃,不仅击退了吐蕃,而且与回纥建立了长期和好的关系。关中局势基本稳定下来。大历三年(768年),根据宰相元载的建议,以马璘为泾原节度使,镇泾州(今甘肃泾川西北);郭子仪的朔方兵徙镇邠州,进一步加强了防御。

在这个期间,成德节度使李宝臣、魏博节度使田承嗣、相卫节度使薛嵩、卢龙节度使李怀仙,乘"怀恩叛逆,西蕃入寇,朝廷多故"[1]之机,招集安史余党,征发百姓为兵,扩大了各自的武装力量,各拥劲兵数万。其中田承嗣力量最为强大,有兵十万,并选魁伟强力者万人以自卫,谓之衙兵。郡县官吏,由他们自己任命。户籍不上报中央,赋税也不入于朝廷。名义上是唐朝的藩镇,实际上朝廷管不了他们。田承嗣为安禄山、史思明父子立祠,谓之四圣,代宗也无可奈何,只是让宦官借出使的机会"讽令毁之"[2]。

个别内地节度使也乘机割据。广德元年(763年)山南东道节度使来瑱入朝为相,被宦官程元振陷害赐死后,右兵马使梁崇义杀副使及左兵马使,主持军务。朝廷承认既成事实,授与他襄州刺史、山南东道节度留后。永泰元年(765年),平卢节度使侯希逸镇淄青,为兵马使李怀玉所逐,朝廷也以李怀玉知留后,

---

[1]《旧唐书》卷143《李怀仙传》。
[2]《资治通鉴》卷224大历八年。

并赐名李正己。崇义、正己与河朔藩镇皆结为婚姻，共同对抗朝廷。

朝廷对他们务为姑息，以换取他们表面上服从，虽然形成了藩镇割据的局面，但也在中央和强藩之间造成了暂时的平衡。这是在当时纷繁复杂的条件下，朝廷为了取得局势的稳定，不得已而采取的一种策略。

二、宦官权力的缩小

唐代宗在稳定局势，整顿财政的同时，逐步削弱宦官权势。

玄宗时随着使职的广泛设立和中书门下的设立，三省的权力也发生转移，其中中书省预裁奏议的职能，便部分由宦官知内侍省事高力士所代替。唐肃宗由马嵬北上，至灵武即位，宦官李辅国扈从有功，肃宗任命他为判元帅府行军司马事，四方奏事，御前符印军号，一以委之。肃宗还京后，李辅国权力更大，丞相和各部门临时奏事，都要通过李辅国再由肃宗决定。宰相李揆见李辅国也要执弟子之礼，称为五父。上元二年（761年）八月，李辅国被任命为兵部尚书，上任时，宦官、朝臣都陪同前往。李辅国更加骄纵，还谋求担任宰相。肃宗在宰相萧华、仆射裴冕的支持下，拒绝了李辅国的要求。李辅国迁怒萧华，在李辅国的固请下，肃宗不得已罢去了萧华的相职。

宝应元年（762年）肃宗病危，张皇后谋杀太子李豫而立越王李係。李辅国与宦官程元振杀张后和越王李係，拥立太子。代宗即位后，李辅国更加骄横。他肆无忌惮地对代宗说："大家

（指皇帝）但内里坐，外事听老奴处置。"①企图把代宗架空。代宗虽怒其不逊，但因他掌握着禁军，只好表面应付，尊他为尚父，事无大小也都征求他的意见。五月，又加以司空兼中书令。司空虽为尊礼老臣的加衔，但有唐以来，除了亲王和武则天的侄儿梁王武三思，只有唐初的裴寂、长孙无忌、房玄龄，玄宗时的杨国忠，肃宗时的郭子仪、李光弼、王思礼等少数人享受过这种殊荣。尚书、中书令更是从未有宦官担任者，此后也不再有宦官担任。李辅国的头衔达到了空前绝后的高度。但在这个过程中，程元振的权力却在悄悄上升，他不仅以拥立之功拜飞龙副使，还被任命为右监门将军、知内侍省事。飞龙使掌握有一支精锐的飞龙兵，人数虽不多，但置于禁中，地位非常重要。李辅国地位越来越高，实权，尤其是对禁军的控制权，也越来越归到程元振手中。因此，当程元振密请对李辅国稍加裁制时，唐代宗立即心领神会，于六月解除了李辅国的行军司马及兵部尚书职务，以程元振代判元帅行军司马，并命李辅国从禁中内宅迁到宫外居住。接着又罢去中书令，进爵博陆王。李辅国气愤而带着哭腔地对代宗说："老奴事郎君（指代宗）不了，请归地下事先帝！"②不久他的愿望就得到满足。十月十八日夜，"盗"入李辅国第，杀辅国，携其首及一臂而去。

程元振取代李辅国后，专权自恣，将领有大功的，他都忌嫉而想要加害。来瑱至襄阳入朝，被他陷害致死。宰相裴冕也因有

① 《旧唐书》卷184《李辅国传》。
② 《资治通鉴》卷222宝应元年。

事与元振相违而被贬。因此，当吐蕃攻入长安，代宗下诏征诸道兵入援时，李光弼等都因为忌讳程元振，四十日而莫有至者。在陕州，太常博士柳伉上疏切谏诛元振以谢天下，代宗乘机罢程元振官爵，放归田里。不久又因其衣妇人服私入长安，被送到江陵安置。

在唐代宗逃陕途中，宦官、观军容使鱼朝恩率神策军从陕州到华州迎接。回到长安后，以鱼朝恩为天下观军容宣慰处置使，总领禁兵。鱼朝恩自命风雅，经常找一些腐儒和轻薄文士讲授经籍，作为文章，自谓有文武才干。大历元年（766年），代宗以鱼朝恩行内侍监、判国子监事。鱼朝恩并曾在国子监讲《易经》。这虽然有辱斯文，但代宗始终没有授与他判元帅府行军司马一职，这样他就不可能像李辅国、程元振那样对全国军政起举足轻重的作用。他只能通过与代宗议论军国事，或者奏请对朝政发生影响。

鱼朝恩错误理解自己的地位和作用，朝廷政事有不豫者，辄怒曰："天下事有不由我者邪？"[①] 这就超出了代宗重用他的本意和所能容忍的限度。代宗与宰相元载共同策划，利用鱼朝恩手下射生将周皓，将鱼朝恩缢杀。

唐代宗不断削弱宦官权势，为宰相和大臣正常地处理政务，解决面临着的各种问题创造了条件。代宗重用元载为宰相，刘晏为户部尚转运、常平、铸钱、盐铁等使，付与他们处理国家事务和财政事务的大权。对于宿将郭子仪和李光弼也没有像肃宗那样

---

① 《资治通鉴》卷224大历五年。

对他们疑忌，把他们置之散地；而是把他们放在军事要害地区，借他们的威望和经验，加强边境上的防御和稳定国内形势。

经过代宗朝君臣和百姓的努力，为德宗朝削藩创造了一定的条件。

第二节　德宗削平藩镇的尝试

一、革除积弊

唐大历十四年（779年）五月二十一日，颇有一番作为的唐代宗李豫病逝。两天以后，皇太子李适即皇帝位，这就是在后代引起许多争议的唐德宗皇帝。

代宗皇帝死得很突然，他在内政外交上有许多设想还没有来得及付诸实施，也没有可能为自己的身后做一点点安排。在这种情况下继位的德宗也就不能高枕无忧，安享太平了。他从父亲那里继承了皇位，同时也继承了安史之乱后虽经初步整顿，但仍百废待兴的复杂局面。他面临着从财政危机到边疆战争，从地方藩镇拥兵自重到中央的权力斗争等一系列的危机和挑战。这位三十七岁的新皇帝年富力强，精力旺盛，在即位之初，颇有"励精图治"，成就一番事业的大志。这种帝王早期所特有的政治抱负很快就在他的初期统治中见了成效。

在即位后不到一年的时间里，德宗着手解决了不少迁延已久、积弊很深的历史遗留问题，使朝廷上下透出一种积极向上的气象，给人耳目一新之感。在即位的当月，就下诏罢省了那些不急需的地方贡献，禁止各地进献奇珍、异兽，并整顿内廷的奢靡现象，放还多余的宫廷艺人和宫女，这不仅节省用度，还有助社会教化。六月，下诏由三司使（御史中丞、中书舍人、门下给事中）组成特别法庭受理州府不能裁决或裁决不当的旧案，又规定今后不得再置寺观、请度僧尼，以抑制长期以来寺院经济恶性膨胀给国家带来的危害。以往外国和少数民族使者来使，或地方政府派人进京述职，往往借故滞留在京城的客省，连同家属在内，"动以千计"，都由中央的度支供给，凭空多出一项很大的额外开支。这年七月，德宗下令"疏理"客省使者，该派遣的，该任用的，各得其所，"岁省谷万九千二百斛"[1]。玄宗开元年间（713—741年），王鉷担任户口色役使，把各地的上贡从国家收入中另析出来，专立琼林、大盈二库加以收藏，专供皇帝宴享和赏赐之用，这违背了天下财货统藏于太府寺左藏大库，而由太府检查申报、尚书比部覆核的一贯制度。到肃宗至德中（756—758年），度支、盐铁使第五琦更将正额租赋也入藏大盈库，于是国家收入完全变成了皇家私人财产，中央主管部门根本不得过问，而由皇帝家奴宦官负责掌管。他们乘机贪污蚕食，把大盈内库变成了一个随便取用、恣意挥霍的靠山，积弊日久，已有二十多年。十二月，德宗采纳宰相杨炎的建议，下诏"所有财赋收入都归左藏"，仍由中央有关部门主持其事务，恢复了原有的合理制度。同这一系列雷厉风行的措施相类似的做法还有许多。这些都大大有益于

---

[1]《资治通鉴》卷225大历十四年。

尽快建立一个有效的政府行政机构并逐步改善国家财政状况。

二、影响深远的两税法

在德宗早期的所有举动中最令人瞩目，也是在中国中古史上影响深远的事件，就是有关"两税法"的改革。

唐朝早在建国之初，就沿袭隋代制度，实行"均田制"和租庸调法。这套把土地分配同租税交纳和徭役征发紧密结合起来的制度体现了一种意在使农民（主要是自耕农）的利益同他们的义务高度统一的理想。在这里，均田制是国家对农民已占有土地在法律上的承认，表现为农民的经济利益；租税交纳和徭役征发即租庸调，表现为农民对封建国家所承担的义务。这种结合的实质是国家在对土地和人口实行有效控制的基础上，推行"以人丁为本"[1]的赋税制度，以保证国家的正常收入。从制度本身来讲，这种对秦汉魏晋南北朝以来土地赋税制度集大成的总结，是完美无缺的，但一经实行，它就要受诸如农民占有土地不足、巧立名目规避赋税（如"色役伪滥"），特别是土地兼并和户口逃亡等诸多因素的干扰和破坏。事实上，在唐朝建立后的一个半世纪里，土地兼并愈演愈烈，地主用"借荒"、"置牧"、改变"籍书"（户籍上登记的土地数字）、"典贴"，甚至公然侵夺等手法，[2]肆意吞并大量土地，把自耕农变为自己的依附佃农。到玄宗开元二十五年（737年）重新公布田令时，已出现田制法令破坏废弛，土地兼并

---

[1]《新唐书》卷52《食货志二》。
[2]《册府元龟》卷495《邦计部·田制》。

的程度甚至超过汉成帝、哀帝时期[①]的严重情况。另一方面，均田制下的小农除了租庸调的"正课"负担之外，还要承受地税、户税及其他各种"烦徭细役"的盘剥，尤其是玄宗朝以后，为了支付边境上的军事行动的开支，横征暴敛的名目更加繁杂。当剥削量超过小农负担能力的极限，简单再生产也难以维持下去时，他们就不得不破产逃亡。政府又用"摊逃"的办法转嫁剥削，即强令近亲或邻里代纳逃户所负担的赋税，这种强制摊派又造成了更严重的逃亡，国家逐渐失去了对土地人口的有效控制，建立在这个基础之上的租庸调法也就摇摇欲坠了，而天宝十四载（755年）安史之乱所造成的社会大动荡则促成了它们的彻底崩溃。到大历末（779年），在国家财政总收入中，盐利所占已经"过半"，[②]另一半实际上也以地税、户税及青苗地头钱等项为主。租庸调已无法征收，它也就自然失去了作为国家"正课"赋税的作用，于是，建立新的赋税制度终于变成历史的必然。

德宗即位后不到三个月，就破格任命杨炎为宰相。建中元年（780年）正月五日，德宗采纳了杨炎奏请实行"两税法"的建议，在大赦令中予以颁布，[③]用以取代早已失去效用，徒具空文的租庸调法。

二月二十一日，中央有关部门拟定了"起请条"，对两税法的实施程序做了规定。

[①]《通典》卷2《食货二·田制下》。
[②]《唐会要》卷87《转运盐铁总叙》。
[③]《唐会要》卷83《赋税上》。

有关两税法的具体做法有多种解释，总其大概，可以归纳如下。

中央派出十余名特使——"黜陟使"分赴各州，选取该州大历中（766—779年）课税钱谷量最多一年的额数，作为该州的两税定额。再将这个定额划分成上缴国库（上供）、节度使留用（送使）、州财政留用（留州）三个份额，这就是所谓"两税三分"。

送使、留州两份定额，是由中央黜陟使对地方财政开支进行审计以后，核定出具体数据，强制遵行。这就是所谓"量出制入"。各州两税定额中对上述两项地方经费做了限额扣除之后的自然剩额就是当州上供额。

两税钱物的具体征收办法是，州政府依据当州的两税定额数，以"居人之税"和"田亩之税"两种形式逐级向所在州居民征收。居人之税：对现有的实际居民按各户财产贫富高下所定的户等，来确定每户应纳钱数；田亩之税（斛斗）：以大历十四年（779年）见纳"青苗地额"为准征收。分为夏、秋二税，夏税六月纳毕，秋税十一月纳毕。这就是"户无土、客，以见居为簿；人无丁中，以贫富为差"[①]的原则；以往的租庸调、杂徭及所有"新旧征科色目"全部废止，在两税之外擅自有所征敛者，以"枉法"的罪名论处。

两税法改革的意义在于，它标志着集中国中古时期赋税制度

---

① 《唐会要》卷83《租税上》；《册府元龟》卷448《邦计部·赋税二》。

之大成的租庸调法已经完成其历史使命，适应新时期土地关系的新的赋税制度终于堂而皇之地登上历史舞台，并对以后整个近古时期的税制产生了决定性的影响。

租庸调法同秦汉以降历朝赋税制度的共同点在于，它们都是建立在封建国家直接有效地控制大量自耕农的基础之上的，无论它们在具体实施细则上有多么不同，按人丁征税，都是它们主要的或基本的原则。到唐中叶以后土地兼并激烈发展，自耕农的比重急剧下降，而军事官僚机构的膨胀，国家开支也大为增加，封建国家的决策者们已经自觉不自觉地认识到，那种主要依赖自耕农的赋税制度已经不再适应历史发展的要求，它已经损害到私人地主及其代表——封建国家的双重利益。新的以土地财产作为征收标准的两税法取消了对土地占有的任何限制，可见，新的适用的税制必须是"不抑兼并"的。而按照"人无丁中，以贫富为差"的原则，占田越多者就要相应交纳越多的税额，这样，封建国家的基本收入有了保证，私人地主对土地的占有也得到了封建国家的保护。从这个意义上说，"约丁产、定等第"思想的提出，是中古史上一个划时代的创举。从此以后，按财力大小分配赋税负担量就成为历朝税制的一个基本原则，它比起无论贫富，有一个丁男，就得纳一份税的旧制度确实是一个进步。

三、削藩的准备

用历史的眼光来看，从均田制、租庸调法到两税法的转变，乃是历史发展的必然结果，主持其事的德宗、杨炎君臣们只不过有幸适逢其会罢了。而在德宗初期议事日程表上最大的难题，也是在他的诸多抱负中最令他关注和冲动的，乃是希望能在自己在位期间解决久而未决的藩镇问题，尤其是河北藩镇拥兵割据的问题。尽管重温往日帝国的荣耀与尊严，再现盛唐时期那种家家户户丰衣足食，人间没有穷困懒惰，异族外邦向往来归，四海之内娱乐升平[①]的好景已不可能。但重振山河，再举朝纲，却是大动乱之后唐王朝历世君臣们萦绕在怀的共同梦想，所以，这个问题对德宗来说，既富于吸引力，又富于挑战性。

　　唐朝中央在力有未逮而又欲罢不能的情况下，不惜以赦免安史部将并保留其原有的节镇和军队的委曲求全办法平息了安史之乱，避免了唐王朝的灭顶之灾。这在当时虽属通盘考虑了内政外交形势以及保持地方军阀之间势力平衡的实际需要而采取的无奈之举，但却给后代留下了无穷的遗患。在战后一个时期内，华北地区列镇相望。其中，河朔地区的卢龙（治幽州）、成德（治恒州）、魏博（治魏州）三镇分别由安史旧将李怀仙、李宝臣、田承嗣统辖。由于盘踞了历史上向来富庶的河北地区，拥有雄厚的军事力量，特别是拥有精良的骑兵，并占据了易守难攻的有利战略位置，又在地理上唇齿相依，互为表里，结成了相对牢固的战略联盟关系，所以三镇在各镇中最为骄悍难制，在军政、财政、行政上都自行其是，不听从中央命令，俨然一方独立王国。而在"控河朔之咽喉，通淮湖之运漕"[②]的广大中原地区，则分布着

[①]《通典》卷15《选举三·历代制下》引沈既济言。
[②]《文苑英华》卷803《汴州纠曹厅壁记》。

在平叛战争中崛起的新兴军阀势力，如宣武（汴宋）、义成（永平）、忠武、昭义（泽潞）、武宁等镇。由于地处中原四战之地，具有控遏河朔、屏障关中、沟通江淮的重要战略意义，所以常年重兵驻扎。它们既为中央所倚重，就有了借以要挟和讨价还价的资本，因而也不时出现一些骄悍不臣的藩帅；另外，在西北边境为抵御吐蕃、捍卫京师，在西南边境为防卫南诏，都一直保持着庞大的武装集结，如京西京北地区的朔方、振武、凤翔、泾原、邠宁、鄜坊等镇，西南地区的剑南西川镇等；只有被唐王朝视作"根本"的东南地区镇少兵寡，比较平静，为中央牢牢控制。

表面看来，这种格局是很难打破的，中央政府除了姑息迁就外似乎无能为力。但实际上，安史之乱平定后天下大势并没有定局，中央与地方藩镇双方实际上并不处在力量均衡并各自安于现实的状态中。中央政府的决策者们梦寐以求的是重建一个强有力的中央集权，并具有更大的权力来调节同地方的关系；地方军阀则力图保持既得利益，并在对中央的关系中获得更大的独立性。那种藩镇"虽奉事朝廷而不用其法令"[①]的矛盾现象只能维持住短暂的安宁，中央同藩镇之间必须经历一番激烈较量才能重新取得力量均衡，从而为恢复社会秩序和发展经济赢得较长时段的和平。这场斗争孰胜孰败，关键取决于当时的条件、力量对比及临事应变能力。

唐朝中央表面上虽然容忍了藩镇势力的跋扈，但它的决策者

---

① 《资治通鉴》卷225 大历十二年。

们削藩的努力实际上一直没有停止过。尤其是代宗统治时期，在很多方面都有所动作。如大历十年（775年）正月、十二年（777年）五月两次下诏立法，用禁止诸道随意召募以补充逃兵缺员和限定各镇兵员"常数"的办法，对藩镇实行裁军，又用限定地方官俸的办法来削弱藩镇的财力，这就为建中元年（780年）的有关改革提供了法令依据。大历年间还先后裁省了一些南方藩镇。这些都为日后大规模的削藩行动做了良好的铺垫。

德宗有了现成的一些基础，即位之初就正式着手筹划此事。在这方面，宰相杨炎忠实地贯彻了打击藩镇的政策。

在德宗朝初期的许多重大决策中，都含有针对藩镇的动机。如两税法的改革，既影响深远，又见效益于当时。建中初行两税法时，中央黜陟使分往诸道，按"户无土、客，以见居为簿"的原则核查户口，土、客三百一十余万，[1]比大历中增加了一倍以上。到这年年底，据度支计帐统计，全国两税收入钱一千零八十九万余缗（贯），谷二百一十五万余斛（石）。如加上盐利及其他进项，实行两税法后，每年国家总收入达到钱三千余万贯，粮食一千六百万余石，[2]将近大历末年的三倍，解决了削藩的最大难题财政问题。更重要的是，两税法制度本身加强了中央对地方的财政控制。"两税三分"的办法一方面是唐朝中央对"送使"、"留州"这种地方财政截留的既成事实的承认，另一方面也体现了中央要对这一事实用制度化加以规范的意图。在这种定额管理

---

[1]《通典》卷7《食货七·历代盛衰户口》。
[2]《通典》卷6《食货六·赋税下》。

体制之下，各州两税收入定额（应税都数）的确定和"送使"、"留州"、"上供"额的分配必须受中央政府一定程度上的宏观控制，有利于中央行使控制两税预算的决策权、对地方执行预算收入计划的监察权，保证中央财政对两税的收益，从财政上起支持中央集权的作用。所以史称从此以后，财政调度大权开始归朝廷支配。①

在政治上，德宗对朝政和内廷的初步治理已经颇见成效。但唐朝中央要想把削藩的计划真正付诸实施并保证卓有成效，就必须首先使自身变得更为坚强有力。为了适应这个需要，德宗一方面重用力主削藩的杨炎等人，另一方面继续有针对性地对行政机构进行整顿。建中元年（780年）十月，德宗抓住一个典型案例，依法处置了宣歙观察使薛邕盗隐官物之罪，这一举改变了地方上贿赂公行，长期以来无人过问官吏犯赃之事的不正常现象，从此州县官员开始慑服于国法，不敢过于放纵了，朝廷的威信得以重新确立；为了更迅速准确地了解地方事务和民间状况，十一月，德宗又命令中央在原有的当值待命官员之外，再征引二名进京述职的地方朝集使以备咨询，这加强了从地方到中央的信息传递，有利于中央在及时了解情况的基础上对各种紧急事态做出正确反应，提高了中央政权的应变能力。

为了"内清方镇"的需要，减轻边境战争所带来的军事和财政压力，避免在战略上陷于多面作战的困境，德宗还为当时的

---

① 《旧唐书》卷118《杨炎传》。

外交政策制定了缓和的基调。在西北边境，对据有河西、陇右之地、成为心腹大患的吐蕃主动通和，分别在大历十四年（779年）八月和建中元年五月两次派遣太常少卿（后为太常卿）韦伦出使，并率先单方面遣返吐蕃战俘以示诚意。韦伦不辱使命，成功地说服了乞立赞与唐朝重申甥舅之盟。唐蕃关系的缓和使得唐朝方面有可能于建中二年（781年）二月抽调京西防秋兵投入关东的削藩战争，并出现日后唐蕃联军大破朱泚叛军的一幕。而在北方的回纥和西南的南诏，这时也发生了有利于唐朝的变故。

四、削藩战争的初步胜利

经过德宗君臣在内政外交上的一番努力，唐朝中央恢复了一些威信和活力，财政上有了一定积累。在边境以外发生的变化及唐朝采取的对策也创造了一个相对有利的外部环境。这样，唐朝中央实施削藩计划，重建对地方的集权统治的条件事实上已经成熟。在德宗主观上，他显然也感觉到已经有把握对藩镇采取行动了，而建中元年三、四月间泾州刘文喜叛乱的迅速平定，无疑更坚定了他在这方面的信心。

这时一个偶然事件提供了开始行动的契机。建中二年（781年）正月初九日，成德镇节度使李宝臣死，其子李惟岳自称留后（代理使职），按安史之乱以来的惯例，节度使死后由其亲属世袭使职或镇内兵变拥立新主，中央只须事后颁发一道承认既成事实的制书，藩镇内部最高权力的交接就算完成了，但这一次德宗打破常规，拒绝任命李惟岳为节度使，他要拿成德镇开刀，作为削藩政策的第一个尝试。

早在大历十二年（777年），因地理上的相互关系而结成战略联盟关系的平卢淄青（治青州，今山东益都）节度使李正己，魏博节度使田承嗣，成德节度使李宝臣，加上想倚强自固的山南东道节度使梁崇义，就订立了军事合作盟约，期以土地传之子孙，在必要的时候互致声援，直至出兵干预。成德节度使一职的继承问题关系到他们的共同利益，所以势在必得；中央政府欲革前弊的态度也很坚决，结果只能诉诸武力，一场战争也就不可避免了。

德宗拒绝李惟岳继任节度使，田悦和李正己派人与李惟岳密谋勒兵拒命。然后李正己发兵一万人屯集于同汴州接壤的曹州，对唐朝的经济命脉漕运线施加压力，田悦也扩充军备、炫耀武力。

面对藩镇的战争叫嚣，德宗针锋相对，积极备战。在临战地区，挑选曾经将兵作战的官员担任诸州刺史，以适应战时需要。同时加强河南地区的军事布防，对原有和新增的宣武军、永平军、郑汝陕河阳三城等中原节度使的编制和辖区进行了调整和扩充。二月间，又趁吐蕃通和的有利时机，抽调京西防秋兵一万二千人移戍关东，以增加对削藩战争的兵力投入。五月，又把两税法所规定的商税税率由三十税一提高到十分之一，以满足军费的需要。

就在战争准备紧锣密鼓之际，唐朝中央内部发生了一场足以影响时局的人事变动。宰相杨炎上台后，虽然主持了几项出色的改革，但在权力斗争中却表现得心胸狭窄，残酷无情。早在建中元年（780年）七月，杨炎为元载报仇用诬陷的卑劣手段害死政敌刘晏，激起普遍不满。这时别有用心的李正己、田悦又旧事重提，把它作为问罪朝廷、清除削藩分子的借口。杨炎理屈心虚，只好拿皇帝的名义来推卸罪责，这种行径马上引起了德宗的极大反感和厌恶，破坏了君臣之间原有的信任和默契。建中二年（781年）二月，德宗任用阴险奸诈的卢杞为宰相，有意识地削弱杨炎的权势。到这年十月，卢杞就禀承德宗的意旨，罗织罪名，放逐并害死了杨炎。继任的卢杞卑琐无能，对上只知顺从主意，助长了德宗的猜忌心理，对下则妒贤忌能，党同伐异，在手段之卑劣和残酷上，比杨炎有过之无不及，严重地毒化了政治空气，使中央政权刚刚树立起来的一点威信和活力又丧失殆尽，严重阻碍了削藩政策的顺利贯彻。好在以后的几个危急关头，又有李泌、陆贽、李晟、浑瑊等几个杰出人物出来力挽狂澜，才使局势有所好转。

建中二年（781年）五月，蓄谋已久的田悦、李正己、李惟岳率先扯起了反叛的旗帜，六月，梁崇义也加入了反叛的行列，这起安史之乱以来规模最大的叛乱事件在历史上被称为"四镇连兵"。开始，叛军来势汹汹，并在战略上取得了一些优势，尤其是李正己派兵扼守漕运的咽喉要道徐州埇桥、涡口，阻挡了江淮漕运船只北上的进路；而唐朝在安史之乱期间漕运中断时使用过的、由汉水北上，自襄阳经由"上津路"转输关中的运路，也因为梁崇义在襄阳起兵而阻隔。运输线的切断，造成了极大的社会震动和恐慌。同时，田悦又出兵包围了邢州、临洺，企图把薛嵩死后朝廷在河北腹地仅存的两块基地据为己有，将中央的影响和行政控制彻底排除出河北地区。形势对中央方面来讲是相当严峻的。

由于朝廷早有所准备，所以没有出现安史之乱初期那种叛军到处，望风披靡的狼狈局面。邢州、临洺、濠州等前线临乱州县都严阵以待，坚决抗御。德宗也能临危不乱，积极应对。六月间，号令实行全国总动员，一时间，"内自关中，西暨蜀、汉，南尽江、淮、闽、越，北至太原，所在出兵"①，显示了中央的号召力。在全面出击的同时，又把重点打击的矛头直指四镇之中"兵势寡弱"的梁崇义，这种突破敌人薄弱环节的战略意图无疑是正确的，但却因具体用人不当而铸成无可挽回的错误。梁崇义起兵不久，淮宁（淮西）节度使李希烈想取梁而代之，主动向朝廷请战，德宗不听杨炎和刚从淮西返京的黜陟使李承的劝阻，给李希烈加官晋爵，委以全权指挥平定山南东道的责任，给日后更大的叛乱埋下了祸根。

在另三条战线，德宗任命刘洽（后赐名玄佐）为宣武节度使征讨李正己；派昭义节度使李抱真，河东（治今山西永济西）节度使马燧会同中央神策军将领李晟救援被围困的邢州、临洺，同时派新任命的河阳、怀州（治今河南沁阳）节度使李芃会合神策军及原汝陕军之一部攻打魏博西南部加以策应；命幽州卢龙节度留

---

①《资治通鉴》卷 227 建中二年。

后朱滔进讨李惟岳。这样，就完成了各路平叛部队的战略部署。

从战争初期的对阵结果看，中央的部署取得了完全的成功，至七月底大败田悦，解邢、洺之围。同时，李芃也率河阳等军收复了新乡、共城，进而包围卫州。田悦收拾残军退到魏州西边的洹水。建中三年（782年）正月，在洹水边魏博军受到歼灭性打击，死亡二万多人，田悦带领一千余残兵逃回魏州老巢。恰巧这时马燧与李抱真发生不和，官军进逼到魏州南面的平邑之后就不再向前，使田悦侥幸避免了被彻底围歼的厄运。

山南东道方面，李希烈在杨炎罢相后再无后顾之忧，也就放心大胆地为自己而不是为朝廷沿汉水北上进兵山南。于八月间迅速攻破襄阳，梁崇义兵败自杀，山南东道很快平定。

李希烈占领襄阳后，企图据为己有。德宗任命李承为山南东道节度使，单骑赴镇。李希烈在百般胁迫刁难不成之后，大掠而去，并派人留守襄州，监护掠夺来的财物。李承上任后在境内休养生息，使当地经济稍得恢复。

淄青方面，李正己在起兵后不久的七月就身发毒疮而死，其子李纳秘不发丧，自主军务。但李纳的威望尚不足以服众，辖区内许多州县长官都不把他放在眼里。十月间，他的伯父李洧、叔父李士真以及李长卿分别以自己统辖的徐州、德州和棣州归降朝廷，大大削弱了淄青镇的实力。李纳不能容忍李洧等人背叛祖宗的行为，更不能容忍"南控埇桥、以扼汴路"[①]的徐州拱手让人，

[①]《元和郡县图志》卷9《河南道五·徐州》。

于是调集全部主力军，加上魏博援军，一齐围攻徐州彭城，同时攻打左近的宋州，以增加徐州的军事压力。德宗忙派朔方军，神策军邠、陇行营增援。十一月，朔方军与神策军、宣武军联合，大败淄青、魏博兵于徐州城下，李纳率余众仓皇逃到濮州。这一胜利不仅解救了徐州、宋州之围，更重要的是使江淮漕运恢复了畅通。于是，中央在削藩战争中逐渐占了上风。

徐州战役后，刘洽率宣武军继续追击李纳，建中三年（782年）二月，刘洽攻破濮州外城，李纳奉使朝廷佯求自新，接着逃回郓州，与重创之后的田悦一起养精蓄锐，以图东山再起。

成德方面，因为李惟岳为人怯懦，李宝臣恐怕日后儿子无力管束部下，所以在死前杀大将李献城以下百余人，造成内部离心。战争爆发时，成德镇已由往日兵精将强变得七零八落，只有李宝臣的姻亲王武俊和拒不赴召的张孝忠仍然保持了原有的战斗力。另外，镇守赵州的康日知也是不可忽视的力量。

早在大历十年（775年）讨伐魏博之乱时，卢龙、成德二镇就结下了深怨。现在朱滔奉命征讨李惟岳，正中下怀。八月间，朱滔先派人说服了张孝忠归附于他，并上表推荐张为成德节度使，二人合军攻打李惟岳。

建中三年（782年）正月大败成德军于束鹿（今束鹿北）城下。束鹿一战的失利，加速了成德镇的分崩离析，成德大将康日知以赵州归顺朝廷。李惟岳把迎敌的重任全面委托给王武俊。而王武俊已打定了改弦更张的主意，趁带兵攻打赵州、其子王士真留守恒州宿卫府中之机，杀回恒州，里应外合，杀死李惟岳也归降了朝廷。

五、藩镇连兵

到建中三年（782年）二三月间，削藩战争几乎已经胜利在望了。在叛乱的四镇之中，梁崇义已彻底被歼，山南东道完全平定；淄青李纳刚在濮州侥幸逃得活命，犹如惊弓之鸟，龟缩于郓州不出，且已上表请罪；成德李惟岳已被杀，他的领地一分为三，继起的王武俊、张孝忠、康日知全部归顺了朝廷；整个河北地区，只有魏博田悦仍然负隅顽抗，但他在洹水新遭重创，元气大伤，被数万官军围困于魏州老巢，只能坐以待毙。这样的大好形势，使朝廷上下充满了乐观气氛，满以为"天下不日可平"[1]，安史乱后无数君臣所梦想的那种长治久安的大一统局面已经指日可待了。

就在这极为有利的条件下，唐朝中央的战略决策却发生了一系列重大失误。德宗猜忌多疑，缺乏远大的战略眼光，使他在许多紧要关头处置失当，造成严重后果。而在中枢机构中，当权的卢杞等人昏庸无能，这样，德宗在决策上的许多失误就得不到应有的弥补和纠正。旧史批评德宗"锐意削平藩镇，而不能应机抚接，以自遗患"[2]，真是一针见血。

二月十一日，德宗任命张孝忠为易、定、沧三州节度使，王武俊为恒冀都团练观察使，康日知为深赵都团练观察使，又把原

---

[1]《资治通鉴》卷227建中三年。
[2]《资治通鉴》卷227建中三年三月胡注。

属淄青镇的德、棣二州划归卢龙作为补偿，命令已经占领河北腹心地区深州的朱滔就此返镇。企图以此激赏新附的成德三将，凭借他们的力量去消灭继续抗命的田悦，早日解决河北问题。但这样的处置未能把握住河朔地区各派力量的强弱对比，忽略了三镇中力量最强的朱滔的利益。因此，朱滔拒不从深州撤军。王武俊也以位在张孝忠之下，与康日知并列，又失去了原有的赵、定二州，而拒不奉诏。

穷途末路的田悦抓住河北藩镇离心离德的时机派专使分头到深州、恒州去见朱滔和王武俊，与他们结成对抗中央的新军事联盟。只有张孝忠独处强寇之间而不屈，在辖区内加强武备，成为牵制叛军的一支重要力量。

四月间，王武俊乘德宗命令卢龙、恒冀、易定三镇兵进讨田悦之机，扣押中央来使，送交朱滔，并引兵围攻赵州康日知。朱滔在深州起兵响应王武俊。不久，朱、王在赵州东南的宁晋会师，一同南下援救魏州。战争形势急转直下。

这时，首都长安的形势也日趋恶化。卢杞一派取得了决定性的胜利，许多持不同政见的大臣被排挤和放逐。卢杞大权独揽，为政严格，"中外失望"。四月间实行的大索商贾（商人财产在万贯以上的，超出部分一律借充军费）和括僦柜质钱（典当行业所积蓄的钱粮一律官借四分之一）以供军的举动也引起了一阵骚动，长安城内怨声载道，人心惶惶。

为了摆脱被动局面，德宗一面派人进行调解以解决魏州前线因马燧与李抱真不和而造成的僵局，同时，派朔方节度使李怀光统帅朔方军及神策军之一部一万五千人开赴魏州前线。德宗动用安史之乱后国家一直"倚为根本"的朔方军主力,说明他对这一仗的重视,以朔方军的军力,加上马燧、李抱真等几路劲旅,要打赢这一仗,本有七成以上的把握。但作为统帅的李怀光却"勇而无谋"[①],而且早在大历十四年(779年)德宗初以诸将分领郭子仪旧任,提拔他当邠宁节度使时,他就因私怨而诬杀邠府旧将温儒雅、史抗等数位功臣,在朔方军中造成了很坏影响。现在以他统军与诡计多端的朱滔和强悍的王武俊决战,胜利的希望就不很乐观。

六月,朱滔大兵压境,久困的魏博叛军盼到救兵,欢呼之声震天动地,叛军士气大振。同一天,李怀光军也抵达魏州。他急功冒进,不顾气势上敌盛我疲的兵家大忌,更听不进马燧等人的劝阻,仓促出战。在魏州城外的惬山先胜后败,将士落入永济渠溺死的,互相践踏而死的,不计其数。七月初,马燧等军退保魏县,与朱、王军隔水对峙。惬山一战成为德宗朝前期削藩战争的转折点,中央方面已经取得的战略优势至此丧失殆尽,战争进入相持阶段。

军事上的局部胜利极大地刺激了叛军首脑们的个人野心,他们已不满足于充当强藩的角色,而要在名分上同中央分庭抗礼。这年十一月,叛军首脑们共同演出了一幕建号立国的闹剧:朱滔称冀王,田悦称魏王,王武俊称赵王,李纳称齐王,虽仍沿用唐

[①]《旧唐书》卷121《李怀光传》。

朝年号，但自视东周时的诸侯，各主其政，并仿照朝廷典章设置百官。于是，新的"四国"军事同盟宣告成立。其中，朱滔实力最强，被推为盟主。"四国"之间还缔结了具体的军事合作协议。这个独立于唐王朝的军事同盟相对于已经瓦解的四镇联盟来说，力量更为强大，但其联结却不如原来的紧密。

四镇称王之后，素有异志的李希烈更加蠢蠢欲动。他在接到中央对他的最新任命之后，声称要诏谕李纳，乘机率部众三万人把军镇由蔡州北移到许州，同时，他又派人暗中联络李纳、朱滔、田悦等，与李纳策划共袭汴州，从南北两面威胁东南漕运，李纳也多次派兵渡过汴水遥相呼应。至此，徐州战役后畅通才及一年的汴梁交通再度中断，不得不改道由偏西的蔡水北上，以保证粮食和其他物资的转移。

李希烈的这些举动同朱滔等不谋而合。一方面，朱滔、王武俊等军与官军对峙数月，孤军深入，由于军需完全仰赖于魏博一镇供应，到这时补给已发生困难。另一方面，王、朱等看到李希烈兵精马壮，屡战屡胜，势头正旺，也可倚为援助，以壮自己声威。于是，四镇都遣使到许州，向李希烈上表劝进。十二月二十九日，李希烈自称天下都元帅、太尉、建兴王，也公开了自己的反叛立场。接着，在建中四年（783年）正月间，又先后攻陷汝州、尉氏，包围郑州，并派兵四出骚扰，游骑甚至到达洛阳南面不远的彭婆，东都为之大震。哥舒翰之子哥舒曜以左龙武大将军任东都、汝州节度使，领兵万余人讨伐李希烈，二月二十日收复汝州，稍稍扼制了他的威势。

李希烈反迹已明，而宰相卢杞为报私仇，建议派四朝重臣颜真卿去许州宣慰李希烈。德宗竟然同意了这个荒唐建议。颜真卿毅然只身赴许州，面对李希烈等人的威逼利诱，大义凛然，始终不屈，最后于兴元元年（784年）为李希烈缢杀，令一班仁人志士痛惜不已。四月，以神策军使白志贞在京城强募旧节度等诸使者子弟从军；六月间用判度支赵赞之法征收间架税（即按房屋等级每间征税钱二千、一千、五百不等）和除陌钱（即公私付款及买卖，每贯钱抽税五十）以充军费，也搞得民怨沸腾，人心浮动。一种不稳定的情绪正在唐朝统治的心腹地区滋长和蔓延。

这种内外交困的严峻形势引起了统治集团内部一些有识之士的警觉，翰林学士陆贽，更是以天下为己任，多次上书论奏，就王朝统治中的许多重大问题向德宗直抒己见，如对两河、淮西形势的分析，对任将用人不当的议论，对赋役日滋造成"兵穷民困"现象的揭示等等。尤其是他在对唐朝统治根本之地关中形势的分析中，一针见血地指出了当时"关辅之间，征发已甚；宫苑之内，备卫不全"的情况及中央已"失居重驭轻之权"[1]的危险性，并对发生更大内变的可能性表示了深深的忧虑和关注。遗憾的是，他的过于直言不讳和德宗的目光短浅形成了鲜明对照，以至于德宗虽然器重他的名望和才识，却不能更多地采用他的主张。

---

[1]《陆宣公集》卷11《论关中事宜状》。

六、形势一再逆转

（一）泾原兵变　德宗一逃奉天

建中四年（783年）八月，李希烈包围哥舒曜部于许州西南的襄城。派往救援的李勉看到淮西精兵尽在襄城，许州相对空虚，率先攻打许州，半路被中使截回，被李希烈的伏兵打得大败，精锐被杀伤大半，襄城形势更加吃紧，李希烈的游骑甚至进至伊阙，威胁洛阳。

德宗急调泾原兵前往增援。十月初二，泾原节度使姚令言率兵五千顶风冒雨抵达京师，兵士一路辛苦，都希望能得厚赏，结果却一无所赐。第二天队伍出发前，用来犒师的唯有粗食蔬菜而已，士兵群情激愤，扬言要夺取琼林、大盈二库的金银财宝，于是掉转队伍，杀进长安城。德宗慌忙召集禁兵抵挡，竟没有一人到来，仓猝之中，只有窦文场、霍仙鸣率宦官左右百余人随从，狼狈出宫，当夜逃到咸阳。由于事出突然，群臣都不知皇帝所在。后来，宰相卢杞、关播及白志贞、王雄、赵赞、陆贽等一班大臣才连夜追到咸阳与皇帝会合。初四日，君臣一行逃到奉天，才算稍稍立定脚跟。

这起中唐史上最严重的叛乱事件史称"泾原兵变"，它的最直接的起因乃是在内地藩镇军队中正在蔓延的那种"兵骄将悍"的风气以及对物质财富的贪婪欲望。所以，对一般的叛乱士兵来说，他们能够在府库里任意强抢豪取就已经心满意足了，至于更多的政治要求，则是叛乱的首脑所考虑的事情。叛军入城的当天，姚令言便倡议推举原卢龙节度使朱泚做领袖。朱泚自建中三年（782年）四月"四镇连兵"之后，因为同朱滔的兄弟关系而被德宗剥夺了实权，在长安城中赋闲一年有余，一直心怀怨恨。在这以前，建中元年（780年）二月，朱泚曾代李怀光兼任泾原节度使，平定了泾州刘文喜的叛乱，在泾军中颇有威望，所以，姚令言的倡议马上得到了响应。叛军连夜迎接朱泚进宫。经过一番匆匆准备，十月八日，朱泚在长安自称大秦皇帝，改元应天，仿唐制设官分职，并杀害了一大批留在长安的唐朝宗室，同时积极准备进攻奉天。至此，河北、山东四镇称王，河南李希烈反叛，长安城中又另立了一个"大秦"朝廷，连皇帝都被赶到外地，唐朝藩镇之祸达到极点。

长安发生叛乱的消息传到前线后，诸将马上停止了在魏县军事行动，由李怀光率朔方军急赴长安，马燧的河东军、李芃的洛阳军都返回本镇，等候中央新的调遣，李抱真的昭义军则退到临洺屯驻，以防田悦乘机反扑。

十月十三日，朱泚率叛军包围奉天，不断实施强攻，在浑瑊和邠宁留后韩游瑰等将领的拼死血战下，才保得城池不失。然后神策将刘德信从汝州来援，十月十九日，在见子陵打败朱泚军，进驻于囤积转输漕粮的东渭桥。这是自朱泚领兵围攻奉天以来官军的第一个胜仗，也是官军第一次入援成功。以后又接连两天打退了叛军的猛攻。神策军河北行营节度使李晟率军自定州出飞狐道，经代州，从蒲津渡过黄河，也进驻于东渭桥，使敌我双方的力量对比起了很大变化。另外神策军骁将尚可孤自襄阳经武关入援，收复长安东南的蓝田；镇守潼关的镇国军副使骆元光也赶走朱泚将何望之，收复华州，屯兵于长安东面的昭应，使叛军不再能东出；马燧也派子马汇和行军司马王权率兵五万进驻中渭桥。朱泚虽仍包围着奉天，但他真正控制的，不过长安一城。朱泚用尽一切办法对奉天城展开猛烈进攻。就在奉天处于万分危急的时候，李怀光率朔方军赶到。十一月二十日，李怀光在醴泉大败朱泚军，朱泚引兵逃回长安。

奉天解围之后，削藩战争再次出现转机。朱泚已龟缩长安城中，周围都是勤王的官军，收复长安仅是时间问题了。外地的情况也十分有利，在河北地区，李抱真在临洺坚守不动。同时，派参谋贾林利用王武俊同朱滔之间的矛盾来分化四镇联盟。这一着取得成功，王武俊告辞田悦北归，并暗中与李抱真、马燧联络通好，准备在适当的时机归顺朝廷。这时，四镇盟约实际上已经出现裂痕。而淮西李希烈虽然攻陷弹尽粮绝的襄城，但与他邻近的淮南节度使陈少游和浙江东、西节度使韩滉都修缮武备，使他不能毫无顾忌。而江南两道节度使曹王李皋也在境内整治邮驿、道路，在李希烈阻绝了江淮运路的情况下，保证了江南朝贡中央的物资能够由宣、饶、荆、襄等州北上而畅行无阻。形势正在朝好的方向发展。

不过，李怀光乃一介武夫，"性粗厉疏愎"[1]，对于当时官场的人心险恶和中央权力斗争的复杂性一无所知。他对卢杞、赵赞、白志贞之流的行为早就不满，现在立了解围救驾的大功，就毫无顾忌地对人数说卢杞等人的罪恶，并扬言天下大乱皆此曹所

---

[1]《旧唐书》卷121《李怀光传》。

为，要请求德宗除掉他们。卢杞等知后利用德宗对朔方军的防范心理，就奏请让他不必入见，而继续率兵东进，攻取长安。李怀光数千里竭诚赴难，现在竟受到排挤，连见皇帝一面都不可得，非常灰心，于是率兵在奉天东南的咸阳驻扎下来，屯兵不进。这时，怀光已开始对朝廷失去信心，但他并没有马上走向反叛，而是心怀犹豫，采取观望的态度。

陆贽看出暗藏的危机，及时向德宗上书，指出当前最紧要的是审察群情，建议德宗，"宜因文武群官入参之日，陛下特加延接，亲与叙言，备询祸乱之由，明示咎悔之意，各使极言得失，仍令一一面陈。军务之际，到即引对，不拘时限，用表忧勤"[1]。陆贽的这些奏议说得再明确不过，但德宗却执迷不悟，疏奏上好几天，既无所施行，也不加垂问。后来陆贽一再上书，痛陈时弊，而局势也越来越加恶化，十二月十九日，德宗迫不得已贬黜了卢杞、白志贞、赵赞等人，并应怀光之请杀掉素所信任的宦官翟文秀。二十二日，又提升翰林学士陆贽、吴通徵的官职。接着，派人宣布赦免田悦、王武俊、李纳之罪，许以高官厚禄，这个分化政策很见成效，三人都决定要归顺朝廷。四镇联盟已经名存实亡，河北形势更趋好转。

相比之下，河南地区的情况越来越恶化。继襄城失守之后，十二月二十七日，李希烈攻陷了李勉军坚守的重镇汴州，李勉全军奔宋州。接着，希烈又乘胜攻陷由刘洽精兵把守的襄邑，并包

---

[1]《陆宣公集》卷12《奉天论奏当今所切务状》。

围宋州西面的宁陵，江淮为之大震。连原先在境内严修武备的陈少游这时也震慑于希烈的兵威，派人向他表示归顺，并暗中交结李纳。到这年年底，形势处于错综复杂，随时都有可能发生好转或是更加恶化的不稳定状态中。

（二）德宗再逃汉中　削藩战争结束

在多灾多难的建中四年（783年）即将过去之际，陆贽建议德宗利用新年伊始的机会，仿效"成汤罪己勃兴"的例子，"痛自引过以感人心"，并革除一切劳民伤财的弊政，指出只有这样，才能使万众归心，拨乱反正。

兴元元年（784年）正月初一日，德宗向全国宣布了由陆贽起草的《奉天改元大赦制》，制中引咎自责，痛陈自己即位以来"积习易溺，居安忘危"，劳师动众，力役不息，以致国家战乱不止，百姓生灵涂炭的种种错误，并宣布了"与人更始"的各项新政：改元；大赦天下；赦免李希烈、田悦、王武俊、李纳等人及"所管将士官吏"的一切罪过，恢复原有待遇；朱滔如能效顺，也既往不咎；朱泚罪大恶极，不能赦免，但被胁从将士官吏百姓及诸色人等，只要能去逆效顺，都可一切不问。凡参加勤王平叛的官军将士，都赐予"奉天定难功臣"的称号，并论功行赏，享受相应的许多优待。参战阵亡的官军将士，予以厚葬，凡兵兴以来设立的除陌钱、间架税及竹、木茶、漆、榷铁等各种名目的苛捐杂税全部废止，并减免京畿地区今年夏税之半，等等。[①]由于

[①]《陆宣公集》卷11《奉天改元大赦制》。

这篇赦书用词恳切，富于感情，而且考虑周到，赏罚分明，对参与叛乱的不同人物区别对待，所以一纸赦书胜过十万雄兵，史称"赦下，四方人心大悦"，后来李抱真入朝，曾对德宗说："山东宣布赦书，士卒皆感泣，臣见人情如此，知贼不足平也。"[①] 兴元赦书的颁布是整个德宗朝削藩战争的转折点，它改变了以往那种"君臣意乖，上下情隔"[②]的离心离德状况，此后，无论战争形势如何反复，广大军民都能同仇敌忾，齐心抗战，靠了这种力量，才挽救了唐王朝的危亡局面。

兴元赦书颁布以后，王武俊、田悦、李纳取消王号，上表谢罪。只有李希烈凭借兵强财富，继续抗命。正月初，李希烈在汴州自称大楚皇帝，改元武成，设置百官。朱泚则改国号为汉，自称汉元皇帝，改元天皇，在长安城中苟延残喘。朱滔也自以为是四镇盟主，继续顽抗。但四镇联盟既已瓦解，他的失败就是不可避免的了。

李希烈称帝以后，南攻寿州、江都、蕲、黄，失利后转攻鄂州，也被击退。这几战，不仅使希烈经营江、淮的战略意图彻底破产，保证了江淮运路的畅通，而且成为李希烈由盛转衰的起点。

在河北方面，三镇归顺以后，德宗恢复了他们原先的领地和官职，分别任命王武俊为恒冀深赵节度使，李纳为平卢节度使，田悦为魏博节度使。作为原四镇盟主的朱滔自恃兵强，加之哥哥

---

① 《资治通鉴》卷229兴元元年。
② 《资治通鉴》卷229建中四年。

朱泚的关系，不肯归顺朝廷。对其他三镇的背盟行为，他虽然难以容忍，但为了不树敌太多，便把攻击的矛头率先指向几次被官军打败、力量已经大为削弱的魏博田悦。派兵先后攻占了魏博的宗城、经城、冠氏，并亲自率军包围了贝州，攻陷武城，在北面对魏州形成了强大的压力。田悦势单力薄，只是闭城自守。强敌当前之时，田承嗣之子田绪乘机杀死田悦，自立为使，前往宣慰的孔巢父只好承认既成事实。朱滔加强了对魏博的军事压力，同时，派说客去笼络田绪，田绪发生动摇。魏博镇处于摇摆不定的微妙时刻。

魏博镇何去何从，对河北地区局势的发展有极大的影响。德宗命令三镇之中兵力最强的王武俊会同李抱真的昭义军前往增援，四月初十日，德宗正式任命田绪为魏博节度使。二十八日，王武俊军到达南宫东南，李抱真从临洺引兵前来会师，两军配合默契，彻底打垮了雄视河北多年的卢龙军，朱滔溃不成军，无力再战，只好退回幽州，上表待罪。九月，德宗宣布赦免朱滔。至此，河北地区的战事暂告一段落。

关中地区的形势最为扑朔迷离。李怀光胁迫德宗贬黜大臣之后，深知此举实属外臣以武力干预中央政治，犯了德宗的大忌，内心更加不安，从而萌发了反叛的念头。当时，关中地区唯一能同朔方军相抗衡的力量，是李晟的神策军，尤其是在奉天解围后不久，李晟就以追究败军之罪，杀掉同驻于东渭桥而不受节制的神策军军将刘德信，合并其军。李怀光企图把关中的主要军事力量全部收归自己控制，奏请德宗要求与李晟合军。面对怀光独揽军权并进而图谋不轨的明显意图，德宗仍抱有幻想，希望他能回心转意，所以轻率地同意了他的无理要求。兴元元年（784年）正月间，李晟全军在严密戒备的情况下开到咸阳西面的陈涛斜，与怀光连营驻扎下来。李怀光大军驻守咸阳前后数十天，对中央屡次督促他攻取长安的命令置之不理，反而暗中与朱泚通谋，并纵容士兵在民间抄掠，对近旁的李晟军则屡屡寻事生非，借过挑衅。李晟一方面严阵以待，秋毫无犯，一方面再三上奏中央报告情况，请求回师东渭桥。在这种微妙的情况下，陆贽受命只身前往咸阳，在二李之间进行斡旋，同时也实地了解了咸阳的内情。回到奉天后，陆贽立即向德宗上言，详细分析了当前时机危迫、变故难测的局面，说服德宗彻底放弃对怀光所抱的幻想，批准李晟的请求。二月初七日，在陆贽的精心安排下，李晟奉命移军，回师东渭桥。神策军的这次成功的战略转移，使唐朝保存了克敌制胜的最后一点根基。

李晟移军之后，德宗继续实行绥靖政策，二十三日，为怀光加官晋爵，并赐给他可用来抵罪免死的铁券。李怀光当着前往宣谕的中央特使之面，把铁券扔到地下，说："这不是圣上在怀疑我吗？人臣反，才赐铁券。我不反，现在赐铁券，是叫我谋反。"[1]在奉天的德宗这才提高警觉，二十四日，马上任命李晟兼河中、同、绛节度使，把收复长安的希望完全寄托在李晟身上了。

---

[1]《资治通鉴》卷230兴元元年。

李怀光反叛面临一个最大的难题，这就是朔方军数十年来"屡代忠义"，自肃、代以来，为国家屡建奇勋，广大将士反对李怀光的叛乱行为，他们有的当面力争，晓以大义；有的虚与委蛇，敷衍其事；有的暗中向朝廷通风报信，有的伺机逃散或率部投诚，还有的甚至因此献出了生命。真正死心塌地跟着怀光造反的，只是极少数亲信，绝大多数士兵是在受到裹胁、利诱、蒙蔽或是碍于情面而参与叛乱的。

二月二十五日夜，李怀光武装袭击了同他联营的另外两支部队——神策军杨惠元部、鄜坊节度使李建徽部，吞并其军，公开反叛。二十六日，德宗命带兵入援的盐州刺史戴休颜留守奉天，以行在都知兵马使浑瑊扈从，带领一班朝臣将士，仓皇逃往山南的梁州（今陕西汉中）。

这样，自建中二年（781年）五月削藩战争正式打响以来，先后参与叛乱的大小藩镇或武将超过十个，而且呈现出一波未平，又起一波的反复无常状态。德宗也被逼得一逃奉天，再逃汉中。但是，综合各方面因素来看，到兴元元年（784年）二月份，唐王朝这时已在走向恢复和好转。

李怀光虽然反叛，但他同李希烈、朱泚等人有本质的不同。他没有政治野心，自始至终未考虑过要称帝建号，在反叛之前没有一个周密的计划和具体的打算。当时的客观环境对怀光也十分不利，盘踞长安的朱泚，原来与他称兄道弟，相约划疆而治，完全是对等的关系，现在看到他手下人心涣散，力量渐弱，于是开始对他发号施令起来，这是怀光所不能接受的；在长安和咸阳之间的东渭桥，又驻扎着忠于朝廷的强有力的李晟神策军，这是他难以逾越的；而最关键的还是朔方军中普遍存在的那种反对叛乱、要求返正的抵触情绪。在这种内外交困的情况下，怀光势成骑虎，只好放弃了原来进攻东渭桥的打算，避开李晟的锋芒，在大掠了泾阳等十二县之后，奔往河中暂住下来。

三月二十一日，德宗君臣一行抵达梁州，由于山南地薄民贫，德宗还想继续西行成都。山南节度使严震从战略观点，竭力劝谏，并千方百计维持好财政、物资的供应，前线的李晟也上表劝阻，德宗才打消了这个念头。然后，对关中地区的军政部署做了新的安排，战略意图直接针对京城长安。

这时，驻扎在东渭桥的李晟已经一身兼任数使，并以副统帅的身份节制韩游瑰、戴休颜、骆元光、尚可孤等几路关内驻军。李晟对中央的这些最新任命的用意心领神会，慨然以收复京师为己任，在驻地号令誓师，激励士气，并积极修缮装备，积储粮草，进行一系列的物资准备。

同时，浑瑊率西路诸军进驻奉天，与李晟形成东西呼应之势，完成了对长安的战略包围。五月二十八日，李晟在西路军尚未到达的情况下，抓住战机，率步骑精兵攻下长安城，叛军溃败，朱泚与姚令言带领近万残众向西逃去。同一天，浑瑊统帅的西路军也攻克咸阳，朱泚败军之余众，准备西逃投靠吐蕃，但一路上不断遭到官军的追迫和袭击，部下相继逃散。到泾州，姚令言被部下的泾原兵士杀死。朱泚只得带领范阳亲兵转而向北奔命，到彭原西城屯，部下射杀朱泚归降泾州。至此，泾原兵变彻底平定。七月十三日，德宗的车驾在浑瑊等人的护卫下回到长安。李晟全军到城外奉迎，"步骑十余万，旌旗数十里"[1]，这个盛大的凯旋式标志着朝廷又恢复了以往的威严和气派。

德宗还朝以后，屯驻河中静观时局的李怀光马上派其子上表谢罪，请求归降。七月十一日，德宗下诏宣慰怀光，并恢复朔方将士的原有官爵，并派给事中孔巢父和宦官啖守盈前往河中宣慰。七月十八日，孔巢父来到河中，宣布要李怀光"委军赴阙，以保官爵"[2]。要他交出兵权，前往长安。还未等宣诏完毕，怀光的手下就鼓噪起来，杀死孔、啖二使，怀光又重新回到反叛的立场。

这时，中央的人事方面出现了一个引人注目的变动。德宗在为奉节郡王时，曾从李泌学文，时与李泌亦有交往，对这位在肃、代二朝功高任重，却又任性旷达、几度进退的传奇性人物有很深的印象。七月二十六日，德宗把李泌从杭州刺史任上急征到兴元，任命他为左散骑常侍，每天在中书省宿直以备顾问应对，朝野为之瞩目。

河中宣慰失败后，德宗加强了对李怀光的军事压力，八月间，派浑瑊、马燧二路大军会同骆元光、唐朝臣合兵进讨河中。关中、关东地区除李晟镇守凤翔，西御吐蕃外，主要军事力量都被用来对付李怀光了。北路的马燧河东军进展较快，马燧先是说降李怀光的晋、隰、慈三州守将，接着，攻克河中东面重镇绛

---

[1]《资治通鉴》卷231兴元元年。
[2] 同上。

州，并分兵攻取蒲州周围诸县，兵锋逼近河中。西路的浑瑊诸军新近在收复长安的过程中，战事过多、人马劳顿，在同州屡次被怀光军打败，受阻于战略要地长春宫。第二年（贞元元年，785年）二月，马燧在蒲州以北的陶城打败怀光军，浑瑊军也逼近河中。四月十八日，马燧、浑瑊二军在长春宫以南打败怀光军，包围宫城，怀光实力大损，诸将纷纷投降。五月，率邠宁军前来助战的韩游瑰向浑瑊请战，进攻同州东面的朝邑，守城的朔方军士卒看到这支兄弟部队，不愿自相残杀，守将阎婴只好引兵逃走。面临这种被动局面，怀光不得不表面上做出姿态，向部众声称一俟时机成熟，就归降朝廷，以此拖延时间，伺机而动。

由于连年的战祸和天灾，出现了严重的财政匮乏和粮食短缺现象。朝廷内部不少人主张赦免李怀光。李泌、李晟和前方的马燧则竭力主张以军事手段解决问题，以彻底清除长安东面的不安定因素。这一派意见虽占少数，但因为比较切合时势，加上二李当时在中央的特殊地位，最终为德宗所采纳。

七月，在河中东面不远，扼江淮与长安之间水陆运路要冲的重镇陕州，又发生了一场不小的变故。陕虢镇的都知兵马使达奚抱晖谋杀了节度使张劝，要求朝廷正式任命他为节度使。同时暗中召引李怀光将达奚小俊为援。如果蒲、陕结成联盟，势必阻绝江淮通往关中的运路。为了不使刚刚好转起来的战略形势发生逆转，德宗特别委任李泌为陕虢观察使，只身前往陕州，全权处理此事。李泌安抚与威严并施，结果不费一兵一卒，就使陕州恢复了平定，保证了关内外交通线路的畅通无阻。八月初二日，德宗又下诏，宣布实行财政紧缩政策，裁减了一些闲员和不急需的费用，以克服眼前的经济困难。

到这年八月间，对李怀光的战事已进入收尾阶段。初十日，马燧、浑瑊、韩游瑰几路大军进逼河中，怀光举火为号，招集部众，竟无人响应。十二月，官军攻至蒲州河西，怀光见大势已去，窘迫之中，自缢而死。马燧等开进河中，处死了跟随怀光作乱的几名首恶分子，而对其余一万六千名朔方将士则既往不咎，归镇守河中的浑瑊统帅。至此，关中地区宣告平定。

在淮西方面，李希烈自从兴元元年（784年）正月间经营江淮失败之后，复把战略重点转移到了河南地区。正月二十六日，德宗任命刘洽为汴滑宋亳都统副使、知都统事，统帅河南地区的官军，以代替因失守汴州而待罪的李勉。二月间，李希烈亲自率兵五万围攻宁陵，刘洽所派大将刘昌坚守四十五天，抵御住了十几倍于己的敌军。韩滉派大将王栖曜率领数千强弩手及时来援，希烈慑于宣、润弩手的威力，加之久攻不下，士卒疲惫，只得解围而去。宁陵攻守战有效地牵制和消耗了希烈的兵力和时间，遏制住了他继续东进的势头，保证了东南漕运的安全。

宁陵解围之后，前不久在江淮一带挫败了李希烈的张建封进军屯于光州固始，从侧翼对希烈构成威胁。这时，希烈的滑州刺史李澄也暗中遣使请求归降，在这种情况下，希烈只得退回汴州，在相当长的时间内不敢有所动作。七月间，曹王李皋继年初在永安戍大破希烈军后，乘势包围安州，并在其北的应山打败希烈援军，收复安州。同时，希烈在随州厉乡的守将也被官军击走。这时，南路的战况已给李希烈形成了巨大的压力，他再也不能在河南地区毫无顾忌地采取军事行动了。

在东南二路不利的情况下，李希烈改为集中主力重点进攻居中的陈州，以求最后一逞。闰十月间，一直对希烈采取阳奉阴违立场的李澄，趁希烈主力都集中在陈州，对滑州已构不成威胁之机，公开率众归降朝廷。十一月初六，刘洽派大将刘昌会同幽、陇行营节度使曲环等率军救援陈州，在州西大破希烈将翟崇晖部，乘胜进攻汴州。至此，淮西军主力基本被歼，希烈逃回蔡州老巢。二十一日，在刘洽、李澄东、北二路大军的压迫下，希烈的汴州守将田怀珍投降，与此同时，郑州也回归朝廷。汴州的收复，是官军在河南战场上的重大胜利。

河南和关中战场上的这一系列胜利，同韩滉经营南方，从财政和物资上支持是密不可分的。自建中四年（783年）十月泾原兵变后，韩滉就有针对性地在两浙境内"闭关梁""修坞壁"，加强军备，积贮战略物资。这是为了守境自保，并预备在非常情况下皇帝万一南渡而采取的必要措施，无可非议。但由于韩滉为人"公忠清俭"，在以前担任户部侍郎、判度支职务时"不容奸佞"，得罪了不少人，所以这时朝中就有人利用德宗的多疑对他进行诽谤，诬蔑他"聚兵修石头城，阴蓄异志"，一时"外议汹汹，章奏如麻"，德宗也起了疑心。[1]中央在这件事上如果处理不当，很有可能把在南方独当一面的这样一位得力人物推向对立面，造成

---

[1]《资治通鉴》卷231兴元元年。

第二个李怀光式的结局，直接危胁到作为唐朝财政根本之地的江南地区的安全。在这个关系到国家生死存亡的大问题上，李泌头脑清醒，独排众议，力保韩滉忠诚可靠，终于说服德宗恢复了对韩的信任。韩滉感激知遇之恩，马上"发米百万斛"[1]，上贡朝廷。迫于形势，以前同李希烈暗中勾搭的淮南节度使陈少游也贡米二十万斛，解救了当时的燃眉之急。后来，陈少游因为通敌事情败露，忧惧发疾身亡，淮南大将王韶想取而自代，并纵军大掠，也是韩滉出来加以制止。在以后相当长的时间里，由于韩滉的经营之功，江淮上贡中央的粟帛月月相继不断，成为唐朝正面战场的有力后援。

到贞元元年（785年），李希烈在战略上已处于全面守势，但他凭着以前的基础，困兽犹斗，三月间，居然又攻陷了山南的邓州。不过，这个局部的小胜丝毫挽救不了他失败的命运。四月间，邓州东南随州守将向唐朝新任命的荆南节度使李皋投降，希烈的势力进一步削弱。

到这年八月间，全国形势出现了与建中三年（782年）二月间极为相似的一幕。这时，河朔、山东四镇中，王武俊、田绪、李纳都相继纳命，朱滔病死，中央马上任命一贯忠于朝廷，"以宽缓得众心"[2]的知留后刘怦为幽州、卢龙节度使，在镇内完成了使职的顺利交接；关中地区也已平定；只有淮西李希烈困守一方，坐以待毙。可以说，这时又面临一个"天下不日可平"的大

---

[1]《资治通鉴》卷231 兴元元年。
[2]《旧唐书》卷143《刘怦传》。

好局面。为了不使建中三年田悦利用中央措置失策，唆使诸镇复叛的旧事重演，陆贽及时向德宗上奏，总结了"以前武力征讨但叛乱更甚，现在宽大处理却纷纷归顺"的经验教训，提出"不战而屈人之兵"的方针，具体做法是，命令淮西周围各镇及各路征讨大军各守封疆，采取围而不攻的战术，待其内变成自困而亡。这样，既能避免"兵连祸结，赋役繁兴"，更可消除河朔、山东等以往有前科的藩镇"朱泚灭而怀光戮，怀光戮而希烈征，希烈倘平，祸将次及"的自疑心理，以巩固已有的大好局面。[①]陆贽的这个策略非常高明，而且分析透彻，所以马上得到了德宗的赞同。八月初五日，德宗下诏将陆贽的建议付诸实施，并宣布宽大处理李怀光的后事，奖赏征讨中有功之臣。

在官军的这种围而不攻的战术之下，李希烈果然无计可施，形势日益不妙。贞元二年（786年）二、三月间，希烈派兵进攻襄州和郑州，试图挣扎做最后的反扑，但分别被山南节度使樊泽和义成节度使李澄轻松击退。这两次小战役的结果表明希烈大势已去，再也支撑不了多久了。四月初七日，淮西大将陈仙奇毒杀李希烈，举众归降。廿五日，中央任命仙奇为淮西节度使。李希烈的灭亡和淮西镇的归顺，宣告了德宗朝廷削藩战争的结束。

这场从建中二年（781年）五月正式打响，至贞元二年（786年）四月最终结束的大规模战争，耗费了巨大的人力、物力、财力，并在很大范围和程度上破坏了社会经济。尽管如此，它在奠

[①]《资治通鉴》卷232贞元元年。

定中晚唐政治格局，重新调整中央同地方的关系，为以后社会经济和文化的发展创造条件等方面所起的巨大作用，却是不能抹杀的。

战前，安史乱后形成的那种"天下尽裂于藩镇"的现象，其实是唐朝中央在特定的历史条件下，以委曲求全的姑息方针取得安史降将的表面服从，而达成的一种政治、军事妥协。它造成了两个主要结果，其一是藩镇"虽奉事朝廷而不用其法令"[1]，这个不正常现象体现了中央和河朔三镇及山东的平卢淄青镇之间的力量不平衡状态；其二是在中央同藩镇的关系中，藩镇基本上处于主动地位，而中央则相应处于比较被动的地位，这种位置颠倒关系使中央在处理同地方的关系时，往往表现出不应有的软弱和屈从，影响了其行政统治的效率和权威性，不利于社会的稳定和发展。德宗朝削藩战争在很大程度上改变了这种状况，中央同地方藩镇之间通过战争恢复了力量均衡。尽管战争最终同样是以政治、军事妥协的方式而告终，但这种妥协同安史之乱结束时有质的不同，藩镇当中最为骄悍难制的河朔三镇及山东的平卢淄青镇，在这次战争之后力量明显下降，而中央神策军及忠于朝廷的河南、河东等地区节度使的力量则得到很大加强，这意味着中央在同地方的关系中获得了更大的主动权。战后，河朔三镇中，卢龙、魏博军事力量大为削弱，不得不向朝廷表示恭顺，而实力很强的成德镇则"竭忠奉国"[2]，到王武俊的儿子士真时，整个河

---

[1]《资治通鉴》卷225大历十二年。
[2]《旧唐书》卷142《王武俊·士真传》。

朝地区，除了宪宗元和前期成德镇曾经一度抗命之外，差不多三十五年间，三镇表面上都忠于朝廷。在贞元年间，中央同河朔以外的其他藩镇之间，也没有再发生大的冲突。这段较长时期的和平与稳定，为社会经济和文化的发展创造了有利的前提条件。因此，虽然贞元年间朝政弊病丛生，但这段时间却成为日后"元和中兴"的前奏，社会经济文化都有相当的发展。

第三节 朝廷与藩镇关系的变化

一、贞元时期对藩镇的姑息

自贞元元年（785年）平定李怀光、贞元二年（786年）李希烈被陈仙奇毒杀之后，朝廷与藩镇之间大规模的战争便告结束。德宗从兴元回到长安以后，在陆贽的帮助下，认真总结建中时藩镇连兵的惨痛教训，认识到不可"蓄憾不容"，"急功轻战"[①]，所以"虽一州一镇有兵者，皆务姑息"。尤其对于交战多年的两河强藩，更是任其自相攻并，不复过问。

经过多年战争，河朔藩镇到贞元时期，情况与建中时也已大不相同。成德早在建中三年（782年）正月李惟岳被王武俊缢杀之后，就一分为三，其力量有所削弱。王武俊是契丹人，泾原兵变之后与朱滔的矛盾激化，兴元元年（784年）德宗大赦后，归顺朝廷，被正式任命为成德军节度使。为了让王武俊与李抱真联

---

① 参《陆宣公集》卷16《收河中后请罢兵状》。

兵进击朱滔，在马燧的建议下，朝廷以深、赵二州归隶武俊，而以深赵都团练观察使康日知为晋、慈、隰节度使。

义武节度使（治今河北定县），易、定、沧等州观察等使张孝忠，在朱滔王武俊叛乱时，坚守易定，又与神策兵马使李晟结成儿女亲家，同心保境，抗拒叛军。沧州本隶成德军，张孝忠派往沧州交检府藏的牙将程华被将士推而为主，孝忠即令摄刺史事。朱滔王武俊称王时，程华孤守沧州。事后，便被任命为沧州刺史、充横海军使，改名为程日华。张孝忠唯有易、定二州。贞元四年（788年），程日华去世，朝廷并升横海军为节度，以其子怀直为留后，贞元五年（789年）正授节度、观察使。贞元七年（791年）三月，张孝忠去世，德宗以邕王李源为义武军节度大使，又以张孝忠子升云为节度留后。到贞元九年（793年）二月，便以张升云为节度使，次年赐名茂昭。河朔即使如义武、横海之忠顺，仍是以地相传的世袭藩镇。

幽州朱滔，贞元元年（785年）六月去世，将士奉前涿州刺史刘怦知军事。刘怦与朱滔是姑表兄弟，深得朱滔的信任，而且为军中所服，朱滔每出镇征伐，皆以刘怦总留后事。但他在朱滔死后三个月，便去世了，朝廷"姑务便安"①，从军人之意依河朔故事，以怦之长子刘济继为幽州节度使。刘济以从母弟刘澭为瀛州刺史，并答应以后以他接任节度使。刘济又以自己的儿子为副大使，由是兄弟结怨。贞元十年（794年）正月，刘澭所部兵

---

① 《旧唐书》卷143《刘济传》。

一千五百人，家属万余口到达京师，不久被任命为秦州刺史，陇右经略军使。

魏博田悦，在朱泚叛乱之后亦遣使归国，兴元元年（784年）正月德宗复其官爵，不久田悦为其从弟田承嗣之子田绪所杀。田悦是田承嗣的侄子，承嗣死时包括田绪在内的诸子尚幼，故以田悦知军事。田绪杀田悦后，继为魏博节度使。并以助王武俊破朱滔获功，贞元元年（785年）尚嘉诚公主，后加同平章事。

淄青李纳在贞元元年（785年）亦表示效忠朝廷，并以进击李希烈解陈州之围之功检校司空，为平卢军节度、淄青等州观察使。淮西陈仙奇在贞元二年四月毒杀李希烈，为淮西节度使。兵马使吴少诚原为希烈宠任，七月杀陈仙奇，被军士推知留务，不久朝廷便以吴少诚为节度使。淄青和淮西名义上归附朝廷，实际仍处于割据的状态，吴少诚更是"日事完聚，不奉朝廷"[①]。

两河藩镇之间在贞元时期互相攻夺，争城略地，这是朝廷能够以姑息处之而求得相对稳定的重要因素。贞元六年（790年）春，李纳和田绪相勾结，谋得原归于王武俊的棣州，田绪又矫诏以棣州归李纳。王武俊与李纳之间的冲突公开化。王武俊派兵进击魏博的贝州，占领了四个县。到年底，在朝廷的调解下，王武俊先归田绪四县，然后李纳才以棣州归王武俊。在强藩互相争斗的情况下，朝廷便得以超然的身份进行协调，这与建中时期已大不相同。

[①]《旧唐书》卷145《吴少诚传》。

贞元八年（792年）五月，李纳去世，军中推其子李师古知留务，八月朝廷授其为节度使。李纳在位时，虽然德、棣二州已属王武俊，但仍在棣州的蛤蝾修城防戍，以收盐利，又在德州之南跨河而筑三汊城，以交通魏博。李纳死后，王武俊以师古年少，引兵屯德、棣，将取蛤蝾及三汊城，双方剑拔弩张。朝廷派遣中使进行劝止，王武俊才还兵。义武张升云的弟弟张升璘是李纳的女婿，在淄青任海州团练使。贞元九年（793年），王武俊以张升璘曾于公座骂自己为借口，派兵袭击张升云所辖定州义丰县，又在定州的安喜、无极两县掠取百姓万余，迁到德、棣安置。义武节度使张升云（茂昭）只得闭城自守，多次遣使谢罪才阻止了王武俊的袭掠。同时，朝廷还责令李师古拆毁三汊城，以取悦王武俊。李师古则招聚亡命之徒，收用得罪于朝廷的人，阴怀异志。

对于河朔藩镇，德宗任其内部继代，对于其他强藩亦是务从姑息以换取天下的稳定。不仅违抗朝命者释而不问，还通过加官爵以取悦强藩。贞元十二年（796年）正月，以河中浑瑊、成德王武俊并兼中书令，山南西道的严震、魏博田绪、卢龙刘济、西川韦皋等并同平章事，其他各地节度、观察等使都加检校官。贞元末年，山南东道节度使于頔乘讨吴少阳之机，大募战士，缮甲厉兵，聚敛财货，恣行诛杀，有割据汉南之志，专以慢上凌下为事。德宗知其所为，也没有任何处置，即如他以喜怒反复，贬责刺史府属，亦是一一依从。

从贞元十四年（798年）起，彰义军节度使（治今河南汝南）

吴少诚东向攻掠淮南所属寿州霍山县，杀镇遏使谢详并侵地五十余里。十五年（799年）三月，又袭击西北的唐州，杀死监军和镇遏使，掠去百姓千余人。八月，陈许节度使曲环去世，以上官涗为留后，吴少诚便乘机攻掠临颍，围许州，擒缚陈许将士三千余人。德宗下诏削夺吴少诚的官爵，令淮西四邻的山南东道节度使于頔、安黄节度使伊慎、知寿州事王宗、陈许留后上官涗以及新任命的宣武节度使韩弘等进兵讨击。由于诸军没有统帅，各自为战，不久便被吴少诚击溃。贞元十六年（800年）二月，在中尉窦文场的推荐下，以出自神策军的夏绥节度使韩全义为蔡州四面行营招讨使，调动共十七道的兵力进讨。韩全义素无勇略，完全依靠军中的宦官以议军事，不能及时做出准确的决策，开战后节节败退。十月，在西川韦皋和宰相贾耽的建议下，因吴少诚之请罪，罢两河招讨诸军，下诏赦免少诚，复其官爵。事实表明，当时朝廷讨平淮西的条件尚未成熟。德宗对藩镇的姑息，既是一种大乱之后稳定局势的权宜之计，也是受客观条件制约的无奈之计。淮西撤军之后，误国丧师的韩全义在窦文场的掩护下仍受到德宗的优厚礼遇，使归镇夏州。德宗以为："全义为招讨使，能招来少诚，其功大矣，何必杀人然后为功邪！"[1]

二、中央权威和力量的加强

平定李怀光的叛乱之后，德宗在表面上姑息藩镇的同时，也

---

[1]《资治通鉴》卷236 贞元十七年。

开始逐步解决内地节度使力量过大、割据倾向增强的问题，比较平稳地削弱了一些强藩的力量，尝试性地收回了一些权力。

贞元元年（785年）八月，将朔方之兵分统于二帅。朔方军自安史之乱以来便是朝廷依赖的最重要的一支部队。由于安史之乱的特殊条件，代宗时郭子仪掌握了整个京兆地区的军权，从邠（今陕西彬县）、宁（今甘肃宁县）以北到河套的三受降城，皆受郭子仪节制。代宗后期以其功大权重，曾想分夺他的一些权力，但一直难而未决。德宗即位以后，便以摄冢宰的名义召郭子仪还朝，尊为"尚父"，加官进爵，擢迁亲属，但是所领副元帅及诸使职皆罢之，削夺了他的兵权。同时，将郭子仪所掌之地分而为三，以其裨将河东、朔方都虞候李怀光为河中尹、邠宁等州节度使，以朔方留后兼灵州长史常谦光为灵州大都督，西受降城、定远、天德、盐夏丰等军州节度使，以振武军使浑瑊为单于大都护，东、中二受降城、振武、镇北、绥银麟胜等军州节度使，三人分领原统于郭子仪一人之任。至建中二年（781年）六月十四日，八十五岁的郭子仪去世了。此后，李怀光成了朔方军的统帅，领朔方军分居于河中、邠宁两地。仍然掌握了强大的军事实力，在击溃朱泚叛乱中起了很大作用。不幸由于奸臣卢杞等与怀光的矛盾，最终导致了怀光与朱泚和好，德宗再奔梁州。怀光叛后，部将韩游瑰做了邠宁节度使，以所领朔方军归朝。又以浑瑊为河中节度使，使讨怀光，但是，李怀光在河中掌握了朔方军的大部。平定李怀光之后，浑瑊以收复之功，还镇河中，尽得李怀光之众。这样，原来分屯两地而统于一帅的朔方军，至此便分统于韩游瑰、浑瑊二帅了。朔方军的势力遭到了极大的削弱。

浙江东西道，是东南最富裕的地区，也是唐后期最重要的财赋基地。大历十四年（779年），韩滉以掌司计、实帑藏之功拜苏州刺史、浙江东西都团练观察使。建中二年（781年），以浙江东西道建为镇海军，韩滉为节度使。在德宗出奔的过程中，韩滉训练士卒闭壁自守，以备永嘉渡江之事，转输粟帛，在许多关键时刻解救了关中的燃眉之急。贞元三年（787年），韩滉死后，即将浙江东西道一分为三：浙西治润州（今镇江），浙东治越州（今绍兴），宣歙池治宣州（今宣城），各置观察使。

德宗还相机削弱不稳定的强藩。贞元十六年（800年），徐泗濠节度使张建封死后，徐州军乱，虽以进讨失利，仍以军中所推张建封之子张愔为帅，但将其濠泗二州割隶淮南。到贞元后期，德宗还想逐渐收回命帅之权，即自朝廷除拜节度使。贞元十六年，义成（治滑州，今河南滑县）节度使卢群去世，便以尚书左丞李元素代之。当时，宰相贾耽以为，如果从军镇内部任命节度使，一定有爱憎向背，造成喜惧者相半而众心不安。所以，"自今以后，愿陛下只自朝廷除人，天下军镇庶几无有他变"。德宗深以为然。不久，河东节度使李说去世，虽以其行军司马郑儋为节度使，但派刑部员外郎严绶为行军司马以为储帅。至贞元十七年（801年）七月，郑儋卒，便以严绶为河东节度使。择派行军司马，待节度使死后接掌军政，是收回命帅权的重要方式。贞元十八年（802年）冬，鄜坊节度使王栖曜死，军中之乱平定之后，便以同州刺史刘公济为鄜坊节度使。贞元十九年（803年）六月，陈许节度使上官涚去世，军中欲立其子使袭军政，但在监军范日用的处置下，得任行军司马刘昌裔为节度使，次年四月，改陈许为忠武。

尽管贞元时期收回命帅权的条件尚不成熟，甚至畿内还有想要效仿山东的，但是，德宗众分节度以及自朝廷除拜节度使的尝试，都为以后的元和削藩创造了条件。

同时，德宗进一步加强中央禁军的力量。唐代中央军事机构至中唐以后便有了南北军之分。南衙"诸卫"领府兵，至此时已经是具位而已，北衙诸军才真正掌握禁兵。北军原指左右羽林、龙武、神威六军，后来神策军发展成为势力最盛的一支。神策军原是陇右节度使所属驻守临洮城西的军队，在安史之乱的过程中，被调入内地。在变乱之中，观军容使鱼朝恩逐渐掌握了神策军。代宗时，吐蕃退出长安后，鱼朝恩率神策军进驻御苑中，从此成为禁军。代宗杀鱼朝恩后，一度禁止宦官典兵。德宗即位后，让自己最亲信的白志贞掌握禁兵。但是，在朱泚叛乱时，白志贞丝毫不起作用，禁军溃散，只有宦官窦文场等人保护了德宗的出逃。于是，窦文场取代了白志贞。德宗回到长安以后，恐宿将难制，所以宦官之权益重。其后窦文场、霍仙鸣分典禁旅，监督军权。贞元八年（792年）十二月，领兵的左神策大将军柏良器被宦官排挤，左迁为徒具其位的右领军，从此宦官始专军权。至贞元十二年（796年）六月，置左右神策护军中尉，以窦文场、霍仙鸣担任，又以二宦官为中护军，宦官完全掌握了禁军的领兵之权。在宦官仗权主持之下，以神策军为主的中央禁军力量得到很大加强，尤其窦文场、霍仙鸣势倾中外，许多方镇的将帅都出自神策军，甚至台省清要之官亦有出自其门者。不过，贞元时期禁军主要用以保卫京师和戍守边疆，而且待遇很优厚。所以许多地方将领都请遥隶神策军，称为神策行营，皆统于中尉。这样，神策中尉就控制了一支庞大的军队，当时号称十五万人。

神策军既是禁军，又统辖着战斗部队。这是中央直接掌握的军事力量，尽管神策军骄横不法，或与地方将领之间时有冲突，但它有着不可替代的作用。尤其在当时藩镇割据，地方节度使拥兵自重的形势下，禁军力量的加强，也为朝廷在处理同地方节度使关系的各种问题的时候，赢得了很大的主动。不过，也因此造成了宦官权力的大发展。

在与藩镇开战及德宗出奔的时候，资粮的匮乏已使德宗深受其苦。所以还宫以来，更加专意聚敛。一方面，贞元时期大力加强对江淮财赋的督运。兴元元年（784年）十一月，在李泌的谋划下，使韩滉从两浙发米百万斛，陈少游自淮南亦发二十万斛，入贡朝廷。当时关中仓廪空竭，军心民心摇荡，韩滉李泌督运江淮漕米大量到达京师，及时解救了燃眉之急。德宗为了表彰韩滉的功劳，十二月，以韩滉兼度支、诸道盐铁、转运等使。韩滉贞元三年（787年）去世后，以宰相窦参领度支、班宏以户部尚书为副使。贞元八年（792年）三月，窦参罢度支使，班宏得专判度支。但是，窦参荐司农少卿张滂为户部侍郎、盐铁使、判转运，以分班宏盐铁转运之权。班宏当时职掌转运，每年运江淮米五十万斛至京师，有时多达七十万斛，颇以功自负，不悦张滂分领其职。不过，当年七月，班宏便去世了。而以司农少卿裴延龄权领度支，不久便迁户部侍郎、判度支。裴延龄不善理财却工于聚敛，取常赋充羡余，徙置别库，虚张名数以惑上贪功，又以有司申奏见在之物为已弃，以充羡余。以其能进奉和好诋毁，所以深得德宗亲厚。陆贽论其奸蠹，以为既"荡心于上，敛怨于人"①。不过至贞元十二年（796年）裴延龄死时，在度支五年，还是为德宗积聚了不少财赋。

另一方面是增加税源和加强两税的督征。本来德宗即位之初便于大历十四年（779年）七月，罢天下榷酒收利。但还在建中三年（782年）的正月，即两河战场形势好转的时候，又复榷天下酒。贞元三年（787年），当时京西大集关东防秋兵十七万人，国用经费不充，所以李泌奏请遣使督征道州非法征调留用之物及官典捕欠者。于是，派度支员外郎元友直为河南江南淮南勾勘两税钱帛使。贞元四年（788年）二月，元友直运淮南钱帛二十万至长安，李泌皆输之大盈库。元友直在东南勾检诸道税外物，每年除正税之外能输百余万缗，解入户部，造成民不堪命，德宗被迫免除其事。贞元九年（793年）正月，又根据盐铁使张滂的建议，开始税茶收利，规定凡州县产茶之处以及茶山外的要路，都要按其价值收取十分之一的税利。自刘晏改革盐法至此，盐铁茶酒及各种商税，便成为除按土地财产所征两税外的重要财政来源。

---

① 《陆宣公集》卷21《论裴延龄奸蠹书》。

在开源的同时，还努力减少开支。贞元三年（787年）闰五月，在张延赏的谋划下，大省州、县官员，减除千余人，收其俸禄以给战士。七月，在李泌的支持下，检括久居长安不想回去的胡客，如果他们已置买田宅的，度支便停止他们的供应，然后把他们分隶神策两军。这样，每年节省度支的开支五十万缗钱。裴延龄判度支时，以为当时户口减耗，所以内外百司官阙不须补置，收其缺官俸禄以实帑藏。[①]

贞元前期，边疆戍卒的军费开支也成为中央政府的沉重负担。贞元三年，在李泌的筹划下，市耕牛、铸农器，籴麦种分赐沿边军镇，募戍卒耕种荒田，同时，又请令人粟补官，这样，很大程度上可解决戍卒的粮食不足问题。贞元八年（792年）九月，又在西北边地行贵籴以实仓储，积米百万斛，边备渐充。

德宗的敛财，其目的主要是为了宫中用度，贞元三年（787年）他就对李泌说，以前每年诸道贡献，共有价值五十万缗的财物，今年仅得三十万缗，"言此诚知失体，然宫中用度殊不足"，所以，德宗多次向诸道宣索。但是，藩镇的进奉在客观上却成为中央财赋的重要来源。贞元时期，各地藩帅争相进奉，通过或割留常赋、或增敛百姓，或减克吏禄、或贩鬻蔬果等手段，转折财货以充羡余进奉。当时，江西观察使李兼有月进、韦皋在西川有日进。后来，刺史和藩镇幕僚亦务为进奉，常州刺史裴肃因此得迁浙东观察使，宣歙判官严绶竭府库而征拜刑部员外郎。当然，

[①]《旧唐书》卷135《裴延龄传》。

地方藩帅的聚敛，并不全都贡献朝廷，往往私自入藏，所进才十之一二。所以，聚敛和进奉也就成为后世议革的贞元弊政之一。

贞元时期，在加强对地方节度使的控制，削弱强藩力量，以及加强中央禁军财政力量等方面，都有了很大的进展。而且，由于贞元时期政局的相对稳定，也为社会生产的恢复和发展创造了条件。贞元八年（792年），陆贽上疏便认为，"近岁关辅之地，年谷屡登，数减百姓税钱，许其折纳粟麦，公储委积，足给数年，田农之家，犹困谷贱。"又说，"近者缘边诸州，频岁大稔，谷籴丰贱，殊异往时"。①

贞元时期，唐王朝的内部统治在走出低谷、走向中兴。同时，民族关系的调整，也使边疆形势趋于稳定。

三、调整民族关系

大历十三年（778年）回纥南下太原，河东兵战死者万余人。德宗即位后，回纥举国南下，其相顿莫贺达干谏阻，可汗不听，于是击杀可汗，取而代之，号合骨咄禄可汗。建中元年（780年）唐封他为武义成功可汗。

德宗即位后，吐蕃军队也分三道来侵。德宗派韦伦出使吐蕃，遣返历年俘获的吐蕃人五百余人，与之相和。吐蕃赞普追回了灵武之师。建中四年（783年）正月，唐派陇右节度使张镒与吐蕃大相尚结赞合盟于清水（今属甘肃），约定双方边界，"并依

---

① 《陆宣公集》卷18《请减京东水运收脚价于缘边州镇储蓄军粮事宜状》。

见守，不得侵越"①。兴元中，德宗以李晟、浑瑊兵少，欲倚吐蕃以复京师，并答应成功之后，以伊西、北庭之地与之。七月间，吐蕃来求其地，德宗想召安西、北庭之节度使郭昕、李元忠还朝，但在李泌的支持下，最后没有答应吐蕃的要求。贞元初，吐蕃屡寇泾、陇、邠、宁数道，"掠人畜，取禾稼，西境骚然"②，后又占有了盐夏等州。贞元二年（786年），吐蕃游骑及于好畤（今陕西扶风县北），京城为之戒严。到贞元三年（787年）春，尚结赞由于羊马多死，粮运不继，加上李晟、马燧、浑瑊都举兵临之，所以多次遣使求和。李晟、韩游瑰、韩滉等人认为吐蕃反复诈和，不如进兵讨击，但马燧、张延赏等人因与李晟有私怨，且尚结赞曾遣使卑辞厚礼求和于马燧，所以反其谋而行，主张和亲为便。德宗由于与回纥之恨，也想联合吐蕃共击回纥。于是，决定与吐蕃和亲。五月，派浑瑊为会盟使，将二万余人赴盟所，会于平凉。闰五月辛未，尚结赞埋伏精骑劫盟，唐之将帅或被杀或被擒，浑瑊幸得逃脱。消息传到长安，德宗吓得想出幸以避吐蕃。此后，西北的泾、邠、宁、庆、麟等州屡遭吐蕃侵掠。

云南自天宝末年杨国忠进击以后，其王阁罗凤称臣于吐蕃而叛唐。安史之乱期间会同吐蕃向唐朝发动进攻，占领了得州（今四川西昌）、会同（今四川会理）等长江以北地区，并使西南诸羌蛮部落臣服。大历十四年（779年），阁罗凤卒，其子凤迦异先死，凤迦异之子异牟寻被立为王，联合吐蕃分三道入寇，李晟等

---

① 《旧唐书》卷196《吐蕃传下》。
② 同上。

率禁兵赴援，大败之。兴元元年（784年），改号大理国。云南在吐蕃的控制下，赋役沉重，又每年发兵以助镇防，异牟寻逐渐感到厌苦。早年巂州陷落时被掳入云南的唐朝西泸县令郑回，以王师的身份劝异牟寻说，"自昔南诏尝款附中国，中国尚礼仪，以惠养为务，无所求取。今弃蕃归唐，无远戍之劳、重税之困，利莫大焉"。① 所以，异牟寻多年来一直在谋求内附。

面对吐蕃、回纥、云南三大民族势力的不同情况，唐王朝将采取什么政策以安定边疆呢？刚入相的李泌在贞元三年（787年）便设想"结回纥、大食、云南与共图吐蕃"②。贞元四年回纥可汗多次向唐朝请婚，德宗不许。李泌又奏请德宗"北和回纥，南通云南，西结大食、天竺"③，以对付吐蕃。德宗由于即位之初回纥的非礼，怀恨在心，所以李泌为争取德宗与回纥和亲，进行了坚持不懈的努力，"凡十五余对，未尝不论回纥事"，最后以退位相挟，表示"陛下既不许回纥和亲，愿赐臣骸骨"。④ 德宗在李泌的分析之下，认识到回纥不足怨，而原来宰相想和吐蕃以攻回纥，才真正可怨。所以，李泌修书与回纥可汗约定许婚的五个条件：称臣、称儿、遣使来不过二百人，互市印马不过千匹，无得携中国人及商胡出塞。不久，回纥可汗遣使上表称儿及臣、表示李泌所约五事一皆听命。九月，德宗答应以亲生女儿咸安公主嫁给回纥可汗。十月，回纥可汗遣使至长安以迎公主，并表示要

---

① 《旧唐书》卷197《南蛮传》。
② 《资治通鉴》卷232 贞元三年。
③ 《资治通鉴》卷233 贞元三年。
④ 同上。

为"父"皇帝除吐蕃之患。又请改回纥为回鹘，许之。贞元五年（789年）七月，咸安公主在诸使的护迎下，至回鹘衙帐。十二月，合骨咄禄可汗薨。其后内部变乱，回鹘渐衰。回鹘与唐朝一直保持比较和好的关系，给吐蕃以很大的牵制。

李泌以为，与回纥媾和之后，吐蕃便不敢轻易犯边。然后招抚云南，以断吐蕃之右臂。他认为云南臣于吐蕃是由于杨国忠无故侵扰使叛，苦于吐蕃赋役之重，未尝一日不思复为唐臣，而大食与天竺皆慕中国，代与吐蕃为仇，所以知其亦可招抚。李泌为相期间，为德宗朝确定了大体的外交战略。

贞元元年（785年），韦皋为成都尹、剑南西川节度使。他看到，云南与吐蕃的和好，助长了吐蕃入寇的势力。所以韦皋在边境上招抚群蛮，并请因云南及八国生羌有归化之心，乘机招纳以分吐蕃之势。贞元四年（788年），他便派判官崔佐时到南诏，受到异牟寻的礼遇接待。当年异牟寻便派东蛮诸部首领入朝。韦皋一方面与云南王联络，劝其归化，同时于贞元五年十月，派兵在巂州台登谷大破吐蕃及附蕃诸蛮，逐渐收复了巂州之地。

贞元九年（793年）夏，云南王异牟寻派出三路使者，从不同方向到达成都，致韦皋帛书，因上表请弃吐蕃归附唐朝。韦皋遣其使者入长安，德宗赐异牟寻诏书，并令韦皋遣使抚慰。至贞元十年（794年）正月，剑南西山诸羌、蛮摆脱吐蕃的控制陆续内附，诏加韦皋押近界羌、蛮及西山八国使。同时，韦皋又派判官崔佐时到云南建都的羊苴咩城（今云南大理），劝异牟寻悉斩吐蕃使者，去吐蕃所立之号，献其金印，复南诏旧名。异牟寻皆从之，并与崔佐时盟于点苍山神祠。数日之后，异牟寻袭击吐蕃，在神川大破之，取十六城，虏其五王，降其众万余，并遣使献捷。至六月，异牟寻遣其弟献地图、土贡及吐蕃所给金印，请复号南诏。德宗派祠部郎中袁滋为册南诏使，异牟寻跪受册印，并表示要子子孙孙尽忠于唐。至贞元十一年（795年），南诏攻取吐蕃之昆明城（今四川盐源附近）。

回鹘结和，云南内附，又经过与吐蕃的数番争夺，边疆形势趋于稳定。至贞元十三年（797年）正月，吐蕃又遣使请和亲，德宗以其多次负约，不许。接着，吐蕃在西北、西南两条战线上连连受挫。邠宁节度使杨朝晟筑三城于边境，在马岭一带开地三百里。西川节度使韦皋在嶲州一带屡破吐蕃兵，并在南诏的配合下，深入其境，转战千里，斩兵擒将，拔城降户，给吐蕃以严重的打击。唐王朝在与吐蕃的争夺中，在与周边各民族（如奚、室韦、党项等）的关系上，逐渐取得了主动。这也是唐王朝的统治能够逐渐走向中兴的极其重要的条件。

四、不任宰相

经过建中时期政治、军事上的风风雨雨之后，到贞元时期，德宗对臣下的猜嫌怨忌更加严重。他疏忌宿将之握有重兵者，让宦官逐渐掌握了禁军的大权。在用人方面，德宗尤不委任臣下，不论官之大小，都要自己选用。对于贬降的官吏，也长期不加调动。由于取舍不合理，造成群才淹滞，朝中乏人。

贞元前期的朝廷之中也是勾心斗角，矛盾重重。张延赏乃玄宗时中书令张嘉贞之子，侍中苗晋卿的女婿。大历以来，历任荆南节度使和剑南西川节度观察使。德宗在梁州（今陕西汉中）之时，延赏尽忠竭力，深受德宗赏识。贞元元年（785年），张延赏自西川入相后，与李晟不和，尽管通过韩滉的调解，延赏仍内心蓄怒，不答应李晟为子请婚的要求。贞元三年（787年），在是否与吐蕃媾和结盟的争论中，张延赏多次上言"晟不宜久典兵"[①]，劝请德宗解除了李晟的兵权，将李晟从凤翔征调入朝，加太尉、中书令。李晟被解除兵柄，造成了武臣的愤怒解体，以致德宗打算收复河湟之时，竟无人受命。

张延赏还先后排挤了议事时与他有所异同的宰相齐映、刘滋、柳浑等。张延赏贞元三年七月去世后，宰相有李泌、窦参等。李泌为相，对贞元朝政有所改善，但窦参与陆贽之间却又互相倾夺。窦参阴狡而愎，恃权而贪，其党人作谤以毁陆贽。贞元八年（792年）窦参被罢相，再贬远州，同时，以尚书右丞赵憬、兵部侍郎陆贽并为中书侍郎、同平章事。贞元九年（793年）五月，以中书侍郎赵憬为门下侍郎、同平章事，因为政事堂在中书省，所以赵憬怀疑是陆贽恃恩欲专大权而有意排挤他，又引起二人之间的嫌隙。

陆贽自贞元八年（792年）四月入相以后，对于德宗的猜忌多有论列，为用人的制度化进行不懈的努力。陆贽因为久在禁庭深得德宗信任，所以对于许多认为不可的事情都要力争。裴延龄

[①]《资治通鉴》卷232贞元三年。

自贞元八年为户部侍郎判度支以来，刻薄聚敛，贞元十年（794年），陆贽上疏陈其奸诈，数其罪恶，认为不可令掌财赋。但是，德宗因为延龄能进奉又好诋毁，可以通过他访闻外事，所以尽管知其诞妄而待之愈厚。裴延龄与陆贽的矛盾愈演愈烈，又与赵憬联合起来，排挤陆贽。贞元十年十二月，陆贽被罢相为太子宾客。次年，又因裴延龄的谮毁，贬为忠州别驾。京兆尹李充、由盐铁转运使迁为卫尉卿的张滂、前司农卿李铦皆被贬远州。谏议大夫阳城在陆贽等人坐贬之后，不顾当时中外愵恐的局面，率补阙拾遗数人上疏论裴延龄奸佞，陆贽等无罪。阳城并尽疏延龄罪恶，坚决反对延龄入相。贞元十一年（795年）七月，阳城改为国子司业。贞元十四年（798年），又由于为言事获罪的学生薛约送行，左迁为道州刺史。

陆贽罢贬之后，德宗更加不任宰相，自御史、刺史、县令以上皆自选用。而且，深居禁中，亲狎近臣。裴延龄与礼部尚书兼殿中监李齐运，户部郎中王绍，司农卿李实，翰林学士韦执谊以及谏议大夫韦渠牟等，皆权倾宰相，趋附者盈门。李齐运不学无术，不知大体，只是以花言巧语博得德宗信任。他荐李锜为浙西观察使，受贿达数十万。又荐李词为湖州刺史，亦受贿纳赃。韦渠牟德名素轻，依仗恩势招趋荐附，浮薄之辈皆奔驰请谒。韦执谊则与德宗唱和歌诗而深得宠爱。贞元十九年（803年）三月，以司农卿李实为京兆尹。李实为政暴戾，恃恩骄横。贞元十九年大旱，李实为了保证向皇帝的进奉，对德宗说，今年虽旱但禾苗长势甚好。所以租税皆不得蠲免，老百姓被迫拆房屋卖瓦木、麦苗以输官。韩愈上疏论天旱人饥状，也因此被贬为边远的阳山县令。在这样一些奸欺近臣的包围之中，德宗偏听偏信，贞元后期的朝政一片黑暗。贞元十八年（802年）七月，由于嘉王府谘议高弘本在正衙奏事触怒了德宗，德宗便下诏，公卿庶僚如有事陈奏，宜在延英门请对，自今以后勿令正衙奏事。正衙，东内为含元殿，西内为太极殿，正衙奏事，是唐初以来大臣陈述情况、讲论政事的制度，而德宗竟因人废事，杜绝了大臣们公开论奏的途径。

唐代的宦官专权亦成于德宗之世。贞元十二年（796年）置左、右神策中尉，从此宦官之权日重。到宪宗元和年间又以宦官为左右枢密使之后，左右中尉和左右枢密使被称为"四贵"。贞元时期宦官骄纵不法，怙宠纳权。贞元十六年（800年），义成监军薛盈珍谗毁节度使姚南仲，入朝召对之时，南仲指陈盈珍坏天子之法，而且指出天下如盈珍辈，不可胜数，是这些宦官为害，以致难成攻取之功。但是，德宗不置可否，仍使薛盈珍掌机密，日后成为高品中使。不过对于宦官为藩镇监军者，不能一概指斥其坏法为害。他们在稳定军情，保持中央的最高统治权等方面，有着极其重要的作用。如贞元时期俱文珍监宣武军，屡次军乱，都及时任人而安定乱众。宦官的为非作歹，还表现在如宫市、五坊小儿等扰民之弊政。原来，宫中所需到外间购买之物，由专门的官吏负责，按市价随给其值。贞元十三年（797年），改以宦官为使，谓之宫市。在长安两市之中及热闹的坊间，安置数百人，阅人所卖之物，以宫市的名义进行强取豪夺，严重破坏了正常的商贾经营和人民生活。白居易的《卖炭翁》为我们描述了宦官强夺民物的情景，"半尺红绡一丈绫，系向牛头充炭值"。唐代钱帛并行，而且货轻钱重。宦官们明目张胆地抢劫，使得许多百姓往往将物诣市却至空手而归。对于宫市之扰民，虽屡有谏奏，德宗皆不听取，至有谋议委诸府县者遭到贬逐。五坊是内宫由宦官管辖的一些供养鸟兽虫鱼的机构，在此间给役的五坊小儿，依仗宦官的势力，在里间间为非作歹，敲诈勒索。他们为了张捕鸟雀，可以把罗网张在民户的门下而不许人出入，或者张在井上使人不得汲水。如果有人走近，则以惊了供奉鸟雀而进行毒打，从而借机敲索。他们相聚在酒食之肆饱食醉饮，如果有人敢向他们索取酒食之资，大都免不了遭受殴骂，或者遭到百般刁难要挟。

贞元后期，德宗猜忌，权奸当道，加以宦官骄纵，为非作歹，使正在走出低谷的王朝统治蒙上了一层阴影。随之而来的，将是一场伴随着复杂权力斗争的改革运动，政治革新的声浪在悄悄涌起。

第三章　革新浪潮　元和中兴

第一节　元和政治革新的先声

一、永贞前后复杂的政治斗争

贞元后期，朝廷内外各种政治力量在明争暗斗、互相倾夺；同时统治阶级中的改革势力也在发展。德宗长子李诵，在大历十四年（779年）德宗即位后几个月就被立为太子。贞元二十一年（805年）正月二十三日，六十四岁的德宗去世，此时太子已经四十五岁了。四个月以前，太子因得风疾而不能开口说话。由于德宗之死离太子得病的时间很短，太子能否正常地继承皇位，德宗没有来得及考虑并做出适当安排。因此，宫廷内部就面临着一场严峻的斗争，朝廷内外也是人心惶惶。

德宗一死，翰林学士郑絪、卫次公等被召到学士院东面的金銮殿，让他们起草德宗的遗诏。已经取得了禁军统帅权、权力大为增加的宦官力图左右皇位继承，对他们说："内中商量，所立未定。"企图抛开太子，另立新君。卫次公当即进行了反驳，他说，"皇太子虽有疾，地居冢嫡，内外系心"，即使迫不得已，也应立太子的长子广陵王李淳，否则，"若有异图，祸难未已"。[①] 表

---

① 《旧唐书》卷159《卫次公传》。

明了拥立太子的坚定立场。在郑䌛等人的支持下，翰林学士们在内廷中取得了对宦官的胜利，稳住了太子的地位。宦官在皇位继承问题上的第一次干预，终于以失败告终。

太子本人也深知形势的险恶。由于自己风疾失音，不仅内廷阴谋图变，外朝也是人心忧疑。为了安定人心，让人们知道皇位已有归属，太子不顾丧服在身，忙乱之中穿着不合礼仪的紫衣麻鞋，迅速来到宫城西北诸卫军所在的九仙门外，召见诸军使，使纷乱的军情稍稍安定下来。接着，太子连日宣布遗诏、召见百官，并于正月二十六日，在太极殿即皇帝位。当卫士们看到真是原来的太子的时候，高兴地松了口气，有的人竟欣喜而泣。至此，形势才表面上安定了下来，太子李诵成了唐顺宗。

但是，不能说话也就不能上朝决断政事，所以顺宗经常待在宫中。在他的身边，只有宦官李忠言，昭容牛氏侍候左右。每有百官奏事，顺宗在帘帷之中批准。由于皇帝不能直接与大臣们议政决事，在皇权的行使过程中，就形成了以王伾、王叔文为首的权力中心。

王伾，杭州人；王叔文，山阴（今绍兴）人。王叔文在贞元末年以棋艺入侍东宫，他工于心计，表示读书而知治道，时常提醒太子为了保全自己，必须注意为太子之道，深得太子爱幸。王伾以善书而入侍东宫，操着时髦的吴地方言，得到太子狎爱。顺宗即位后，王伾作为翰林待诏，可以在皇帝身边，出入无阻。不久王叔文亦入为翰林学士。于是王叔文通过王伾、王伾又通过李忠言和牛昭容，他们互相交结在一起，左右着朝政。每有军国之事，都由内中先下翰林，经过王叔文的同意，然后宣于中书，王叔文所引宰相韦执谊承而执行。

王叔文出身寒微，深知民间疾苦以及德宗时期许多扰民的弊政。他想依靠太子的支持，预谋在太子即位后，进行一番政治革新。贞元后期的朝廷之中，内有宦官窦文场、霍仙鸣、杨志廉、孙荣义，外有权奸裴延龄、李齐运、韦渠牟、李实等人专权把持。王叔文为了培植自己的力量，在朝中结纳时俊，最后形成了以王伾、王叔文、韦执谊等为首的政治集团，包括一批已经稍有名气而正急于进取功名、施展抱负的青年士子，如陆淳、吕温、李景俭、韩晔、韩泰、陈谏、柳宗元、刘禹锡、凌准、程异等人。这个集团虽然有广泛的社会基础，但没有深厚的权力基础，他们所依恃的顺宗皇帝又病倒宫中不能视事。所以，在复杂的权力斗争中，他们踪迹诡秘，用人也是"惟其所欲、不拘程式"[1]，而且严重排斥异己。

二、变革思潮

为了使唐王朝的统治得到改善，贞元元和之际，统治阶级中兴起了一股政治革新的浪潮。一批来自地主阶级中下层的文人士子，要求参与政治、革新政治，以维护他们的利益并求得更大发展。他们既经心于前古的兴亡，又留意于当世之得失。同时，在贞元前后，进士科成为选拔候补高级官吏的主要方式。进士科考

---

[1]《资治通鉴》卷236永贞元年。

试中，策问的重要性也提高了，策问的内容涉及历代的统治理论和当前的重大社会问题。由于地主阶级中下层势力的兴起和科举仕进制度的调整，在贞元、元和之际，一批具有变革意识、急于进取以施展抱负的青年士子们，首先通过文学艺术的革新表达出他们的变革思想。于是，贞元元和之际，"古文运动"达到高潮，新乐府运动和传奇小说写作兴起。

权德舆是这一时期重要的过渡性人物。他在贞元中以中书舍人知制诰，已进入权力的中心。由于远离社会的底层，他感受到的社会矛盾是间接的，他的思考只能追寻于现成的古代理想，有时还颇有超然之志，高谈所谓性命之学。但是，权德舆为官的时代，毕竟使他不可能回避王朝的现实危机，包括来自社会中下层的冲击和日益尖锐的统治阶级内部矛盾。

贞元末，权德舆以礼部侍郎知贡举三年，选拔了许多优秀的人才，当时号为得人。从他的进士策问中，能反映出他在思索着对统治理论进行重新探讨。针对当时上层社会沉迷于争权夺利的斗争，他要求急于求进的士子们，从九流百家之中探索可以"辅经术而修教化"[1]的统治方略。他提出应修名义、厚风俗，"程孝秀之本业，参周汉之旧章"[2]，以改变当时绮靡因缘之文风、学风。对于当时由于税法改变后在货轻钱重情况下造成的农民负担过重，以至于"惰游相因、颇复去本"[3]的情况也是十分注意的。他

---

[1]《权载之文集》卷40《进士策问》。
[2]《权载之文集》卷40《贞元十九年礼部策问进士》。
[3]《权载之文集》卷40《贞元二十一年礼部策问》。

在进士策问中表示，"欲使操奇赢者无所牟利，务农桑者沛然自足，以均货力、以制盈虚"。并试图从古典经济理论中寻求解决的办法，所谓"管仲通币之轻重，李悝视岁之上下，有可以行于今者"①。尽管权德舆的思想有许多慕古的理想成分，很多问题并未真正找到解决的办法，但他毕竟把问题明确提了出来，并且从理论上分析了当时的社会弊病，提出了自己的改革理想，"去徭戍而徼塞无虞，减农征而财用不乏"，以及"使人皆向方，兵不复用，一其礼俗，以致和平"。②而且他以直言而著称，又是贞元元和之际文坛上十分活跃的人物。因而他的追求进步、要求变革的政治、思想倾向，直接影响了追求仕进中的下一代青年士子。

韩愈和柳宗元是贞元年间文坛上升起的两颗明星。韩愈早年丧亲，进士擢第后未能顺利地铨选得官，长期过着拮据的生活。他从自身的遭遇中激起了对当时政出多门、藩镇逆乱的现实的强烈不满，具有要求变革的思想意识，对民间疾苦也有所了解和同情。贞元末，曾经上章数千言，极论宫市之弊，后来作《顺宗实录》，专门记载了宫市扰民之事。又上疏论天旱人饥状，"以京畿百姓穷困，应今年税钱及草粟等征未得者，请俟来年蚕麦"。据说，他"列言天下根本，民急如是，请宽民徭，而免田租之弊"。③作为古文运动的领袖，韩愈强调文章要重视思想性和社会内容，并引导散文写作为当时的政治斗争服务，同现实斗争联系

---

①《权载之文集》卷40《进士策问》。
②《权载之文集》卷40《元和元年吏部上书人策问》。
③《皇甫持正集》卷6《韩文公神道碑》。

起来。柳宗元则明确提出"文者以明道",文章应该对实际的社会斗争进行褒贬讽喻,用文章来表达辅时及物之道。当时的文坛韩、柳并称,二人亦有密切交往,但在政治上柳宗元却更为激进些。在韩、柳的周围,形成了各自的文人集团,其中许多人对当时及后来很长时期内的政治发挥了重大作用。韩门弟子中虽然有如李翱、皇甫湜等许多具有变革思想的人,但他们更热衷于儒道,在政治上比较保守。而在柳宗元的周围,则有一批积极参与政治斗争,力图变革现实的文人士子,如刘禹锡、吕温、韩泰、韩晔等人。

柳宗元早年生活困苦,并经受了时代动乱的冲击,贞元九年(793年)进士及第,十二年(796年)由制科擢第进入仕途。他抱着"利安元元",求理天下的政治理想,顺宗时积极参与了王伾、王叔文领导的改革运动,成为改革派核心人物之一。改革失败后,柳宗元遭到惨重的打击,被贬为邵州刺史,不久改为永州司马,以流囚的身份被弃置在边荒小州。但他继续坚持自己辅时及物的理想,深入到社会下层。在永州期间,他作《答元饶州论政理书》,讨论社会现实及变革措施。他指出"贿赂行而征赋乱"的弊政,造成"贫者无赀以求于吏,所谓有贫之实而不得贫之名;富者操其赢以市于吏,则无富之名而有富之实"。为此,他提出"乘弊政必须一定制",统一税法,除了市井之征以外,"则舍其产而唯丁田是问",使富者不至于受破坏而贫者稍安。[1]元和

---

[1]《全唐文》卷574《答元饶州论政理书》。

十四年（819年）他死于柳州刺史任上，结束了他凄凉的一生。

尽管柳宗元在政治上成了时代的悲剧人物，但他终生抱着进步的政治理想和积极的人生态度。他同情劳动人民，用文章来揭示他们的苦难。对于统治理论的探讨，他也做出了不朽的贡献，大胆地提出了"官为民役"的主张，留下了许多千古名篇。在一生政治和学术活动中，柳宗元以其鲜明的批判态度、明晰的理论意识和深刻的历史观念，成为时代最先进人物的代表。

贞元元和之际，新乐府运动同时兴起。以李绅、元稹、白居易为首，在诗歌写作上走向为现实服务。白居易提出，"文章合为时而著，歌诗合为事而作"[①]。他们创作了许多反映民生疾苦和讽喻当朝政事的诗歌。同时，传奇小说写作的兴起，也反映了一代文人观察社会实际的深入和对现实的思考。

元稹、白居易等积极加入到政治变革的洪流中。元稹在元和元年应制举，得第一名。在对策中，他分析了自安史之乱以来统治危机的加深，指出"兵兴则户减，户减则地荒，地荒则赋重，赋重则人贫，人贫则逋役逃征之罪多，而榷管权宜之法用矣"。为此，提出他的改革设想，"将欲兴礼乐，必先富黎人；将欲富黎人，必先息兵革"。然后，具体分析了息兵革之术、固恋本之心、明课察之道等方面的内容和措施，表达了恢复开元、贞观之治的政治理想。[②]

白居易在元和元年（806年）与元稹同登制科。他的对策文

[①]《白氏长庆集》卷28《与元九书》。
[②]《文苑英华》卷487《才识兼茂明于体用策》。

在分析了天下疲病的因缘之后，提出了与元稹相同的政治主张，从修教化开始，然后销寇戎，然后息兵革，然后省征徭，最后达到安黎元的目的。在对策中，他还对统治理论进行了探讨，提出"君得君之道，虽专之于上而下自有以展其效矣；臣得臣之道，虽委之于下，而人亦无以用其私矣"，并因此强调了老子所谓"无为而无所不为"的政治理想。①元、白以诗歌和表疏直接向宪宗皇帝表达了时代的呼声。尤其是白居易敢于直言切谏，在元和初年的政治中，表现得异常活跃。

贞元、元和之际的这些文人士子们，虽然有各自小的集团，而且在思想上、行动上都表现出很大差异，后来并发生了巨大的分化，但这时他们都还保持着密切的交往，以诗文来倡导和表达他们的政治理想，"总而言之，为君为臣为民为物为事而作，不为文而作也。"②他们由于各自的出身和经历，都对社会下层有所了解。他们关心和同情劳动人民，为变革时期的政治带来了中下层的愿望和呼声，也带来了生机和活力。他们苦读力学，熟知自古治理天下之道，把历史经验同社会实际结合起来，对统治理论进行了较全面深刻的探讨。所有这些，汇成了一股气势庞大的改革浪潮，形成了朝野的各种改革势力。在这股浪潮的推动下，唐王朝的统治出现了一个回升过程，逐渐走向中兴。

---

① 《文苑英华》卷488《才识兼茂明于体用策》。
② 《白氏长庆集》卷3《新乐府序》。

三、顺宗与宪宗

顺宗在位仅有短短的半年，而且后期在太子李纯支持下的反对派势力渐张。尽管由王伾、王叔文等主持的改革面临着重重困难，而且改革集团内部也存在着严重缺陷，他们还是针对德宗时期的各种弊政，采取了一些改革的措施。

首先是蠲免赋役、罢绝进奉。贞元时期由于兵兴地荒，赋重民贫，加上吏治的腐败以及地方官吏为事进奉而锐意搜括，造成了许多农户的破产，以致"逋役逃征之罪"大大增加，从而激化了阶级矛盾。同时，国家的财政收入也日渐减少。顺宗即位后，下诏"诸色逋负，一切蠲免；常贡之外，悉罢进奉"[①]。藩镇进奉之事比较复杂，但直接取之于民的盐铁使的月进羡余却得到了罢除，而且此前还果断地处理了横征暴敛的京兆尹李实。

第二项重要的改革措施是革除贞元末年如宫市、五坊小儿之类扰民之乱政。既免百姓之苦，又整肃了宫廷，向天下表明救弊图治的改革决心。而且，在整治宫市、五坊的同时，王叔文集团还想裁抑宦官的势力，以范希朝、韩泰主持京畿地区的神策军，准备夺取宦官所掌握的兵权。对于畿内强藩的骄横，他们也予以打击。另外，德宗时由于权奸当政，一些正直的大臣被长期外贬，许多大臣以微过谴，还者也长期不复叙用。顺宗执政后，立即召回陆贽、郑余庆、韩皋、阳城等大臣。

这种种举措，一改德宗末年的凋敝政局，"以快人心，清国

[①]《资治通鉴》卷236永贞元年。

纪"[1]。

王伾、王叔文都来自南方，皆以伎术得幸东宫而执掌大权。这样的出身经历使他们不容于一些通过科举和门荫等正途出身的官吏。宰相贾耽称疾不出，御史中丞武元衡也对他们不以为然。他们对朝官也怀有很深的成见。宰相高郢、郑珣瑜被搁在一边，宰相杜佑虽兼充度支盐铁转运使，实际上也被架空。朝野中倾向改革的各式人物，在很大程度上被排挤在权力中心之外。这样，不仅一些大臣有意地孤立他们，他们自己也把自己孤立起来，从而得不到更广泛的支持。同时，当时地方藩帅尤其是几个内地强藩，已成为左右朝廷的重要政治力量。王叔文、韦执谊等没有满足他们扩大势力的要求，西川韦皋、荆南裴均、河东严绶三大藩帅便先后要求顺宗传位太子。

顺宗由于疾久不愈，想早立太子。但王叔文等人为了利用顺宗不能视事而自专大权，迁延此事。三月，广陵王李淳在宦官俱文珍和翰林学士郑絪、卫次公等人的支持下被立为太子，更名李纯。于是以太子为中心形成了内廷的反对派。七月，顺宗在强大的压力下制令太子勾当军国政事。八月庚子，制令太子即位，二十七岁的李纯成了唐宪宗，改元永贞，而尊顺宗为太上皇。

由于王伾等反对宪宗即位，宪宗对王、韦集团进行了严厉的打击。王伾、王叔文皆贬远州，王伾病死贬所，王叔文赐死。参与其事的韩泰、韩晔、柳宗元、刘禹锡、陈谏、凌准、程异皆被

---

[1]《读通鉴论》卷25。

贬为远州司马，韦执谊后亦贬为崖州司马。所谓"二王八司马"的改革至此而告结束。

宪宗即位后，从个人恩怨出发，严厉打击了"二王八司马"的势力，但仍继续他们未竟之事业，革除贞元弊政。宪宗坚持罢进奉，绝贡献，指出"珍禽奇兽，皆毋得献"①。还把贞元时期裴延龄设置的别库并归左藏正库，禁止以户部每月申奏之物冒称羡余而别贮之。宪宗即位不久，也及时注意到人民生活情况，派遣盐铁转运副使潘孟阳宣慰江淮，行视租赋、榷税利害，并察官吏否藏，百姓疾苦。

第二节　元和中兴局面的形成

一、平定内地藩镇

剑南西川地理位置特殊，自然条件优越，经过韦皋二十余年的经营，已经拥有雄厚实力。贞元十七年（801年），由于屡破吐蕃之功，韦皋被赐为南康郡王。顺宗即位以后，他派副使刘辟出使京师，要求兼领东川和山南西道，遭到王叔文的拒绝。便利用王叔文与韦执谊的矛盾，以重镇大臣的身份，首先上表请皇太子监国，发起对王叔文集团的进攻。但他不久便得暴疾而卒于成都。

韦皋在四川重加赋敛，月事进奉。幕府资深官崇者则为刺

---

①《资治通鉴》卷236永贞元年。

史，任满后复还幕府，而不让他们入朝迁官，实际处于一种半割据状态。韦皋死后，刘辟自为西川节度留后，宪宗任命他为给事中，令他还朝。刘辟拒不奉诏。宪宗初即位，以无事息人为务，任命他为剑南西川节度使。刘辟还想都统三川，于是举兵围东川，向朝廷发起进攻。

元和元年（806年），宪宗与宰相杜黄裳议及藩镇，杜黄裳认为应停止德宗时务为姑息的做法，而以法度裁制藩镇。刘辟叛乱后，杜黄裳力主讨伐，并建议要派神策军使高崇文出征，专以军事委之，不设监军。经过半年多的讨伐，终于攻破成都，俘获刘辟。元和二年，以杜黄裳出镇，为西川节度使，加强了对剑南地区的控制。

宪宗即位不久，新宰相杜黄裳就以出师无功为由，迫使骄蹇不逊的夏绥节度使韩全义入朝致仕。元和二年（807年），其甥杨惠琳不听朝命，勒兵抗拒朝廷任命的节度使，也很快为河东军讨平。

苏杭湖睦常诸州，是中晚唐重要的财赋供应之地。贞元十五年（799年），宗室李锜以常州刺史升为浙西观察使，诸道盐铁转运使。李锜既掌天下利权，刻剥以事进奉，固主恩，结权贵，骄纵不法。而且增广兵众，选拔有材力善射者谓之挽强，收养受俘配来江南之奚、胡杂类谓之蕃落，厚给粮赐，以为自全之备。顺宗即位以后，王叔文集团解除李锜的盐铁转运使之职，而升浙西观察使为镇海节度使，李锜继续掌有浙西诸州，虽失利权而得节旄。

宪宗平定夏、蜀之后，李锜也深感危惧。既表请入朝，又故意迁延，诈行诈止，目无朝廷法令。在宰相武元衡的建议下，宪宗下诏征李锜入朝。元和二年（807年）九月，李锜密令亲兵杀死留后，诈为军变再次拒绝诏命。最后，令部将杀死各属州刺史，公开反叛。朝廷当即下诏讨伐，以淮南节度使王锷为招讨处置使，统江淮诸道兵进讨。而且，就在十月间李锜便被部将擒获，械送京师问罪，这场爆发在东南重镇的叛乱得到了平定。然后，在翰林学士裴垍、李绛的建议下，将李锜家财运到京师，代浙西百姓当年租赋。

西川、浙西平定以后，成为中央军事和财政的重要依靠。此后，朝廷更加强对这类内地方镇的控制，西川、淮南被称作宰相回翔之地。宪宗初期的这些胜利，极大地鼓舞了人心，提高了朝廷的威望。而且，以逐渐对军事重地控制的加强，也增强了朝廷对付藩镇的军事力量。虽然自德宗以来就注意加强神策军的建设，但神策军主要用于西北边防以捍卫京师，用以同藩镇作战的还是地方节度使的兵力。元和君臣们注意加强对军事重地的控制，以宰相出镇西川、淮南、河中、河东、宣武等地，控制了更多的地方军队，为今后更大规模的削藩打下了基础。

二、贞观遗风

元和君臣们都以恢复贞观、开元盛世为理想，发愤要与祖宗合德。贞观时期是一种君臣一体、上下一心共同求治的政治局面，一方面是皇帝兼听纳谏，广任贤良；同时大臣们敢于发表和坚持自己的意见。这就形成了言路畅通民意上达、集体意见制约决策的贞观朝政，也就是为历来执政者景仰追慕的"贞观之治"的一个主要内容。元和君臣们为了求得统治的中兴，也积极创造这样一种政治局面，自觉或不自觉地，表现出光彩夺目的贞观遗风。贞元元和之际，朝野内外形成了有相当社会基础的气势庞大的鼓吹改革、要求中兴的浪潮。这是在唐朝近二百年统治基础上的一次全面革新。元和君臣们尽管形成了或隐或显的不同政治集团，但宪宗堪称中兴之君，也出现了一代中兴之臣。

宪宗生当变革之世，本人也具有积极的变革思想。即位后，他即与宰相讨论，"自古帝王，或勤劳庶政，或端拱无为，互有得失，何为而可"。杜黄裳回答说，"苟慎选天下贤才而委任之，有功则赏、有罪则刑，选用以公、赏罚以信，则谁不尽力，何求不获哉。明主劳于求人而逸于任人"。[1]元和三年（808年）春，枢密使刘光琦和翰林学士裴垍、李绛之间，对于是派敕使诣诸道送赦书，还是驿递赦书发生了争执。刘光琦以为遣使分送，"旧例如此，便难改易"。宪宗支持李绛等人的意见，他说："旧例若是，即须恭守；若不是，即须改易。岂可循弊邪！宜依裴垍、李绛等人所奏。"宪宗在旧例与事理之间抛弃了旧例，这给有志于改革中兴的大臣们很大鼓舞，人们看到在宪宗之世"虑事可以理夺"，感叹当今皇上"真致治之英主也"[2]！

宪宗很注重自己的君人之道，在当时士大夫普遍关心国计

---

[1]《资治通鉴》卷237元和元年。
[2]《李相国论事集》卷1《论请驿递赦书状》。

民生的社会基础上，宪宗提醒自己要示天下以公，强调"国以人为本"。元和六年（811年），江淮水旱，人多流亡。而有人为了取悦宪宗，竟妄称不至为灾。在李绛的提醒下，他明白过来，说"国以人为本，闻有灾当亟救之，岂可尚复疑之邪"！[①]诏命速蠲江淮租赋。政在安人，宪宗注意到必须缓和社会矛盾。

为了更好地做出正确的决策，宪宗还鼓励大臣们对政事发表不同意见，表现出兼听纳谏的帝王气度，也造成了一种大臣敢谏的宽松气氛，"元和谏官"以特有的活跃称颂于后世。

白居易在元和初年为左拾遗，不久迁为翰林学士。元和四年（809年），在谏止宦官吐突承璀总职权将兵招讨成德王承宗时，白居易辞情激切，竟当着宪宗的面指责"陛下错"。这可惹恼了宪宗，当时就气愤地宣布罢朝，随即密召翰林承旨学士李绛，说："白居易小子，是朕拔擢致名位，而无礼于朕，朕实难奈。"[②]表示不能让他再留在翰林院。李绛说明白居易虽然出言欠考虑，然其志在纳忠，是因为陛下能容纳直言，群臣才敢竭诚无隐，如果要问白居易的罪，则不利于开谏净之路。宪宗这才缓和下来，不仅待居易如初，而且此后大臣的意见更多地被采纳。

元和初年，翰林学士在政治中具有重要的地位。宪宗"每有军国大事，必与诸学士谋之"。[③]正如李绛所说，"职居肘腋，任切腹心，宠食太官之珍，荣通禁门之籍"[④]。学士们亲承密命，在皇

[①]《资治通鉴》卷238元和七年。
[②]《旧唐书》卷116《白居易传》。
[③]《资治通鉴》卷238元和五年。
[④]《李相国论事集》卷4《论不召对疏》。

帝左右切问备对。翰林承旨学士是诸学士之首，宪宗前期，承旨学士的下一步就是被提拔为宰相了。在学士和皇帝之间，还有一个宦官为院使、知院事，向学士们奉宣皇帝密旨。元和初期，皇帝和诸学士之间在政治上配合得很好，正如宪宗圣旨所言："卿守职尽忠常如今日，朕何忧天下不理。"[①]翰林学士们为元和政治的中兴发挥了重要作用。

出身于河东大姓的裴垍，家庭却很贫寒，年轻时即进士及第，贞元中试制举得对策第一，元和初召入翰林为学士。不久，承旨学士李吉甫拜平章事，裴垍便升为翰林承旨。当时正值平定了浙西李锜、西川刘辟，元和君臣都在为更好地改善王朝统治而努力，而许多军国大事的处置，诸如举荐人才，以李锜家财代百姓租赋等等，都出自裴垍的谋议。元和三年（808年）科场案后，裴垍因为居中覆策而未曾表示异同，也遭到排斥，罢翰林学士，改任户部侍郎。但是，宪宗对裴垍还是信任弥厚，当年九月就擢为宰相。裴垍入相以后，李吉甫出镇淮南。宪宗将天下大事推心委诸裴垍，裴垍也尽心竭力，举贤任能，启沃帝心，创造了良好的政治空气。

赵郡李绛，贞元八年（792年）与韩愈、崔群等人同登进士第，次年以博学宏词科登上仕途。元和二年（807年）以监察御史充翰林学士，裴垍入相后，他成了承旨学士。李绛敢于犯颜直谏，极力坚持自己正确的主张。有一次，李绛向宪宗奏对时，极

[①]《李相国论事集》卷2《学士谢状》。

论宦官纵恣、方镇进献之事，言词讦烈，激怒了宪宗，气得宪宗头面俱赤，正颜厉色地喝问他，"卿所论奏，何太过邪？"[①]李绛为国家祸福着想，经常不顾得罪佞臣、上犯圣颜，舍身尽诚论奏，这次又以一片诚切之心感动了宪宗。宪宗然后改容慰谕他说，"卿所言皆人所不能言，使朕闻所不闻，真忠臣也"[②]，并鼓励他日后在朝对的时候亦当如此。发生这次争执以后，李绛被升为中书舍人充翰林学士。

元和六年（811年）冬，李绛以户部侍郎拜平章事。当时，势力深固的李吉甫也在相位。李吉甫很有才干，而且几度为相都颇有政绩，他所著的《元和郡县图志》和《元和国计簿》便是辅时济世的著作。但是，他在为人方面不免有点褊狭曲鄙，不仅逢迎上意，还和宦官势力纠缠在一起。而在为官方面，他更是有点专制霸道。特别是元和六年春自淮南召回再度秉政以后，多修旧怨，而且有意闭塞视听，容不得不同政见。当时许多负有公望的大臣都担心为吉甫所忌，而多有畏避。但是，李绛与吉甫同列，既因鲠直而被擢入相，就更加刚讦不阿，时常与吉甫据理力争，表现了一种正直无私、勇敢无畏的精神。

李绛、李吉甫同时居于相位，也表明宪宗在用人在为政方面的开阔胸襟和求治的急切心情。元和七年（812年），宪宗与宰相论德宗朝事，他指出贞元中政事不理，未必皆是德宗之过，而宰相怀禄偷安，也有不可推脱的责任。他鼓励大臣犯颜直谏，对宰

[①]《旧唐书》卷164《李绛传》。
[②]《资治通鉴》卷238元和五年。

相们说："卿辈宜用此为戒，事有非是，当力陈不已，勿畏朕谴怒而遽止也。"①宪宗还向宰相李吉甫表示，"有关朕身，不便于时者，苟闻之则改"。并鼓励吉甫"但勤匡正，无谓朕不能行也"②。有时，李绛因为很长时间没有进谏，宪宗还责问他，"岂朕不能容受邪，将无事可谏也"？③还有一次，宪宗与宰相在延英殿论治道，暑天日盱，汗透御服。宰相们担心皇上圣体疲倦，请求退朝，而宪宗却执意留下大家继续讨论。他表示乐与大臣们论为政之要而殊不知疲倦，不能总在禁中与宫人、宦官独处。

元和前期，朝廷中呈现出一种生机和活力，这为整个王朝统治的中兴从政令决策、选用人才到政务执行诸方面创造了条件。

三、用兵成德的争论

元和初年顺利地平定了西川刘辟、镇海李锜的叛乱，但对于长期割据的淮西、淄青和河朔三镇，却面临着更加艰巨的任务。

元和四年（809年），三镇之一的成德军节度使王士真去世，其子副大使王承宗自为节度留后。河朔三镇都设置了副大使，以节度使嫡长子为之，节度使去世后，便代领军务，自称留后，等着朝廷正式任命。

宪宗早以削藩为志，因此想趁王士真之死，革除河北诸镇世袭之弊，实现节度使自朝廷除人，若有拒不从命，则准备兴师讨

---

① 《资治通鉴》卷238元和七年。
② 《旧唐书》卷148《李吉甫传》。
③ 《资治通鉴》卷238元和七年。

伐。于是，关于如何处置成德问题，引起了一场激烈的争辩。

宰相裴垍、翰林学士李绛反对用兵。裴垍认为元和元年同意李师道为淄青平卢节度使，而同淄青相比，成德王氏父子还算有功于国，建中时王武俊参与平定朱滔，而当时李纳却表现得跋扈不恭。既然此前同意师道继袭而如今削夺王承宗，于事理也讲不过去。李绛也表示并不是要姑息藩镇，"河北不遵声教，谁不愤叹"[1]。但是，现在时机尚未成熟，客观上恐怕不能成功。从成德内部看，父子相承统治数十年，而且是有效的稳定统治，"人情惯习，不以为非"；何况王承宗已经掌握了军队，可以同朝廷抗衡，"一旦易之，恐未必奉诏"。从整个河北地区的形势看，范阳、魏博、易定、淄青都是以地相传的世袭藩镇，与成德事体相同。如果成德自朝廷除人，他们也一定内不自安而阴相党助。战争一旦打起来，朝廷势必面临着交织在一起的众多对手，必须兴师四面攻讨。而打藩镇还须用地方节度使的兵力，用兵的结果却恰是壮大了地方的力量，"将帅则加官爵，士卒则给衣粮"，并且"按兵玩寇，坐观胜负，而劳费之病尽归国家矣"。[2] 李绛不得不提醒宪宗，近来江淮水灾，公私困竭，恐怕不可轻议军旅之事。

左军中尉吐突承璀为了迎合宪宗并想借此夺裴垍之权，自请将兵讨伐。但在诸学士的劝说下，宪宗准备承认王承宗为成德留后，条件是割德、棣二州更为一镇，并向朝廷输二税、请官吏。李绛等人建议宪宗可以趁派使吊祭之时，暗中将此意谕王承宗，

---

[1]《资治通鉴》卷237元和四年。
[2] 同上。

令其上表请乞旌节,"勿令知出陛下之意"①。这样,如果能幸而听命,于理固顺,若其不听,亦无伤朝廷大体。

可是,宪宗仍然犹豫不决。他觉得幽州节度使刘济、魏博节度使田季安都已疾病缠身,现在对成德不加处置,那么刘济、田季安死了之后怎么办呢?"岂可尽如成德付授其子,天下何时当平!"而且群臣之中议论纷纷,皆以为"宜乘此际代之,不受则发兵讨之,时不可失"。对这些问题怎么看呢?

翰林学士们再次分析了河北之势与西川、浙西有根本的不同。西川、浙西皆非反侧之地,其四邻皆国家臂指之臣。而成德则不然,"内则胶固岁深,外则蔓连势广",万一处置不当,就会造成兵连祸结,财尽力竭的困境。所以,对于三镇皆须临事而图,不可急于用兵。他们劝诫宪宗,"太平之业非朝夕可致,愿陛下审处之"。②

当时淮西节度使吴少诚病重,李绛等人建议,"朝廷命帅,今正其时,万一不从,可议征讨。"③因为淮西处于朝廷统治州县的包围之中,四无党援。他们表示"愿舍恒冀难致之策,就申蔡易成之谋"。

王承宗几个月没有得到朝廷的承认,心怀恐惧,多次上表自诉。元和四年(809年)八月,宪宗遣使宣慰,王承宗表示自称留后乃三军所迫,来不及等待朝廷的旨意,并请割德、棣二州

---

① 《资治通鉴》卷237元和四年。
② 同上。
③ 同上。

以明恳诚。九月，任命他为节度使。但是，在田季安等人的诱说胁迫之下，王承宗扣留朝廷使臣、不奉诏命。于是，元和四年十月，宪宗下令削夺王承宗的官爵，以左神策军中尉吐突承璀为诸道行营兵马使、招讨处置等使。在翰林学士、谏官、御史和其他大臣的强烈反对下，宪宗削去了承璀的一些职名，但仍让他统率神策军并节制诸路军马，开赴河北战场。

战争开始后，由于两河藩镇之间互相勾结又互相猜恨的矛盾，形势复杂多变。魏博游移于朝廷和成德之间，暗助王承宗；幽州则刘济披挂上阵，将兵讨击，但吐突承璀屡吃败仗，官军士气锐减。

元和四年十一月，吴少诚死，大将吴少阳自为留后。宪宗以河北用兵，不能讨伐，于五年（810年）三月以吴少阳为淮西留后。这时，讨王承宗之师久战无功，白居易于四月上疏请求罢兵。他认为，"河北事体，本不合用兵，既已用兵，亦希万一，所以人意或望成功。今看事势，保必无望。"[①]若不尽快罢兵，则恐造成严重的后果。但宪宗仍不甘就此罢兵，战争尚在继续。

昭义节度使卢从史首建伐王承宗之谋，及朝廷兴师之后，逗留不进，还暗中与王承宗通谋，千方百计阻挠战事的进行。四月，在裴垍的谋划下，宪宗令将卢从史在军中擒拿，执送京师问罪，不久贬为骧州司马。

七月，王承宗遣使入京，自陈为卢从史所离间，表示愿意

---

① 《全唐文》卷667《请罢兵状》。

输贡赋、请官吏，请求许其自新。淄青李师道等多次上表请赦免王承宗。宪宗亦以师久无功，只得下令赦王承宗。历时将近一年的战争，结果是尽如李绛、白居易等人所料，疲弊天下而终无成功。王承宗仍为成德军节度使，诸道行营将士得到丰厚的赏赐，刘济加官中书令。

四、魏博请命归朝

元和七年（812年）八月，魏博节度使田季安病死。由于田季安晚年杀戮无度、军政废乱，在他患病期间就由其夫人元氏召诸将立他十一岁的儿子田怀谏为副大使、知军务。田季安死后，又召回了被贬出魏州的大将田兴，为步射都知兵马使。田兴之父田庭玠在建中时为魏博节度副使，当田悦暗中与李惟岳勾结想拒命朝廷之时，田庭玠劝谏田悦谨事朝廷不可为叛。他说，"必欲行尔之志，可先杀我，无使我见田氏之族灭也"①。因此称病卧家，即使田悦亲自来谢罪都闭门不理，最后忧病而死。田兴不负父志，有勇力、勤读书，性情恭逊。他对田季安的淫虐多次规谏，得到军士的信赖，也因此被出为临清镇将，险遭杀身之祸。

田季安死后，如何处置魏博事宜，在朝廷中又展开了一场争论。宰相李吉甫请兴兵进讨，盛陈不可不用兵之状，宪宗也觉得必须用兵。而宰相李绛则以为魏博不必用兵当自归朝廷。李绛分析，两河跋扈的藩镇，其藩帅因担心诸将有权任太重者，会乘

---

① 《资治通鉴》卷226建中二年。

机谋夺帅位，所以皆分兵以隶诸将，不使专在一人。诸将势均力敌，不能互相挟制，"欲广相连结，则众心不同，其谋必泄；欲独起为变，则兵少力微，势必不成"，加以重赏峻刑，造成诸将互相顾忌，莫敢先发。那些割据的藩镇就是以此来稳定其政权的。不过，这种情况下"若常得严明主帅能制诸将之死命者以临之，则粗能自固矣"；而今田怀谏乃一个乳臭未干的少年，不能独自听断军政，军府大权一定得有所归附于某一将领，造成诸将之间厚薄不均。这样，怨怒必起，不相服从，"则向时分兵之策，适足为今日祸乱之阶也。"变乱之中，田怀谏不是被杀则为俘囚，取代田氏又何烦天子之兵呢？而乱中取胜者，自列将取代主帅，邻道藩帅必定痛恶无比，不能相容，"彼不倚朝廷之援以自存，则立为邻道所齑粉矣"。所以，可以不必用兵而坐待魏博自请归朝。李绛劝宪宗按兵养威，并做好应付事变的准备。待魏博事变之后，抓住机会，不爱爵禄以赏其人，使两河藩镇得知，让他们担心自己的麾下亦有羡慕朝廷重赏而效法之人，忧惧之下，他们也只好争相恭顺朝廷了。李绛以为，"此所谓不战而屈人兵者也"。[①]

李吉甫则坚持主张用兵，向宪宗进献入兵路线图，分析攻讨利病，标明河北"土田平易、沃壤桑柘、物产繁富之状"，说明不加讨伐必无变动[②]。李吉甫很熟悉河北的情况，在田季安病重之时，他就请任左龙武大将军薛平为义成军（治今河南滑县）节度

[①]《资治通鉴》卷238元和七年。
[②]《李相国论事集》卷5《论魏博事》。

使，以重兵控制邢、洺诸州，形成对魏博的包围。他还将河北地区的险要之处标在图上，供议事参考。但是，李吉甫没有能根据藩镇内部的实际情况做出正确的分析，认为必须兴师讨伐以示国威。他多次向宪宗说明用兵之利，并表示战事所需刍粮金帛都已有准备。而李绛则再次强调不可轻言动兵，两年前讨成德的结局就是现实的教训。正当二人激烈争论之时，李吉甫患咽喉之病，三十日不能视事。李绛得以首尾其事，在说服宪宗不用兵之后，全权筹划经营魏博之事。

魏博因田怀谏幼弱，军政皆决于家僮蒋士则。他多次因爱憎处置诸将，激起众怒。而朝廷的正式任命又久而不至，军心不安。一天早晨，深得人心的田兴被数千士卒团团围住，他们拜请田兴出来担任节度留后。田兴见已不可推脱，于是声明，"勿犯副大使，守朝廷法令，申版籍、请官吏，然后可"①。在得到士卒认可之后，田兴杀了蒋士则等十余人，并将田怀谏迁了出去。

魏博监军将情况报告朝廷后，在李绛的极力争取下，宪宗立即以田兴为魏博节度使，表明朝廷推心抚纳。田兴感恩流涕，士众也欢欣鼓舞。接着，李绛又力排众议，使宪宗派出知制诰裴度至魏博宣慰，以钱一百五十万缗赏军士，并免除六州百姓赋税一年。受赐的军士们欢声如雷，在魏博的成德、淄青使者见状后皆相顾失色，感叹道："倔强者果何益乎？"②

---

① 《资治通鉴》卷238元和七年。
② 同上。

魏博归朝后，使中兴的局面有了进一步的发展，朝廷力量和威望加强，社会矛盾有所缓和。当时宰相李吉甫就对宪宗说："天下已太平、陛下宜为乐！"[1]唐王朝的统治自安史之乱以后，政局凋敝、危机四伏的局面得到了改观，人们又看到了希望。

但是，作为当时王朝统治中核心人物之一的李绛，也看到这只是一种相对的好转。他恳切地告诫宪宗，不能因此就太平纵乐，高枕而卧，而应该看到距离理想中的致治局面还有很远，还有藩镇、边疆和财政、社会矛盾等许多问题需要去解决。他说，"今中夏河南北申蔡有五十余州法令所不及，德泽所未加；兼西戎侵盗，近以泾陇灵宁等州为界，去京城远者不过千里，近者数百里，烽燧相接、边界屡惊。此方是陛下焦心涧虑、废寝忘食之时，岂可高枕而卧也。加以频年水旱，廪藏尚虚"[2]。不过，边疆和财政等问题至此已不可能得到理想中的解决，中兴只能是相对的好转，恢宏的盛唐时代是一去不复返了。但元和君臣们还面临着使两河藩镇归顺朝廷的政治任务，尤其对于淮西、淄青，有非用兵不可之势。

李绛虽然具有卓越的政治见识，但他从进士及第、宏辞登科步入仕途后，除了担任一任渭南尉外，就一直在朝廷任官。元和二年（807年）充翰林学士后，到任宰相前，虽然官职不断升迁，也都没有离开翰林学士的岗位。因此，他对于地方情况的了解和

---

[1]《资治通鉴》卷238元和七年。
[2]《李相国论事集》卷5《论太平事》。

实际政治经验，都有所欠缺。李绛虽然能看到存在的问题，但却没有能进一步提出解决的方略。这表明，社会历史的客观发展，已经超出了李绛个人的能力和理论水平。而博闻多识，精于唐朝故实的李吉甫，对国情有比较全面的研究，又历任刺史，节度淮南，具有丰富的地方工作经验，了解淮西的情况，能不断提出具体的建议并及时地根据情况变化做出部署。宪宗虽然对他的专横拒谏，排斥异己并无好感，但在完成所面临的削平藩镇的任务上，在当时却是一个合适的人选。因此，宪宗对李绛的倚重日益下降，对李吉甫的倚重日益上升。宪宗正准备从淮南召回主张对藩镇用兵的宦官吐突承璀。李绛以文士的敏感，察觉到自己的历史使命业已完成，于是，他一面谆谆告诫宪宗要不忘忧劳，"延访智略之士，拣择贤良之臣，精求济时之规，光大中兴之业"①。同时，多次以足疾为理由，坚决要求辞相。元和九年（814年）春，宪宗召回吐突承璀的前夕，他被罢为礼部尚书。在李绛的身上，充分体现了唐代一部分文人士子急流勇退的仕进观，待时而出，又因时而退，既然在其位而不再能有所作为，就果敢地退下来，让位于贤者，这也是一种伟大的将相风范！李绛辞相了，武元衡、裴度等人相继入相，领导对淮西、淄青的讨伐战争。江山代有才人出，在武元衡、裴度等人的筹谋下，李绛光大中兴之业的愿望得到了尽可能的实现，元和中兴又向前迈进了一大步。

---

① 《李相国论事集》卷5《论太平事》。

第三节　威服河朔强藩　光大中兴之业

一、讨平淮西、淄青

元和九年（814年）九月，彰义节度使吴少阳薨，其子吴元济自领军务。淮西久为逆乱之地，宪宗自平蜀以来即欲东取淮西。吴少阳死后，吴元济秘不发丧，不入朝，阴谋为乱。宰相李吉甫对宪宗说："淮西非如河北，四无党援，国家常宿数十万兵以备之，劳费不可支也。失今不取，后难图矣。"[①]李吉甫力主讨平淮西，迅速进行军事部署，频频更换蔡州四面诸镇的将帅，增兵为备。李光颜被任命为陈州刺史，充忠武都知兵马使，令狐通为寿州防御使，又将山南东道节度使袁滋徙为荆南节度使（治今湖北沙市），而以荆南节度使严绶为山南东道节度使（治今湖北襄樊）。而且李吉甫还截留淮西入奏使臣，尽得淮西虚实及攻取吴元济之策。然而，就在朝廷发兵前夕，李吉甫不幸壮志未酬身先死，在元和九年十月去世了。

吴元济拒迎朝廷派往吊祭的使臣，焚掠州县。十月，以严绶为申、光、蔡招抚使，督诸道招讨吴元济，又派宦官崔潭峻为监军。朝廷从军事上做好了征讨的准备。元和十年（815）正月，制削吴元济官爵、命宣武等十六道进军讨伐。

战争初期，每道所发兵只有二三千人，兵力分散，相互之间

[①]《资治通鉴》卷239元和九年。

难以配合；又都不熟悉敌情，怀有畏敌情绪。统帅严绶也是领军无方，故久未有功。五月，宪宗派御史中丞裴度前往行营宣慰，察看用兵形势。回京后，向宪宗说明了一定可取之状。

淄青李师道、成德王承宗都与吴元济相勾结，暗中帮助他。他们派人四出搞阴谋活动，募刺客奸人为盗贼，烧粮储、焚宫阙、毁帝陵、掠州县，闹得人情惶惧。元和十年（815年）春，李师道派人攻打储积江淮租赋的河阴转运院，烧掉钱帛三十余万缗匹，谷三万余斛。六月间，李师道又派人在长安城制造了一起震惊京城的谋杀案，力主讨伐吴元济的宰相武元衡被刺身亡，御史中丞裴度受重伤。在此严峻的形势下，群臣多请罢兵，更有人要求裴度罢官以安抚成德、淄青的人心。但宪宗没有丝毫动摇，他表示："若罢度官，是奸谋得成，朝廷无复纲纪。吾用裴度一人，足破二贼。"①裴度养伤二旬之后，就征拜入相，担负起领导对淮西讨伐战争的重任。

七月，下诏数王承宗罪恶，绝其朝贡，令其改过自新。但于李师道尚未暇治罪。八月，李师道又暗中纳兵于洺阳谋变，配合淮西兵进犯东都，被东都留守吕元膺平息于未发之时。九月，以宣武节度使韩弘取代严绶为讨淮西诸军都统。韩弘颇以兵力自负，倚贼自重。所以又令大将李光颜、乌重胤领兵出战。魏博田弘正，先派其子田布领兵援助讨伐淮西之军，又自请击讨王承宗、屯兵于贝州以牵制成德军。李师道多次派兵进攻徐州，每被

---

① 《资治通鉴》卷239元和十年。

武宁节度使李愿打败。王承宗也纵兵抄掠幽州、沧景等镇。元和十一年（816年）正月，制削王承宗官爵，命河东、幽州、义武、横海、魏博、昭义六镇分兵进讨。

尽管战争进入困难的胶着状态，外有李师道、王承宗的破坏阻挠，朝廷中又罢兵要求强烈，财政开支紧张，但宪宗没有动摇，在重用裴度主持战争，下诏讨伐王承宗的同时，贬黜了主张罢兵的知制诰萧俛、翰林学士钱徽、宰相韦贯之等人。另外，还派盐铁副使程异以诏命出巡江淮，通过各种紧急措施督运财赋以供军。由于淮西南控江淮、北挡汴汝，威胁着江南财赋重地和运河交通的安全，所以宪宗不惜倾全国之人力、物力，坚持用兵。

元和十二年（817年）五月，暂时放弃对王承宗的讨伐，罢河北行营。七月，讨淮西战争进行了四个年头而尚未成功，而且"馈运疲弊，民至有以驴耕者"[1]。宰相李逢吉等再以师老财竭，想请求罢兵。但是，裴度不附众议，请求亲自前往行营督战。他看到淮西的力量也在战争中严重消耗，陷入了困境，只要诸将并力进迫，一定能很快结束战争。宪宗派他为彰义节度使、淮西宣慰处置使，他又奏请以刑部侍郎马总为副使、右庶子韩愈为行军司马。他向宪宗表示了"臣若贼灭，则朝天有期；贼在，则归阙无日"的坚强决心。八月，裴度一行来到淮西前线，坐镇郾城指挥。

在几年的战争中，大将李光颜、乌重胤、李愬等拼死力战，屡建军功。李光颜出自河曲稽胡部落，与其兄李光进讨李怀光、

---

[1]《资治通鉴》卷240元和十二年。

杨惠琳皆有功；乌重胤本是潞州牙将，曾助官军逮卢从史。李愬，德宗时破朱泚，复长安的定难功臣李晟之子，兄李愿、弟李听皆是有功于元和朝的大将。元和十一年（816年）冬，李愬接替袁滋为唐、随、邓节度使，领兵力战于淮西最前线。每得降卒，李愬都亲加引问，以此尽知敌情。他还善待俘获的淮西骑将李祐，根据李祐的建议，元和十二年十月，用计乘虚雪夜袭击蔡州，"时大风雪，旌旗裂，人马冻死者相望"①。夜半时分，李愬率官军抵州城，击乱城外的鹅鸭池，以掩盖部队的攻城行动。淮西精兵都在洄曲，守州城者皆羸老之卒，又未认真做好应战准备，所以，官军至天明前已占领了外城。吴元济尚在睡梦之中，待他明白过来已经成了瓮中之鳖。在李愬的晓谕之下，吴元济的部队纷纷倒戈。经过又一天的内城拒战，吴元济终于被俘，淮西其他将领亦相继来降。李愬在蔡州初作处置之后，就屯兵等待裴度入城。十月廿五日，裴度打着彰义旌节，以淮西新统帅的身份，带着万余降卒浩浩荡荡开进蔡州。从此，淮蔡之民回到了朝廷的统治之下。

十二月，裴度得赐爵晋国公，入朝复知政事，而以马总为淮西节度使。韩弘加兼侍中，李愬为山南东道节度使，赐爵凉国公。其他平蔡将士皆得迁官晋爵。

元和七年（812年）魏博归朝，已是"剖河朔之腹心，倾叛乱之巢穴"②，淮西平定以后，更使两河割据同盟遭到严重削弱，

①《资治通鉴》卷240元和十二年。
②《资治通鉴》卷239元和七年。

强藩纷纷要求款附中央。到元和十三年（818年）初，世袭沧景的横海军节度使程权，上表请举族入朝。淄青李师道亦遣使奉表、纳质献地以自赎。成德王承宗求哀于田弘正，请以二子为质，及献德、棣二州，输租税，请官吏，朝廷因此下诏洗雪王承宗及成德将士，复其官爵。幽州节度使刘总在大将谭忠的劝说下，定心专意谋归朝廷。迫于宪宗强大的削藩声势，两河强藩都表示归顺朝廷以求自安。

但是，割据势力并未就此善罢甘休。沧州刺史李宗奭反对朝廷派来的节度使郑权，不受郑权节制。朝廷改派在平淮西战争中功勋卓著的大将乌重胤代郑权为横海军节度使。于是，将吏惧，逐宗奭，元和十四年（819年）正月，宗奭奔京师而被斩，沧景平定。

淄青李师道暗弱而无主见，在妻奴们的劝诱下，对前时自赎的请求表示大悔，既而上表以军情不许，拒绝纳子为质及向朝廷割献州县。此时的宪宗和朝中大臣，便再也不能容忍了。元和十三年（818年）七月，下制罪状李师道，命令宣武韩弘、魏博田弘正、义成李光颜、武宁李愬、横海乌重胤等诸道兵共同讨伐。乘着淮西胜利之余，以原班人马形成了对淄青的包围圈，展开了新的战场。

此时的淄青平卢军，外有诸邻加兵进讨，内部将帅之间又矛盾重重。在诸道将士的夹击和朝廷的劝谕之下，李师道部将纷纷败阵或来降，呈现土崩瓦解之势。到元和十三年底，基本攻占了淄青诸州的外围州县，形成了对李师道的老巢郓州（治今山东郓城东）的包围。元和十四年二月，李师道的副帅、都知兵马使刘悟以所率万余兵将倒戈，乘夜攻入郓州牙城，斩师道父子及从其谋乱者二十余家。刘悟在田弘正的配合下，拔下郓州大本营，至此淄青等十二州皆已攻下。自安史之乱以后，藩镇割据的局面得到了改变，"自广德以来垂六十年，藩镇跋扈河南、北三十余州，自除官吏，不供贡赋，至是尽遵朝廷约束"[①]。

二、朝廷委派河朔节度使

平定淮西、淄青以后，在长期割据跋扈的两河强藩纷纷要求归顺朝廷的情况下，朝廷乘势进一步巩固在两河地区的统治。如韩弘在吴元济被讨平之后，内心畏惧，讨李师道之时，亲自将兵请带病征战。打败李师道之后，韩弘于十四年（819年）七月入朝，带着丰厚的进献，多次上表请留京师。八月，以韩弘守司徒兼中书令，以德宗时宰相张延赏之子吏部尚书张弘靖同平章事、充宣武节度使。

元和十三年（818年）五月，以淮西节度使马总为忠武军节度、陈许淮蔡等州观察使，废淮西节度使，而原来淮西的申州改隶鄂岳观察使，光州改隶淮南。淮西三州分隶三镇，从此以后完全在朝廷的控制之下。元和十四年，又将占据河南道十二州的淄青之地一分为三，以马总为郓、曹、濮等军州节度使，不久赐号天平军；以义成节度使薛平为平卢节度、淄青齐登莱等州观察使；以讨淄青之供军使王遂为沂、海、兖、密等州观察使。王遂

[①]《资治通鉴》卷241元和十四年。

为政严酷，导致沂州军乱，朝廷继派棣州刺史曹华为节度使。河北地区，横海军节度使程权于元和十三年初举族入朝，以华州刺史郑权继代。元和十四年斩李宗奭之后，乌重胤为横海军节度使，领德、棣、景三州。乌重胤复刺史领兵之权，以处置得宜而使原来的反侧之地成为河朔最为顺命的军镇。

自安史之乱以后，节度使权重，所统州县皆置镇兵，以大将领之，从而收夺了刺史、县令的领兵之权，镇将暴横为患、自作威福。乌重胤以为河朔藩镇能与朝廷对抗达六十余年，原因即在于此。他说："向使刺史各得行其职，则虽有奸雄如安、史，必不能以一州独反也。"[①] 他于所辖德、棣、景三州废镇将领兵，各还刺史职事，在州内的一切兵士都令刺史领之。在乌重胤的论奏之下，元和十四年四月，下诏令诸道节度、都团练、都防御、经略等使所统支郡兵马，并令刺史领之。复刺史领兵之权，削弱了节度使的权力，加强了朝廷对地方的控制，尤其在河朔久为逆乱之地，其意义更加重大。

河朔三镇至元和末年也最终实现了朝廷命帅。元和十五年（820年），成德节度使王承宗去世，其弟王承元权知留后，上表请求朝廷除帅。于是，朝廷遣使宣慰，并徙魏博田弘正为成德节度使，以王承元为义成节度使。义成刘悟为昭义节度使，武宁李愬为魏博节度使，又以田弘正之子田布为河阳节度使。

幽州刘总在元和五年（810年）其父刘济患病之时，先毒死

---

① 《资治通鉴》卷241元和十四年。

刘济，然后假传父命杖杀其兄刘绲，自领军务。朝廷不知其事，当时便正式任命他为节度使。因弑父杀兄谋得其位，刘总内心疑惧，到晚年更加恐惧不安。又见河南、河北都纷纷归顺朝廷，于是奏请批准他弃官为僧。长庆元年（821年），刘总以幽州归朝后逃入山中。朝廷以宣武节度使张弘靖为卢龙节度使。为了奖劝其事，下诏给刘总之亲属僚佐加官晋爵，赐给军士钱帛，免除百姓租赋。

至此，整个河南、河北都被收复，彻底改变了安史之乱以来藩镇割据跋扈的局面。尽管长庆以后河朔再叛，但除三镇之外，河南北藩镇大抵都由朝廷控制。元和时期对于加强对地方的控制取得了许多实际的成功，河朔再叛以后，并不就是天下复裂于方镇。长庆以后朝廷的实际统治区域比元和以前大有扩展。

第四节　宪宗美业不终

一、求神拜佛

元和后期，陆续收复久为叛乱的两河藩镇，人们欢呼重见四海升平，刘禹锡作平蔡州诗云："忽惊元和十二载，重见天宝承平时。"[1]但是，随着战争的进展和削藩的成功，王朝统治又面临着新的危机。就在人们欢呼期待的同时，朝廷内部的情况却发生着令人失望的变化，关心王朝前途命运的中兴大臣们，不免感到

---

[1]《刘梦得文集》卷5《平蔡州三首》。

阵阵隐忧。

作为君临一切的大唐皇帝，宪宗想要长生不老，于是企求神仙相助。早在元和五年（810年）八月，年仅三十三岁的宪宗就向宰相询问神仙之事，心表向往地问道：果然有神仙吗？李藩以历史上的事例，及时予以谏止。他说："秦始皇、汉武帝求神仙的结果，身败名裂已见史书记载，本朝太宗皇帝服用天竺僧人之所谓'长年药'，结果反因致疾，这都是古今之明戒。今陛下春秋鼎盛，方励志太平之业，诚宜拒绝方士之说。只要持之以道，行之以德，人安国理，又何患没有尧、舜之寿呢？"当时正值罢成德行营之后，战事的纷扰使得宪宗无暇顾及。其后，君臣们励精图治，致力于中兴大业。

但是到了元和末年，宪宗早年追求的太平事业似乎已经实现，于是再度迷恋于神仙、方士。元和十三年（818年）十月，淄青战场上官军与李师道正在奋力厮杀，而且基本攻占了郓州外围州县。这时，宪宗便下诏求天下方士。前鄂岳观察使，时任宗正卿的李道古，平素以贪暴闻名，恐怕一朝失势不免获罪，所以想尽办法以求媚免罪。于是，他通过以诌媚而入相的皇甫镈，向宪宗推荐自称能炼制长生药的山人柳泌。不久，宪宗便下诏宣柳泌移居京师长乐坊之兴唐观，炼制丹药。其后，柳泌对宪宗说："天台山乃神仙所聚之地，长有许多灵草，我虽如此却无力采致，如果能够出任该地的长官，那么仙药灵草则庶几可致。"宪宗对此信之不疑，十一月，以柳泌权知台州刺史，赐服金紫。谏官们为此纷纷论奏，以为"人主喜好方士，但从未有过让他们临民赋政之事"。宪宗非但不听谏阻，更对朝臣说，烦一州之力而能为人主致长生，做臣子的岂连一个州官也舍不得吗？于是群臣不敢再言。

柳泌至台州后，驱迫当州官吏百姓上山采药。但是，过了一年多的时间，仍是一无所获，柳泌惧怕宪宗降罪，于是举家逃入山中。元和十四年（819年）十月，浙东观察使将柳泌捕获，送至京师问罪。但是，皇甫镈和李道古极力保护，宪宗不仅不问其欺罔之罪，反而让他到翰林院待诏，而且仍服用他炼制的丹药，宪宗变得越来越暴躁无常。

在此情状下，起居舍人裴潾上言谏方士献药之害，他说，自古享国长寿之道，除天下之害者受天下之利，同天下之乐者享天下之福。而自去年以来，各处多荐方士，加以互相援引，使得方士之数日渐繁多。其实这些方士皆是以大言自玄奇技而哗众取宠之辈，其目的在于谋求不轨、以图私利，哪里是什么神仙呢？皇上千万不可听信其说，更不可服用他们的所谓长生药。药以治病，非朝夕常用之物，况且方士们所炼的金石酷热有毒，益人火气，决非人之五脏可以承受得了的。如果皇上真要吃药，那么就让献药者自己先服用一年，然后则真伪可辨矣。裴潾之言，至诚恳切，但是宪宗根本听不进去，盛怒之下，便将裴潾外贬为江陵县令。

就在宪宗追求神仙方术的同时，元和十三年（818年）底，功德使上言，凤翔府岐山县的法门寺有护国真身塔，塔内有释迦牟尼佛指骨一节。相传每三十年一开，开则岁丰人安。按此推算，明年应开塔，请届时开塔迎佛骨。十二月初一，宪宗派宦官为使率领僧众去凤翔迎佛骨。明年正月佛骨迎至京师，先留宫中三日，然后历送京师诸寺。于是，在京城掀起了一股拜佛热潮。王公士民瞻仰奉拜，争相舍施，唯恐不及，甚至有的竭尽资产以充舍施，有的燃香臂顶以为供养，都人若狂，糜费极多。

刑部侍郎韩愈，素来倡言儒家圣人之道，自比孟轲，以继周公、孔子之道统自任。他目睹为了迎佛骨朝野震动之状，上《论佛骨表》，直斥佛法。他指出，佛乃夷狄之法，根本不足信。六朝祚短，皆因信佛所致。国朝高祖沙汰佛徒，皇上应取以为法。佛骨实乃伤风败俗，请将此骨付于有司，投诸水火，永绝根本。如果佛真的有灵，能作祸福，那么臣韩愈愿承担一切殃咎。韩愈振臂高呼，对佛法大肆攻击，代表了一时反佛的潮流。宪宗得表大怒，将它出示宰相，并欲将韩愈处以极刑。宰相裴度、崔群等人为之请命，说韩愈虽狂，但他确是出于忠恳，请皇上稍加宽容以广开言路。结果，仕途艰涩的韩昌黎，再次被外贬为潮州刺史。

早年的宪宗求治心切，鼓励大臣们犯颜直谏，并且为了讨论军国之事，不顾暑天日旰、汗透御服；而仅数年之后，国家粗定，宪宗却沉迷于神仙方术，追求长生不老，大肆营缮，渐兴土木，以致不顾烦扰天下百姓。唐太宗曾慨叹"治安则骄侈易生、骄侈则危亡立至"[①]，作为一代中兴之主的唐宪宗，在取得的表面

---

① 《资治通鉴》卷196 贞观十五年。

成功面前，开始走向他悲剧性的人生终点。

二、偏宠宦官

元和时期，宦官掌握了一定实权。由于宪宗偏宠，元和后期中使内司制度进一步发展，宦官权力进一步扩大。除了掌握自德宗以来典禁兵之权外，元和时以刘光琦、梁守谦担任枢密使，从此枢密盗窃权柄，干预决策。当时的宰相李吉甫都不得不与枢密使梁守谦等人互相交结。枢密使的出现，最终确立了唐代中枢体制的新格局。

元和十二年（817年）十一月，宪宗又下诏以宦官为馆驿使。唐代自玄宗以来，便是由御史二人知驿，掌驿站应是外朝官吏之职。所以当时还是左补阙的裴潾上言谏止，认为内臣与朝官的职事应有严格区分，才能禁止擅越之弊。以宦官为馆驿使，其事虽小，但毕竟有损法令，此不便之事当戒之于初。当然，宪宗并不把这位小小谏官的话放在心上。元和十三年（818年）的四月，又以六军辟仗使印付宦官，扩大了宦官在禁卫六军中的权力。唐代旧制，禁卫六军各以宦官为辟仗使，如方镇之监军，不置印（监军置印始自德宗贞元中），职在监视刑赏、纠察违谬。元和十三年初，右龙武统军张奉国等对于宪宗命六军修麟德殿之事欲有论谏，宪宗得知后，一怒之下便罢了张奉国的兵权，以为鸿胪卿。至四月，便给辟仗使赐印，从此宦官对于神策军之外的禁卫兵亦得"纠绳军政、事任专达"[1]，完全控制了全部中央

---

[1]《资治通鉴》卷240元和十三年。

禁军。

宦官权力的扩大，直接破坏了君臣同心同德共求中兴的朝廷政治气氛，影响了来之不易的中兴局面的维持。而且，宪宗自己最终还是死在了宦官手中。

第五编 唐衰亡

第一章　江河日下　逐步衰落

第一节　朝政衰败的穆、敬二朝

一、君昏臣争

元和十五年（820年）正月，年方四十三岁的唐宪宗被害。李恒自元和六年（811年）被立为太子以后，宫中的斗争从未间断，吐突承璀支持澧王恽，梁守谦支持太子恒，易储之议喧嚷未息，宦官陈弘志等阴谋弑君，接着宫廷内部展开了激烈的斗争。结果，以神策中尉梁守谦为首，与其他宦官马进潭、刘承偕、韦元素、王守澄等拥立太子，杀掉了吐突承璀和澧王恽。闰正月，李恒即皇帝位，是为穆宗。

穆宗即位以后，以为天下太平无事，纵情声色。当丧服未脱之时，他便在宫中盛陈娼优杂戏，又到左神策军中观手搏杂戏。脱去丧服以后，穆宗更是"游畋声色，赐与无节"[①]。八月，修禁苑中之鱼藻池，九月，便欲在重阳节大宴。谏官李珏率同僚抗表上疏，谏止穆宗在此元朔未改之时于后庭作乐，但是穆宗根本听不进去。谏官们多次劝谏穆宗应以国事为重，但穆宗却说，"闻外间人多宴乐，此乃时和人安，足用为慰"[②]，更加荒

[①]《资治通鉴》卷241元和十五年。
[②] 同上。

宴无度。长庆二年（822年）十一月，穆宗与宦官们在禁中击球，有宦官坠马，穆宗受惊而得了风疾，从此一病不起，深居内宫。

穆宗病倒之后，宰相裴度、李逢吉等请早立太子。长庆二年（822年）十二月，年仅十四岁的景王李湛被立为皇太子。长庆四年（824年）正月，穆宗病死，十六岁的太子湛即皇帝位，是为敬宗。

敬宗刚一即位，更是不断地游宴、击球、奏乐，给宦官、乐人的赏赐毫无节制。年轻的皇帝根本不把国事放在心上，每天日晏方起，迟迟不坐朝听政。有一次，百官班列在紫宸门外等候皇帝视朝，由于敬宗久睡不起，有的老病之大臣因久立门外而至身体僵倒。退朝之后，左拾遗刘栖楚留下来向敬宗进言，以宪宗穆宗之年长而君临天下，四方犹有叛乱。今陛下年纪尚轻，在此嗣位之初，应当勤于军国大事，早起临朝；而陛下现在沉于乐色，日晏方起，先帝尚未下葬，鼓吹之声日喧，以致没有树立一点好的声望而坏的声名布于远方。如此下去，臣恐福祚不能长久，所以请让我碎首玉阶以谢匡谏不力之罪。在宰相李逢吉、牛僧孺等人的努力争取下，刘栖楚名义上得到了升擢，但敬宗并没有听进去他的劝诫之辞。

长庆四年（824年）四月，敬宗刚即位四个月，就发生了卜者与染坊供人作乱之事。卜者苏玄明与在宫内染坊供役的张韶，因为敬宗昼夜击球，经常不在宫中，所以认为有机可图，阴谋结聚染工百余人，在四月的一天夜晚，携带兵器闯入宫中，当时正在击球的敬宗在左神策中尉马存亮的保护下，才免于遭难。虽然乱徒很快就在禁兵的追击下被擒获，但辇毂之下役人作乱，朝廷威仪，荡然无存。

经此一役，敬宗依旧毫无警醒，继续游畋声色。他不仅昼夜击球，观手搏杂戏，听沙门俗讲，而且信神仙，访求异人，朝廷政事荒乱之极。更为荒唐的是，敬宗还好深夜自捕狐狸，宫中称之为"打夜狐"。敬宗性情褊狭急躁，对待侍从之力士、宦官等往往小过重责，弄得人人心怀怨惧。

宝历二年（826年）十二月的一天，敬宗夜猎还宫，与诸宦官及击球军将等二十八人在一起饮酒。趁敬宗酒醉入室更衣之际，军将苏佐明等突然发难，熄灭殿上全部烛灯，将年仅十八岁的年轻皇帝杀死在室内。宦官刘克明等矫称圣旨，命翰林学士路随起草遗制，以敬宗的叔叔绛王李悟暂时勾当军国政事。但是，刘克明并不掌有实权，他想除掉内侍中之执权者，于是枢密使王守澄、杨承和，神策中尉魏从简、梁守谦等四人商定，派卫兵将江王李涵迎入宫中，并发左右神策及飞龙兵进讨弑害敬宗之贼党，当即将他们并绛王李悟尽行斩杀。然后王守澄等与翰林学士韦处厚共同商议处置办法。数日之后，李涵即皇帝位，更名为李昂，是为文宗。

穆、敬二宗之立，都受宦官操纵，所以长庆、宝历年间，宦官势力迅速膨胀。以王守澄为首的宦官"四贵"，更是跋扈飞扬，权倾朝野，元和逆党仍在朝中执掌大权。而且外朝大臣亦与宦官势力互相交结，在君主荒怠的情形下，朝野官僚互相倾轧，党派斗争愈演愈烈。

长庆元年（821年）三月，朝廷发生了一起科场案。当时，礼部侍郎钱徽掌贡举，西川节度使段文昌和翰林学士李绅都私下给钱徽写信，向他推荐与自己相善的士人，请求关照。张榜公布的结果，没有段文昌和李绅属请关照的人，只有谏议大夫郑覃之弟郑朗（故相郑珣瑜之子）、河东节度使裴度之子裴譔、中书舍人李宗闵之婿苏巢以及担任考官的右补阙杨汝士之弟杨殷士等人被录取。段文昌和李绅等人极其不满，段文昌向穆宗告发说，今年的贡举，礼部取人不公，所录取的进士都是无有艺能的公卿子弟，皆因父兄之属请以关节而得之。穆宗向翰林学士李德裕、元稹、李绅等人征询意见，他们都说段文昌之言属实。李德裕乃元和宰相李吉甫之子，在元和三年（808年）科场案中，李宗闵等人的对策文对李吉甫执政予以讥刺，结果李德裕与李宗闵结下了私恨。元稹也因为与李宗闵争进取而有隙。今贡举不公，便成了双方互相攻击的导火线。穆宗再命中书舍人王起等人进行复试。四月，以复试得实，尽贬郑朗等初定及第之十人，钱徽、李宗闵、杨汝士皆外贬远州。从此以后，以李宗闵和李德裕为首，各分朋党，互相倾轧达四十年之久。

元稹在元和时期贬居江陵，穆宗即位后，因监军崔潭峻之荐引入京为祠部郎中知制诰，后为翰林学士，与枢密使魏弘简结为至交，以求入相。当朱克融、王庭凑在河朔再叛之时，元稹与裴度之间的矛盾却日益尖锐。裴度在太原握有重兵，不断上书对河北之事提出意见，但元稹等人多加抑损、阴为阻挠。裴度又上疏论朝廷之中"奸臣作朋，挠败国政"[1]。穆宗只好将魏弘简罢为弓箭库使，元稹罢翰林学士。但是，长庆二年（822年）二月，元稹便以工部尚书入相，并欲阴谋解除裴度的兵权。三月，裴度被任命为扬州大都督府长史、淮南节度使，仍知政事。后来，有人告元稹欲结交刺客刺杀裴度，结果，裴度及元稹皆罢相，裴度为右仆射，元稹出为同州刺史。同时，兵部侍郎李逢吉被任命为门下侍郎、同平章事。

长庆三年（823年）三月，户部侍郎牛僧孺入相。当时李德裕与牛僧孺皆有入相之望，但由于李逢吉的荐引，李德裕受到排挤。不久，又将在翰林的李德裕出为浙西观察使，八年不得还朝。于是牛、李之间结怨愈深。

李逢吉为相，与枢密使王守澄相结，势倾朝野。翰林学士李绅在内廷每承顾问之时，对李逢吉的拟状多加否定。李逢吉深以为患，便以御史中丞员阙之机，奏以李绅为中丞，又以京兆尹韩愈为御史大夫，使二人相争不逊。长庆三年十月，李绅、韩愈因为争斗不休皆被贬官。穆宗去世之后，李逢吉又将李绅等人排挤出朝。李逢吉以宰相的身份结党营私，亲厚之人当中有所谓"八关十六子"[2]，凡有求于逢吉者，必先贿赂他们然后无不如意。逢吉之党招权纳贿，时人多加讥诮。李逢吉还有意构成自己遭人暗算的案件，想以此打击裴度和李程的势力，又以

---

[1]《资治通鉴》卷242长庆元年。
[2]《旧唐书》卷167《李逢吉传》。

"非衣小儿"①之类的谶语对裴度进行攻击。但敬宗待裴度弥厚，宝历二年（826年）二月再度拜裴度为相。到年底，李程、李逢吉都被出为节度使。

穆、敬两朝君主荒怠，官僚之间又互相倾轧，朝廷陷入一种激烈复杂的争权夺利的局面。于是，刚刚收复的河朔藩镇一旦发生变故，便一发不可收拾。河朔再叛之后，朝廷便无力讨平。

二、河朔再叛

河朔再叛始于幽州驱逐张弘靖。幽州军士骄狂，将帅与士卒之间"冒寒暑、均劳逸，无有张盖安舆之别"。但是，张弘靖不习河北风俗，想在赴任之初尽革其弊，于是掘毁被当地军民称为"二圣"的安、史之墓。张弘靖属下的从事又经常欺凌歧视一向骄狂自负的幽州士卒。另外，刘总归朝之时，朝廷曾以一百万贯钱赐与军士，但张弘靖扣下二十万作为军府杂用，更使军士们愤怒不已。于是，长庆元年（821年）七月，军士因有小将被杖打而作乱，张弘靖又毫无解救之方，最后众人推举卧病在家的旧将朱洄为兵马留后，朱洄辞以老病，其子朱克融得以统领幽州军务，取代了张弘靖。

刘总归朝之时，建议将卢龙九州分为三道，想因此削弱这个久为逆乱的强藩并使互相牵制。刘总还将军中豪锐难制、素怀异志的宿将包括朱克融等人，尽荐入京，希望朝廷升奖使之羁縻于

---

① 《旧唐书》卷167《李逢吉传》。

禄位。但是，当时穆宗不留意天下事务，宰相崔植、杜元颖等又不知安危大体，令张弘靖统领卢龙诸州，又令朱克融等还镇。所以，七月幽州士卒因张弘靖而乱，导致幽蓟州县全失。

七月底，成德军又乱。节度使田弘正并家属将佐三百余人遇害，军人推牙将王庭凑为留后。田弘正自元和以来便与成德将士有父兄之仇，以仇怨之帅镇荒犷之军，加以朝廷不给粮赐使田弘正无法率魏博之兵赴镇成德，在朝廷赏钱没有及时送达的情况下，王庭凑等人激怒众心，阴结牙兵而谋叛。

八月，因李愬病发，起复田弘正之子前泾原节度使田布为魏博节度使。然后下诏令魏博、横海、昭义、河东、义武诸军发兵包围成德之境，又派裴度为幽州、成德二道招抚使。朝廷讨伐和招抚并施，但朱克融、王庭凑继续焚掠州县，于是讨伐战争正式开始。到年底，由于财用不支，便赦免了朱克融而专讨王庭凑。

长庆二年（822年）正月，由于朝廷在军事上连连失利，中书舍人白居易上书"论行营状"，分析了当前的形势，并请"勒魏博等四道兵马却守本界"[1]，但穆宗根本不加理会。不久，当田布发魏博租赋供军之时，导致众心不悦，在牙将史宪诚的离间鼓煽之下，军士们不再听从田布之命。在此情况下，田布被逼自杀，史宪诚被奉为留后。由于与幽州、成德的战争正在进行且毫无进展，所以只好授史宪诚为节度使。史宪诚虽外奉朝廷，而暗地里与幽州、成德相勾结。至此，河朔三镇都再次脱离了朝廷

---

[1]《全唐文》卷668《论行营状》。

约束。

由于内外形势的变化，朝廷之中又一片慌乱，进讨诸将如李光颜、乌重胤等皆是各自为政，按兵不动。即如功勋卓著的裴度在朝中党争的制约下也是无可奈何。长庆二年（822年）二月，便赦免王庭凑。这样，朝廷只得拱手再失河朔。从此，朝廷与河朔藩镇之间便维持着一种若即若离的僵持局面。

自安史之乱以后，河朔"五十余年不霑皇化"[1]，人们不知有周公、孔子，造成民风之荒犷。而且在割据的状态下，境内农民的生产和生活都相对安定，称雄一方的节度使也注意保境安民，使老百姓觉得"怀其累代煦妪之恩"[2]，而不知朝廷逆顺之理。另外，在当时客观的财政困境下，朝廷处置的失当也是促成河朔再叛的重要因素。

自元和用兵以来，巨额的军费开支已使国家和广大农民都承受不了。到长庆时，"户口凡三百三十五万，而兵额约九十九万，通计三户资一兵"。[3]穆宗还在做太子时，就得知天下厌苦宪宗用兵。其实，宪宗在世之时也开始厌兵了。元稹在元和末年作《连昌宫词》，其末章云"老翁此意深望幸，努力庙谟休用兵"。穆宗看到此诗，甚为赞赏。在穆宗即位之初，宰相萧俛、段文昌等便以为河朔归朝后天下就太平了，所以奏请"销兵"。凡军镇有兵处，每年百人之中限八人逃死不再替补，那么，十年之间便销其十之三四。所谓"故

---

[1]《资治通鉴》卷239元和七年。
[2]《资治通鉴》卷238元和四年。
[3]《旧唐书》卷157《王彦威传》。

不散弃之,则军情无怨也;不增加之,则其数自销也"。① 销兵客观上造成众多军士落籍,成了一支离乱的力量,最后许多人加入了河朔叛乱的队伍。所以,旧史以为"复失河朔,盖消兵之失也"。②

唐后期,科举制弊端丛生,成了官僚世袭的一种工具,许多出身贫寒的文人士子往往科场失意。但是,他们既失意于朝廷,便可改投地方势力,或先辟从幕府然后跻身朝廷,或终身仕于河北藩镇。所以,一些科举失意的文人士子,也成为帮助藩镇对抗中央的离乱力量。

长庆元年(821年)正月,由于河朔之归朝,诏令河北诸道均定两税。而且,同时还在河北行榷盐,至三月,"罢河北榷盐法,许约计课利都数付榷盐院"。③ 朝廷想通过掌握财政来加强对河朔的控制,触动河朔的经济利益,也是促成河朔再叛的重要因素。

河朔再叛以后,唐朝中央的财政更陷入了一种进退维谷的困境。白居易在长庆二年上《论行营状》说到,"今天下诸色钱内,每贯已抽减三百;茶盐估价,有司并已增加,水陆关津,四方多请率税。不许则用度交阙,尽许则人心无憀。自古安危,皆系于此"④。在这种情况下,朝廷自然无法再与河朔较量了。

长庆以后,唐朝统治者结束了在均平赋税上的徘徊,决定对地主逃避赋税采取纵容的方针,并通过搜括浮户和巡复田税,把

① 《白氏长庆集》卷45《策林·销兵数》。
② 《旧唐书》卷172《萧俛传》。
③ 《旧唐书》卷16《穆宗纪》。
④ 《全唐文》卷668《论行营状》。

两税和差科、色役全部压到农民身上。而且大地主大官僚广置庄宅，土地兼并不断加剧。封建政府对农民的控制也是越来越严，广大农民的处境日益恶化，阶级矛盾迅速发展。同时，在长庆以后，大地主大官僚的政治经济地位进一步得到巩固，他们不仅占有大量土地，可以通过各种途径逃避赋役，而且可以通过进士科和辟举把高位世代传袭下去。他们一方面醉心于争权夺利，党争愈演愈烈，一方面纵情享乐。官僚皆以权位为意，朝野皆以奢靡相尚，而对于日益尖锐的社会矛盾却无心解决。所以，尽管河朔再叛以后，朝廷与藩镇处于僵持状态，战事不多，边疆形势也比较缓和，但是，阶级矛盾却在迅速发展。在统治阶级争权夺利，阶级矛盾不断激化的情况下，唐王朝的统治江河日下，无可挽回地走上了它的衰亡之路。

第二节　争斗中维持平衡的文宗朝

一、文宗其人

文宗是穆宗次子，敬宗弟，本名涵，即位以后改名昂。

在中晚唐的几代皇帝中，穆、敬两代都是以奢侈游戏、昏庸荒废而著称的，而文宗即位以后，立刻显示出与其父、兄截然不同的品质来。文宗的文采一直为当时人和后人所称颂，当然，从《全唐诗》卷四中保留的他的几首诗作来看，似乎并无突出之处，但是他至少也应该算是一个文学爱好者，是一个喜欢读书的皇帝。《杜阳杂编》记载说，文宗"每与宰臣学士论政，必称才术文学之士,故当时多以文进。上每视事后,即阅群书"①。他曾对左右说:"若不甲夜视事,乙夜观书,即何以为君?"②每试进士及诸科举人,文宗多自出题目,"及所司进所试,览之终日忘倦"③。他对经学也颇有造诣,每次与宰臣廷对议政,都能引经据典。六经中他最看重的是《春秋左传》,这与当时的学术风气是合拍的。《新唐书·艺文一》载:"帝(文宗)好《左氏春秋》,命[高]重分诸国各为书,别名《经传要略》。"④分国别来归类《春秋左传》,这在春秋左传学上还是一件前无古人的创举。文宗对当时"不典实而尚浮巧"的文风也很不满,并且力图改变这种状况,他提倡"但效古为文,自然体尚高远",⑤从这里我们也能看出古文运动对他的熏陶。总的说来,文宗的文化素质在唐朝的历代皇帝中是比较高的。

在政治上,文宗与昏庸无能的穆、敬两帝间的差异更是巨大。从史书上各种记载来看,他留给后人的印象是一个年轻力盛、勤于听政、务去奢侈,想在政治上有所作为的皇帝。文宗还未即位时,就喜欢读《贞观政要》,每当读到太宗处理政务勤勉不懈时,便非常留心。即位以后,他经常和宰臣们一起讨论历史经验,尤其注意总结本朝天宝以后的政治得失,颇有太宗遗风。敬宗在位时,每月视朝不过二、三次,文宗始复旧制,每逢单日

————————
①《唐语林》卷2《文学》。
②同上。
③同上。
④《新唐书》卷57《艺文志》。
⑤《册府元龟》卷40。

视朝，从不缺失，而且每次跟宰相群臣讨论政事的时间都特别长。他还下令出宫女三千人，罢五坊鹰犬，裁撤教坊、翰林、总监等机构的冗员一千二百余人，停发宫内诸司新加衣粮，归还御马坊所占的民田，他自己在视朝之余，也只是以书史自娱，未尝留意于声乐游畋。《资治通鉴》记载说，文宗即位以后，"中外翕然相贺，以为太平可冀"①。毫无疑问，文宗的即位，确实给日趋腐朽没落的唐王朝带来了一丝希望。

然而，唐文宗并不具备实现他自己的政治抱负的才能。他出生于元和四年（809年）十月，到宝历二年（826年）十二月登基时，年仅十七岁。即位以前，他受封为江王，一直深居王府之中，是没有任何政治经验可谈的。跟他的祖先比较起来，他既没有太宗那样在沙场上出生入死的创业经历，也没有玄宗那样结纳豪强，培植亲信的政治实践，至多不过是读了几本《贞观政要》之类的书而已，可是仅从书本中是找不出任何解决现实问题的答案的。后人评论他"有帝王之道，而无帝王之才"②，是很恰当的。

当然，文宗的失败除了他本身的个人原因外，还有更深刻的政治原因。在雄才大略的唐宪宗最后被宦官们谋杀以后，唐朝的皇帝实际上已经丧失了驾驭政局的能力，其本身亦成了朝臣和宦官之间妥协的产物。皇帝只有依托于这两大势力才能获得一点点政治上的发言权。表面上，君臣之分依旧森严，而实际上，皇帝只是一个摆设，没有他一切照常运转。更有甚者，皇帝本人的人

---

① 《资治通鉴》卷243 宝历二年。
② 《旧唐书》卷17《文宗纪》。

身安全也完全掌握在宦官的手中。在这样的政治条件下，别说文宗没有丝毫的政治经验，即使他有政治才能，也很难挽救唐朝衰落的趋势；如果他像他的父、兄一样昏庸的话，说不定还能活得更快活些，可是他毕竟不是那样的人，于是乎，历史便注定了文宗必然会成为一个悲剧人物。

二、三大势力的冲突与平衡

（一）宦官集团及其变迁

文宗时期最显著的政治特点，就是朝臣、宦官和藩镇这三大政治势力之间在不断地产生各种各样的冲突、争夺的同时，大体上维持着一种势均力敌的平衡。这样一种平衡状态的存在使得唐王朝的行政体系得以大体上正常地运行，从而使得唐王朝的统治继续延续下去。但是，由于这三种政治势力都是日益腐朽和没落的势力，所以它们的统治不能给唐王朝带来任何起死回生的希望，相反还越来越窒息了任何改革的气息。这一时期的政治局面之所以还显得比较平稳，仅仅是因为没有遇到什么严重的内忧外患。文宗为了挽回唐王朝的颓势，对宦官以及朝臣中的腐朽势力进行了长期不懈的斗争，但是由于缺乏政治经验以及在斗争策略和用人等方面的严重失误，最后导致了沉重的失败。三方平衡的政治局面只是稍稍受到一点震动，马上便平稳下来，一切照旧。

中晚唐的宦官，一同当时的朝臣们一样，分裂成许多彼此争夺不休的内部集团，其内部斗争的激烈程度较之朋党之争有过之而无不及。这尤其明显地表现在皇位继承的问题上。自顺宗以后，皇位的每一次更替，都毫无例外地有着宦官集团的背景。

大和初年的主要宦官集团是以王守澄为首的"元老派"集团，这一集团形成于元和末年，主要成员有内常侍陈弘志（一作陈弘庆），右神策军护军中尉梁守谦以及王守澄、马进潭、刘承偕、韦元素等人。元和十五年（820年）正月，宪宗病危，宦官吐突承璀因为太子恒与自己有隙，恐日后失势，便加紧策划谋立澧王恽。陈弘志、梁守谦等人抢先发动，杀害了宪宗，扶立太子恒即位，是为穆宗。然后杀掉吐突承璀及澧王恽，一举消灭了对手，取得了对皇帝的控制权。在宝历二年（826年）十二月拥立文宗的政变中，这一宦官集团又消灭了宦官中的新宠刘克明集团，挫败了他们"易置内侍之执政者"的阴谋，从而进一步巩固了自己的地位。

然而，这一庞大的宦官集团自身也在渐渐地产生内部分歧，这主要是由于王守澄权力的膨胀而造成的。在该宦官集团中，梁守谦、魏从简（一作魏弘简）两人的资格最老，梁守谦早在元和年间就已经做到了内常侍知枢密，后来又升任右神策军中尉；魏从简于长庆年间知枢密事，至宝历年间升任内侍监兼左神策军中尉。王守澄在元和十五年（820年）的政变中才崭露头角，得以在长庆年间知枢密事。长庆三年（823年）十一月间穆宗病重，王守澄虽然由于担任枢密使而"专制国事，势倾中外"[①]，但是枢密使不掌握神策军权，虽然与两中尉合称"四贵"，但其地位仍

---

① 《资治通鉴》卷243长庆三年。

要比中尉低一些，一般是作为升任中尉以前的必经阶段。宝历二年（826年）的宫廷政变以前，王守澄的权力虽然日益膨胀，超过了该宦官集团中的其他主要人物，但在名义上还算不上是宦官集团的首领，直到这次政变之后，宦官集团内部的权力分配才发生了根本性的变化。首先在大和元年（827年）三月，资格最老的右军中尉梁守谦被诏令致仕，由王守澄继任；紧接着六月中旬，内侍监兼左军中尉魏从简也被迫致仕，改由王守澄知内侍省事，而左军中尉之职则为宦官韦元素所得。这样，王守澄便通过梁、魏两人而顺利地接管了神策军的控制权，从而成为宦官集团的新首领。在这个争夺权力的过程中，他主要得力于郑注的谋划。郑注本是一个医人，史称其"敏悟过人，博通典艺，棋弈医卜，尤臻于妙，人见之者，无不欢然"[①]。元和年间，他在徐州效力于节度使李愬，当时王守澄亦在徐州监军，二人在此结交。

王守澄成为宦官集团的新首领以后，宦官内部的分裂倾向仍在继续。原来与王守澄一派的宦官韦元素当上了左神策军中尉，杨承和、王践言两人由于权力、地位的上升，当上了枢密使，他们"居中用事，与王守澄争权不叶"[②]，另一方面，以仇士良为代表的不属于大和年间"元老派"宦官集团的另一派新的宦官势力正在悄悄成长，从而对王守澄的权力、地位构成了新的威胁。宝历政变时，仇士良为右领军将军，只是禁卫军的一个军官，他参与了平叛，但在大和年间受到王守澄的压抑。这一派新的力量后

---

① 《旧唐书》卷184《王守澄传》。
② 《资治通鉴》卷245 大和九年。

来在李训等人的扶持下蒸蒸日上，终于取代了王守澄集团。

总之，不管其内部发生了怎样的权力嬗递，宦官梁守谦—王守澄集团始终是长庆、宝历以至于大和年间居于主导地位的宦官集团，这一集团对皇帝的控制乃至于对朝政的干预都达到了空前的程度。而在元和末年以前，宦官的权力虽然日渐扩大，但还始终摆脱不了浓厚的"家奴"色彩，皇帝对他们仍有较大的支配权，即使像吐突承璀，也只是因为得到宪宗的宠爱才得以跋扈一时。但在宪宗被弑以后，由于穆、敬两代的昏庸无能，宦官集团的权势有了明显的提高，皇帝的废立完全被他们掌握；同时，由于枢密使的设置，更便于宦官横议干政，一时间形成了所谓"南衙北司"的对峙局面。

当文宗还只是刚刚懂事的孩子的时候，便亲眼目睹了元和十五年（820年）的宫廷政变，当时他的祖父宪宗在宫内"暴崩"，不久，宦官陈弘志等弑逆的真相便逐渐透露出来，这在他幼小的心灵上刻下了深深的伤痕，由此产生了"元和逆党"的概念，萌发了报仇的欲望。仅仅几年以后，在宝历二年（826年）的政变中，他被猝然拥上皇位，这使得他又一次深深地体会到宦官势力的强大，同时也迫使他不得不为自己的前途考虑，因为谁也无法保证他不会重蹈宪、敬两帝的覆辙。即位以后，文宗雄心勃勃，勤勉从政，一心想要致天下于太平，但是这样势必要与宦官发生权力冲突，并遭到其蛮横干涉。《旧唐书·韦处厚传》记载说："文宗勤于听政，然浮于决断，宰相奏事得请，往往中变。处厚尝独论奏曰：'……凡有奏请，初蒙听纳，寻易圣怀。若出自宸衷，即示臣等不信；若出于横议，臣等何名鼎司？'"①文宗之所以"往往中变"，主要不是因为什么"浮于决断"，而是"出于横议"，也就是来自宫内的议论。这种情况是年轻而有抱负的文宗所无法忍受的。文宗与宦官之间的冲突和斗争势不可免。

（二）党争与朝局

宝历二年（826年）十二月的政变发生后，朝臣和枢密、中尉都采取了合作的态度。宰相裴度和翰林学士韦处厚积极参加平叛，拥立文宗。文宗即位后，马上升韦处厚为中书侍郎同平章事，至大和二年（828年）十二月处厚去世后，又命路随继任宰相。大和初年的宰相中，真正起作用的便是裴、韦、路三人。三人中，裴度是累朝耆旧，元和功臣，在朝廷内外享有崇高的威望，韦、路二人都以文学干练著称，早在元和年间做谏官时即已有令名。在他们的主持下，政事颇有起色，主要政绩有这样几项。

第一，平李同捷。宝历二年，横海节度使（治沧州，今河北孟村）李全略死，其子李同捷自为留后；文宗即位后，同捷拥兵拒命，裴度等坚请讨伐。战争在进行了一年零八个月后，终于获得胜利，有效地遏制了藩镇势力的扩张。

第二，整理吏治。《旧唐书·韦处厚传》载："处厚在相位，务在济时，不为身计；中外补授，咸得其宜。"②所谓得宜，也就是比较能够不受朋党势力的干扰，量才选拔官员。早在贞元年

---

①《旧唐书》卷159《韦处厚传》。
②同上。

间，宰相齐抗为裁减冗员，奏准罢诸州别驾，但这一改革缺乏应有的"配套措施"，致使本应选补诸州别驾的大批人员滞留京师，无所适从；另外，自元和以来，战事频仍，有功的低级将领多授予闲散，以待补授，由于官缺不多，这些人也多留在京师，他们披朱服紫，无所事事，四处造请求职，干扰了朝廷政务。韦处厚执政后，奏准复置一些州别驾来安置这些人，一时间收到了"清流不杂，朝政清肃"[①]的效果。

第三，收回节度使任命权，消除"债帅"。自大历以来，诸道节度使大多出于禁军将领，禁军将领为求得节度使职，都不惜以倍称之息（利息倍于本钱或等于本钱）向富户借钱来贿赂左右神策军中尉，从而当上节度使，根本无需通过宰相。他们到镇以后，便搜括民脂民膏来偿债，当时人称之为"债帅"。大和元年四月，忠武节度使王沛死，裴度、韦处厚奏准以高瑀代替，开始收回节度使的任命权，中外相贺曰："自今债帅鲜矣！"[②]

第四，遏制宦官势力。裴度等人对当时盛极一时的宦官王守澄集团也多方加以抑制，以求保证朝政不受干扰。韦处厚对文宗讽谏政令无常，裴度等收回节度使任命权都是其例。韩愈主修的《顺宗实录》中谈及禁中之事颇为切直，引起宦官的不满，文宗迫于宦官的压力，令路随等改正，也遭到抵制。

但是大和初年这种比较进取的政治局面仅仅延续了两年多的时间，到了大和三年（829年）夏天以后，朝廷便日益陷入党争

---

① 《旧唐书》卷159《韦处厚传》。
② 《资治通鉴》卷243 大和元年。

纷纭中。当时，韦处厚已经去世，裴度已到了晚年，"稍浮沉以避祸"①，平李同捷后，屡次上表请退，至于路随，史称他"藏器韬光，隆污一致，可谓得君子中庸而常居之也"②，是个比较圆滑的人物。这种情况给大规模党争的爆发准备了一个适宜的条件。

大和三年（829年）七月，由于裴度的推荐，长庆以来被贬在外达八年之久的浙西观察使李德裕被征入朝，暂任兵部侍郎，准备用以为相，新的一轮党争开始了。李德裕入朝引起当时已在朝任吏部侍郎的李宗闵的恐慌，他加紧与宦官枢密使杨承和等人串通，终于赶在李德裕之前当上了宰相，接着便在九月间将李德裕再次赶出京师充任义成军节度使（治滑州，今河南滑县）。此次李德裕入朝，从七月乙巳被征到九月壬辰被逐，前后不过五十天。大和四年（830年）正月，李宗闵又引武昌节度使牛僧孺入朝为相，于是"二人唱和，凡德裕之党皆逐之"③。开创了一派得势，对另一派进行大规模清洗的先例。在这场清洗中，连老相裴度也因曾推荐李德裕而不能自保，被出为山南东道节度使。与此同时，大批支持李宗闵、牛僧孺的人物，如杨虞卿、杨汝士、杨汉公、杜悰、张元夫、萧澣等也纷纷晋居要职，把持了朝政。

大和三年十一月，南诏嵯颠入寇西川，从而引起了唐朝晚期一次严重的边疆危机。西川自杜元颖任节度使以来，防务松弛，不堪一击。南诏军队连陷嶲、戎、邛三州④，然后直抵成都，并攻

---

① 《旧唐书》卷170《裴度传》。
② 《旧唐书》卷159《路泌传》。
③ 《旧唐书》卷176《李宗闵传》。
④ 嶲、戎、邛三州州治分别相当于今四川西昌、宜宾、邛崃。

389

破外城，内城亦岌岌可危。但南诏军队并没有久占成都，他们在唐救兵云集以前，席卷了成都的子女百工及珍货南返，蜀人因恐惧而投江水[①]自杀者不可计数。西川经过这次残破以后，杜元颖被贬为邵州刺史，接替他的则是李德裕。李德裕到西川以后，访查形势，训练士卒，加强防卫，向南诏索回被掳人口，于是"蜀人粗安"，李德裕本人的声望也大大提高。

大和六年（832年）十一月，西川监军王践言入朝任枢密使。在他的活动下，不久李德裕得以重新入朝为兵部尚书，于是党争的形势开始发生变化。同月，牛僧孺罢为淮南节度使；第二年二月，李德裕同平章事，而杨虞卿、张元夫、萧澣等人纷纷遭贬；六月，李宗闵罢相，出任山南西道节度使，至此，李德裕暂时得势。李德裕上台后，针对当时科举考试重诗赋，轻论议，士人竞相以词藻浮华谋求官职的弊病，建议停试诗赋而试论议，这一建议因得到文宗的支持而得以推行。

然而，党争的形势瞬息万变。李德裕上台不过二十个月，便再次遭到政敌的排挤。大和八年（834年）十月间，李宗闵复出，任中书侍郎同平章事；而李德裕接连遇贬，首先被迫充任山南西道节度使，后经恳求文宗，好歹留在京师任兵部尚书，但马上又被剥夺同平章事头衔，出为镇海节度使。牛党人物王璠、李汉等更欲置李德裕于死地而后快，诬告他阴结漳王，图谋不轨，经老相路随极力保护才得以幸免，但路随也由此得罪牛党，罢相出

[①] 唐代人认为岷江是江水（长江）的源头。

镇。李德裕的科举改革措施，遂因人而废，贡院奏准恢复了诗赋考试。党争如此激烈而且变幻莫测，使得文宗每每哀叹："去河北贼易，去朝廷朋党难。"①

整个大和年间，朝臣与宦官（所谓"南衙北司"）之间的关系既有互相争夺的一面，又有互相依靠的一面。宦官集团挟持人君，扩充私利，横议干政，这当然会引起朝臣的不满和抵制，无论是哪一派的朝臣，在抵制宦官权力过分膨胀这一点上都是一致的。但是这期间朝臣与宦官关系中最主要的方面还是互相依靠的一面。宦官的权力再大，也没有能力包揽朝政，要是没有朝臣，政府机构便无法运转；宦官们的欲壑，是以朝臣们的馈送、贿赂来不断填充的；许多宦官头目与朝臣领袖之间保持着良好的友谊，这种友谊对于保持当时的政局稳定乃是必需的。至于朝臣们，为了满足自己升迁的欲望，也争相结纳宦官，这种现象同样是不分派系而普遍存在的；朝臣们虽然对宦官专政怀有不满情绪，但是出于自身利益，也不敢过分得罪宦官；对于一些激进的反宦官言论，他们还要极力压抑，以免局势变得不可收拾。对朝臣来说，与宦官保持这样一种平衡的关系是比较稳妥而现实的做法，因为在当时的条件下，单凭朝臣的力量是难以消除宦官势力的。关于这一点，那些老练的政客们心中当然很清楚。

（三）藩镇动态

唐代中期以后，从关内到关东，从河北到岭南，各地藩镇

---

① 《资治通鉴》卷245大和八年。

（也称方镇）遍布。各镇节度使大多兼任所辖各州的观察处置等使职，又兼任所治州刺史或都督府长史，俨然是地方一级军政长官。他们集地方的军、政、财权于一身，具有很大的独立性。这些方镇依其大小强弱以及对朝廷的向背，可以分成几种类型。

南方（指秦岭—淮河一线以南）各镇，一般所辖州县数目较多，地盘较大，但兵力较弱。它们又可按是否设节度使分成两类。设节度使的各镇或是地处南北交通要道，或是财赋所出，如山南东道、山南西道、荆南、淮南、浙西、鄂岳（武昌军）、岭南东道，或是处在与吐蕃、南诏对峙的前线，如剑南东川、剑南西川。唐朝政府对这些地区控制很严，往往由朝中宰相、大臣出镇担任节度使。南方其他一些地广人稀、地位比较次要的地区，如宣歙、浙西、福建、江西、湖南、黔中等地，则不设节度使，而设都团练观察处置等使。直至晚唐，南方总的形势还是稳定的，个别地区偶尔发生一些驱除本镇节度使的兵变，也都被及时平定，不足引起大患。

北方（指秦岭—淮河一线以北）各镇，一般所辖州县数目较少，地盘较小，但兵力较强，它们又可依照对朝廷的向背态度而分成三类。第一类即"河朔三镇"（卢龙、成德、魏博三镇），自长庆年间河朔再叛以后，三镇再度脱离朝廷，其节度使或是父死子替，或是由本镇兵将推举，完全不受朝廷控制。长庆以来，朝廷对河朔三镇的割据现状只能加以默认，无力进讨，一般舆论更是视河北与回鹘、吐蕃无异。第二类方镇如朔方、宣武等，朝廷控制较严，其节度使调动频繁。而且都是由在朝大臣出镇，或从他镇调来。这些方镇也是唐朝的军事力量所在，其中沿边诸镇，如振武、朔方、陇右、河东等，担负着边防和环卫京畿的任务；而内地诸镇，如宣武、平卢、义成、忠武等，担负着监视河朔诸镇，抑制割据势力的任务。介于以上两类对朝廷向背态度截然不同的方镇之间，在文宗时期还存在着第三类方镇，即沧景（横海军）、易定（义武军）、泽潞（昭义军）三镇。此三镇在表面上服从中央，实际上却有着相当大的独立倾向。这是穆、敬时期的一个遗留问题。长庆二年（822年），原横海军节度使杜叔良遇贬，朝廷没有从中央或从别处调人来任节度使，而是令该镇军将、德州刺史王日简继任，只是改赐了姓名（李全略）而已；宝历元年（825年），原昭义军节度使刘悟卒，其子刘从谏自知留后，朝廷也加以承认；至于义武军，虽然元和四年（819年）张茂昭曾举易、定两州归降朝廷，但后来历任节度使都出自本镇军将，实际上也是半独立性质的。

　　文宗即位以后，不满于藩镇割据的现状；朝野人士也认为横海、义武、昭义三镇与河朔三镇不同，不能轻易放弃。于是大和初年便爆发了平李同捷的战争。这场战争虽以朝廷的胜利告终，但消耗甚大，使得朝廷暂时无力对义武、昭义两镇有所作为。

　　安史之乱以后，藩镇割据势力与唐朝中央政府之间展开了长期激烈的斗争；到文宗时期，形势开始趋于平静，双方的关系处在一种相对平衡的状态中。一方面，藩镇割据势力在承受着来自中央的巨大压力的同时，也经历着种种内部矛盾和冲突，其割据范围很难进一步扩大，唐朝政府对全国绝大部分地区仍然实施着有效的统治。另一方面，由于自身的日趋衰落以及军事、政治制度上存在的种种弊端，唐朝政府也无力再次收复河朔三镇，实行全国的统一，而只能在事实上承认三镇割据的现状。这种平衡关系的存在，使得唐朝整个的形势显得比较平稳；但是，这只是双方力量的暂时平衡，导致藩镇割据的根本原因并没有获得解决，即使是那些服从中央权威的藩镇，由于其长官集军、政、财权于一身，因此也潜伏着极大的离心倾向。一旦唐朝中央政府的权威受到某种打击并发生动摇，全国分裂的局面便是不可避免的了。

三、打击宦官

在宦官与朝臣互相依靠、联结的情况下，留给文宗的政治活动的余地确实是十分狭窄的，可是，文宗并不甘心于做一个政治摆设，他努力要控制实际的权力，以便于实现自己的理想。在这里，他遇到的头号障碍便是宦官集团。为了消灭宦官集团，文宗必须寻找支持自己的政治力量，然而这种力量并不是现成的，只能通过不断的努力逐渐地培植起来。

大和年间文宗与宦官的斗争，经历了一个十分曲折的过程，大体说来，可以分为三个阶段。

大和五年（831年）春天以前为第一阶段，该阶段的主要事件便是宋申锡案。申锡自幼孤贫而有文学，后来登进士及第，长庆宝历间历任监察御史、礼部员外郎、翰林侍讲学士等职。由于他始自策名，不趋党与，且为人忠厚，因而受到舆论的好评。文宗即位后，觉得宋申锡可以托以心事，便将其升为宰相，并暗令结纳朝臣，谋除宦官。可是宋申锡并不具备完成这一任务的能力，他提拔李逢吉的故吏王璠为京兆尹，与之图谋大事。王璠知宋申锡不足与谋，遂将消息透露给王守澄。后者迅速采取行动。大和五年二月，王守澄唆使手下人诬告宋申锡结交漳王凑（文宗弟），图谋不轨，随即将两人逮捕下狱。最后，漳王被贬为巢县公，宋申锡被贬为开州司马。至此，文宗与宦官斗争的第一阶段便以失败告终。

第二阶段，自大和五年宋申锡案以后至大和九年十月（831—835年）赐王守澄死为止。在这一阶段中，文宗对宦官的斗争取得重大胜利，彻底消灭了王守澄集团（所谓"元和逆党"）的势力。

宋申锡获罪后，文宗转而寻求新的力量。很快，他就找到了李训、郑注这两个新帮手。郑注本来依附于王守澄，在王守澄发迹和谋害宋申锡的过程中均起过关键作用，后又因为文宗治病而得宠，遂揣摩上意，为文宗出谋诛宦官，他完全是一个政治投机家。李训与郑注不同，他出身名门，是李逢吉从子。史言其曾慨叹："当权者皆龌龊"，又言其"既见识擢，志望不浅，……欲先诛宦竖，乃复河、湟，攘夷狄，归河朔诸镇"[①]。李训通过郑注而得以为文宗所赏识，文宗在与宦官斗争时，主要依靠了他的谋划。

李训、郑注要比宋申锡高明得多。为了铲除宦官势力，他们

---

① 《新唐书》卷179《李训传》。

做了几方面的准备。首先，清除朝廷上的朋党势力。大和八、九年间，先后将李德裕、路随、李宗闵三相逐出朝廷，同时又大举清除牛李党人，使得朝廷为之一空。其次，在清除朋党的同时，积极培植自己的势力，形成一个新的政治集团。李训所提拔的人，如郭行余、韩约、罗立言、王璠等，都是一些"勇决干练、倨下傲上"之士，是政治上的激进派。再其次，分化宦官集团，从而达到各个击破的目的。仇士良与王守澄有隙，李训便提拔仇士良为左军中尉，以分王守澄兵权；又乘韦元素、杨承和、王践言等人与王守澄争权，出三人为监军，从而使王守澄孤立无援。最后，宦官权势的支柱，乃在于左右神策军，要彻底消灭宦官，亦须具有相当的兵力。李训、郑注深知这一点，所以他们努力掌握军队，派王璠任太原节度使，以郭行余为邠宁节度使，令两人暗中召募勇士。

由于准备周密，再加上王守澄集团的内部分裂，文宗在与宦官第二个回合的斗争中取得空前的胜利。大和九年间，宦官王守澄集团基本上被消灭。杨承和、韦元素、王践言、陈弘志等人先后被赐死于外任；随后，权倾一时的王守澄也被鸩杀于家中，于是"元和之逆党略尽矣"[①]。这不能不说是唐亡以前宦官势力所遭受的一次最沉重的打击。

文宗与宦官斗争的第三阶段，历时甚短，这也就是发生在大和九年（835年）十一月间的"甘露之变"。王守澄集团的覆灭，

[①]《资治通鉴》卷245大和九年。

其结果只是在不同的宦官集团之间实现了权力转移，而宦官专权的局面仍然如故。以左、右中尉仇士良、鱼弘志为代表的新的宦官集团仍然牢牢控制着神策军。文宗和李训、郑注等人在消灭"元和逆党"之后，进而企图一举消灭全部宦官势力，他们为此做了周密的安排。

大和九年十一月壬戌，令人惊心动魄的"甘露之变"发生了。这天，百官在紫宸殿上朝，左金吾卫大将军韩约奏称左金吾厅后石榴树上夜降甘露，并舞蹈称贺。文宗令左、右中尉仇士良、鱼弘志率众宦官前往察验。此时韩约等已将金吾兵埋伏起来，准备等宦官们一来即加以聚歼。然而韩约临阵胆怯，当他陪着众宦官来到左金吾的时候，已经"变色流汗"，引起仇士良等人的疑心，正巧这时刮起一阵大风，将厅上的帷幕掀起，仇士良等猛然瞥见帷幕后的伏兵，顿时明白了这是怎么回事，大骇之下，狂奔而出。他们逃到殿上，以迅雷不及掩耳之势将文宗挟持，扶上乘舆，向有神策军守卫的宫中逃走。李训、罗立言、李孝本等人见事情紧急，率金吾兵、京兆逻卒、御史台从人等上殿奋击，试图将文宗抢回。然而宦官们毕竟抢先了一步。他们不顾死伤，一气将乘舆拥入宣政门内，随即合上大门。至此，双方的胜负实际上已经判定。紧接着，左、右神策军出动讨"贼"，长安城里一场真正的浩劫开始了。神策军逢人便杀，来不及逃出皇城的百官吏卒数千人均无幸免，城中到处横尸流血，狼藉涂地，长安恶少趁火打劫，肆虐剽掠。参与谋诛宦官的李训、郑注、罗立言、郭行余、韩约、李孝本、王璠以及未曾参与的宰相王涯、贾𬣰、舒元舆等人均被诬告谋反，被捕斩首，并族其眷属。

甘露之变是文宗与宦官之间的最后一次决战。李训等人的失败，虽然有着许多偶然的因素，但仍有深刻的原因。首先应该看到，长期的宦官专权造成了人们对宦官的普遍的恐惧心理。当仇士良率众宦官从左金吾逃出的时候，守门人吓得连门都关不上，致使众宦官得以安然地逃走；事先调集的邠宁兵在关键时候临阵退却；连一些主要谋划者如韩约、王璠等人也都胆小如鼠。而与此相反，宦官们在这次事变中则显示了敏捷、果敢的反应能力，双方在心理素质上的优劣是不言而喻的。

李训等人失败的最深刻的原因，还在于他们没有也不可能团结起大多数朝臣来反对宦官。在政治平衡的情况下，朝臣们大多与宦官有着或多或少的利益联系，他们不可能积极地投身到反对宦官的斗争中去。正因为如此，文宗和李训在与宦官决战之前对朝臣进行了大规模的清洗，这又导致了李训等人与大多数朝臣之间的矛盾非常尖锐。又由于在甘露之变中，朝臣们遭受到宦官不分青红皂白的野蛮屠杀，他们对这场灾难的制造者李训等人当然深恶痛绝。朝臣们的这种思想感情反映到当时的历史记载中，并一直延续到后世。于是在后人的眼中，李训等人便始终以奸佞小人的面目出现。实际上李训不是小人，他虽然还是一个不很成熟的政治家，有着急功近利等许多致命的弱点，但却是当时对唐朝的历史命运抱有沉重的危机感和责任感的极少数人之一。

四、文宗晚年政局变化

（一）政治平衡局面的重新恢复

甘露之变暂时打破了唐朝的政治平衡局面。在事变之后的短时期内，宦官的权力达到了巅峰状态，他们视朝臣如同草芥，任意侮辱和滥加捕杀，生杀除拜的权柄，完全掌握在两个神策军中尉的手中；所有军国要事，都由北司说了算，宰相们实际上只能做一些文书工作而已。为了防止今后再发生类似的事情，宦官们竭力想剥夺朝臣们手中所拥有的最后一点点武力，本来宰相上朝都由金吾仗护送至福建门，至此撤消，同时，收缴各衙门仪仗卫队的军器而一律换成仪刀[①]。总之，在这段时期内，宦官几乎成了长安城里唯一的主人。

但是这种局面并不能维持多久，朝臣们不甘于受到如此的屈辱，必然会起来抗争，宦官们在重新确立了自己的固有权势以后，也不敢过分得罪朝臣，因为这并不符合宦官的长远利益。双方的关系必然会趋向新的平衡，当然这个过程必须通过斗争来实现。

在这场斗争中，朝臣的领袖是新上任的宰相李石和郑覃。他们两人都是历元和、长庆、宝历、大和四朝的"宿素大臣"，与李训、郑注所提拔的那些"新进孤立"之士不同，在朝臣中享有较高的威望。在他们的领导下，朝臣对宦官进行了这样几个回合的斗争。

[①] 仪刀用木制成，外面涂银，仅作摆设而已。

延英面争。甘露之变以后，每逢开延英殿议政时，仇士良等人动辄引李训、郑注为例，压迫宰相听从自己的意见。李石、郑覃忍无可忍，有一次终于公然顶撞，指出李训、郑注也是因为有宦官之助才得以进位至宰相，使得仇士良等人哑口无言。这次面争使得宦官的嚣张气焰有所收敛。

减免刑杀。宦官和神策军借事变之机滥杀无辜，平日睚眦必报，使得朝臣们的生命安全得不到保障，社会秩序不能迅速稳定，这是最令朝臣们担心和痛恨的。李石、郑覃都建言减免刑杀。十二月丁亥，终于下诏，规定凡"逆人亲党"，除先前已被杀及已被指名收捕者，其余一切不问；各部门官员被冤枉为逆人同党的，一概赦免；禁止诬告以及互相恐吓。这道诏书终于使得延续一个多月的血腥屠杀得以告一段落。

恢复纲纪。神策军将士在事变发生以后任意肆虐，目空一切，使得朝廷纲纪大坏。李石、郑覃以京兆尹张仲方软弱无能，不能弹压而将其罢免，改以司农卿薛元赏代替。薛元赏有一次到李石家，见一神策军将领正与李石大声争吵，便令左右擒住军将，责以无理，并当场杖杀。此后，神策军的行为总算有所收敛。朝廷纲纪也得以重新恢复。

争南牙仗卫。中唐以后，十六卫的地位虽已渐渐让与神策军，但在形式上始终保留着，并负责南牙各殿、门的仪仗保卫事宜。甘露之变中，李训等人也利用了十六卫的兵力，宦官们对此耿耿于怀，一心想彻底取消十六卫的存在。开成元年（836年）正月，仇士良等建议今后改由神策军负责各殿、门的仗卫。此计若获准实施，朝臣就将彻底陷入北司宦官的控制之中，因此遭到谏议大夫冯定等人的强烈反对。议论结果，仇士良之请未获通过，朝臣又获得了一个关键的胜利。

经过上面几个回合的较量，宦官的嚣张气焰出现了明显的减退，但是，朝臣们也没有乘胜追击，相反还竭力维护宦官旧有的权益，从而使得安定的局面得以继续保持下去。开成元年夏天，长安城里一度谣传皇帝让宰相统率神策军，许多朝廷人士也不明真相，以为又要出乱子，于是人情汹汹，形势再度紧张起来，官民晚上睡觉都不敢脱衣服。在这样的情况下，李石等人找到仇士良，当面澄清谣言，说明宰相决无执掌神策军之意，解除了宦官们的疑虑，使得形势终于缓和下来。

就这样，到开成元年春夏间，南衙北司之间的政治平衡关系得以重新恢复，一如甘露之变以前的状况。甘露之变就像一块巨石投入一潭死水中，溅起了巨浪，但马上就渐渐地化为涟漪，最后完全平静，一切如初。

在这种平衡局面重新确立的过程中，昭义军节度使刘从谏也起了不小的作用。甘露之变发生后，刘从谏曾两度上表，请王涯等人罪名，并斥责宦官的横暴，无所避讳。仇士良等人慑于昭义镇的军力，不敢不有所约束。这件事极大地刺激了刘从谏的个人野心的膨胀，使得他意识到中央政权的腐败软弱，昭义镇地方割据的色彩愈来愈浓了。

（二）党争再起

大和末年，朝廷上的朋党势力曾遇到李训等人的一次扫荡，牛李两党的一些主要人物都被贬出京师。因此在甘露之变发生以后，当宦官在长安城里大肆屠杀朝臣的时候，朋党的基本势力却没有受到什么损失。开成初，政局日趋平稳，过去被李训等人排挤的宿旧之臣纷纷起复，党争便也死灰复燃，而且马上就形成了燎原之势。

以牛李两党相较而论，似乎李党内部成员之间的关系远较牛党松散得多。开成初，李石、郑覃在相位，李石是个中间人物，而郑覃则是李党的领袖人物之一，但在此期间，李党并没有多大的起色；当起复旧臣的时候，李宗闵和李德裕同时得到了提升，前者从潮州司户升为衡州司马，后者从袁州长史升至滁州刺史，就提升的幅度来说，两人是相同的。

李石、郑覃共同执政的几个月间，两人鼎力互助，迫使宦官一再做出让步，在稳定甘露之变后的政局方面，有着莫大的贡献。这期间，由于面临共同的威胁，朝臣内部显得比较团结一致。然而一俟外部的威胁减弱，内部的分歧也就爆发了。

在此期间，宦官内部也开始了新的分裂。这场分裂发生在两中尉仇士良、鱼弘志以及宦官中的新贵枢密使刘弘逸和薛季稜之间。刘、薛二人与牛党有着比较密切的关系，在他们的作用下，牛党人物的起复速度明显地超过了李党。

开成元年（836年）四月间，牛党主要人物之一李固言由山南西道入京担任宰相，于是新的一轮党争高潮开始了。郑覃、李固言两人在朝廷上论事时每每产生龃龉，争执不下。如起居郎阙员时，李固言推荐崔球，因崔是李宗闵门下走卒，郑覃便坚持以为不可。诸如此类的争吵,曾有过不少次。

开成初,李石在与宦官的斗争中最坚定,因此遭到宦官的忌恨也最甚。开成三年(838年)正月,李石于入朝途中遭到狙击,侥幸得以逃脱。遭此事故,李石不得不拜章请退,获准出镇荆南。李石退后,党争便少了一个缓冲人物,更趋白热化。该月,牛党人物杨嗣复、李珏联袂入相,取代了李固言。在此之前,李党另一主要人物陈夷行亦已入相,于是,两党在朝廷上分庭抗礼,时时爆发激烈的争吵,一方的政见,必然全遭到另一方的反驳,双方还动不动就拿辞职来相威胁。在这种情况下,许多人事安排和军国大事都因陷入无休止的争吵而根本无法做出决定。

这种情况一直延续到开成四年(839年)四月间,随着党争的日趋激烈,文宗的态度也日益倾向于牛党一方,这与宫中两枢密使刘弘逸、薛季稜的作用是分不开的。四月间,郑覃、陈夷行同时罢相,牛党在朝廷上占了上风。不过这一次,牛党并没有能够对李党再次进行大清洗,相反,不久以后的七月间,与郑覃、李德裕关系甚善的崔郸又进入了宰相班子。这反映了当时政局的复杂性,尤其是两中尉仇士良、鱼弘志为了与刘弘逸、薛季稜相抗衡,有意保护李党的地位。此时南北司之间的矛盾,较起朋党之争来,反而显得淡薄了。

牛党占上风的局面没有能维持多久。到开成五年(840年)正月间,由于文宗驾崩,武宗即位,形势便骤然发生了变化。

(三)无可奈何的文宗

甘露之变使得文宗的全部政治理想化成了泡影,使得他重新又成了宦官与朝臣之间平衡关系的掩饰物。从表面上看，他在许多问题上仍有发表自己见解的自由；然而实际上，他根本没有权力对人事做出重大安排，也丝毫触动不了宦官和朋党这两大政治集团的利益。这种情形同大和八九年以前一模一样。

由于在政治上的失败，开成年间的文宗给人以一种终日郁郁不乐的印象。他非常重视青史留名，"耻为凡主"，为此甚至向史官索要起居注来看。可是事实上他受制于家奴，满怀的理想无法实现，有时候觉得自己连周赧王、汉献帝也不如。每当与臣下谈论起天下大事，感到唐朝无可挽回的颓势，便不免忧患丛生，退朝回宫，饮酒求醉。平时闲居的时候，或徘徊眺望，或独语叹息，未尝有欢娱的时候。文宗不能不说是唐朝皇帝中最富悲剧色彩的一个了。

不过也不能说文宗在甘露之变以后就完全消沉了。开成年间，他还做了最后一番挣扎。他开始向宦官集团内部寻求自己的支持者，这便是刘弘逸和薛季稜。此二人原是开成元年（836年）时李石向文宗推荐的，李石的原意，可能是希望通过他们达到分化宦官仇士良集团，减轻宦官对朝臣的压力的目的。在文宗的宠爱下，刘、薛两人的地位上升至枢密使，形成了宦官中的一个新集团。不过，他们并没有能够起到削弱乃至于压倒仇士良集团的作用；相反，在他们的活动下，牛党人物纷纷上台，朝廷上的党争日甚一日，使得开成年间的政治呈现出一片混乱的局面，而文宗的最后一点点努力便也在这场混乱中化为乌有了。

开成末年，围绕着立太子的问题，又展开了一场新的宫廷斗争。文宗只有一子李永，早已立为太子。开成年间，太子李永生母王德妃失宠，被杨贤妃进谗言害死。杨贤妃为自己日后打算，日夜劝文宗废立太子。开成三年（838年）九月，文宗召集群臣议废太子，因遭群臣反对而作罢。但到十月间，太子永暴薨，死因不明。开成四年（839年）十月，在宰相李珏的建议下，立敬宗少子陈王成美为太子。开成五年（840年）正月，文宗病重，命枢密使刘弘逸、薛季棱将宰相杨嗣复、李珏引至宫中，想让他们奉太子成美监国。这时掌握禁兵的仇士良、鱼弘志考虑到成美之立非由自己，恐日后有所不利，便以太子年幼为理由，要求更立，遭到李珏等人的拒绝。在这种情况下，仇士良等人为了维护自己的利益，矫诏立颖王瀍（穆宗第五子）为皇太弟，并出动神策军将颖王接入宫中，令百官谒见。正月辛巳，文宗崩于太和殿，年三十三。文宗死后，仇士良等对异己势力大加诛贬，枢密使刘弘逸、薛季棱以及陈王成美、安王溶、杨贤妃均被赐死，宫中乐工、内侍得幸于文宗者，亦相继诛贬，杨嗣复、李珏二人也同时罢相，贬出京师。正月辛卯，皇太弟瀍正式即位，改名炎，是为武宗。在这场宫廷斗争中，以仇士良、鱼弘志为首的宦官集团，再一次取得了胜利。

第三节　某些方面有为的武宗朝

一、武宗和李德裕

武宗是穆宗第五子，敬宗和文宗之弟。和文宗上台的情形相似，他也是在一场宫廷政变中被仓促拥上皇位的，即位的时候，他二十六岁。

　　武宗的性情、为人与他那两个做过皇帝的哥哥都不同。跟比较迂儒的文宗比起来，武宗要显得聪明、实在得多。武宗身材高大，性情豪迈，年轻时即迷信道教，与道士往来甚密，通过这种途径，他在登基之前即与外界有较多的接触，具有一些社会和政治经验，这是文宗所不及的。文宗在位期间未尝为声色娱乐所打动，而武宗则正好相反，他经常带着自己宠爱的王才人一起走马畋猎，也经常光顾教坊作乐，酒酣之余，与艺人互相戏谑，与民间宴席无异。但是武宗又和敬宗不同，他并不沉湎于声色娱乐之中，而是时刻保持着清醒的头脑，并没有因为娱乐而荒废了政事。他曾令淮南监军择扬州倡女入宫。杜悰拒不与监军同选。监军表奏其事。武宗认为杜悰不愧是"真宰相"，后来又当着杜悰的面认错。他读的书虽然不如文宗多，却比文宗更能知人用人。整个会昌年间，他一直信赖李德裕，赞同李德裕的几乎所有主张，使得李德裕在处理政事时得以放开手脚。这种君臣间互相信任的关系，确实是应付当时紧张局势的前提条件。

　　会昌年间，唐王朝遇到了一些严重的内忧外患。一方面，由于回鹘汗国的灭亡，大量难民拥至塞下，使得边境形势骤然紧张起来；另一方面，由于地处战略要地的昭义镇叛变中央，从而对唐朝中央政府的权威构成了一次严重的挑战。此外，由于累朝的积弊，在内政方面也有不少亟待改革之处。这些问题如果不能及时妥善地加以解决的话，唐王朝是很有可能陷入一种分崩离析的境地的。

然而这种结局终究没有出现,这不能不归功于李德裕,正是在这位政治家的努力下,唐王朝才得以安然渡过这道难关。而李德裕本人也因此在当时人和后人中间获得了一定的声誉。[1]

李德裕出身名门,幼有壮志,苦心力学,尤其精研《汉书》、《左传》等经世致用之学,年轻时就以文学、才识而闻名于时。他不喜科试,但是他的文采远胜牛僧孺、李宗闵等同辈人。武宗即位以前,除在大和年间曾一度入朝为相外,他始终受政敌的排挤,担任过浙西、郑滑、西川、淮南等地观察使、节度使。在担任地方官期间,他取得了很突出的政绩,同时也积累了丰富的统治经验。武宗即位以后,马上将李德裕从淮南征入朝廷,任以为相,整个会昌年间,李德裕一直处在决策的地位上,解决了当时一些重大的问题。

不过李德裕也有一些非常致命的弱点,他不仅性格孤傲,而且作风专断,听不进不同的意见,并不许别人提出不同意见。会昌年间,他大权独揽,连所有诏书,都亲自起草,因此招致许多人的不满。他长期受政敌排斥,愤懑无法宣泄,一旦得势以后,便利用职权报私仇,对过去的政敌无情打击,必欲置之死地而后快。这些都导致了他最终在官场上失意。

更重要的是,李德裕没有也不可能解决导致唐朝衰落的最深层的原因,阶级矛盾的日趋尖锐以及由此而引起的农民起义的

---

[1]《旧唐书·李德裕传》:"史臣曰:臣总角时,亟闻耆德言卫公(李德裕爵卫国公)故事。"

不断爆发，三大政治势力的平衡关系以及整个统治阶级的暮气沉沉，日趋腐朽，制度上的诸多缺点，以及由此引起的唐朝各个部分的离心倾向不断加强，所有这些问题，都是李德裕和任何其他人所无法解决的。

二、处置与回鹘关系

回鹘族可以说是中国历史上曾经在蒙古草原称雄一时的诸多民族中与内地王朝关系最好的一个民族。自天宝年间骨力裴罗建立回纥汗国以后的一百年间，回鹘和唐朝之间始终没有发生过战争，这在中国历史上是非常罕见的。而这一百年间，正好是唐朝由盛转衰，内乱频仍的年代。北方边疆的稳定，对于唐王朝全力抑制内部割据势力，维持其统治秩序，显然是非常有利的。当然，这种友好关系是以唐朝每年向回鹘支付数额巨大的马绢的方式来维持的。

开成年间，回鹘政权陷入内讧。宰相掘罗勿借沙陀兵攻杀了彰信可汗，另立馺驭可汗。时值蒙古草原上发生瘟疫，又连降大雪，牲畜大量死亡。在这样的天灾人祸下，回鹘汗国迅速地衰落了。于是，游牧在回鹘西北部（今叶尼塞河上游）的黠戛斯部落（属铁勒的一支）崛起，开始取代回鹘在漠北的地位。开成五年（840年）秋天，黠戛斯十万骑攻入回鹘汗庭，大破可汗之众，杀馺驭可汗及掘罗勿，回鹘政权遂告瓦解。回鹘部落则分裂成几个集团，逃离蒙古草原，向不同的方向迁徙。其中三个主要集团迁移到河西走廊以及西域一带，而另外两个集团则向南越过戈壁，一直来到唐王朝的边境上。

南徙的回鹘部落对唐朝的边境安全构成了严重的威胁，如果唐朝政府对他们处置失当的话，这些远离家乡的饥饿的回鹘人很可能溃决唐朝的边防，深入内地进行大肆骚扰。在历史上，被别的民族击溃的游牧部落对于农耕民族来说仍是一种可怕的破坏性力量。比如，当大月氏人被匈奴人赶出家园后，他们来到中亚的阿姆河流域，摧毁了那里的农业国家；又比如，欧洲的哥特人和其他许多"蛮族"在匈奴人的打击下，不得不向西迁移，掀起了入侵西罗马帝国的浪潮并将其灭亡。而现在，虚弱的唐朝也面临着同样的威胁。

南下回鹘人的一支，由馺馺可汗的兄弟嗢没斯以及宰相赤心、仆固、特勒那颉啜等率领，于开成五年十月间直抵唐边防重镇天德军（治所在今内蒙古五原县境）塞下。回鹘溃兵横亘六十里，汹涌而至，在唐朝边境军民中引起了恐慌。但是嗢没斯等有意与唐朝继续保持良好关系，并没有犯边，到第二年（会昌元年）初，又从边境上稍稍后退，同时派人向唐朝上降表。这时，天德军使田牟、监军韦仲平等便以为回鹘穷困可欺，奏请将本军及沙陀、党项诸部落合击回鹘，想借此邀功。由于回鹘强盛时，屡屡向唐朝索逼马钱和赏赐，唐朝政府为顾全大局，只得忍辱负重，委曲求全；所以朝臣们大多都赞同田牟等的建议，主张击回鹘一泄其愤。在这种情况下，唯有李德裕保持了清醒的头脑，他指出，回鹘部落离散，穷无所归，只有这一支远依大唐，理应仿效汉武帝收服呼韩邪之做法，待之以怀柔政策；况且天德军兵力孤单，一旦进军不利，反而被敌攻陷，就会使国门洞开，后果将不堪设想。辩论的结果，武宗采纳了李德裕的建议，不但不出兵击回鹘，反而输谷二万斛以赈其饥民，并严令田牟约束将士，不得邀功生事，同时又下令河东、振武（治所在今内蒙古和林格尔县西）两镇严加防备。李德裕的措施，终于将嗢没斯稳住，并使其进一步倾向朝廷。

会昌二年（842年）春，嗢没斯与其相赤心、仆固发生内讧，并将两人诱杀。那颉啜率赤心的七千帐部众东走。经过这次分裂，嗢没斯势力更加孤单，无法自立，遂于四月间率部众偕往唐境求降。五月，嗢没斯入朝。唐政府将其部众改编为归义军，封嗢没斯为左金吾大将军，并赐姓李，名思忠。

李德裕在处置回鹘问题时并不是一味怀柔，而是以军事力量为后盾的。边境问题产生以后，他便积极加强北疆边防，一方面，选拔刘沔、石雄等将才到边境重镇，委以重任；另一方面，陆续从内地调集军队到太原、振武、天德等镇，准备对肆意犯边的回鹘部落予以坚决的驱逐。在战略上，他又采用各个击破的方针。这些措施都是行之有效的。

那颉啜脱离嗢没斯后，率众东窜，骚扰唐朝边境。李德裕决定先集中力量解决这部分回鹘残余，密诏振武、卢龙两镇谋略处置。会昌二年（842年）五月间，那颉啜部窜至幽州边境窥探，卢龙节度使张仲武将兵三万出击，大破之，收降回鹘降众七千帐，分隶到诸道节度使属下，那颉啜只身逃走，但不久即被回鹘乌介可汗捕杀。至此，首先南下的一支回鹘余部便被彻底解决了。

另一支南下的回鹘部落由乌介可汗率领。会昌元年（841年）二月，回鹘十三部近牙帐者立乌希特勒为乌介可汗，向南迁徙到错子山（今内蒙古杭锦后旗鹏鹈泉之北）。黠戛斯既破回鹘，曾得太和公主（唐穆宗妹，长庆元年嫁给回鹘崇礼可汗），并派人护送公主归唐。乌介可汗听说，袭击黠戛斯护兵，将公主夺回。随后，乌介可汗率其部众十万余继续向南移动，渡过沙漠，屯于天德军境上，向唐朝上表求借振武城以居公主、可汗。该年十二月，唐派金吾大将军王会等慰问这一支回鹘残部，并赈米二万斛，同时拒绝了回鹘的领土要求。但是回鹘仍滞留在唐境上，并一再提出借城的要求。在这些要求都遭到拒绝以后，回鹘开始骚扰唐境。会昌二年八月，乌介可汗率众越过烽燧线，突入大同川，驱掠河东"杂虏"牛马数万，又一路转战，直逼云州（今山西大同）城下。经此事变，唐朝政府决定以武力驱除回鹘残部。会昌三年（843年）正月，乌介可汗侵逼振武镇，节度使刘沔令石雄率三千骑突击回鹘牙帐，并亲率大军继后。石雄至振武，凿城为穴，半夜引兵突出，直攻可汗牙帐。乌介可汗仓猝逃遁，唐军追击至杀胡山（即黑山，振武镇以北塞外），大破回鹘，斩首一万，收降二万余，并夺回太和公主。回鹘溃兵三万余人纷纷来到幽州降附，也被分配隶属诸道；只有乌介可汗受伤后与数百骑走脱。经此一役，回鹘再也不足为患，北疆的紧张形势暂告缓和。

在全力解决回鹘问题的同时，李德裕也注重与北方草原上的新兴势力黠戛斯保持友好关系。黠戛斯灭回鹘后得太和公主，曾派人护送公主归唐；会昌三年（843年）二月，黠戛斯又派使者献名马二匹，表示了与唐朝友好的愿望。唐武宗曾想派人去黠戛斯索回安西、北庭两镇，李德裕指出两镇失陷既久，距离亦远，即使收复，也无力戍守，不如放弃，专心于国内事务，武宗听从了李德裕的意见。该年三月，唐以太仆卿赵蕃为使，出使黠戛斯，李德裕亲自写了赐黠戛斯可汗书，书中回顾了贞观以来唐朝与黠戛斯之间的友好关系，并劝黠戛斯消灭回鹘余部，以免其死灰复燃。在李德裕的努力下，唐朝与黠戛斯保持了友好的关系，这对于唐朝致力于解决国内问题是至关重要的。

三、平泽潞

自从穆宗长庆年间河朔再叛以后，唐朝政府对于收复河北三镇已不抱任何幻想，只求能够守住三镇以外的其他地区。但在长庆、宝历年间，横海、昭义、义武三镇又出现了新的割据倾向。朝野有识之士都意识到，如果不对这些新的割据势力加以坚决打击的话，唐朝的疆域就会受到日益严重的蚕食、支解。文宗初年，在裴度、韦处厚等人的主持下，发动了平定横海李同捷的战争。朝廷虽然赢得了这场战争，却也精疲力竭了。所以当该年义武军将士拒不接受朝廷新任命的节度使傅毅，而拥立张璠时，朝廷也无可奈何，只能加以承认。于是，义武、昭义两镇的问题便拖延下来。

开成三年（838年）七月，义武军节度使张璠病危，临终嘱其子元益举族归朝。张璠死后，义武军将士擅自拥立张元益为节度使，而将朝廷任命的新节度使李仲迁赶走。但是张元益遵照其父遗嘱，率族人归朝；朝廷便改派神策军使陈君赏为节度使。开成五年，义武军将士又作乱，将陈君赏逐出。陈君赏招募勇士数百人，攻入定州城，杀了一些为首倡乱分子。于是，义武军的问题总算解决，朝廷又在河北平原上站稳了脚跟。

与解决义武军的问题比较起来，解决昭义镇的问题就要困难得多。这主要是因为刘悟、刘从谏父子都是一时枭雄，桀傲难制。刘悟于元和十四年（819年）反戈攻杀淄青李师道，因功授义成军节度使，旋又改授昭义镇。刘悟离开淄青时，曾将手下亲兵两千人随身带走。宝历元年（825年）八月，刘悟病卒，其子刘从谏擅知留后。当时李逢吉、王守澄把持朝政，竟然加以承认，留下后患。刘从谏比起其父亲来更有谋略，也更有野心，他表面上忠于朝廷。大和六年（832年），曾只身入朝，与朝野人士交往甚密，获得广泛的赞誉；朝廷也认为他并无贰心，仍让他出镇昭义，并加同平章事衔。此次入朝，使他看清了朝政的腐败，个人野心更加膨胀起来，此后更不把朝廷放在眼里。大和七年，李德裕为相时，曾建议将刘从谏徙镇宣武，断绝其与河北诸镇的联结，但是文宗没有同意。甘露之变发生后，刘从谏两度上表，指斥宦竖专权，并自请领兵清君侧。在当时的情况下，他的举动使得宦官们不得不有所收敛，朝臣们也赖以自强。于是，刘从谏愈发得意而不可一世，他暗中积极积蓄力量，招纳亡命，修缮兵械，同时向过往商旅征税，垄断盐、铁买卖，筹集了大量资金，其割据的意图已十分明显。

昭义镇又名泽潞镇，其中心部分是泽（今山西晋城）、潞（今山西长治市）两州，相当于今山西省东南部的长治盆地，即古代所谓"上党"的地区。除泽潞外，该镇还辖有位于太行山以东平原上的三州，即磁州（今河北磁县）、洺州（今河北永年东南旧城）、邢州（今河北邢台市）。昭义镇横跨太行山脉的南端两侧，易守难攻；而且地处天下之中，地理位置极其重要；一旦形成割据，向东可联结河朔三镇，向南可威胁东都、运河，向西则逼迫河东、河中，那时唐朝政府所面临的局势将会十分严峻。

武宗即位以后，即与李德裕考虑解决昭义镇的问题。但在会昌初年，北疆形势紧张，唐朝政府尚无暇顾及国内问题。到会昌三年（843年）夏天，回鹘问题已获解决，同时刘从谏病危，解决昭义镇的时机已到。

刘从谏病危时，对身后事做了周密安排，将自己的亲戚旧友遍插于军队中。四月，刘从谏病死，其旧部拥刘稹（从谏之侄）知留后，并上表请朝廷加以承认。武宗召群臣会商，绝大部分朝臣认为刘氏有功于朝廷，而且回鹘余部尚未尽灭，边境犹须警备，而国力有限，势难两顾，不如暂且同意其请。李德裕再次力排众议，指出昭义镇近处心腹，与河朔三镇不同，宝历年间允许刘从谏袭其父位，已是失策，这次如果再让刘稹继位，那么四方诸镇都会以为朝廷软弱可欺，纷纷仿效其作为，朝廷的威令便无法继续推行了。武宗支持李德裕的见解，决意对昭义用兵。此后，谏官言臣仍不断上疏劝阻用兵，武宗都置之不理，独与李德裕商量处置。

昭义镇经过刘氏父子二十多年的经营，拥有精兵十万，粮饷足可支十年之用，是个名副其实的强镇。李德裕吸取以前历次对藩镇用兵都历时久、耗费大而收效甚微的教训，在讨伐昭义镇的过程中，对于战事进程、将帅选拔等具体事务，都亲自过问，精心策划。他限制监军的权力，提高将士们的积极性；说服河朔三镇出兵攻击叛军，切断叛军的外援；明确参战各军的攻击目标，并限期进取。战争开始后不久，南线官军一度吃紧，昭义军将薛茂卿攻破河阳军重要据点科斗寨，擒大将马继，乘胜出天井关，直逼怀州城（今河南沁阳），东都为之震动。消息传来，朝廷上议论鼎沸，群臣又纷纷上书，要求息兵，武宗也一度动摇。唯独李德裕不为舆论所动，坚持伐叛，同时急调忠武军和义成军驰援怀州，稳住了阵脚。会昌三年（843年）年底，河东军将杨弁率领部分士兵哗变并攻占太原城，节度使李石逃往汾州。消息传到京师，舆论再次哗然，大多数朝臣以为局面已不可收拾，主张两地同时罢兵。在这关键时刻，李德裕又一次力排众议，并果断地调动军队，镇压了哗变军队，使得伐叛战争得以坚持下去。

战争一直延续到会昌四年（844年）夏天，由于各路官军的不断进逼，又无外援可以依赖，叛军的处境日益艰难，无法继续支撑下去。一些叛军将领开始为自己前途考虑，决心抛弃刘稹。闰七月，邢、洺、磁三州相继投降官军，随后，潞州大将郭谊等人杀刘稹并投降官军。至此，坚持了一年多的伐叛战争终于以朝廷的胜利而告结束，这一结果对唐朝中央政府继续维持其在全国的威信和统治有着重要的意义。

为了应付可能出现的边境问题，李德裕还奏请设立了备边库，由三司每年提供二十四万缗匹钱帛充实其中，并将诸道每年进贡的"助军财货"全部移入。此后，边境凡遇紧急军情，度支均不觉困乏。备边库经过李德裕的经营，至懿宗时仍相当充实。

四、会昌灭佛

会昌灭佛与武宗崇信道教有着直接的因果关系。唐朝是中国历史上佛教最兴盛的时代，同时也是道教最兴盛的时代，佛道之争贯穿于唐王朝历史的始末。虽然佛、道两教都得到统治者的大力宣传和推广，但是相对来说，佛教较盛行于民间，而道教则更为统治者所喜爱。自从唐高祖李渊将太上老君当成祖先来祠祀以后，唐朝历代皇帝都笃信道教。太宗、宪宗、穆宗都因服饵丹药中毒而死。武宗在藩邸时，即喜好道术修摄之事，即位之初，便召著名道士赵归真等八十一人入宫，在宫中修符箓、炼丹药。群臣包括李德裕在内，都不时进谏劝阻，但都不能为武宗所听纳。在赵归真等道士的劝说下，武宗终于决定灭佛，从而掀起了中国历史上第二次大规模的灭佛运动。

会昌灭佛也有着深刻的政治和经济原因。唐代佛教兴盛，寺院经济随之无限制地膨胀起来，侵吞了无数的土地和劳动力，耗费了大量的财富，同时对唐王朝的财政收入造成了巨大的危害。为此，唐中期以后，唐朝政府屡次下令禁止私度僧尼和建造新庙。但是这些措施都不够严格，禁而不止，寺院经济仍然不断膨胀。武宗认识到佛教对于国家的危害，指出："穷吾天下者，佛也。"[1] 李德裕早在做地方官期间，就制止过徐州寺院私度僧尼，亳州妖僧用"圣水"治病等行为，他也认识到佛教"耗蠹生灵，侵减征税"[2]的危害，因此非常支持武宗灭佛。

从会昌元年（841年）起，唐朝政府便陆续发布诏令，限制寺院蓄养奴婢，不准供养佛牙，拆除所有的山房、兰若、小寺、墓塔。会昌五年，灭佛进入高潮。该年七月，下令并省天下佛寺，规定两京的左、右街留寺四所，僧徒各三十人；诸州各留寺一所，上寺二十人，中寺十人，下寺五人；其余寺庙限期拆毁，僧尼一律还俗。拆下的寺材修官廨驿站，铁像熔铸农器，铜像钟磬熔铸钱币，金银像上缴度支，奇珍异宝献给皇帝。灭佛同时，还勒令景教、摩尼教和祆教徒二千余人还俗。武宗分遣御史巡行天下，监督灭佛法令的执行。经过这次灭佛，全国共毁寺四千六百余所，招提、兰若四万余所；没收良田数千万亩，共有二十六万五百僧、尼还俗，十五万名奴婢改充两税户，佛教势力遭到一次沉重的打击。但在佛教深入人心的唐代，单纯以政治手段禁绝佛教的做法是不能持久的。

五、武宗朝政局

武宗在自己的即位过程中深深体会到了宦官集团的强大，宦官既然能够拥立君主，当然也就能够轻易地废黜君主。为了维护自己的地位和安全，武宗不能不千方百计地削弱宦官手中

---

[1]《侯鲭录》卷2。
[2]《李德裕文集》卷20。

的权力。不过，在对付宦官方面，武宗要比文宗聪明得多，也要实在得多，他深知宦官的权力基础是难以动摇的，所以他并不企图用暴力手段来消灭宦官，而是小心翼翼地运用权术来限制、缩小宦官的权力。枢密使是宦官集团对朝廷政务施加影响的主要通道，当文宗后期的枢密使刘弘逸、薛季棱被仇士良诛杀以后，武宗挑选了刘行深、杨钦义来接替这一职务。史称刘、杨二人"皆愿悫"[1]，也就是比较怯懦、老实，不敢过多地参预政事，因此宦官集团对朝政的干扰比过去大为减弱。有时候，武宗甚至可以不通过枢密使，而直接让翰林学士起草诏书并发布。

李德裕上台执政以后，大权独揽，自然会与宦官首领仇士良发生权力斗争。武宗对李德裕抑制宦官势力的行动予以支持。会昌二年（842年）四月，有人告诉仇士良，宰相准备削减给神策军的待遇，仇士良便放出风声，要煽动神策军哗变。武宗得知，大为愤怒，派人宣谕神策军将士说，这都是我的主意，跟宰相无关。仇士良理屈，不得不向武宗谢罪了事。此后，仇士良的权势日蹙，会昌三年（843年），他被迫离开神策军中尉这个显赫的职位，改知内侍省事，不久，又被迫致仕，数月之后病死于家中。仇士良是大和末年以来宦官集团的代表人物，他的倒台，极大地削弱了宦官集团的权势。

明代学者王夫之曾在他的《读通鉴论》中指出："唐自肃宗

---

[1]《资治通鉴》卷247会昌三年。

以来，内竖之不得专政者，仅见于会昌。"[1] 这反映宦官集团的权力基础——主要是神策军——开始发生了微妙的变化，宦官与朝臣之间政治平衡的基本格局虽然没有发生什么变化，但是宦官对政事的影响程度却开始减弱。

会昌年间的政局与大和年间截然相反，李党在朝廷上占据了绝对优势。这一期间的宰相，如李德裕、崔郸、陈夷行、崔珙、李绅、李让夷、李回等人，都是李党人物。牛党人物只有崔珙、杜悰曾一度担任宰相，但马上又被排挤出朝；此外，原属李党的崔珙，后因与李德裕等人发生矛盾而转向牛党，也被免去宰相职务。显然，李党在朝廷上占优势，主要是得力于该派领袖李德裕主持政柄。

李德裕在位期间，提拔了大量李党人物入朝参政；对于与牛党关系密切的有才能的人士，也有所提拔，比如白敏中的哥哥白居易向来与李德裕不和；白敏中于会昌初任兵部员外郎，只有李德裕看重他的才干，资助他钱财，后来又将他提拔为翰林学士。又比如柳仲郢本是牛僧孺的从事，牛僧孺对他有知遇之恩，会昌年间，他担任吏部郎中，才干卓著，李德裕对他非常器重，委托他主持裁减冗员的工作，后来又推举他担任京兆尹。李德裕对于寒素士人也有所提拔，但他的基本思想还是"朝廷显官，须是公卿子弟"。[2]

不过另一方面，李德裕由于在会昌以前长期不得志，备受排

---

[1]《读通鉴论》卷26《武宗》。
[2]《旧唐书》卷18上《武宗纪》。

挤，执政以后，便利用职权报私憾，对牛党人物打击报复，而且手段很严厉，为此得罪了许多人。其中牛党领袖，如李宗闵、牛僧孺在会昌年间都接连遭到贬斥，直至岭南。其他一些比较次要的牛党人物，如裴夷直、李中敏、韦弘质等等，与李德裕并无素怨，也都因小过而受排挤。会昌五年（845年），淮南节度使李绅奏江都令吴湘盗用官钱，强娶民女，请予以极刑，后来监察御史崔元藻等复查，认为吴湘实有冤情，罪不至死；但由于李德裕与李绅向来亲善，更由于吴湘之父吴武陵与李德裕有怨，所以李德裕坚持将吴湘处死，并将崔元藻贬黜远州。李德裕对于本党人物，也以权术相待，稍不如意，即加贬斥。柳公权本来与李德裕关系不错，崔珙为相，将柳公权提为集贤殿书院学士并判院事，而李德裕却以为恩非己出，后来借小事将他贬为太子詹事。

由于李德裕的所作所为，造成了相当紧张的政治气氛，矛盾的焦点集中到李德裕身上。武宗生前，已有许多人指责李德裕过于专横，只是赖有武宗的信赖和支持，李德裕才能够继续执政。李德裕的政治生命是和武宗联系在一起的，武宗一死，李德裕一生的事业便也完结了。

第四节　回光返照的宣宗朝

一、政治家的一面和普通人的一面

会昌六年（846年）三月二十八日，李忱在宦官的拥立下登上了皇位，是为唐宣宗。

宣宗原名怡，生于元和五年（810年），宪宗第十三子。长庆元年（821年）封光王。母亲郑氏原是李锜的小妾，没宫后为宪宗郭后侍儿。由于母亲地位卑下，宣宗从小很少得到亲人的温暖。幼时，大家都认为他不聪明，侄子文宗、武宗常把他当成小丑戏耍，文宗每次到十六宅设宴，总爱拿这位皇叔开玩笑，武宗对他更为无礼。幼时的刺激、岌岌可危的地位、侄子们的嘲笑戏谑使他养成了沉默寡言的性格，也使他得以对统治者中各种错综复杂的关系有比较清醒的认识。他用无言对待各种加之于他的猜忌、打击，在艰难困苦中默默地忍受，但他并没有消沉。他曾作为平民游行江淮，寻访名山禅院，写下了和香严闲禅师《瀑布联句》："千岩万壑不辞劳，远看方知出处高。溪涧岂能留得住，终归大海作波涛。"

从会昌六年（846年）正月起，吃了方士的金丹，变得脾气暴躁、喜怒无常的武宗因病不能视朝，这给中外官员们带来了极大的恐慌，却给内廷宦官又一次主宰朝政提供了良好机会。唐中晚期由于宦官势力不断扩大，成了能直接和外朝百官抗衡的一股政治势力，甚至能通过趋附于他们的宰相干预朝政。在皇宫后院，他们更是为所欲为，甚至能拥立、废止封建国家最高统治者皇帝。他们拥立皇帝常常不顾传统的封建礼仪，只选择自己容易控制的人。武宗病重后，宦官们经过密议，三月廿二日以武宗名义下诏说，皇子年幼，须选贤德，因此选择有德行的皇叔光王李怡为皇太叔，更名忱，由他负责处理军政大事。李忱立为皇太叔后，熟练地处理各种政务，显示了他的政治才干，也因此获得了人们的赞佩。

三月廿五日，三十三岁的武宗去世。廿八日，三十七岁的李忱正式登上了皇位。四月初一，宣宗正式听政。听政的当天，宣宗尊母郑氏为皇太后，奉养大明宫。每天早晚都要前往看望请安。对宪宗的皇后郭太后则采取冷落的态度。

接着便罢去了几乎左右会昌朝政的李德裕的宰相职务。宣宗对李德裕素无好感，即位之日，德裕奉册，事后宣宗对左右说："适近我者非太尉邪？每顾我，使我毛发洒淅。"[1]厌恶之情溢于言表。李德裕不仅做了六年宰相，而且具有丰富的政治经验，这对早就有集大权于己一身的打算的宣宗来说，不能不是极大的障碍。唯一的办法就是把李德裕除去，而李德裕排斥异己，压制不同意见，也使自己愈发孤立，几乎成了孤家寡人。四月初二，宣宗听政的第二天，便改任李德裕为同平章事，充荆南节度使，罢去了他的宰相职务。消息传出，朝官莫不惊骇。他们想不到秉权日久，位重有功的李德裕这么快就被赶出了朝廷。两天后，李党之一，握财政大权的工部尚书，判盐铁转运使薛元赏也被贬为忠州刺史。其弟京兆少尹、权知府事元龟也被贬为崖州司户。李党最重要人物离开了京城，同时空出了他们掌握的财政权和京师行政权，李德裕党受到了沉重的打击，但事情并未到此终结。会昌六年（846年）九月，以李德裕为东都留守，解除平章事。大中元年（847年）初，又改为分司东都。不久又借吴湘一案贬为潮

---

[1]《资治通鉴》卷248会昌六年。

州司马，再贬为崖州司户。与此案有关的李绅，虽已身死，也被收夺三任告身。

在排斥、打击李德裕党人的同时，会昌六年八月以循州司马牛僧孺为衡州刺史，封州流人李宗闵为郴州司马，恩州司马崔珙为安州长史，潮州刺史杨嗣复为江州刺史，昭州刺史李珏为郴州刺史，造成牛党大有全面复出的假象。但显然宣宗并不希望牛党成为新的李德裕，所以这些人以后都没有受到重用。宣宗牢牢地亲自掌握了大权，使激烈的党争在大中时代结束了。

宣宗听政后立即进行的第三件事，是恢复寺院。武宗会昌五年（845年）灭佛取得了很大的短期效益，从表面上看的确令人精神振奋。但佛教在中国的传播和普及并非一日之功，它在中国民间产生如此广泛的影响绝不是一次灭佛运动所能消除的。相反，急功近利地以行政手段来对待文化现象肯定会导致不良后果，特别是在社会矛盾日益深化的当时，统治者既无力也不愿去解决。农民日益贫困，生活日益愁苦的情况下，更是不得不借助宗教。宣宗看到了这一点，所以即位伊始便首先在长安增置兴唐、保寿、资圣等十六所寺院。僧、尼也由隶属主客改为隶属功德使，并由祠部发给所度僧尼度牒，并以"说惑武宗排毁佛寺"的罪名，杀掉道士刘玄靖等十二人。大中元年（847年）闰三月又下敕说佛教"虽云异方之教，无损致理之源"，佛教虽然来自外国，但对致治不会有损害，中国人奉行佛教已久，"厘革过当"不太适宜，下令在名山大川，州府治所，凡会昌五年四月废的寺庙，只要有僧人，能修复的，一任住持，有关部门不准禁止。①会昌年间灭佛措施虽然正确，由于实行得太过于激烈，引起了社会动荡，所以宣宗为了稳定社会不得不下令复寺。赦令下后，复寺活动远远超过了它本来目的，以至四年后佛寺很快发展到政府不能容忍的地步，终于在大中五年（851年）政府又颁布了限制佛寺政策。大中五年六月进士孙樵上奏要求宣宗下诏停止度僧修寺。七月中书门下也上奏，说由于宣宗崇奉佛教，群下莫不奔走，恐怕会发生因财力不足而掠夺百姓的现象，希望要求各地官员注意。度僧也要有所选择，不要让凶狠粗俗的为僧。乡村的寺庙也要到战争停止后再修复。宣宗同意了这些建议。

宣宗牢牢掌握了大权，但他并不是一个打算事必躬亲的皇帝。他欣赏的是唐太宗式的统治手段，既善于发挥宰相的主观能动性，又能牢牢把握最高决策权。宣宗始终把握住了任免宰相的权力，根据他对形势的判断，根据他自己的用人原则任免宰相这个控制外朝和全国的最重要的官员，制造或利用他们之间的矛盾达到控制的目的。这一点在唐中晚期皇帝中非常突出，因此自从李德裕被贬后，尽管中央宰相有过多次撤换，在政策上宰相的明争暗斗现象却一直没有见到，无论谁当宰相都是积极执行宣宗的决策，配合最高决策者工作，这一点在唐中晚期同样是非常难得的。宣宗通过对宰相的控制保证了自己旨意的贯彻，稳定了朝政。宣宗注意宰相的人选和官员的任用，这不仅是他总结穆、敬、文、武朝经验教训得出的结论，更是研究太宗、宪宗之所以

---

① 《旧唐书》卷18《宣宗纪》。

取得重要治绩的结果。

在先代二十个皇帝中，宣宗最敬佩的就是唐太宗李世民和自己的父亲唐宪宗李纯。大中二年（848年）二月十二日宣宗任命知制诰令狐绹为翰林学士，在此之前他曾经把太宗著述的《金镜》授给令狐绹，命他朗读，读到"至乱未尝不任不肖，至治未尝不任忠贤"时，他说，凡追求太平盛世，必须以此为第一要务。他还特地把反映唐太宗统治经验的《贞观政要》写在屏风上，常常认真阅读。[1] 他把元和中兴的主要原因也归结于英主宪宗任用了一批有才能的大臣。只有明君贤相才能导致国家大治，社会安定成为他的信条，因而，在任用官员上，宣宗要求相当严格。在这一点上他几乎事必躬亲，大中元年（847年）他命令宰相编写了《具员御览》，记录所有五品以上官员名单，常置案头，以便随时翻阅记诵。不仅对中央官员的任免时常留心，对地方官员的考核他也从不掉以轻心。他曾经密令翰林学士韦澳把各州风土人情物产等编为一本书，称为《处分语》，用来考核诸州刺史。有一次，建州（治建安，今福建建瓯县）刺史于延陵赴任前朝见宣宗，宣宗问："建州去京师几何？"于回答说："八千里。"宣宗说："卿到彼为政善恶，朕皆知之，勿谓其远。"于延陵紧张得应对错乱，任职后竟因为不称职而免官。[2] 宰相令狐绹提名李远为杭州刺史，宣宗说，他曾经听说李远作诗"长日惟消一局棋"，所以不能让他当官。令狐绹回答说这不过是诗人的托词，未必真

---

[1]《资治通鉴》卷248 大中二年。
[2]《资治通鉴》卷249 大中十二年。

是这样，宣宗这才同意让他去试试。宣宗曾下诏规定凡刺史调任，必须命令他们来京城，考察其才能，然后授官。令狐绹曾经调他的故人任相邻州的刺史，这人顺便就上任了，没有来京城。宣宗见到他的谢恩表，问令狐绹，回答说由于路近，故未让此人来京城。宣宗听后很生气，说，我是因为刺史常用非其人，成为百姓的祸害，才想亲自见见面，询问他们在任的情况，根据其优劣进行奖励或处罚。并冷冷地对令狐绹说："诏命既行，直废格不用，宰相可谓有权？"[1]虽然当时天气寒冷，令狐绹听了，还是出了一身冷汗。

宣宗朝前期官员大多和牛、李两党有些瓜葛，自从把李德裕赶出朝廷后，宣宗不希望再看到百官中有新的拉帮结派活动，同时初上台的他也需要有一批绝对效忠自己的官员。对穆、敬、文、武四朝，宣宗没有好感，因此他特别注意选拔宪宗朝贤相后裔。这样既可避免朝官结党之虞，也可以造就一个直接效忠于己的高级官僚集团，因此在短期内他大量任用了元和旧臣后裔。如用令狐楚的儿子令狐绹，另外"宪宗朝公卿子孙，多擢用之"[2]。有一次，刑部员外郎杜胜见宣宗，宣宗问起他的家世，他回答说，我父亲杜黄裳，第一个请宪宗监国。他因而升为给事中。翰林学士裴途是宪宗朝宰相裴度的儿子，有一次宣宗到翰林院见到他，当面任命他为承旨。宣宗曾经和周墀议论元和年间循吏以谁为最，周墀说他在江西当官时，听人说观察使韦丹极有功德，死

[1]《资治通鉴》卷249 大中十二年。
[2]《资治通鉴》卷248 大中二年。

后四十年人们还提起他的恩德，就像他还活着时一样。宣宗下诏史馆撰修杜牧写"遗爱碑"纪念韦丹，并提拔韦丹之子韦宙为侍御史，后来韦宙官做到了岭南节度使。

大中元年（847年）宣宗下敕，规定允许进士们放榜后在杏园宴集。有记载说："宣宗酷好进士及第，每对朝臣问及第，苟有科名者，必大喜，便问所试诗赋题目，拜主司姓名。或有人物稍好者，偶不中第，叹惜移时，尝于内（禁内）自题乡贡进士李道龙。"①这也反映了宣宗对官员才学的重视。

造就一个听命于己的官僚集团，不仅对稳定牛李党争刚刚结束的朝廷局势起了良好作用，也为自己的命令的贯彻取得了组织上的保证。

宣宗还注意约束皇亲贵戚。万寿公主下嫁起居郎郑颢。一次郑颢弟郑顗得了急病，宣宗派人去看望郑顗，他后来问派去的人了解当时万寿公主到哪去了，回答说当时公主在慈恩寺看戏。宣宗大怒，继而叹道："我责怪士大夫家不愿和我联姻，原来是这个缘故。"马上命令公主入宫，让她立于阶下，并久久不加以理睬，公主因害怕而急忙哭泣着谢罪，宣宗责怪说："哪有小叔子生病不去看望，反而去看戏的道理？"然后才让她回去。自此以后贵戚们都不敢违犯礼法。为了约束贵戚，宣宗有时处于非常尴尬的两难境地。皇舅郑光田庄上小官专横纵恣，几年不交纳租税。宣宗因此向京兆尹韦澳道歉，尽管如此，韦澳依然依法责打了这个小官，并

---

① 《太平广记》卷182《宣宗》。

等交满租税后才让他回去。宣宗还拒绝了郑光请免赐田租税的请求，下敕让他和普通人一样交税，并拒绝任命郑光为中央职事官。

二、四方太平

唐中晚期政治局面的形成有两个重要因素，其中之一是爆发于天宝十四载（755年）并持续八年之久的安史之乱。安史之乱改变了唐朝各地军事、政治力量的对比，其后果影响了终唐一世；其二则是唐王朝四邻各少数民族王朝势力的消长。在唐中晚期，每一次少数民族势力的消长都会导致唐朝内部军事格局的暂时变动，并影响到中央军事、政治政策的制定。如果把唐朝看成是由各类藩镇力量互相制约构成的一个封闭的平衡系统，那么边境少数民族政权便是一种能改变或打破这种平衡的外部力量。宣宗朝四周少数民族政权或逐渐衰落、或还未发展，总之对唐王朝都不构成重大威胁。这为想造就中兴局面的唐宣宗提供了一个理想的外部环境。

武宗会昌年间，吐蕃赞普（王）达磨病死。由于达磨无子，他的妃子綝氏和国相共立綝氏兄三岁的儿子乞离胡为赞普。綝氏和国相的措施不能服众，导致吐蕃国内大乱。其鄯州（治湟水，今青海乐都县）节度使尚婢婢，洛门川（今甘肃陇西县东南）讨击使论恐热都拥有强兵，彼此互相攻击。大中三年（849年）唐出兵攻取原州（治平高，今宁夏固原县）、安乐州（今宁夏中宁县境）、秦州（治成纪，今甘肃秦安县西北）及石门、六磐（皆在原州境内）等七关。河陇军人、百姓千余人来到长安，宣宗在延喜门（皇城东北门）楼接见了他们。人们欢呼雀跃，纷纷解去辫子、脱下胡服、换上汉装。宣宗下诏鼓励百姓开垦三州、七关土地，规定五年内不收赋税。泾原、邠宁、灵武、凤翔四镇守镇官兵愿意在戍守地耕种田地，由国家发给耕牛和粮种。度支管理温池（属安乐州，时已改称威州）的盐利，以供边防费用。对防守三州、七关的士兵，每人给衣粮两份，有庄田户籍的，放免差役，并规定戍守两年一轮换。在这些地方建立堡栅等关卡，但并不禁止来往商人小贩和为守兵传信的人。另外，宣宗命令对蕃占剑南西川沿边州郡量力加以收复。

大中三年（849年）十月，唐出兵收复维州（治薛州，今四川汶川县西北）。十二月，又出兵收复扶州（治同昌，今四川南坪县北）。李德裕任剑南西川节度使时，就想收复维州，当时牛僧孺任宰相，认为这样做是轻启边衅，给长安带来威胁。后来李德裕任相时，就借此事对牛僧孺进行打击，现在维州终于在李德裕垮台后被收复了。

由于内讧而导致的吐蕃的衰落，为唐王朝收复失地创造了良好机会。唐朝失去了从唐高宗时期开始一百八十年来一直困扰西部边境的强敌，同时也导致了河西地区一股新势力的兴起。

大中二年（848年）三月吐蕃沙州刺史、汉人张议潮团结河西地区豪杰起兵，赶走了吐蕃的镇将，光复了沙州，不久又夺回了瓜州（今甘肃疏勒河以东安县）。在沙、瓜两州光复后，张议潮立即派人到长安向唐宣宗报告。他深恐表文送不到长安，特地派使者带着同样的表文分十队出发。其中两队顺利到达天德军

（今内蒙古包头市西）。第二年二月，天德军的报告送到长安，得到中央政府的回信，使者带着宣宗任命张议潮为沙州防御使的敕令返回沙州。

大中四、五年间，张议潮又率军收复了伊州、河州、甘州、鄯州、岷州、廓州、兰州等地（包括今河西走廊、甘肃、青海、四川部分地区）。大中五年（851年）他派兄张议潭携带河西十州地图和户籍到达长安。十一月，唐政府决定在沙州恢复河西节度使，于沙州置"归义军"，以张议潮为节度使，十一州观察使张议潮判官曹义金为归义军长史。大中十三年（859年）八月张议潮又在沙碛地带再败吐蕃军。懿宗咸通四年（863年）他率汉、蕃兵七千余人，克服凉州（今甘肃武威），咸通七年又光复了西州（今新疆吐鲁番）。张议潮经营河西，成功地抑制了吐蕃和回纥的东侵，当时河西汉人对张议潮的功绩赞颂不绝，《张议潮变文》道："河西沦落百余年，洛阳萧关雁信稀，赖得将军开旧路，一振雄名天下知。"

会昌六年（846年）七月，回鹘乌介可汗属下由于散失投降和冻饿等原因，剩下不到三千人。国相逸隐啜在金山（今阿尔泰山）杀死乌介可汗，立他的弟弟特勒遏捻为可汗。大中二年（848年）遏捻可汗归附于奚王石舍朗。唐将张仲武大败奚后，回鹘穷困，日益衰落，依附于室韦。回鹘使者经过幽州时，张仲武让他们回去活捉遏捻来降，遏捻闻讯后急忙和妻子葛禄、儿子特勒毒斯等九骑向西逃走。室韦把余下的回鹘人分为七部分，分属室韦七个部落。才过了三天，黠戛斯派国相阿播率领号称七万的胡兵进攻并大败室韦，把回鹘人全带回碛北。只有极少部分回鹘人进入山林以寇盗诸胡为生。回鹘另外一部在庞勒率领下留在安西。庞勒自称可汗，住在甘州，统治碛西诸州，势力微弱，常常向唐纳贡。回鹘不再对唐构成威胁。

只有党项族有过几次扰边行动，但规模也不大，而且很快就被唐兵击败了。所以在大中朝，唐关中、河西地区和北部边境局势是比较安宁的。

宣宗一朝对边境局势并不担心，在大中三年（849年）十月改备边库为延资库。宣宗对待党项侵扰边境的看法也和武宗不同，他深知党项的侵扰纯粹由于边帅掠夺党项羊马并对党项人欺骗残杀所致，因而任命右谏议大夫李福为夏绥节度使，实行用儒臣代替贪暴边帅的办法，并在为其送行时反复叮咛规诫，不让他们生事。大中五年（851年）三月以白敏中任司空、同平章事，充招讨党项行营都统、制置使。四月十四日定远城使史元在三交谷击败党项九千余帐，在接到白敏中的捷报后宣宗立即下诏："平夏党项，已就安帖。南山党项，闻出山者迫于饥寒，犹行钞掠，平夏不容，穷无所归。宜委李福存谕，于银、夏境内授以闲田，如能革心向化，则抚如赤子。从前为恶，一切不问。或有抑屈，听于本镇投牒自诉。若再犯疆场，或复入山林，不受教令，则诛讨无赦。将吏有功者甄奖，死伤者优恤，灵、夏、邠、鄜四道百姓，给复三年，邻道量免租税。向由边将贪鄙，致其怨叛，自今当更择廉良抚之。若复致侵叛，当先罪边将，后讨寇虏。"[1]

---

[1]《资治通鉴》卷249大中五年。

可见采取的依然是不轻易用兵政策。

四境少数民族政权势力的纷纷削弱为唐王朝的内部安定创造了理想的外部条件，但大中朝的稳定主要取决于各种藩镇之间力量均衡所构成的平衡状态，从肃宗朝以来一直令朝廷头痛的藩镇问题到宣宗朝似乎不存在了，宣宗朝十四年中仅有幽州一地有过藩镇动乱事件。大中三年（849年）五月，幽州节度使、检校司徒、平章事张仲武卒，三军推举其子张直方为知留后事。十一月，士兵叛乱赶走张直方，推举衙将周綝为留后。大中四年九月幽州节度使周綝死，士兵们推举张允伸为留后。中央政府没有插手这件事。在宣宗朝极少见到有中央讨伐藩镇的战争和藩镇之间的战争。当时中央政府也无力解决长期遗留下来的藩镇问题，只能采取置之一旁的办法，集中力量解决困扰朝廷的财政问题和吏治问题。

大中五年（851年）任命兵部侍郎裴休为盐铁转运使。自从文宗大和年间以来，每年运到长安的江、淮米不过四十万斛，由于吏卒侵盗，船只沉没，每年到达渭仓的船只不过十分之三四。裴休立十条漕法，每年运到长安的漕米增加到一百二十万斛。大中九年诏州县据贫富作差科簿，作为征发差科徭役的根据，企图解决差役不均的问题。宣宗还想解决州县吏治问题。在当时条件下，这些都不可能有什么效果。

三、危机四伏

由于宣宗采取的一系列有效的政治措施，唐王朝出现了权豪敛迹，奸臣畏法，阉寺詟气，刑政不滥，贤能效用，百揆四岳，穆若清风的局面，[①]以致"十余年间，颂声载道"，大中朝被称为有贞观遗风，唐宣宗也一反唐后期皇帝孱弱的形象，被称为小太宗。

然而宣宗的作为也不可避免地受到了当时社会条件的限制，对他来说治标的目的达到了，治本的措施却无一不陷入失败境地，最后宣宗本人也被晚唐的黑暗社会所吞噬。唐王朝积聚了一个多世纪的矛盾终于爆发，并最后导致了它的灭亡。

穆宗以后，地主豪强兼并土地使农民不断破产逃亡，相反，国家对农民与土地关系的调节作用却在不断削弱。会昌六年（846年）以户口增减作为官吏升降标准的本意，在于增加国家直接控制的户口，但这种短期内可能会带来直接经济效益的措施，在晚唐实行会导致严重的后果。在农民逃亡日益严重的情况下，户口数字能维持原状已属不易，要增加就更加困难了。因此，各地的浮户经常被搜索一空，这样一来，中央政府的各种调发，地方官吏的份外征求，都没有浮户来分担和缓冲了，全都压到了每一户农民身上。

问题的严重性还不仅在此，更严重的是，第一，在唐王朝以户口增减作为地方长吏进退标准的情况下，农民逃亡后，长吏惧在官时破失人户，或恐务免正税，减克料钱，便于现在户口中分外摊配。一开始还只是将正税加配到现在人户，后来，应有逃亡

[①]《旧唐书》卷18下《宣宗纪》史臣曰。

户口的赋税差科，全都摊配现在人户，从而使流亡转多。

第二，摊配只是维持原来赋税总额并对朝廷隐瞒人户破失真相的一种办法，目的是为了避免责罚。刺史、县令为求取上考，还必须增加户口，因此，逃亡农民在一地落脚后，地方官吏立即把他们编入户籍，由于当时地方官迁转过速，任期短促，他们都力求在两三年的任期内在正式户籍上多增加一些户口，便不再遵守复业垦荒的农户几年内"不在税限"的规定，不等荒地变成熟田，很快就定税征科。农民产业未成，只好依前逃散。

为避免第二个后果，朝廷几次强调官吏转官月限，宣宗对地方官员任命的重视也是要求他们更好地执行中央政策。这样反而形成了一个怪圈，官员认真执行中央政策反而会导致中央极力避免的后果，这种短期效应政策虽然有可能为大中年间国家财政收入增加产生有利影响，却为社会动乱埋下了祸根。中央政府越想加强地方政府对土地和人户结合的调节作用，就越导致农民和土地的脱离，所以大中朝的官制整顿虽然带来"奸臣畏法，贤能效用"的结果，但对克服封建王朝根本矛盾不仅没有起应有的作用，相反加速了这些矛盾的爆发。

大中朝地方藩镇异常地安宁，这并不是中央打击藩镇以至其畏惧顺从的结果，而完全是由于中央的不干涉政策和藩镇之间力量互相牵制的结果，因而藩镇问题实际上并没有得到解决。中央采取的一切政策、措施都不敢打破这一稳定局面，本身就意味着不能改变军事上的内轻外重局面，更不可能有较大的经济改革，从而无法根本上解决晚唐社会问题，拯救步步走向衰亡的唐王朝。

宣宗在稳定了朝政之后，便想削弱宦官集团的势力，他首先因势利导，隔断宦官和某些朝官的联系，其次想利用朝官打击宦官。

左神策护军中尉马元贽有拥立之功，恩宠冠于诸宦官，宰相马植和马元贽拉宗姓关系，元贽把宣宗赐的宝带送给了马植。马植佩带上朝，被宣宗认了出来，他第二天便被罢相，亲信董侔也被送交御史台审问。董侔供出了两马勾结的真相，马植因此被贬为常州刺史，由此可见宣宗对中外勾结的恐惧。

大中八年（854年）宣宗自认为外朝实力已相当巩固，决定对内朝宦官下手。他首先为因甘露之变而死的王涯、贾悚等人昭雪，然后以讨论诗为借口召见翰林学士韦澳，屏退左右问他，近来外面怎么谈论宦官的权势。韦澳答道，由于陛下的威断，宦官的权势已远不如前朝。听了回答，宣宗闭上眼睛摇着头说："全未！全未！尚畏之在，卿谓策将安出？"[①] 韦澳说，如果和外朝所有官员讨论，只怕会发生像大和年间那样的变故，不如选几个有才能见识的人来商议。宣宗认为这是下策，他指出，四品以下官和老百姓还感谢皇恩，三品以上高官则和宦官们一路了，宣宗对朝官和宦官的关系看得是很清楚的。

宣宗又曾和令狐绹商量杀尽宦官，令狐绹怕滥及无辜，密奏道：只要对犯罪的宦官不宽恕，有缺员时不填补，则宦官自然会

---

① 《资治通鉴》卷249大中八年。

越来越少，最后就消失了。宦官们看到这个密奏非常恼火，"由是益与朝士相恶，南北司如水火矣！"[1]宣宗解决宦官问题的打算终于不了了之。

宣宗无法解决宦官问题，这使他初即位时的雄心顿失。他清楚地知道皇帝废立权在宦官手中，自己充其量也只能在不触动他们利益的前提下行事而已。他对朝官的疑忌心日益加深，因而他对立太子问题非常敏感，不愿立太子。大中十年（856年）裴休请宣宗立太子，宣宗说，如果立了太子，他很快会成为闲人，显得非常悲观。他不愿给宦官们废立的机会，也不愿朝臣借此结党。大中十二年（858年）崔慎由又请求立太子，不到十日就被罢相。宣宗一直到死都没有立太子，但结果还是由宦官王宗实立郓王李温为帝，宦官又一次显示了手中实力。

政治上无法取得更大的成果，社会矛盾日益激化，心灰意冷的宣宗走上了和武宗后期相同的道路，好神仙，求长生。甚至派中使到罗浮山去请回当年被他放逐的道士轩辕集，向他请教长生术。不想有过一次教训的轩辕集回答说："王者屏欲而崇德，则自然受大遐福，何处更求长生。"[2]只待了几个月便坚决要求回山了。宣宗并未因为他的回山而放弃长生的愿望，想通过吃长生药来达到目的，他性情一反从前，变得焦躁起来，终于在大中十三年（859年）初由于吃医官李玄治、道士虞紫芝、山人王乐的药而背生疽疮，八月，做了十三年皇帝的五十岁的唐宣宗终于去

---

[1]《资治通鉴》卷249 大中八年。
[2]《资治通鉴》卷249 大中十二年。

世了。

宣宗死了，留下的社会矛盾并未改变，早在大中九年（855年）淮南就由于饥荒发生农民流亡现象，大中十二年（858年）各地又有几次动乱，藩镇闹事也多了起来。南诏、安南也不断挑动边衅，宣宗大中朝的和平安宁局面不久就被懿宗朝的内忧外患所打破。

第二章 倾覆的大厦

第一节 山雨欲来风满楼

一、懿宗之立

大中十三年（859年），唐王朝步履维艰地迈进了第二百四十一个年头。这年八月，年过半百的唐宣宗因服用医官的药饵和道士的伏火丹砂，脊背生疮，渐入膏肓。宰相、大臣很久不得召对，宫廷中一片紧张忙乱，另择新君的问题迫在眉睫。

宣宗平素对其长子郓王李温很不以为然，一直不立太子，不建东宫。他所宠爱的，是他的第三个儿子夔王滋。按照前几朝的惯例，要达到废长立幼的目的，必须取得宦官集团的支持，而此时宫中掌握禁军的实权人物，左军中尉王宗实对此极力反对。因此，当政初期曾"深抑宦官"的宣宗，在立嗣问题上却不能不倚仗另一派宦官。他密以夔王托孤于枢密使王归长、马公儒、宣徽南院使王居方，以及右军中尉王茂玄。几个人都是宣宗平素所厚待的亲信，他们密谋让王宗实出镇淮南监军，以除去腋肘之患。

王宗实出于无奈，在宣化门外受敕。随即在其亲信左军副使亓元实的谋划和策动下，动用武力，强行闯入寝宫。此时，宣宗刚刚晏驾，王宗实当场喝斥王归长等人，以矫诏之罪令禁军收捕，并立即派人至十六宅迎取郓王，下诏以郓王为皇太子，权掌军国政事，改名漼。

这场由于宦官集团内部争斗而导致的宫廷政变，不过是唐后期宦官无数次择主立君闹剧的重演，对唐王朝本身并没有引起很大震动。许多大臣对此早已司空见惯。宰相中有个别人提出异议，夏侯孜说："三十年前，外大臣得与禁中事；三十年来，外大臣固不得知。但李氏子孙，内大臣立定，外大臣即北面事之，安有是非之说？"[①]于是众人只得同列署状，承认既成事实。八月丙申，郓王即位，杀王归长、马公儒、王居方以及医官数人，任王宗实为骠骑大将军。次年改元咸通，史称懿宗。

由宦官所拥立的懿宗，深知自己统治根基并不稳固，因而对宣宗所宠信的重臣，更具有猜忌心理。权相令狐绹树大招风，首当其冲，懿宗即位之初便被罢相，出为河中节度使，另一宰相白敏中见势不妙，也自寻韬晦之策，在上朝时莫名其妙地跌倒在台陛之上，摔伤了腰，从此托病不出，五次上表，请求辞去相位。在此前后，萧邺、杜审权、毕諴等人相继拜相，形成一朝天子一朝臣的局面。

二、相互倾轧

懿宗在即位之前，一直被冷落，一旦得志，便不能自制。他为人十分古怪，刚愎自用，常常排斥群臣的建议，一意孤行，企图以此来树立一代新君的绝对权威，在日常生活中，他荒淫无

[①]《唐语林》卷7。

度，大讲排场，处处显示自己的帝王之尊。他的许多神经质的举动，给本已动荡不安的唐王朝又罩上了一层阴影。

懿宗对朝中的官僚集团，怀有极深的猜忌和防范。咸通二年（861年）春的一天，两枢密使忽然来到政事堂，宣徽使随后赶到，单独向宰相杜悰行礼，其他人慌忙回避。宣徽使杨公庆拿出一年前请郓王监国的奏本，提出凡是当时没有署名的宰相，都要以反叛论罪。杜悰沉吟良久，言称："主上欲罪宰相，当于延英面示圣旨，明行诛遣……内外之臣，事犹一体，宰相、枢密共参国政。今主上新践祚，未熟万机，资内外裨补，固当以仁爱为先，刑杀为后，岂得遽赞成杀宰相事！若主上习以性成，则中尉、枢密权重禁闱，岂得不自忧乎！"[①] 经过一场软中带硬的周旋，一场风波才不了了之。

在此之后，王朝内部的南衙北司的矛盾更加表面化。许多以"清流"自标的士大夫，对宦官的专横十分不满，只要有小事与之牵涉，就共同声讨之，形成很大的舆论压力。建州的进士叶京，曾参加过宣武军的宴会，与监军有过一面之交。叶京及第之后，在长安与同年出游，遇到此人，在马上相揖见礼，由是谤议纷纷，竟导致他终身得不到升迁。

但是，朝中的宦官此时早已形成尾大不掉之势，神策军中尉牢牢把持了禁军兵权，从而控制了内廷册立；枢密使、宣徽使以枢密院、宣徽院为办事机构，频繁地对外朝行政事务进行干涉和

[①]《资治通鉴》卷250咸通二年。

渗透，势力不断膨胀。基于这种政治格局，朝士对于宦官的势力只能采取无可奈何的默许态度，承认"宰相、枢密共参国政"这一既成事实。于是，一部分官僚投靠宦官，力图在承认宦官特殊地位的前提下与之分享统治权益，而一些宦官也注意拉拢利用朝官，以扩大自己在外朝的势力，从而在南衙北司的矛盾中形成你中有我、我中有你的复杂局面。作为最高统治者的懿宗，仅仅依靠宦官的势力也不足以巩固自己的根基，还需要在外朝寻找和培植自己的亲信。因此，在唐王朝内部，围绕着统治权力的争夺，展开了复杂而激烈的斗争。

懿宗统治初年，宰相更换频繁，而且多是碌碌之辈，无所作为。咸通四年（863年），中书侍郎同平章事毕諴因不满同僚的徇私不法，称疾辞去相位，宰相杜审权、杜悰等也在同年出为节度使。翰林学士承旨、兵部侍郎杨收，倚仗左军中尉杨玄价的势力得以入相。杨玄价因杨收是同姓，对他更加器重。杨收在位，崇尚奢靡，时常被当时的名辈所讥讽，门吏僮吏，也多倚仗他的权势横行不法。杨玄价掌管机务，各路方镇经常有贿赂请托，杨收照应不周，逐渐引起杨玄价的忌恨，终于在咸通八年（867年）罢相。以后，朝中的大权便落到新贵路岩和韦保衡手中。

路岩才智机敏，相貌俊美，三十六岁就当上了宰相，因而志得意满，颐指气使，广收贿赂，讲求奢华。韦保衡本是朝中的起居郎，咸通十年（869年）正月，与同昌公主结亲。同昌公主是懿宗的宠妃祁淑妃所生，备受宠爱，成亲之日，懿宗倾宫中的珍玩作为陪嫁。对韦保衡这个乘龙快婿，更是格外器重，着力培植以作为朝中的亲信。两年之间，便从起居郎升至宰相，阶品至特进，封扶风县开国侯，食邑二千户，韦保衡与路岩互相勾结，互为表里，势倾天下，被时人视为"牛头阿旁"，形容他们像鬼魅那样阴恶可畏。

咸通十一年（870年）八月，同昌公主因病死去，懿宗十分伤痛懊恼，下令杀翰林医官韩宗劭等二十余人，并将其亲族三百余人收捕，中书侍郎、同平章事刘瞻和京兆尹温璋极力进谏，也分别遭贬。韦保衡抓住此事，大力排斥异己，右谏议大夫高湘，比部郎中知制诰杨知至，礼部郎中魏笃等，都因平素与刘瞻亲善而被放逐岭南。翰林学士郑畋，负责起草罢相制，因为措词温和，也被贬为梧州刺史。同昌公主的葬礼，成了韦保衡权势的一次大炫耀。

韦保衡凭借懿宗的恩宠，对平素所不悦的朝官，更变本加厉地加以排挤，他的贡举之师王铎，同年萧遘，都因为鄙视其为人而受到贬斥；原来与之沆瀣一气的路岩，也因权力争夺与他产生隔阂而被罢相，懿宗末年，韦保衡几乎独揽了朝中的大权。

在官场权力争斗不断加剧升级的同时，官僚贵戚们的生活也更加荒淫，享乐无度。咸通年间，奢靡之风大盛，而懿宗本人就是一个以荒淫著称的皇帝。他喜好音乐，游宴毫无节制，殿前供奉的乐工达五百多人，每月游宴不下十次，水上、陆上，应有尽有，赏赐财物动辄数千缗，不论是曲江、昆明、灞水，还是南宫、北苑、昭应、咸阳，凡是他想去的地方，说去就去。下属不得不在平时就准备好乐器、饮食和幄帐，以备随时急用。每次行幸，内外诸司的扈从多达十万余人，费用不可胜数。群臣多次进谏，他都置之脑后。

像唐王朝许多皇帝一样，懿宗也佞佛成性。他在禁中设立讲席，自唱经文；在咸泰殿筑坛，为内寺僧尼受戒；他多次幸临诸寺，大行施舍。咸通十四年（873年），懿宗不顾大臣们的谏阻，遣使到凤翔法门寺迎取佛骨，官府广造浮图，宝帐、香舆、幢盖，用金玉、锦绣、珠翠加以装饰。从京城到佛寺三百里道路上，车马昼夜不绝。佛骨到达京师，以禁军兵仗和宫廷音乐相迎，长安富室夹道修建彩楼。宰相以下，竞相施舍金帛，所耗资财，难以计数。

同昌公主的葬礼，也同样成为一件轰动朝野的大事。它不仅成为懿宗威仪的显示，也成了新贵韦保衡权势的炫耀。随葬的服玩，每种都有百二十舆，用锦绣、珠玉作为仪仗，明器、珠光辉映三十余里，另赐给挑夫酒百斛饼四十橐驼。韦氏家人争着在庭院祭祀的灰烬中捡拾金银。懿宗还命乐工作伤悼之曲《叹百年》，以数百人歌舞。发内库杂宝作为首饰，用绸八百匹作为地衣，一曲舞毕，珠玑遍地。

当时，上至宰相下至胥吏，莫不以奢靡为时尚，"不营根本，各务夸张"，"屋地竞逾于制度，丧葬皆越于礼仪"。① 贿赂公行，贪污成风，大臣陈蟠叟曾上书对召称："请破边咸一家，可赡军二年。"而边咸不过是宰相路岩的一个小小亲吏。

---

① 《唐大诏令集》卷72《乾符二年南郊赦》。

唐王朝的最高统治者们就是这样终日醉心于无休止的权力争斗，沉湎于无休止的歌舞升平中，丝毫感觉不到脚下的统治根基已从根本上发生动摇。唐帝国的大厦正在逐渐倾斜、沉沦。

三、浙东烽火

懿宗时期的唐王朝，已成风雨飘摇之势。随着土地兼并的日益严重，社会矛盾迅速激化，海内交困，处处流散，"官乱人贫，盗贼并起"[①]。早在宣宗末年，分散的小规模的农民起义逐渐发展成地区性的社会动荡，史称唐末"诸盗""皆生于大中之朝"[②]。大中十三年（859年）十二月，宣宗尸骨未寒，懿宗即位伊始，浙东就爆发了裘甫领导的农民起义。

唐王朝自八世纪中叶以来，就将东南地区的财富作为搜刮的重点。浙东又是东南的主要经济区域，人民所受的迫害和压榨更为严重；而相对于关中和中原诸道，浙东却又是唐王朝的后方，军事力量十分薄弱，和平日久，人不习战。甲兵朽钝，现卒不满三百。起义军很快攻克象山，进逼剡县。浙东观察使郑祗德只得退守越州（浙江绍兴），一面连连向朝廷告急，一面向邻近诸道求救。浙西、宣歙等镇受命驰援，但派来的军队只知道贪得无厌地索饷，馈饷加至二三十倍犹嫌不足。而本地军士因连吃败仗，犹如惊弓之鸟。当受命给客军当向导时，不是临时装病，便是假装坠马脱逃，士气十分低落。剡西三溪一役，义军设伏大败

[①]《旧唐书》卷190《刘蕡传》。
[②]《新唐书》卷225《董昌传》。

唐军，声威大振，浙东山间海上聚集的许多小股义军和江南的大量流民，争相归附，"四面云集，众至三万"。农民军以剡县为根据地建立政权，裘甫自称"天下都知兵马使"，将部众分编为三十二队，划归各小帅分别统领。①起义军积极备战，大量囤积粮食、军械，一时声震中原。

东南局势的动荡，引起唐王朝的极大恐慌，朝廷决定派前安南经略使王式为浙东观察使，以取代懦怯的郑祇德，组织对起义军的进剿。王式受命伊始，即向懿宗伸手索要重兵，当朝的宦官以及众多权要们都以饷费拮据为由，主张不发大兵。而王式却敏感地预见到局势的严重性，他坚持己见，认为："兵多贼速破，其费省矣。若兵少不能胜贼，延引岁月，贼势益张，则江淮群盗将蜂起应之。国家用度尽仰江淮，若阻绝不通，则上自九庙，下及十军，皆无以供给，其费岂可胜计哉！"②左右权衡之后，懿宗最终同意王式的请求，诏发忠义、淮南、义成三道数万重兵归王式统领，组织军事进剿。

王式到达浙东后，开始采取釜底抽薪的手段，打开各县仓廪，大量赈济贫民，以暂时缓和当地的社会矛盾，从根本上削弱起义的群众基础；同时，又征集原先留在江浙、淮南的回鹘和吐蕃人充当骑兵，并把浙东地主武装"土团子弟"配备到各军中做向导，随后即以优势兵力把起义军包围在宁海。义军迎战失利，转移到剡县坚守，三天内与唐军作战八十三次，城中妇女也编成

---

① 《资治通鉴》卷250咸通元年。
② 同上。

女军，用砖石投掷。但终因众寡不敌，在咸通元年（860年）六月，裘甫、刘暀等首领在突围中被俘，持续半年之久的浙东农民起义终告失败。

通过血腥的镇压，唐王朝得以暂时渡过了危机，然而怙恶不悛的上层统治集团早已麻木不仁，糜烂之极，不可能从中吸取教训，改弦更张，却继续沿着危险的道路下滑。他们把镇压裘甫起义的成功看成是一劳永逸的事情，从此一仍故态，变本加厉地实施其骄奢淫逸的统治。

此时的唐王朝，已成风雨飘摇之势。当时的翰林学士刘允章，曾在一份《直谏书》中痛切地说道："国有九破，陛下知之乎？终年聚兵，一破也；蛮夷炽兴，二破也；权豪奢僭，三破也；大将不朝，四破也；广造佛寺，五破也；贿赂公行，六破也；长吏残暴，七破也；赋役不等，八破也；食禄人多，输税人少，九破也。"[1]这个归纳虽不十分全面，却道出了唐王朝统治所面临的全面危机。而懿宗对这些直谏者则是"既不用其策，不舍其过，或鞭挞市朝，囚禁园苑，深埋沟壑者不知其数，乞食道路者不记其名"[2]。而那些控制着唐王朝最高统治权的世袭大官僚，则终日醉心于无休止的权力争斗，既无心，也无力解决日益严重的社会矛盾，因而对于各种揭露弊政，要求变革的意见，也都严加禁止。他们通过操纵科举，阻塞了中小地主的入仕之路。晚唐时，制科实际上已经废止，不再给一般士子通过对策以直言

---

[1]《全唐文》卷804《直谏书》。
[2] 同上。

极谏、议论时政的机会。咸通末年，长安城中曾流传着一首讽刺时政、指斥当朝宰相的民谣："确"确无论事（曹确），钱财总被"收"（杨收），"商"人都不管（徐商），货"赂"几时休（路岩）？①

四、庞勋起义

裘甫起义爆发的江浙地区，社会矛盾不仅没有得到解决，反而更加表面化。地方官吏贪暴如前，下层百姓困苦如故，数万游民"爪牙乍敛，而睥睨于人间"②，流散于江淮，特别是青徐之间，把危机和动荡辐射到更广泛的地区。

淮南的青徐地区，是江淮漕运的通道和咽喉，是唐王朝统治的重心之一。这里百姓与官吏之间、士兵与将帅之间、方镇与方镇之间、方镇与中央之间矛盾重重，其中尤以士卒与将帅之间的矛盾最为突出，从中唐以来，徐州兵变不断，徐州军士素以骄悍难治闻名天下。

咸通三年（862年）七月，前徐州节度使王智兴的亲兵银刀军又发动了一次兵变，逐走了新任主帅温璋，引起唐王朝的很大震动。唐廷深恐这里的局势会演变为新的割据，下决心彻底解决徐州问题，因而派出王式前往镇压。素以凶狠闻名的王式率领忠武、义成两镇兵马赶到徐州，随即大开杀戒，将参与哗变的数千人尽数诛戮。深怀疑惧的唐政府又采取离而散之的办法解决徐州

---

① 《唐语林》卷8《补遗》。
② 《读通鉴论》卷27《懿宗》。

问题，将徐州驻节军将由节度使降为团练使（后又改为观察使），隶属兖海节度使。原徐州兵卒除三千留守外，其余皆分散诸镇，因此有不少徐镇兵士散落在民间或"潜匿山泽"，成为唐王朝的一大隐患。

在内忧重重的同时，唐王朝的外患也日益加重，边疆形势日益紧张。在周边各族中，最使唐王朝棘手的是南诏。通过与内地长时期的经济文化交流，九世纪初，南诏的社会经济有了很大发展，国力的增强也助长了南诏统治者的掠夺野心。宣宗大中末年，唐边将贪婪刻薄，激化民族矛盾，致使唐与南诏战事再起。从此南诏连年进扰，仅在咸通一朝，南诏就曾两陷安南、邕管，一入黔中，四犯西川，掠夺了大量人口和财物。直到乾符二年（875年），唐以高骈为西川节度使，才将南诏军驱过大渡河，收复所失州县。唐王朝也由此国力大衰，一蹶不振。数十年征战，天下征兵运粮不断，租赋大半不入京师，府库空竭，政府入不敷出，"有司远取后年乃济"[①]，将士死于瘴疠，百姓困为"盗贼"。

在这种情况下，唐王朝实行了一项"两全"之策，从咸通四年（863年）开始数次下诏，以徐州"土风雄劲，甲士精强，比因罢节，颇多逃匿"[②]为由，多次在徐州一带募兵往戍岭南。这样做的目的，一方面固然是为了解决对南诏用兵的需要，同时也在尽量消弭徐州一带有碍稳定的因素。然而事态的发展并不像唐王朝所期望的那样美妙，不从根本上解决社会矛盾而拆东墙补西

---

① 《新唐书》卷52《食货志》。
② 《资治通鉴》卷250咸通五年。

墙，其结果无异于抽刀断水。对徐州问题的处置失当直接导致了徐宿地区一场更大规模的社会动荡。

咸通四年（863年），徐泗兵卒八百人戍守桂州（今桂林），约定三年一换。在岭南，士卒们饱受瘴疠、饥饿、战乱之苦，直到咸通九年（868年），徐泗观察使崔彦曾仍不肯发兵更代，从而激起了戍兵的愤怒。他们杀死都将，推粮料判官庞勋做首领，结队北还。他们沿途招纳银刀亡卒，避开唐军，利用地方割据的有利形势，绕道而行，出湖南，沿江东下，过浙西，进淮南，九月顺利抵达徐州境内。

庞勋等戍卒"擅归"，本不过是"思见妻子耳"[1]，唐王朝最初也按一般军变进行了处理，派遣宦官赦免其杀将擅还之罪。而唐地方守将更是首鼠两端，只求保境自安，息事宁人，淮南节度使令狐绹就曾公开表示："彼在淮南不为暴，听其自过，余非吾事也。"然而事态的发展却出乎唐王朝的意料，戍卒们到达徐州后，听说有"密敕"下达，只等他们一到家乡，便"支分灭族"，于是庞勋向部下宣布："丈夫与其自投罗网为天下笑，曷若相与戮力同心，赴蹈汤火"。在徐州城南，他们击败了崔彦曾的截击，南下攻克宿州（安徽宿县）。当时淮北正值水灾，农民苦于重赋搜刮。庞勋等在宿州开仓赈济贫民，于是"一日之中，四远云集"。[2]大量农民参加到庞勋的队伍里，使这次兵变性质的武装斗争转变为农民起义。

---

[1]《资治通鉴》卷251咸通九年。
[2] 同上。

农民军纪律良好，无所侵扰，在运河线上打败官军，乘势向北包围并攻克了徐州，势力发展到二十万人，占领了两淮的广大地区，切断了江淮通往长安的航运线，造成了极大的声势。

江淮运输的断绝，对早已虚弱不堪的唐王朝无异于釜底抽薪，引起朝野极大震动。为了扭转局面，唐政府采取了"剿抚并用"的策略，一方面调集各路大军，准备镇压，另一方面又利用庞勋等人的幻想，大加抚慰，以争取时间。而以庞勋为代表的起义上层领导者，却未能从根本上摆脱"骄兵"的本性，始终没有，也不可能提出一个反映农民要求的纲领，从而使这次起义的深度和广度都大受影响。在取得暂时胜利之后便"自谓无敌于天下"，骄奢日甚，军纪弛坏，他们念念不忘王智兴的"故事"，一直把获得朝廷的节钺作为斗争的最高目标，多次向唐王朝"求节钺"、"赐旌节"，幻想割据一方。当朝廷派康道伟带着敕书前往"抚慰"时，庞勋一面大陈甲兵三十里，一面亲自郊迎，作求节钺表，淮南节度使令狐绹遭到义军进攻，表示"许为奏节钺"，庞勋于是"息兵俟命"，给唐军以"收散卒，修守备"的机会。①

"抚"的一手为唐王朝赢得了时间，为"剿"做好了准备，随即派右金吾大将军康承训任义成节度使兼徐州行营都招讨使，率义成、魏博等十镇兵，合沙陀、吐谷浑、达靼、契丹等部落兵，共二十万之众前往进剿。咸通十年（869年），起义军连战不利，在唐军四面包围之下，原先攻占的地区相继失守，唐兵进逼

---

① 《资治通鉴》卷251咸通九年。

徐州。在紧张的形势下，庞勋接受部下的建议，引兵西攻宋州，力图牵制唐兵，但当庞勋西行后，其部下宿州守将张玄稔等相继降唐，并引唐兵围攻徐州，守将许佶、庞举直等战死，庞勋西攻宋州不克，转攻亳州，准备折回徐州，却为沙陀骑兵所追击，在蕲县附近被优势的唐军包围，庞勋与起义军近万人战死，余部散落到兖、青、郓、齐各地。时在咸通十年（869年）九月，起义经历了一年零两个月，至此归于失败。

懿宗一朝，唐王朝就是这样对于各种形式的人民反抗采取了剿抚并用的方针。剿灭是其根本目的，而抚慰不过是剿灭的辅助手段，统治者只是以此赢得镇压的时间，而从未试图通过"抚慰"缓和社会矛盾，革除弊政。通过血腥的高压，唐王朝如履薄冰地度过了十几个春秋。然而高压的结果只能激起更大规模的反抗，表面的平静孕育着更深刻的危机——"山雨欲来风满楼"，唐王朝正沿着一条覆灭的道路沉落、下滑。

第二节　黄巢入京　大驾奔西

咸通十四年（873年）的秋天，荒淫无度的懿宗皇帝病势日渐沉重，神策军两中尉、宦官刘行深、韩文约决定拥立少子普王俨（后改名儇）为皇太子。七月，懿宗晏驾，普王即位，次年改元乾符，史称僖宗。

在懿宗朝飞扬跋扈的宰相韦保衡，失去懿宗这棵大树便无所依托，很快有人"告其阴事"，一贬贺州，再贬澄迈（今海南澄迈北），随即被赐死。① 其党羽路岩、韦保义、刘承雍等，有的被赐死，有的被贬官，作鸟兽散。高骈、卢携、郑畋、王铎等一批官僚相继入相，统治者们围绕着各自的权力分配，又开始了新的一轮明争暗斗。

宦官所拥立的僖宗，只有十二岁，年幼无知，终日在宫中斗鸡嬉戏，挥霍无度。他自认为对步打很擅长，曾对伶官说："如果设步打进士，朕肯定会当状元。"伶官揶揄道："若是尧舜为帝，就会用禹汤作礼部尚书，那陛下就不免要落第了。"在这种情况下，朝中的大权逐渐落入宦官田令孜手中。田令孜是宫中的小马坊使，自幼服侍僖宗。僖宗即位之后，便平步青云，由知枢密晋升为神策中尉，招权纳贿，大权独揽，僖宗称他为"阿父"，宠信备至。

懿僖更代之际的唐王朝，靡侈日甚，用兵不息，赋敛不断加重，百姓困苦不堪。关东连年水旱，各州县不以实情奏闻，百姓流离失所。乾符元年（874年）初，翰林学士卢携的一篇奏疏曾生动地描绘了当时的凄惨景象："自虢至海，麦才半收，秋稼几无，冬菜至少，贫者砧蓬实为面，蓄槐叶为齑，或更衰羸，亦难收拾。常年不稔，则散之邻境，今所在皆饥，无所依投，坐守乡间，待尽沟壑。其蠲免余税，实无可征；而州县以有上供及三司钱，督趣甚急，动加捶挞，虽撤屋伐木，雇妻鬻子，止可供所由酒食之费，未得至于府库也。或租税之外，更有他徭，朝廷倘不

---

① 《资治通鉴》卷252咸通十四年。

抚存，百姓实无生计。"①唐王朝的社会危机已经从局部地区发展到全国范围，一场更大规模的社会动荡正在酝酿之中。

一、黄巢占领长安

乾符元年末（874年），王仙芝领导农民在长垣（今河南长垣）起义，随后冤句（今山东菏泽）人黄巢也聚众响应，一场全国性的农民起义终于爆发。

唐末的长垣一带同全国其他地区一样，存在着严重的土地问题，是私盐贩最活跃的地区。经过多年战乱，水利失修，灾害不断，人民生活贫困。榷盐法的实施导致私盐大量产生，盐贩往往百十为伍，挟持兵仗抵御缉查，不少盐贩与破产农民汇合，形成起义的洪流。王仙芝自称"天补平均大将军兼海内诸豪都统"，发布檄文，痛斥唐朝官吏贪暴，赋役繁苛，赏罚不平。起义不久，便攻占了濮州、郓州和曹州。一时间，河北地区的小股农民军和分布于兖、郓、青、齐一带的庞勋余卒纷纷响应，淮南和河南一带的农民也纷纷归附，"多者千余人，少者数百人"。②数月之间，众至数万，整个黄河流域为之震动。

起义爆发之初，唐地方政权互不统属，分崩离析，州县兵少，"人不习战"③；而中央政权内部又上欺下蒙，尤其是檄文揭露了唐朝吏治腐败等情况，"宰相耻之，僖宗不知也"④。因此在最初

---

① 《资治通鉴》卷252乾符元年。
② 《资治通鉴》卷252乾符二年。
③ 《资治通鉴》卷252乾符元年。
④ 《新唐书》卷225《黄巢传》。

的几个月内，统治者未能对义军采取什么有效的军事行动，使起义得以从容发展。当各地义军纷起，王仙芝连破数州，唐政府才真正惊慌起来。唐僖宗急忙下《讨草贼诏》，命淮南、忠武、宣武、义成、天平五节度使"亟加讨捕及招怀"。但本来就处于半割据状态，互无统属关系的地方藩镇们，表面上奉诏而动，实际上却在保全实力，采取观望态度，滞留不前。直到义军进逼沂州（今山东临沂），唐王朝才诏拜平卢节度使宋威为"诸道行营招讨草贼使"，统属各路方镇，并配备禁军三千，甲马五百，以统一指挥，集中力量进剿义军。[1]为防止更大范围的骚动，唐政府又诏福建、江西、湖南诸道观察使、刺史，加紧训练士卒修筑城台，以加强对其他地区农民反抗的镇压和防范；为确保漕运，又密令宣武、感化等节度使"选精兵数百人于巡内游弈，防卫纲船"[2]。

王仙芝围沂州七月不克，为宋威所败，解围而去。宋威以为义军已完全溃散，连忙向朝廷"报捷"，谎奏"仙芝已死"，并擅自遣散诸道兵马，于是"百官入贺"，朝中又是一派歌舞升平。但事隔几天，便发现"仙芝尚在攻剽如故"，只得下令各镇军队重新集结，弄得上下沮丧，士气低落，士卒"皆忿怨思乱"。[3]起义军乘机西进河南，十天连克八县。唐政府疲于应付，在长安洛阳一带布置重兵，以昭义节度使率步骑护卫东都宫室，又诏山南东道、邠宁、凤翔节度使出镇陕州、潼关以拱卫长安。朝野上

---

[1]《资治通鉴》卷252乾符二年。
[2]《资治通鉴》卷252乾符三年。
[3] 同上。

下，草木皆兵。乾符三年（876年）九月，义军攻占汝州，俘刺史王镣，"东都大震，士民挈家逃出城"[①]。义军乘胜攻占阳武，进兵郑州，不克，迂回进入江淮，并于同年十二月进逼蕲州。

随着社会动荡的进一步加深，唐王朝上层统治者之间的矛盾更加表面化，宰相卢携、王铎和郑畋等人，围绕着"剿"与"抚"的问题争议不休。郑畋力主"剿灭"，并推荐崔安潜、李琢、张自勉等"骁雄良将"为行营都统，招讨正副使，以取代"衰老多病"的宋威；王铎则积极活动，寻找渠道进行"抚慰"，企图媾和。而无论是"剿"还是"抚"，都不是从唐王朝的根本利益出发而制定的统治策略，而是作为扶植亲信，抬高自己，打击异己的党争手段，因而从上到下处于一种左右摇摆，进退维谷的境地。

乾符三年（876年）末，宰相王铎的"安抚"之议占了上风，由他策划，通过蕲州刺史裴渥和义军手中的俘虏王镣出面联络，授王仙芝以"左神策军押牙兼监察御史"。王仙芝产生动摇，黄巢等极力反对，指责王仙芝违背了与众"横行天下"的誓言，置众人于不顾而"独取官"，王仙芝难犯众怒，未敢受命。此后农民军分裂为两支，黄巢率部返回山东，王仙芝则在湖北和河南活动。

持续三年之久的农民起义，把唐军拖得疲惫不堪，消耗了唐王朝大量人力物力。围绕这一问题的处理，朝内党争更为激烈，

---

① 《资治通鉴》卷252 乾符三年。

郑畋、王铎、卢携等每每"争论用兵于上前",而郑畋一派又每每处于下风。宰相们纷纷与负责招讨的武将相勾结,而武将们又各以朝中宰相为后台,勾心斗角,矛盾重重。乾符四年(877年)末,唐派中使杨复光,以"超授官爵"、"常居禄位"为诱饵,再次施展诱降活动,王仙芝派人到唐军谈判,不料所派使者却遭到以卢携为后台的另一武将宋威的伏击而被杀。王仙芝大怒,急攻洪州不下,又连败于唐将曾元裕,终于在黄梅全军覆灭,王仙芝战死,余部投奔黄巢。

王仙芝失败后,义军推黄巢为统帅,称"冲天大将军",设官建制,建元王霸,众至十万,沿黄河南岸西进,"欲窥东都"。由于洛阳防御加强,江北又布有重兵,无法立足,黄巢决定利用"藩镇不一,未足制己"的有利形势,乘隙引兵南下,转攻统治力量较为薄弱的南方,遂引兵攻浙东,沿仙霞岭而南,自衢州至建州开山七百里,进入福建,随后沿海岸南进,攻克广州。①

义军突然引兵南下,大出唐王朝的意外,朝中议论纷纷,地方则处于各自为战的被动状态,不能组织有效的进攻。局势的发展不仅使义军获得了扩充实力的时机,也使王朝党争发生了很多微妙的变化,一向主剿的郑畋此刻却忽而转为主抚,要求授黄巢广州节度使,"欲以南海节制縻之",而卢携却"坚言不可假贼节制",只同意授率府这类闲散官以激怒黄巢,二人争执激烈,以至同时罢相。②

---

① 《新唐书》卷225《黄巢传》。
② 《资治通鉴》卷253乾符五年。

第二章 倾覆的大厦

在这种情况下，唐王朝一方面通过枢密使杨复恭等进行招降。同时，又立即命王铎为荆南节度使、西南行营招讨都使，进驻江陵；以德宗时名将李晟之曾孙李係为行营副使兼湖南观察使，屯驻潭州，以塞岭北之路，但为时已晚。义军很快占领广州，分兵西取桂州（桂林），控制了岭南大部分地区，从根本上动摇了唐王朝在南方的统治。

农民军在广州停留两月，黄巢决定北上"以图大事"，他自称"义军百万都统"，向全国发布檄文，沿湘江而上，大举北伐。义军迅速攻克潭州，直抵江陵，王铎不战而逃。在荆门，义军遭到唐将刘巨容的伏击，损失惨重。有人劝刘巨容乘胜追剿，他却认为："国家喜负人，有急则抚存将士，不爱官赏，事宁则弃之，或更得罪，不若留贼以为富贵之资。"[1]这番话，典型地反映了当时许多地方藩镇的心理状态。于是，农民军得以收拾余众，渡江东走，转战中原。

广明元年（880年）春，唐王朝接受卢携的建议，走马换将，"以王铎统众无功，乃授淮南节度使高骈为诸道兵马行营都统"。[2]卢携得势，重新入相，关东诸节度使中，凡是由郑畋、王铎所举荐的多被更换。卢携所倚重的高骈，是个老牌藩镇，曾率唐军多次击退南诏。手下精兵良将众多，又连年镇戍淮南，根基深厚。此刻，高骈拥重兵屯驻扬州，"传檄天下讨贼"，声势很大。起义军初战不利，利用高骈骄狂，诈称"归命"投降。高骈信以为

---

[1]《资治通鉴》卷253 乾符六年。
[2]《旧唐书》卷19《僖宗纪》。

真，按兵不动。此时，唐各地援军已齐聚淮南，高骈恐别人夺功，即奏义军已被镇压，"不须大兵"，各路援军退归原地。黄巢乘机发动突袭，在信州歼灭了高骈的精锐部队，乘胜连克数州，从采石渡江北上。起义军纪律严明，秋毫无犯，沿途农民纷纷归附，势力骤增，"众至百万"，很快形成对洛阳的包围。

黄河沿岸是强藩巨镇林立地区，农民军为了减少行军阻力，进一步分化唐中央与地方的关系，发布文告：凡属地方军阀节镇，"各宜守垒，勿犯吾锋，吾将入东都，即至京邑，自欲问罪，无预众人"[①]。从而把打击的主要锋芒指向以僖宗为首的唐王朝最高的统治者，使其无法在短期内集结兵力进行镇压。广明元年（880年）十一月，义军顺利攻克洛阳，进逼潼关。

潼关是关中的大门，长安的屏障，地势险要。潼关能否控制，直接关系到中央政权的安危。唐王朝在失去洛阳之前，已着手布置潼关的防务，任命神策军将领张承范、王师会、赵珂等率军赴潼关防守。但此时的神策军战斗力已远非昔日，许多兵卒都是长安富家子弟贿赂宦官取得军籍，领取厚饷，仗势横行，却从未经过战阵，一旦听到出征的命令，无不"父子聚泣，多以金帛雇病坊贫人代行"。其他唐军也都是"冻馁交逼，各思乡闾"，士气十分低落。[②]军粮匮乏，更是唐军致命的弱点，各路唐军都陷入了绝粮的困境。

十二月初，义军先头部队抵达潼关，"白旗满野，不见其

[①]《资治通鉴》卷254广明元年。
[②]同上。

际"。黄巢大军到达，更是"举军大呼，声振河、华"。没有经过大的战斗，唐军便"喧噪烧营而溃"。[①]义军内外夹攻，张承范率余众逃走，义军占领潼关，并向长安进军。以僖宗为首的唐王朝统治者，听到这一消息，异常恐慌，君臣相对哭泣，束手无策。宰相卢携畏罪自杀。为保全性命，大宦官田令孜率神策军五百，挟持僖宗和福、穆、泽、寿四王以及妃嫔数人，狼狈出逃，早已腐朽不堪的唐王朝，经过这一致命打击，终于土崩瓦解，倾斜的大厦轰然崩坍。黄巢在长安建立政权，国号大齐。唐王朝的皇族、公卿、百官和宦官受到了严厉的打击和镇压。

二、喘息与反扑

面对起义军攻克长安、唐统治者流亡四川、农民政权建立的有利形势，以黄巢为首的起义领导者们，并未采取有力的措施。他们满足于既得的胜利，沉浸在封官许爵、登基立业的陶然之中。唐王朝的统治虽被摧垮，它的残余势力却依然有复燃之势；唐王朝的大厦虽然崩坍，它的根基却依然存在。随着时间的推移，整个局势开始发生种种微妙的变化。

僖宗逃亡四川后，利用蜀中的财富和诸道的贡献，收买笼络士兵，以勉强维持局面，田令孜还招募新军数万，隶于神策军。在天下大乱的形势下，其实力虽然有限，但毕竟它是唐王朝聚集力量，重整旗鼓的一面旗帜。

[①]《资治通鉴》卷254广明元年。

此时，唐王朝势力中的真正实力派，是各地的强藩巨镇。由于农民军采取了大范围流动作战的方式，大部分藩镇没有受到真正的打击，相反，由于在镇压起义的过程中频繁地更换将领和调配兵力，个别强藩实力增强，迅速崛起，打破了藩镇间力量的均衡。唐王朝能否战胜农民，维持其统治，取决于藩镇是否出兵"勤王"。当起义军横扫两京，僖宗狼狈奔蜀的混乱时刻，"天下谓朝廷不能复振"。为使自己立于不败之地，达到保存实力，扩充地盘的目的，各地藩帅多持两端观望，因而"藩伯勤王、赴难者率有声而无实"①。从地域上看，各地藩镇的政治态度也有所区别：距关中越远的，对出兵"勤王"越不积极。他们试图利用唐王朝和大齐政权两败俱伤的局面，浑水摸鱼；彼此你争我夺，发生摩擦，更严重的，则萌发了瓜分唐帝国的野心。当时周宝据浙西，刘汉容据浙东，时溥据徐州，与占据淮南的高骈勾心斗角，高骈拥兵不进，无意出兵中原，"欲兼并两浙，为孙策三分之计"②。而沙陀人李克用等少数民族上层野心者，也以"入援"为名，行"剽掠"之实。相反，以郑从谠、王重荣、王处存等为代表的部分藩镇，距关中较近，与唐中央的关系也较为密切，"一荣俱荣，一损俱损"。由于根本利益受到触动，因而对农民军采取极端敌视的态度，积极组织力量进行抵抗。

就总体而言，唐王朝的残余势力仍处在一种分散的无组织状态。无论是龟缩在蜀中的僖宗王朝，还是某一称霸一方的强藩，

---

① 《旧唐书》卷182 史臣曰。
② 《旧唐书》卷182《高骈传》。

都不是农民军的对手,而黄巢等人却未利用这一有利局面对其进行分化瓦解,这就使富有政治经验的前宰相郑畋赢得了时机。

王朝的倾覆使大官僚们感到了切肤之痛,他们暂时收敛了内部争斗,力图重新夺回失去的江山。僖宗出逃长安之后,凤翔节度使郑畋曾于途中请求皇帝留于凤翔,僖宗惊魂未定,自称"不欲密迩巨寇",就把"东捍贼锋,西抚诸蕃,纠合邻道,勉建大勋"之命交付给郑畋,并因道路阻塞,奏报难通,给之以"便宜从事"的权力。[1] 当时,唐王朝寄以厚望的高骈等重镇正忙于内部争斗,无意出兵关中,而北方藩镇刚刚受到重挫,无力集结关中,于是主要的军事对抗就只能在郑畋和黄巢间展开了。

当时禁兵分镇关中者尚有数万,听到"天子幸蜀"[2]的消息后,顿感群龙无首,而一些将领或虚与委蛇,或态度暧昧,局势很不明朗。郑畋把这些分散的兵力集中起来,不惜分散家资以笼络军心。他一面与众盟誓,修守备、缮器械以延缓农民军的西进,一面暗中与出逃的唐王朝加强联系,密约邻近藩镇共同抗拒农民军,成为支撑王朝残局的一支重要军事力量。

中和元年(881年)三月,黄巢派遣大将尚让、王播等率五万人进攻凤翔,因为郑畋是一介书生,农民军产生了轻敌之念,结果遭到伏兵突袭,龙尾陂之役,损失二万余人,败退而归。这次战斗不仅在军事上部分地改变了双方力量对比,更重要的是在政治上产生了深刻的影响。郑畋抓住这一时机,"传檄天

---

[1]《资治通鉴》卷254广明元年。
[2] 同上。

下",进一步组织力量反攻。各地藩镇尽管曾一度骑墙,阶级利益决定了他们对唐王朝的倾斜度,在他们眼中,黄巢等人不过是前日"贩盐之虏"①,而唐王室则是正统的"累叶天子"②,因此,郑畋檄文所至,一些原本态度暧昧的藩镇纷纷出兵,一些投降农民军的藩镇也重新"奉表归唐"。局势发生了根本性的逆转。

唐王朝乘此声威,以郑畋为"京城四面诸军行营都统",率军对长安形成了包围。同时,又调西北边境的沙陀帅李克用、党项羌酋拓跋思恭等率兵入援,一时蕃汉各节镇齐集长安以十万计。农民军主力被压缩在长安附近的狭小区域,粮食供应困难,局面十分不利。

经过数次拉锯争夺后,中和二年(882年)正月,唐王朝以讨敌不利罢免郑畋,以王铎充诸道行营都统,缓和与下属藩镇的矛盾,重新组织围剿。一度与唐王朝发生矛盾而割据晋北的李克用,也率骑兵数万入援,壮大了唐的军事实力,农民军处境窘迫。九月,义军的同州防御使朱温降唐,使农民军失去了重要军事据点。中和三年(883年)春,在长安附近的梁田陂大战中,义军大败,死伤数万,元气大伤,三月,与李克用再战,败于渭南;五月,被迫退出长安。

义军东撤之时,"众犹十五万"③,仍有一定实力,五月,围攻蔡州,节度使秦宗权出降,其后又围攻陈州,近三百日不下。大

---

① 《旧唐书》卷179《张濬传》。
② 同上。
③ 《新唐书》卷225《黄巢传》。

量唐兵追逼而至，农民军腹背受敌，连战连败，大批将领降唐。中和四年（884年），黄巢撤离陈州，渡过蔡水，受到唐将时溥的穷追，退至泰山脚下的狼虎谷，自杀身亡。各地的起义农民，也先后被唐军和地主武装土团镇压下去。

三、军阀混战

中和五年（885年）春，僖宗带着蜀中的文武百官，疲惫不堪地赶回长安。三月，改元光启，大赦天下。时间似乎更加钟情于早已气息奄奄的唐王朝，一切似乎都回到了原有的位置上；时间又是最无情的，巨大的动荡所留下的绝不仅仅是一片废墟，一切都已发生了根本的转变：持续了近十年的农民大起义，驰骋于大半个唐帝国的土地上，扫荡了从东南到关中的广大地区。兵锋所至，破城斩将，贵族、官僚、地主，当之者无不家破身亡，连至高无上的皇帝也如丧家之犬，狼狈而逃。唐王朝上自最高统治者，下及统治阶级整个集团，都受到了沉重打击，使得种种社会矛盾获得了局部调整，新的历史因素在大断裂中孕育、成长。

在镇压农民起义的过程中，地方军阀和起义军中的叛将，转而抢夺农民起义的果实，崛起为强大的割据势力。除了跋扈已久的河北诸镇外，又出现了许多新的强藩：李昌符据凤翔，李茂贞据兴元，王重荣据蒲陕，诸葛爽据河洛，孟方立据邢、洺，李克用据太原、上党，朱温据汴滑，秦宗权据许、蔡；朱瑄据郓、齐、曹、濮，王敬武据淄青，时溥据徐泗，秦彦据宣歙，杨行密据庐州，高骈据淮南，刘汉宏、钱镠据浙东。这些军阀或自擅一藩，职贡不入，赏罚由己，或自擅兵赋，迭相吞噬，朝廷不能制。

京师长安虽为唐军克复，昔日壮丽辉煌的宫室和繁荣的里巷坊市已荡然无存，"荆棘满城，狐兔纵横"[1]，社会生产陷于凋敝，加上藩镇各专租赋，河南河北及江淮的供赋尽失，三司转运无调发之所，度支只有京畿和同、华、凤翔等数州租赋，财政收入不足以维持中央禁军和官员的开支。

以田令孜为代表的宦官势力试图恢复强大的禁军以维持自己的权势。在蜀中时，招募了新军五十四部，每部达千人，分隶两神策。为了解决财政困难，田令孜奏请河中节度使王重荣所控制的安邑、解县两盐池专利收归中央，并自请兼榷盐使，从而导致了军阀间的一场混战。光启元年五月，田令孜调王重荣为泰宁节度使，夺权未成；九月，田令孜联合"阴附朱全忠（朱温）"[2]的邠宁节度使朱玫、凤翔节度使李昌符共同讨伐王重荣，王求救于李克用，李克用对朝廷重用朱温早有怨恨，乘机起兵南下，与王重荣合兵大败朱玫、李昌符，进逼长安，田令孜再次挟持僖宗和百官西逃凤翔。光启二年（886年）正月，又引兵入宫，劫挟僖宗到宝鸡，准备入汉中。朱玫见田令孜众叛亲离，"天下共忿疾"[3]，又惧怕李克用，遂企图劫夺僖宗未成，便进入长安，另立襄王李煴为傀儡皇帝。这一新的变故，导致了各集团关系的重

---

[1]《资治通鉴》卷256光启元年。
[2] 同上。
[3]《资治通鉴》卷256光启二年。

新组合，僖宗又以正统为号召，令王重荣、李克用等讨伐朱玫；十二月，朱玫为部将所杀，李煴政权垮台。在这次冲突中，投靠朱玫的许多朝官被杀，田令孜也被贬黜。文德元年（888年）正月，僖宗回到长安，勉强保住了皇位。

第三节　军阀混战　名存实亡

屡遭迁播磨难的僖宗，身体早已虚弱不堪，文德元年（888年）春回到长安后，一病不起，终于在三月一命归西。宦官杨复恭、刘季述定立其弟寿王杰。寿王即位，更名为敏，改元龙纪，十一月，改名晔，史称昭宗。

僖昭之际的唐王朝，经过农民战争的沉重打击，已是日薄西山，气息奄奄。昔日不可一世的唐帝国，已沦为偏安一隅的小朝廷；而无上至尊的唐朝皇帝，不过是军阀挟持的对象和政争的工具。倾覆的大厦难以重建，帝国之梦已无法重温。

刚刚即位的昭宗，是僖宗亲弟弟，自幼与僖宗睦，自从唐室迁播以来，一直随侍僖宗左右，掌握禁兵中要，有一定统治经验。昭宗攻书好文，尤其注重儒术，"神气雄俊，有会昌之遗风"，[①] 他痛感唐朝威仪不振，国命衰微，因而礼尊大臣，详尽讨教治术，意欲恢复旧业重新号令天下，有所作为。

即位之初，年轻气盛的昭宗便试图扭转局势，重振朝纲，外

[①]《旧唐书》卷20《昭宗纪》。

抑强藩，实现中兴。昭宗重用张濬为宰相，向他询问治乱之道，张濬答道："陛下如此英明睿智，却在内外都受制于强臣，这正是臣下所日夜痛心疾首的。"他认为当务之急"莫若强兵以服天下"①，昭宗接受了这一建议，在京师广募兵士，很快达到十万之众。

但是，事情远非他们设想的那么简单，经过丧乱之余的唐王朝，已经虚弱不堪，其内部矛盾重重。仅在中央，南牙北司就已争得不可开交，宦官、朝官各自结成派别，又分别依附投靠于外部强藩，各种关系异常错综复杂，牵一发而动全身。一次，昭宗与臣下谈及四方强藩，宰相孔纬说："陛下左右有将反者，况四方乎！"②他所指的左右，主要是大宦官杨复恭。田令孜倒台之后，北司的权力被以杨复恭为首的一派宦官所把持。杨复恭由枢密使进升为神策军中尉，又自领十二卫观军容使，总揽兵权，专制朝纲。又广收各藩镇的节度使、刺史为假子，养子六百人，皆为监军，还诡称为"子壮士欲以收士心卫国家"③。昭宗曾诘问他："你说是卫国家，为什么不让他们姓李而让他们姓杨呢？"杨复恭无言以对。昭宗任用张濬掌握兵权，杨复恭多掣肘其中。

大顺元年（890年），昭宗置重重内患于不顾，仓促动手讨平藩镇，下诏削夺李克用官爵、属籍，以张濬为河东行营都招讨制置宣慰使，联合朱温及河朔三镇，率兵讨伐。但各路藩镇为保全

---

① 《资治通鉴》卷258大顺元年。
② 《资治通鉴》卷258龙纪元年。
③ 同上。

实力，都在消极观望，不肯出兵，朝中又有杨复恭从中作梗，战事极不顺利。昭宗原以为首先解决李克用这个"外族"强寇，会获得内地藩镇的广泛支持，张濬亦踌躇满志，以为志在必得，结果却大出意料。阴地关之战，唐军大败，丧师殆尽，魏博等重镇归附李克用，使其势力大增，朝廷只得与之妥协，张濬、孔纬被迫罢相。

阴地关之败，除去了杨复恭的政敌，使其更为骄横无忌。昭宗无奈，重用另一派宦官西门君遂加以扼制，杨复恭非但不奉命，反而倚仗其侄、山西南道节度使杨守亮发动叛乱。凤翔节度使李茂贞乘机以讨逆为名，联合关中五节度使，击败杨复恭，占据了以兴元为中心的广大地区，从此，李茂贞以朝廷元勋自居，控制了中央政府，他"恃勋恣横，擅兵窥伺，颇干朝政"[1]，昭宗不胜其逼，他甚至上表朝廷，公然宣称"今朝廷但观强弱，不计是非"[2]，骄横一时。

面对这一生于腋肘的祸患，昭宗"不能甘心为孱懦之主，悁悁度日，坐视陵夷"。他凭着一时的意气，不顾臣下反对，也未吸取前事之教训，不顾"时有所未可，势有所不能"，而急欲"行宪宗之志"，急功近利以求一时侥幸。景福二年（893年）秋，昭宗命宰相杜让能率兵征讨，杜让能认为李茂贞近在国门，不宜与之结怨，"万一不克，悔之无及"，[3]不愿受命。昭宗决心已定，

---

[1]《旧五代史》卷132《李茂贞传》。
[2]《资治通鉴》卷259景福二年。
[3]同上。

另派覃王率禁军三万护送新任命的凤翔节度使徐彦若赴镇。内部意见不一，军心不定，京师之民见战事又起，纷纷逃匿山泽，大军未行，胜负之势已现。而另一宰相崔昭纬又暗中与李茂贞勾结，报告朝廷虚实。覃王兵未入境，即为李茂贞所败，李茂贞乘机进逼京师。昭宗杀死宦官西门君遂以推卸责任，李茂贞仍不肯罢兵，昭宗惶恐不安，只好忍痛处死和李茂贞为敌的宦官两枢密使与杜让能，才算了事。从此，李茂贞不仅兼凤翔、山南西道、武定、天雄四镇节度使，占有十五州之地，成为关中最强大的藩镇，而且独擅朝中的一切政要，逞雄一时，"有问鼎之志"[1]。

从此，以昭宗为首的唐王朝，已完全失去了控制局势的能力，成为藩镇所摆布的傀儡。唐王朝只有通过高官的笼络和权力的平衡，才得以在藩镇的夹缝中求得生存，苟延残喘。小朝廷政事衰微，号令不出国门，宫室残破不堪，"百官往往无袍笏仆马"[2]。官僚们纷纷投靠藩镇，为自己寻求出路。

作为唐王朝名义上的最高统治者，皇帝不仅在外朝受到强藩及其代言人的左右，而且在内朝受到宦官集团越来越严密的控制。唐末的社会动荡，从根本上斩断了宦官专权的根基，作为皇权政治的寄生品，宦官集团为了维持其仅存的权势，只有采取非常手段。在内廷，他们主要采取挟持皇帝的手段，通过神策军中尉更为严格地控制禁军兵权，并通过枢密使，切断了朝士与皇帝

---

[1]《旧唐书》卷20《昭宗纪》。
[2]《资治通鉴》卷260乾宁二年。

的直接联系，使皇帝成为自己的传声筒；在外朝，以枢密使为代表的宦官势力开始从幕后转向前台，直接干预外朝政事。杨复恭、西门君遂等公然侵夺宰相权力，在其堂状上随意贴黄更改，指挥公事；宰相延英奏事，枢密使在旁侧立，争论纷然；号令既出，又声称皇上未允诺，数次更改以阻挠权柄。为了提高其政治地位，他们还要求在除拜、服饰等方面采用与朝官相同的礼遇，以掩饰其奴婢身份。"四贵"的任命，要同宰相任命一样使用白麻；皇帝祭天，宦官们要以同大臣一样的朝服侍上，这种虚弱的心理表现，更激化了宦官与朝官的矛盾。而藩镇势力的渗入又使南衙北司的矛盾增添了新的内容，宦官、朝官各自勾结强藩，借助外部势力削弱对方，致使战乱不绝，天子屡遭迁播，社会动乱异常。

经过十余年的动荡迁播，昭宗的锐气已消磨殆尽，为了保全唐王朝，昭宗打出了最后一张王牌，试图以宗室诸王典兵巡警，出使四方交结藩镇。此议一出，南衙北司用事之臣唯恐不利于己，交相阻挠，不久便告流产。乾宁四年（897年）华州节度使韩建出于积怨，又勾结宦官刘季述，矫诏发兵围十六宅，将昭宗的十一个儿子尽数杀死，以绝后患。经此打击之后，成为孤家寡人的昭宗，绝望之极，从此终日沉溺酒色，不理政事。光化三年（900年）十一月的一个深夜，昭宗在苑中打猎之后，置酒狂欢，大醉而归，手杀宦官、宫女数人。刘季述以此为口实，发动政变，幽禁昭宗于少阳院，另立太子李裕为皇帝。刘季述在成为囚徒的昭宗面前，趾高气扬地以银挝画地，尽数昭宗的罪状："某时某事，你不从我言，其罪一也……"[①]直到次年正月，宰相崔胤联合神策军指挥使孙德昭，发兵诛杀刘季述，迎取昭宗复位，一场风波才算过去。

此时中原诸藩中，山西的李克用、河北的刘仁恭正与朱全忠打得不可开交，无暇西顾，而河南的朱全忠，在夺取了山东大部后，又连败李克用，终于腾出手来问鼎关中，从而与李茂贞发生了一系列军事冲突。在朝廷中，以宰相崔胤为首的官僚集团，依附于朱全忠；以中尉韩全诲为首的宦官集团，则以李茂贞为后台。两派矛盾的发展，更加剧了二藩的混战。天复元年（901年）李茂贞入朝，进爵岐王。崔胤暗中致书朱全忠，要求从李茂贞手中夺回昭宗。朱全忠与李茂贞展开了争夺皇帝的战争。在强大的军事压力下，韩全诲劫昭宗逃往凤翔，投靠李茂贞。天复二年（902年），朱全忠率四镇兵七万人围攻凤翔，李茂贞每战皆败，闭门不出，城中粮尽援绝，百姓饿死者日以千计，连昭宗也不得不在宫中设小磨，自磨豆麦，以求生存。这时李茂贞所属的山南州镇皆入王建，关中州镇皆入全忠，只剩下凤翔一座空城，穷迫无奈，只得交出昭宗，斩杀韩全诲等，以解凤翔之围。

天复三年（903年），朱全忠挟持昭宗东还长安。为了进一步达到挟天子以令诸侯的目的，朱全忠决定从肉体上彻底消灭宦官集团，崔胤上奏称：国家丧乱，皆因宦官典兵预政，"不翦其根，祸终不已"，[②]朱全忠发兵，自第五可范以下，朝中的宦官全部被

[①]《旧唐书》卷184《宦官列传》。
[②]《资治通鉴》卷263 天复三年。

赐死，"一时斩首于内侍省，血流涂地"。^①又下诏令各藩镇大力捕杀宦官。整个宦官集团被一网打尽，成为唐末统治阶级内部矛盾的牺牲品。唐朝中后期以来，宦官专权的局面被彻底根除，朱全忠的政治势力也开始走向巅峰。此后，宦官所领的六军十二卫只存空名，崔胤试图重新召募兵士自领兵权，最终招致杀身之祸。朱全忠以自己的新兵应募为皇帝禁兵，完全掌握了中央禁军，从而把唐王朝的命运牢牢地操纵在自己的掌心之中。

天祐二年（905 年）前后，朱全忠在军事上取得了一系列重大胜利，占据了宣武、宣义、天平、护国、天雄、武顺、佑国、河阳、义武、昭义、保义、戎昭、武定、泰宁、平卢、忠武、匡国、镇国、武宁、忠义、荆南二十一镇，拥有了关中和关东的广大地区，初步统一了黄河流域，成为当时全国最强大的军阀。唐王朝小朝廷的存在对于朱全忠已无任何意义，取而代之成为必然之势。于是，朱全忠着手进行改朝换代的准备，搬掉唐王朝这一问鼎道路上的绊脚石。

早在天祐元年（904 年），朱全忠就逼迫昭宗和百官离开唐王朝的老巢关中，将其迁往自己的势力中心洛阳。长安的宫室民舍或焚或毁，唐王朝数百年的古都自此沉废。昭宗车驾到达华州，一些居民夹道呼喊万岁，昭宗感伤不已，哭着对他们说："不要呼万岁了，我不再是你们的皇帝了。"又回过头来对侍臣说：朕从此漂泊，不知道又要落到谁的手里。昭宗还在途中作了一首

---

① 《旧唐书》卷 184《宦官列传》。

《思帝乡》之词："纥干山头冻杀雀，何不飞去生处乐？况我此行悠悠，未知落在何所？"[1]惨淡之情，溢于言表。

到达洛阳后，昭宗终日与皇后对饮而泣，日夜为生命担忧，朱全忠见李克用、李茂贞、刘仁恭、王建、杨行密等军阀移檄往来，活动频繁，唯恐昭宗变生其中，无法控制，便在这年八月的一个深夜，派亲信蒋玄晖、朱友恭闯进宫中，杀死昭宗，另立十三岁的辉王李柷，史称哀帝。

为了加紧禅代准备，清除朝官中阻碍"图大事"的"难制者"。于是，朱全忠又屡兴大狱，杀戮朝官，清除异己者。天祐二年（905年）五月，借口大臣裴枢反对任命"优人"出身的张廷范为太常卿，罢黜了有朝廷宿望的众多官员，"自余或门胄高华、或科第自进，居三省台阁，以名检自处，声迹稍著者"，都被指斥为浮薄而遭贬，"搢绅为之一空"。同年六月，又在白马驿杀死裴枢等三十余人，投尸于河，朱全忠与亲信大笑称快说："此辈常自谓清流，宜投之黄河，使为浊流。"[2]唐后期，官僚贵族的垄断政治从此彻底破产，奄奄一息的唐王朝失去了最后一根稻草。

第四节　王朝更迭　列国纷呈

一、后梁与后唐

经过对山西、河北的长期战争，朱全忠基本上稳定了北方的

---

[1]《北梦琐言》卷15。
[2]《资治通鉴》卷265天祐二年。

形势。天祐三年（906年），魏博（治魏州，今河北大名东北）罗绍威归附，朱全忠尽有魏博六州四十三县地。河北只剩下据有幽、沧的刘仁恭父子。朱全忠为解除来自北边的威胁，发兵攻打沧州。刘仁恭屡为朱全忠所败，向河东李克用求援。刘仁恭曾以幽州叛李克用，并约朱全忠共攻河东，李克用恨其反复，拒绝了刘的请求。李克用之子李存勖劝说其父道："今天下之势，归朱温者什七八，虽强大如魏博、镇、定，莫不附之。自河以北，能为温患者，独我与幽、沧耳。今幽、沧为温所困，我不与之并力拒之，非我之利也。夫为天下者不顾小怨，且彼尝困我而我救其急，以德怀之，乃一举而名实附也。此乃吾复振之时，不可失也。"[1] 李克用颇以为然，决定召幽州兵共同攻打潞州（今山西长治），以解沧州之围，并借此来扩大自己的统治地区。李克用之将李嗣昭一举攻下潞州，朱全忠闻讯从沧州烧营而还。

朱全忠攻灭幽、沧未成，又失掉潞州，于是，仓促禅代以提高自己的威望。907年二月，小皇帝下诏，以二月禅位于梁。朱全忠表面推辞，宰相、百官诣元帅府劝进，朝臣、藩镇也纷纷上笺劝进。经过一番假惺惺的"辞让"闹剧之后，朱全忠终于在四月取代唐朝，自己做了皇帝，国号大梁，史称后梁。盛极一时的唐王朝步履维艰地走完了自己的最后历程。古代中国的历史翻开了新的一页，进入了五代十国时期。

后梁建立后，河东晋王李克用、凤翔岐王李茂贞、淮南弘农

---

[1]《资治通鉴》卷265天祐三年。

王杨渥仍沿用唐的"天祐"年号，西川蜀王王建则仍沿用唐昭宗被挟持到洛阳前的年号"天复"。其余南北各割据政权皆禀梁正朔，称臣奉贡。907年九月，王建在四川称帝，国号大蜀，建立前蜀。908年，徐温掌握了淮南实权。他们虽与后梁抗衡，但均无力北上。其他南方政权，也都奉行保境安民的方针。因此，不论是否奉梁正朔，南方各国之间，大体上保持一种平衡的状态。

剩下唯一与梁抗衡的是地处山西的晋。朱全忠建立后梁的时候，已经走过了他的极盛时期，而在唐末与梁争斗中始终处于下风的晋，在攻占潞州后，特别是908年正月李克用之子李存勖继位后，情况发生了很大变化。自去年五月，梁兵八万进围潞州，及闻李克用去世，梁兵不复设备。李存勖利用梁兵骄怠的心理，亲率精兵对梁兵发起突然攻击，一举击溃梁军于潞州城下，奠定了取威定霸的基础。朱全忠听到梁军失败的消息后大惊，叹曰："生子当如李亚子（存勖小名），克用为不亡矣！至如吾儿，豚犬耳！"[1]

李存勖解潞州之围后回到晋阳，休兵行赏，命州县举贤才，黜贪残，宽租赋，抚孤穷，伸冤滥，禁奸盗，境内大治，同时加紧训练士卒，建立起一支精锐整齐的部队，与后梁展开了争夺河北的长期斗争。

后梁内部矛盾重重，后梁开平四年（910年），原已臣附后梁的成德节度使（治镇州，今河北正定）赵王王镕背梁，站到了

---

[1]《资治通鉴》卷266开平元年。

李存勖一边，共同对抗后梁。乾化二年（912年），朱全忠病危，对近臣说道："我经营天下三十年，不意太原余孽更昌炽如此！吾观其志不小，天复夺我年，我死，诸儿非彼敌也，吾无葬地矣。"[1]预感到后梁不可避免的衰落的命运。朱全忠对儿子们既不满意，便准备把皇位传给假子博王朱友文。二子朱友珪知道后，夜引牙兵入寝殿刺杀朱全忠，自己做了皇帝。次年，三子均王朱友贞又引禁军杀死朱友珪。这就是后梁末帝。

贞明元年（915年），魏博军乱，晋王李存勖乘机入据魏州，继而取得德州、澶州。李存勖以魏州为根据地，很快占有了河北大部分地区。

923年四月，李存勖在魏州即皇帝位，国号大唐，是为后唐庄宗。十月，庄宗亲率大军攻灭后梁。十二月，迁都洛阳。

庄宗在位期间，于同光三年（925年）灭蜀，以董璋为东川节度使，孟知祥为西川节度使。后唐不仅统一了北方，而且占有了四川，开始了全国统一的进程。但是，李存勖骄于骤胜，不仅大兴宫室，充实后宫，沉溺于声色，而且疏忌宿将，宠幸伶人，听信他们的谗言，并且重新任用宦官担任内诸司使，派宦官到诸道监军，使宦官得以重新干预朝政和地方军政。这就引起了朝臣和藩镇的强烈不满。后唐政权陷入激烈的内部纷争之中。

同光四年（926年）初，李存勖听信谗言，杀掉平蜀立有大功的郭崇韬，继而又大杀与郭崇韬有牵连的人，众将离心。去年

---

[1]《资治通鉴》卷268乾化二年。

以来，北方大饥，民多流亡，租赋收不上来，军士乏食，甚至有卖妻鬻子者，而李存勖仍追收不息，军队也很不稳定。这时正好发生魏博军乱，士兵于是推举领兵前来镇压的李存勖的义兄李嗣源为主，要与李存勖分庭抗礼。李存勖率兵西征途中，士兵纷纷逃亡，还至洛阳后，为士兵所杀。李嗣源继位为后唐明宗。

后唐在明宗统治时期虽然年谷屡丰，兵革罕有，堪称小康，但在统一事业上并没有什么进展。长兴四年（933年）明宗去世，三子李从厚继位。第二年，明宗养子潞王李从珂从凤翔引兵入朝，取代了李从厚。

二、儿皇帝引狼入室

公元916年，耶律阿保机建立了契丹国，契丹势力不断南进，逐步占有了今河北北边一些地区。926年阿保机去世，述律后立二子耶律德光为王以后，契丹对后唐的威胁越来越大。为了抵御契丹的侵逼，长兴三年（932年）后唐明宗以其婿沙陀贵族石敬瑭为北京留守，河东节度使，镇守太原。潞王李从珂代立后，石敬瑭积极谋求取代后唐。936年，石敬瑭以称臣割地为条件，取得契丹的支持。耶律德光亲率大军救援被后唐围困的太原，把石敬瑭扶上了大晋皇帝的宝座。年已四十五岁的石敬瑭称年仅三十四岁的耶律德光为父皇帝，自称儿皇帝，割幽、云等十六州（在今北京至大同一线）与契丹，每年向契丹输帛三十万匹。后晋天福二年（937年），石敬瑭从洛阳迁往汴州（今开封），把汴州作为事实上的首都。

石敬瑭投靠契丹，不仅引起人民的反抗，也引起统治阶级内部的分化。后晋成德节度使安重荣耻臣契丹，见契丹使者，必箕踞谩骂，或潜杀契丹使者，并主张攻打契丹。天福七年（942年）石敬瑭死，侄齐王石重贵继位。同平章事，兼侍卫马步都指挥使景延广主张对契丹称孙而不称臣，石重贵接受了这个建议。耶律德光大怒。双方往来谈判没有结果。

契丹这时已不满足于间接的控制，于944年、945年两次举兵南下，都被晋军打败。军民抗击契丹的斗志是很旺盛的。

但是，连年战争，赋役繁重，农民本来就已经不得安生，加之连年水旱蝗灾，开运三年（946年）青黄不接的时候，"河南、河北大饥，殍殕甚众"[①]。天灾人祸，民不聊生，农民只有屯聚起来自保。

946年十一月，契丹大举南下，后晋大将杜威投降契丹，契丹军长驱直入开封。中原陷入契丹贵族的统治之下。

947年正月初一，耶律德光进入开封。二月初一，即皇帝位，下制称大辽会同十年，做了契丹与中原地区的共主，想把中原地区永远置于契丹贵族的统治之下。

契丹统治者纵兵四出，以牧马为名，分批抢掠物资，谓之"打草谷"，自洛阳、开封至郑、滑、曹、郓数百里间，农村人民的财产、牲畜被抢劫一空。又分遣使者数十人在京城和各州"括借"钱帛，城市士民也被掠夺一空。契丹派到各地的节度使、刺

[①]《旧五代史》卷84《晋书十·少帝纪第四》。

史更是"妄作威福，掊敛货财，民不堪命"①。

中原人民掀起了声势浩大的反抗斗争。"所在相聚为盗，多者数万人，少者不减千百，攻陷州县，杀掠吏民（伪官和地主）。"②晋末屯聚起来反抗后晋政权的农民，积极转入反抗契丹侵略者的战线。义军领袖梁晖攻占相州（今安阳），澶州义军在王琼领导下攻占南城。不到一个月的时间，各地义军大起，并在开封以东攻陷宋、亳、密三州。

耶律德光初入开封时气焰万丈，广受四方贡献，大纵酒作乐，每谓晋臣曰："中国事我皆知之，吾国事汝曹不知也"。③人民起义将他的这股毒焰打了下去。在人民大起义面前，他无可奈何地对臣下说："我不知中国之人难制如此！"他被迫放弃了长期统治中原的打算，借口"天时向热，吾难久留，欲暂至上国省太后"，于三月十七日仓皇离开开封，并病死在北返的途中。④人民的斗争终于使中原人民免于契丹贵族的奴役。

契丹兵马进入开封后，后晋的河东节度使、沙陀贵族刘知远在山西一方面分兵守四境以防契丹侵轶，同时派人奉表向耶律德光表示恭顺。他看到契丹在中原势难久留，便于二月十五日在太原做了皇帝。当义军把契丹赶走以后，刘知远便立即从山西跑到开封，定国号为汉。

乾祐元年（948年）刘知远死后，藩镇和中央之间，文臣和

---

① 《资治通鉴》卷286 天福十二年。
② 同上。
③ 同上。
④ 同上。

武将之间，隐帝和大臣之间矛盾重重。三年（950年）隐帝杀掉元老重臣杨邠、史弘肇、王章，并密令诛杀镇守邺都，捍御契丹的枢密使郭威。郭威带领军队回到东京开封。隐帝为乱兵所杀，郭威立刘知远弟刘崇之子刘赟为帝。朝廷内形势还没有稳定下来，就接到镇州、邢州告急的奏报：契丹数万骑入寇，屠内丘，陷饶阳。郭威匆忙领兵迎敌。在澶州，将士"裂黄旗以被帝体"[①]，提出要郭威做皇帝。在将士的簇拥下郭威又回到开封。

951年正月，郭威即皇帝位，国号周。刘崇也在晋阳（今太原）即皇帝位，史称北汉。

三、九国春秋

北方五代更迭的过程中，南方也先后出现九个政权。加上在山西建立的北汉，史称十国。

唐末，杨行密据淮南，受唐封为吴王。王建据四川，受唐封为蜀王。钱镠据两浙，马殷据湖南，刘隐据两广，王潮、王审知兄弟据福建，唐皆授以节度使。后梁建立后，封钱镠为吴越王，马殷为楚王，王审知为闽王，刘隐为南海王，他们都与后梁保持称臣朝贡的关系。只有王建和杨行密之子杨渥不承认后梁政权。王建于907年称帝，国号蜀，史称前蜀。杨渥则仍保持吴王的称号。917年刘隐弟刘岩也在广州称帝，改名龚，国号汉，史称南汉。

[①]《旧五代史》卷110《周书一·太祖纪第一》。

后唐建立后，封后梁荆南节度使高季兴为南平王，史称荆南为南平。925年又派兵入川，攻灭前蜀，以董璋为东川节度使，孟知祥为西川节度使。孟知祥攻并东川，于934年称帝，仍以蜀为国号，史称后蜀。

吴在杨行密死后，大权逐渐落到大将徐温一人之手。919年，在徐温的策划下，杨隆演称吴国王，废唐年号，改元武义，割断了和一切王朝的联系，表明自己是一个独立的政权。927年，在徐温养子徐知诰的安排下，杨行密四子杨溥即皇帝位。937年，徐知诰废吴称帝，即皇帝位于金陵（今南京市），国号唐，史称南唐。次年，改姓名为李昪。

在南方先后存在的九国中，南唐及其先的吴，在徐温、徐知诰（李昪）的主持下，注意生产的恢复和发展。919年无锡之战后，与吴越言和，此后二十年间，休兵息民，力量不断强大，占有今江苏、江西、皖南、鄂东南等地。945年又乘闽国内乱之机，灭闽。951年，楚内讧，又出兵灭掉楚国。南唐在这两个地区的残暴统治使当地人民大失所望，不久便被赶走。闽、楚的得而复失，说明南唐已不再处于开疆拓土、建国立业、励精图治的阶段，政治上已经开始衰落。南方已不再存在一个能统一南方、抗衡北方的势力了。统一全国的任务只有靠北方的王朝来完成了。

四、后周重奏统一曲

后周太祖郭威，十八岁从军，"性聪敏，喜笔札，及从军旅，多阅簿书","长于书计",[1]比起晋、汉诸帝,文化算是高的了。尽管他的几个儿子在汉末都已经被害,他还是希望他所建立起来的政权能把国家治理好。即位不久郭威下诏说:"朕生长军旅,不亲学问,未知治天下之道。文武官有益国利民之术,各具封事以闻,咸宜直书其事,勿事辞藻。"[2]

郭威在位三年,于显德元年(754年)正月去世。养子、内侄柴荣继位,是为世宗。柴荣"善骑射,略通书史黄老"[3],年轻时帮助郭威管家,曾至江陵贩茶,对社会情况有比较深刻的了解。郭威在后汉任枢密使时,柴荣开始担任军职左监门卫将军。郭威出镇邺都,又让他担任天雄军牙内都指挥使,统领亲兵。

后周建立后,郭威首先着力于经济的恢复和发展,躬行节俭,罢四方贡献珍美食物,严惩贪官污吏。柴荣继位后,进一步采取措施,鼓励逃亡开垦荒废的土地,逃户庄田垦种后,本主五年内不归者,就归耕种者所有,[4]同时恢复按田亩多少纳税的制度,派人均定境内田赋。还下令堵塞黄河决口,以保证农业生产的正常进行。

唐末以来盘根错节、世代相传的地方武装集团,在朝代更换的过程中,力量逐步削弱,后周广顺二年(952年)郭威削平兖州慕容彦超后,就不再存在足以威胁中央的强藩了,为了澄清吏治,改变军人擅权的情况,郭威命端明殿学士颜衎权知兖州事,

---

[1]《旧五代史》卷110《周书一·太祖纪第一》。
[2]《资治通鉴》卷290广顺元年。
[3]《新五代史》卷12《周世宗本纪》。
[4]《旧五代史》卷115《周书六·世宗纪第二》。

开始恢复文臣主持地方行政的制度。并且下令厘革唐末藩镇弊风，把军政和民政分开。柴荣继位后，整顿中央禁军，精锐者升之上军，羸老者斥去之。同时召募天下壮士，包括逃亡草泽的农民，命赵匡胤加以精选，称为殿前诸班。骑步诸军，也由将帅选之。朝廷有了一支精强的部队，不仅改变了骁勇之士多在藩镇的情况，使朝廷有足够的力量来控制方镇，而且有强大的力量去征伐四方，进行统一全国的战争。北汉虽然只有山西之地，但自恃有辽的支持，两次向周发动进攻。郭威死后，刘崇又乘机南犯。柴荣亲自带兵迎击，在高平大败刘崇，一直追到太原城下。

显德二年（955年），后周又夺取了后蜀在陇西的秦、凤、成、阶四州。接着，攻打南唐，一直打到长江北岸，得南唐淮南、江北十四州。显德五年（958年），南唐中主李璟遣使请和，双方划江为界。

契丹乘后周对南唐用兵，乘虚入寇。显德六年，柴荣北攻契丹，准备恢复北边州县。在短短的四十二天里，连下益津关、瓦桥关，收复瀛（今河北河间）、莫（雄县南）等州。为契丹南进而中止了二十余年的统一趋势，又向前发展了。正在这时，柴荣死，重新统一的工作只有留给后人去完成了。

公元960年，赵匡胤取代后周，建立宋朝，历史又翻开了新的一页。

附录一　隋唐大事年表

王朝纪年	公元（年）	大事纪要
隋文帝开皇元年	581	杨坚取代北周，建立隋朝，是为隋文帝。废除北周六官，设立尚书、门下、内史等省，以高颎为尚书左仆射。
二年	582	营建新都大兴城于长安故城东南。
三年	583	隋败突厥，突厥分裂为东、西两部。
九年	589	隋灭陈，南北统一。以吏部尚书苏威为尚书右仆射。
十年	590	改革府兵制，诏军人悉属州县，垦田籍帐，一与民同。
十一年	591	制州县佐史，三年一代，不得重任。
十八年	598	高丽结靺鞨攻辽西，隋发水陆兵三十万击高丽，无功而还。
十九年	599	东突厥突利可汗，内附于隋，隋以其为启民可汗，妻以义成公主。
二十年	600	废太子杨勇为庶人，立晋王杨广为太子。
仁寿元年	601	以尚书右仆射杨素为左仆射。
四年	604	隋炀帝杨广继位。
隋炀帝大业元年	605	营建东都。开通济渠、疏浚邗沟。炀帝乘龙舟去江都。
三年	607	炀帝北巡至榆林，突厥启民可汗来朝。
四年	608	开永济渠，北通涿郡。
五年	609	炀帝西巡，击溃吐谷浑，于今青海、新疆境设西海、河源、鄯善、且末四郡。炀帝会见高昌王麴伯雅、伊吾吐屯设及西域二十七国使者于张掖燕支山。
六年	610	凿江南河，南至余杭。

483

续表

王朝纪年	公元（年）	大事纪要
七年	611	集兵百万于涿郡，将征高丽。王薄起兵于长白山，隋末农民起义爆发。
八年	612	炀帝亲征高丽。
九年	613	炀帝二征高丽。隋礼部尚书、杨素子杨玄感起兵，兵败被杀。
十年	614	炀帝三征高丽。
十二年	616	炀帝带领禁军至江都。分散的各路起义军逐渐联合起来，形成了李密为首的瓦岗军、窦建德为首的河北起义军和杜伏威为首的江淮起义军三个强大的起义军集团。
十三年	617	李渊于晋阳起兵，进军关中，攻占长安，立代王杨侑为帝。
十四年	618	江都兵变，炀帝被杀。李渊称帝，建立唐朝，改元武德，是为唐高祖。
唐高祖武德四年	621	唐军俘窦建德，降洛阳王世充。窦建德被杀后，部将刘黑闼复起河北。
七年	624	颁行新律令，基本继承隋制。
九年	626	李世民发动玄武门之变，杀其兄太子李建成，李渊被迫退位，李世民即位，是为唐太宗。
唐太宗贞观三年	629	以房玄龄为左仆射，杜如晦为右仆射，以尚书右丞魏征守秘书监，参预朝政。
四年	630	李靖、李勣大破突厥，俘颉利可汗，东突厥亡。西北各族君长请太宗为天可汗。
十一年	637	颁房玄龄等修定的新律令。
十二年	638	高士廉等所修《氏族志》成。
十四年	640	唐于高昌置西州，置安西都护府于交河城。
十五年	641	唐文成公主入藏，与吐蕃赞普松赞干布结婚。
十七年	643	废太子李承乾，立晋王李治为太子。
十九年	645	玄奘去天竺学佛取经回，带回佛经657部。唐太宗亲征辽东，无功而还。

续表

王朝纪年	公元(年)	大事纪要
二十三年	649	唐太宗去世,高宗李治继位。
唐高宗永徽四年	653	长孙无忌等修撰《律疏》成,颁行天下。
六年	655	唐高宗废王皇后,立武则天为皇后。
显庆二年	657	苏定方击败西突厥沙钵略可汗,唐分西突厥地置濛池、昆陵二都护府。
三年	658	唐迁安西都护府于龟兹,统龟兹、于阗、疏勒、焉耆四镇,简称"安西四镇"。
四年	659	诏改《氏族志》为《姓氏录》。
总章元年	668	李勣攻灭高丽,置安东都护府。
上元元年	674	武则天建言十二事。
调露元年	679	裴行俭平西突厥十姓可汗阿史那都支。以碎叶代焉耆为安西四镇之一。
弘道元年	683	高宗临终前遗诏军国大事有不决者,兼取天后进止。
光宅元年	684	武则天废中宗为庐陵王,立李旦为皇帝,不预政事。武则天临朝称制。徐敬业于扬州起兵反对武则天,三月而败。
天授元年	690	武则天称帝,改国号为周。
长寿元年	692	王孝杰大破吐蕃,收复安西四镇。
神功元年	697	杀来俊臣,停止利用酷吏实行恐怖政策。
神龙元年	705	张柬之等杀张易之、张昌宗,武则天被迫传位中宗。
景龙二年	708	张仁愿筑三受降城于黄河北,以御突厥。
四年	710	韦后毒杀中宗。李隆基与太平公主杀韦后,拥立睿宗。
先天元年	712	睿宗传位于三子李隆基,是为玄宗。
二年	713	玄宗于骊山讲武,贬抑功臣,起用姚崇为宰相,改元开元。
开元四年	716	玄宗试新授县令,试以理人策,四十五人放归学问。

续表

王朝纪年	公元（年）	大事纪要
九年	721	令宇文融主持括户。
十一年	723	中书令张说奏改政事堂曰中书门下，列五房于其后，分掌庶政。
十三年	725	玄宗至泰山封禅。
十九年	731	吐蕃遣使者求《毛诗》、《春秋》、《礼记》。
二十二年	734	以侍中裴耀卿为江淮、河南转运使。
二十四年	736	科举考试由吏部改为由礼部侍郎掌管。中书令张九龄罢为右丞相，以李林甫兼中书令。
二十五年	737	颁行新删定的律、令、格、式。
二十六年	738	立李玙为太子。册南诏蒙归义为云南王。
天宝元年	742	安禄山为平卢节度使。
二年	743	玄宗登望春楼检阅广运潭上船只所陈各郡珍货。
三载	744	平卢节度使安禄山兼范阳节度使。
四载	745	回纥怀仁可汗击杀突厥白眉可汗。
六载	747	安西四镇节度副使高仙芝破小勃律。
八载	749	陇右节度使哥舒翰攻拔石堡城。
十载	751	唐军在怛逻斯为大食所败；在西洱河为南诏所败。
十四载	755	安禄山在范阳发动叛乱，南下攻陷洛阳。
十五载	756	叛军攻占潼关，玄宗奔蜀途中，军士在马嵬驿发动兵变，杀杨国忠，迫玄宗缢杀杨贵妃。太子李亨至灵武即位，是为肃宗。玄宗被尊为太上皇。
至德二载	757	唐军与回纥军收复长安、洛阳。
代宗宝应二年	763	史朝义自缢，余党投降，安史之乱结束。吐蕃攻占长安十余日。
德宗建中元年	780	实行两税法。
二年	781	成德李惟岳、淄青李正己、魏博田悦等河朔藩镇叛唐。

续表

王朝纪年	公元（年）	大事纪要
贞元十二年	796	以宦官为左、右神策护军中尉，宦官掌握禁军，终唐成为定制。
二十一年	805	顺宗被迫让位太子纯，改元永贞。
宪宗元和七年	812	魏博节度使田兴归命于朝。
十二年	817	平淮西。
十四年	819	平定淄青，成德、卢龙二镇归朝，河北、山东重归朝廷直接控制。
十五年	820	宪宗为宦官所杀，穆宗即位。
穆宗长庆二年	822	继去年卢龙、成德二镇复叛后，魏博镇叛，河朔恢复藩镇割据局面。
文宗大和九年	835	甘露之变。
武宗会昌五年	845	武宗下令灭佛。
六年	846	武宗去世，宣宗继位，李德裕罢相，牛李党争以牛党当权而告结束。
宣宗大中五年	851	以张议潮为归义军节度使，统河湟之地。
十三年	859	懿宗即位。裘甫起义于浙东。
懿宗咸通九年	868	徐泗地区庞勋起义。
僖宗乾符元年	874	王仙芝起义于山东长垣。
广明元年	880	起义军攻占长安，黄巢称帝，国号大齐，改元金统。
中和三年	883	李克用任河东节度使，据太原；朱温任宣武节度使，据汴州。
四年	884	黄巢牺牲，唐末农民起义失败。
昭宗大顺二年	891	王建据有西川。
景福元年	892	杨行密任淮南节度使。
二年	893	钱镠为镇海军节度使。王潮据福建。
乾宁三年	896	马殷为湖南节度使。
天祐二年	905	刘隐为清海军节度使。
四年	907	朱温取代唐朝，建立梁，史称后梁。
后梁开平二年	908	晋王李克用死，子李存勖继立。

续表

王朝纪年	公元（年）	大事纪要
贞明二年	916	耶律阿保机建立契丹国。
后唐同光元年	923	李存勖称帝，国号唐，史称后唐。后唐攻灭后梁。
清泰三年	936	后唐河东节度使石敬瑭投靠契丹，建立后晋，割幽云十六州与契丹。灭后唐。
后晋开运三年	946	契丹攻入开封，灭后晋。耶律德光于开封称帝，中原人民起义反抗，耶律德光北归。
四年	947	后晋河东节度使刘知远建立后汉。
后周广顺元年	951	郭威建立后周。
显德元年	954	后周太祖郭威死，养子柴荣继位，是为世宗。
显德七年	960	陈桥兵变，后周殿前都点检赵匡胤建立北宋。

附录二　隋唐五代世系表

隋王朝世系表

文帝杨坚[1]（581—604）——炀帝杨广[2]（604—618）——恭帝杨侑（炀帝孙）（617—618）

唐王朝世系表

高祖李渊[1]（618—626）——太宗李世民[2]（626—649）——高宗李治[3]（649—683）周则天皇帝武曌[4]（690—705）——中宗李显[5]（705—710）睿宗李旦[6]（710—712）——玄宗李隆基[7]（712—756）——肃宗李亨[8]（756—762）——代宗李豫[9]（762—779）——德宗李适[10]（779—805）——顺宗李诵[11]（805）宪宗李纯[12]（805—820）——穆宗李恒[13]（820—824）——敬宗李湛（穆宗子）[14]（824—827）——文宗李昂（穆宗子）[15]（827—840）——武宗李炎（穆宗子）[16]（840—846）——宣宗李忱（宪宗子）[17]（846—859）——懿宗李漼[18]（859—873）——僖宗李儇[19]（873—888）——昭宗李晔[20]（888—904）——哀帝李柷[21]（904—907）

五代世系表

后梁：

太祖朱晃（朱温、朱全忠）[1]（907—912）——郢王朱友珪（朱

晃三子）[2]（912—923）——末帝朱友贞（朱晃四子）[3]（913—923）

后唐：

庄宗李存勖（李克用长子）[1]（923—926）——明宗李嗣源（克用养子）[2]（926—933）——闵帝李从厚（嗣源三子）[3]（933—934）——末帝李从珂（嗣源养子）[4]（934—936）

后晋：

高祖石敬瑭[1]（936—942）——出帝石重贵（敬瑭兄子）[2]（942—947）

后汉：

高祖刘知远[1]（947—948）——隐帝刘承祐（知远二子）[2]（948—951）

后周：

太祖郭威[1]（951—954）——世宗柴荣（威养子）[2]（954—959）——恭帝柴宗训（荣子）[3]（959—960）

后　记

本书原是中国社会科学院历史研究所周远廉研究员主编的《中国封建王朝兴亡史》八卷之中的"隋唐卷"，由吴宗国老师主编并亲自撰写了大部分章节。原书1996年由广西人民出版社出版，撰写时间则在1989年—1990年之间。参与编写的都是当时在读的北京大学历史学系隋唐史方向的硕士研究生，无论从史料的掌握还是文字的锤炼，都尚欠火候。我在协助吴老师统稿的过程中，切实感受到他的严谨认真，虽说是一部通俗作品，吴老师却严格按照学术著作的标准来要求。全书的逻辑框架和材料择取，主要是以吴老师长期讲授中国通史、隋唐史和唐代政治史等课程的讲稿为基础，贯穿着他在教学科研中形成的学术思考。我想这是本书在出版近三十年后还有重印价值的重要原因。

原书分工如下：吴宗国主编，执笔人有吴宗国（一、二、三编，四编一章一节，五编二章四节），张建利（四编一章二、三节，二章一节），瞿剑（四编二章二节），刘后滨（四编二章三节、三章），罗永生（五编一章一节），杨继东（五编一章二、三节），廉湘民（五编一章四节），陈爽（五编二章一、二、三节）。

此次重印征得吴宗国老师哲嗣吴炬、吴迪及各位执笔人的授权，书名改为《隋唐王朝兴亡史》。除了改正一些文字错误之外，其他都未做改动。

感谢责任编辑董虹女士的辛勤付出，对全书引用的史料和历史事件发生的时间都进行了核对，改正了原书中的一些错误。

刘后滨

2024 年 4 月 13 日